Inquietações
Jurídicas Contemporâneas

Conselho Editorial
André Luís Callegari
Carlos Alberto Alvaro de Oliveira
Carlos Alberto Molinaro
Daniel Francisco Mitidiero
Darci Guimarães Ribeiro
Draiton Gonzaga de Souza
Elaine Harzheim Macedo
Eugênio Facchini Neto
Giovani Agostini Saavedra
Ingo Wolfgang Sarlet
Jose Luis Bolzan de Morais
José Maria Rosa Tesheiner
Leandro Paulsen
Lenio Luiz Streck
Paulo Antônio Caliendo Velloso da Silveira

I58   Inquietações jurídicas contemporâneas / Alejandro Montiel Alvarez ... [et al.];
        Marco Félix Jobim (organizador). – Porto Alegre: Livraria do Advogado
        Editora, 2013.
        235 p.; 25 cm.
        ISBN 978-85-7348-877-7

        1. Direito. 2. Direito - Filosofia. I. Alvarez, Alejandro Montiel. II. Jobim,
     Marco Félix.

CDU 340.12

CDD 340.1

Índice para catálogo sistemático:
1. Direito : Filosofia   340.12

(Bibliotecária responsável: Sabrina Leal Araujo – CRB 10/1507)

Marco Félix Jobim
(organizador)

Inquietações JURÍDICAS CONTEMPORÂNEAS

ALEJANDRO MONTIEL ALVAREZ
ANA MARIA BLANCO MONTIEL ALVAREZ
ANDRÉ CEZAR
BRUNO GABRIEL HENZ
CAROLINA ZENHA SARAIVA
CLAUDINE LANG STÜMPFLE FANKHAUSER
ÉDERSON GARIN PORTO
GIULIA JAEGER
GREICE SCHMIDT NEUMANN
LEANDRO CORDIOLI
MARCO FÉLIX JOBIM
MARIA APARECIDA CARDOSO DA SILVEIRA
MATHEUS BIANCHI
RAFAEL ARIZA
SÉRGIO ROBERTO DE ABREU
SOLANGE C. IÓRIO GUINTEIRO
VIVIANE SCHACKER MILITÃO
WILSON STEINMETZ

Porto Alegre, 2013

©

Alejandro Montiel Alvarez, Ana Maria Blanco Montiel Alvarez,
André Cezar, Bruno Gabriel Henz, Carolina Zenha Saraiva,
Claudine Lang Stümpfle Fankhauser, Éderson Garin Porto,
Giulia Jaeger, Greice Schmidt Neumann, Leandro Cordioli,
Marco Félix Jobim, Maria Aparecida Cardoso da Silveira,
Matheus Bianchi, Rafael Ariza, Sérgio Roberto de Abreu,
Solange C. Iório Guinteiro, Viviane Schacker Militão
e Wilson Steinmetz
2013

Capa, projeto gráfico e diagramação
Livraria do Advogado Editora

Revisão
Rosane Marques Borba

Direitos desta edição reservados por
Livraria do Advogado Editora Ltda.
Rua Riachuelo, 1300
90010-273 Porto Alegre RS
Fone/fax: 0800-51-7522
editora@livrariadoadvogado.com.br
www.doadvogado.com.br

Impresso no Brasil / Printed in Brazil

Sumário

Apresentação – *Marco Félix Jobim* (org.)...7

1. Um ensaio sobre política, *philia* e meio ambiente
Alejandro Montiel Alvarez...9

2. Expressões da racionalidade contratual contemporânea (cooperação)
Ana Maria Blanco Montiel Alvarez..21

3. Sistema acusatório: efetiva garantia de princípios e direitos individuais constitucionais
André Cezar...39

4. O comércio eletrônico e suas consequências no direito empresarial
Carolina Zenha Saraiva..57

5. Aplicabilidade e eficácia da mediação nos conflitos familiares: da prática à teoria
Claudine Lang Stümpfle Fankhauser..71

6. A imunidade religiosa: a proteção constitucional sobre a liberdade de religião e crença
Éderson Garin Porto...85

7. Breves considerações sobre o Sistema Recursal no novo Código de Processo Civil (Anteprojeto 166/2010 e PL 8.046/2010)
Giulia Jaeger, Greice Schmidt Neumann e *Matheus Bianchi*........................105

8. A justiça dita como um atributo de caráter
Leandro Cordioli...117

9. As fases metodológicas do processo
Marco Félix Jobim...139

10. A transparência na gestão pública e a efetivação do controle social por meio das redes de relacionamento
Maria Aparecida Cardoso da Silveira...163

11. A necessária fundamentação a legitimar a violação do sigilo das comunicações telefônicas: uma leitura constitucional do instituto da interceptação telefônica
Rafael Ariza...175

12. A redefinição do ordenamento jurídico internacional e as organizações internacionais: base para a construção do direito internacional dos direitos humanos
Sérgio Roberto de Abreu..185

13. Alimentos gravídicos – natureza cautelar ou tutela antecipada?
Solange C. Iório Guinteiro...203

14. Desaposentação: descomplicando sua compreensão
Viviane Schacker Militão...217

15. A face prestacional do direito ao ambiente: políticas públicas e gestão ambiental
Wilson Steinmetz e *Bruno Gabriel Henz*...225

Apresentação

A obra que tenho o imenso prazer de apresentar nasce da preocupação diária dos docentes do curso de direito da Universidade Luterana do Brasil: o de debater, tanto entre colegas como com seus alunos, temas de extrema relevância e de atualidade incontestáveis. Como um desses docentes, coube-me a prazerosa tarefa de organizar estes temas e de, em breves palavras, apresentá-los ao público. Dentre os possíveis significados que o dicionário descreve para a palavra *apresentação*, aquele que mais se adéqua a um momento como esse é o de que se quer divulgar algo publicamente e, eis aqui, a minha maior dificuldade: tentar publicizar um trabalho de tamanha qualidade por meio de algumas singelas palavras.

Mas a barreira não é somente essa, pois outros obstáculos dificultam ainda mais o hercúleo trabalho, que podem assim ser expostos: (*i*) trata-se de uma obra que é gestada na Universidade na qual, além de ter me graduado no curso de direito, me trouxe a alegria de ter cursado mestrado e mais, de ter oportunizado a minha primeira experiência como professor; (*ii*) também foi nela que iniciei a ser lembrado pelas turmas que passei, não só como professor homenageado, mas como patrono e paraninfo ao longo dos anos; (*iii*) foi nela que fiz grandes amizades, não só com colegas docentes, mas com o corpo discente que, não raras vezes, me encontram nos mais diversos locais para trocar informações de como era boa a época universitária e como estão galgando passos à ascensão na carreira jurídica; (*iv*) foi também nela que vi professores que, apesar de todas as dificuldades encontradas, continuaram sendo professores, o que ensina ser esta profissão aquela que transcende qualquer questão financeira para que o ensino chegue da melhor forma possível ao aluno que nada tem a ver com problemas institucionais; (*v*) foi nela que, em conjunto com outros colegas, lancei minha primeira obra coletiva, e é nela, imbuído pela amizade que nutro por eles, que publico mais uma obra, organizando um estudo sobre as inquietudes jurídicas contemporâneas; (*vi*) por fim, apresento a obra de professores que não só me deram aulas durante a graduação e o mestrado, mas também àqueles que, fora da sala de aula, também me ensinam como tentar ser um melhor docente.

Em razão destes, não tão extensos fatos ao leitor, mas que retratam grande parte da vida do apresentador, é que apresentar a obra coletiva dos professores da Universidade Luterana do Brasil, denominada de *Inquietações Jurídicas Contemporâneas* é, realmente, além de uma emoção quase que incontrolável, um marco em minha vida que, a partir dele, poderei propiciar a quitar minha dívida de gratidão com a prestigiada instituição e com os diletos colegas.

Deles e de seus artigos, sempre é bom que na apresentação não se tente tirar o gosto do leitor com relatos pormenorizados do que se propiciar a ler, bastando que, neste momento, mais uma vez, se agradeça a todos pelo empenho no cumprimento dos prazos estabelecidos para a realização da obra coletiva, e ressaltando que Alejandro Montiel Alvarez aborda um estudo sobre política, *philia* e meio ambiente; Ana Maria Blanco Montiel Alvarez escreve sobre a racionalidade contratual contemporânea sob a perspectiva da cooperação; André Cezar enfrenta o tema do sistema acusatório aplicando os princípios e direitos constitucionais assegurados; Carolina Zenha Saraiva trabalha o tormentoso tema do comércio eletrônico no direito empresarial; Claudine Lang Stümpfle Fankhauser expõe um estudo sobre a mediação nos conflitos familiares; Éderson Garin Porto enfrenta o tema da imunidade religiosa e sua proteção constitucional; Giulia Jaeger, Greice Schmidt Neumann e Matheus Bianchi falam sobre o tão controvertido projeto de novo Código de Processo Civil; Leandro Cordioli discorre sobre a justiça como um atributo de caráter; o ora apresentador fala sobre a história do processo; nossa coordenadora do curso de direito, Maria Aparecida Cardoso da Silveira fala sobre a transparência na gestão pública e como efetivar seu controle social por meio das redes de relacionamento; o coordenador adjunto Rafael Ariza escreve sobre o polêmico tema da violação das comunicações telefônicas sob uma perspectiva constitucional; Sérgio Roberto de Abreu traz uma redefinição do ordenamento jurídico internacional e as organizações internacionais, defendendo uma construção do direito internacional dos direitos humanos; Solange C. Iório Guinteiro abarca do controvertido caso dos alimentos gravídicos e qual sua natureza jurídica; Viviane Schacker Militão estuda o atual tema da desaposentação e Wilson Steinmetz e Bruno Gabriel Henz trazem o sempre atual tema do direito ambiental.

O trabalho realizado, a excelência do corpo docente, a atualidade dos estudos, demonstram que o nome da obra não poderia ter sido mais bem escolhido, pois todos os assuntos são contemporâneos e merecem maiores reflexões da comunidade jurídica.

E um agradecimento a toda equipe da Livraria do Advogado Editora, em especial ao Walter e ao Valmor por acreditarem no potencial da obra e, principalmente, por se preocuparem sempre em publicar material de qualidade, apostando, assim, num estudo jurídico de melhor qualidade.

Muito obrigado!

Marco Félix Jobim
Advogado e professor universitário.
Especialista, mestre e doutor em direito.

— 1 —

Um ensaio sobre política, *philia* e meio ambiente

ALEJANDRO MONTIEL ALVAREZ[1]

Sumário: Introdução; 1. O problema da legitimidade da estrutura decisional da política contemporânea; 2. Os conceitos da tradição aristotélica que poderiam ajudar nesse problema; 2.1. Justiça legal em Aristóteles; 2.2. A importância da "philia" na política; 2.3. Os limites da teoria aristotélica; 5. Análise do caso das usinas de celulose; 6. Aplicação dos conceitos aristotélicos ao caso; 7. Conclusão; Bibliografia.

Introdução

O presente trabalho pretende demonstrar, de forma ensaística, a existência do seguinte problema: dado que sejam verdadeiras as três premissas que se seguem, as bases teóricas da prática política atual apresentam uma insuficiência.

a) As leis são deliberadas, visando ao **bem comum** de uma comunidade;[2]

b) A pertença a uma determinada comunidade política se dá, dentro do arranjo político atual (ou seja, estabelecida dentro dos limites oferecidos pelas ferramentas conceituais da soberania e da ideia de Estado-Nação), através da **cidadania**;[3]

c) a **democracia** é o melhor regime.[4]

Admitidas tais premissas, infere-se que as leis cujos efeitos diretos ultrapassam suas fronteiras, afetando diretamente aos *não cidadãos*, carecem de um determinado processo de legitimação democrática. Assim, evidenciando-se um paradoxo: ou as leis não visam ao Bem Comum de todos – por pensar apenas dentro do limite da cidadania como pertença à comunidade moderna, e não em um critério mais amplo –, ou não são democráticas – em razão da decisão não ter sido tomada por todos os afetados pelos resultados das ações estabelecidas.

A partir desse *insight*, formula-se uma hipótese a ser aprimorada ao longo do ensaio (o presente ensaio tem por objetivo apenas a formulação mais apurada

---

[1] Professor do Programa de mestrado em Direito Ambiental da UCS e professor da ULBRA.

[2] Ver: Tomás de Aquino, *S.Th.* I-II, q. 60, a. 2.

[3] Ver: Hannah Arendt, *As Origens do Totalitarismo*.

[4] Ver: Luis Fernando Barzotto. *A Democracia na Constituição*.

dessa hipótese, cuja validação deve ser realizada em outra pesquisa mais profunda e extensa): as leis pensadas através do aparato conceitual da política contemporânea, muitas vezes, são ilegítimas sob o ponto de vista democrático, ou seja, são leis apenas em um sentido analógico, pois não apresentam todas as características essenciais ao conceito de lei. A solução para o problema de legitimidade é aumentar a concórdia política internacional, sob o ponto de vista externo, e aumentar a concórdia política entre os membros da comunidade, sob o ponto de vista interno. O que só é possível pensando a política através de um aparato conceitual distinto do atual. Um possível desenvolvimento desta alternativa pode ser encontrado na teoria desenvolvida dentro da tradição aristotélica, na qual, ética e política apresentam-se em uma relação de interdependência – sendo a política um meio de conduzir o indivíduo ao seu fim.

O presente ensaio observa esses problemas, apresenta a alternativa conceitual e analisa um exemplo de Direito ambiental, no qual essas matrizes teóricas levariam a diferentes soluções (o caso da disputa entre Argentina e Uruguai pela instalação de indústrias de celulose no Rio Uruguai).

1. O problema da legitimidade da estrutura decisional da política contemporânea

Neste novo século, os problemas e as contradições do conceito político de soberania tornam-se problemáticos, sobretudo em temas do interesse do homem enquanto ser humano, e não como mero cidadão de determinado Estado. Os exemplos mais gritantes são o meio ambiente, o terrorismo e as barreiras e os subsídios econômicos. Este é o cenário no qual se propõe o objeto do presente trabalho, a saber, a posição da lei e sua legitimidade após as mudanças no contexto mundial, particularmente no que tange à soberania.

Normalmente, as ciências práticas – que estudam as diversas formas da atividade humana, como a ciência política –, seguem as necessidades e o desenvolver dos tempos. Assim, não tardaremos em ver preenchidas, no âmbito teórico, as lacunas da sociedade em rede. Enquanto esse dia não chega, os teóricos tentam determinar os diferentes conceitos e institutos derivados que restam incompletos.[5] O objeto com o qual se pretende trabalhar é a posição da lei e sua legitimidade após as mudanças no contexto mundial, particularmente no que tange à soberania.

Nos dias de hoje, o tema da legitimidade da lei perpassa por guerras e acordos econômicos. Países mais diversos, diariamente, decidem, por meio de um processo de tomada de decisão interno e excludente, o futuro de milhões de não cidadãos. Para citar apenas alguns exemplos, os Estados Unidos decidem dentro de seu Parlamento a Invasão do Iraque; a Bolívia, assim como a Venezuela, decide através do chefe do Executivo apropriar-se de multinacionais instaladas no País; a Argentina fecha suas fronteiras com o Uruguai em razão do projeto das plantas de celulose; o Irã investe na pesquisa atômica sob os protestos da civilização ocidental; a União

---

[5] VOEGELIN, Eric. *A nova ciência da política*. Brasília: Editora UNB, 1982.

Europeia, por ato unilateral de seus membros, amplia e reduz seu espectro em efeito sanfona; o Mercosul, também por ato unilateral de seus membros, só se enfraquece; a China, com seu particular modo de produção que desrespeita os direitos humanos, ameaça a economia do resto do mundo, enquanto a Coreia do Norte o ameaça em questão de segurança; ex-ditadores são presos, julgados e condenados sob regime de exceção; o efeito estufa afeta a todos, mas cada um decide o que fazer a respeito; dentro da Espanha, Escócia, França, Bélgica, Canadá, Irlanda e outros, movimentos nacionalistas se dizem não representados e não se autorreconhecem como cidadãos; no Brasil e mundo afora, minorias das mais diversas se sentem excluídas no modelo de representação e apartadas da cidadania.

Tudo isto parece indicar uma insustentabilidade da teoria de base sobre a qual é alicerçada a política contemporânea. Deve-se, portanto, realizar uma análise crítica mais profunda desta teoria. Para tanto, parte-se da seguinte ideia argumentativa: as leis devem ser deliberadas, visando ao bem comum de uma determinada comunidade. Porém, frequentemente seus efeitos ultrapassam as fronteiras daquela comunidade, afetando diretamente não cidadãos. É próprio da definição de não cidadão que este não só não participe do processo de deliberação, como também, que lhe seja impedida qualquer forma de acesso ao político da comunidade. Este processo de exclusão é, em parte, próprio da ideia de comunidade, contudo, é demasiadamente acentuado na estrutura conceitual da soberania. No entanto, admitindo-se a democracia como um pressuposto inerente ao conceito de lei, as leis elaboradas e promulgadas dentro de tal paradigma fazem emergir o seguinte paradoxo: ou as leis não visam ao Bem Comum de todos (por pensar apenas dentro do limite da cidadania), ou não são democráticas (em razão da decisão não ter sido tomada por todos os afetados pelos resultados das ações estabelecidas).

Esse é o núcleo do argumento proposto. Leis decididas conforme o paradigma do conceito de soberania, hoje, em boa parte, carecem de um processo de legitimação democrática. A tese proposta é uma tentativa de enfrentar esse paradoxo, qual seja, que é democraticamente insustentável que não se reconheça o não cidadão, na hora de promulgar leis que o afetem diretamente.

2. Os conceitos da tradição aristotélica que poderiam ajudar nesse problema

O presente trabalho pretende remontar a autores anteriores à base do estado contemporâneo – principalmente Aristóteles. Entretanto, as ideias que aqui se expõem são colocadas como uma continuidade de um diálogo travado há muito tempo. De tal forma que não são mais do que uma discussão com aqueles que a precederam, moldada a uma interpretação atualizada e continuada de suas teorias. Tenta-se edificar o argumento do trabalho nos acertos e erros encontrados nos autores que lhe deram base.

2.1. Justiça legal em Aristóteles

Para formular o conceito de justiça (*dikaiosyne*), Aristóteles parte de uma *endoxa*,[6] qual seja, a justiça é um *hábito* pelo qual alguém está disposto a: a) praticar o justo (*dikaion*),[7] b) agir justamente e c) querer o que é justo. Na sequência, com base nesta *endoxa*, propõe seu método, aplica a potência dos contrários,[8] assim, de uma análise negativa, ou seja, através da análise do injusto, infere que, da mesma forma que se dá o injusto, se dará o justo. O injusto diz respeito ao ilegal e ao desigual, assim, o justo diz respeito ao legal (*nomimon*) e ao igual (*ison*).

A ideia do justo como legal se alicerça no fato de que as leis: a) se ocupam de todas as matérias (principalmente, as demais virtudes) e, b) buscam ao bem comum (de acordo com o definido por cada diferente regime). Assim, chega-se ao justo que produz ou preserva a felicidade ou seus elementos para a comunidade política (*polis*).[9]

Aristóteles expõe a justiça sob duplo aspecto, a) como forma de se relacionar com os demais membros da comunidade – virtude completa. Ou seja, a justiça pode ser o meio de qualquer das virtudes de determinado agente usada para a realização do bem do próximo. O exemplo dado por Aristóteles é o ato de um guerreiro enfrentar a batalha, cujo aspecto é duplo: *em relação a si mesmo*, é um ato de coragem, como justiça particular, ao passo que, *em relação à comunidade*, é um ato de justiça como virtude completa. Ou, b) como hábito – virtude particular, a qual não seria diferente das demais virtudes, como coragem, prudência, temperança etc.[10]

Após determinar inicialmente a forma da justiça (conforme a expressão da justiça legal nas virtudes morais ou conforme à justiça particular), prossegue com a análise do âmbito da justiça, a qual se divide em justiça política (*politikon dikaion*) e justiça doméstica (*oikonomikon dikaion*). A justiça política existe em uma comunidade de vida entre pessoas livres e iguais, sendo, portanto, excluídas deste âmbito todas as relações que não se estabeleçam entre pessoas com tais características: a) de estatuto: livre, e b) relacionalmente: iguais.

Dois graus de exclusão se apresentam quanto à justiça política. As relações de justiça doméstica, que se dão entre pessoas desiguais em estatuto ou em relação, como as de senhor e escravo (justo despótico – *despotikon dikaion*), marido e mulher (justo doméstico propriamente dito – *oikonomikon dikaion*) e pai e filho (justo patriarcal – *patrikon dikaion*), estão apartadas do âmbito da justiça política, ou, no máximo, presentes neste campo apenas por analogia.[11] Aristóteles o reafirma sob

---

[6] Por *Endoxa* se entende uma opinião compartilhada pelos membros de uma comunidade.

[7] Aristóteles faz uma importante diferenciação entre o *justo* e a *justiça*, os quais se relacionam como parte e todo. Distinção que fica clara assim que Aristóteles arremata: a *justiça* é o exercício da virtude total para com o próximo, e, por outro lado, o *justo* corresponde a obedecer à lei. (EN, V, 1130 b, 10-15) – o que corresponde ao desdobramento de que "posto que o transgressor da lei era injusto e o legal justo, é evidente que todo o legal é, de certo modo, justo, pois o estabelecido pela legislação é legal e cada uma destas disposições dizemos que é justa". (EN, V, 1129 b, 10).

[8] A potência dos contrários é o método de proceder nas ciências. Assim como a matemática trata dos pares e dos impares e a medicina da saúde e da doença.

[9] EN, V, 1129 b, 1 – 15.

[10] EN, V, 1129 b, 20 – 1130 a, 10.

[11] Por analogia se entende igualdade de relações.

o argumento de que a justiça política pressupõe relações reguladas por uma lei em comum, que dá um discernimento entre o justo e o injusto.[12] E, por outro lado, as relações de justiça para com o estrangeiro,[13] que simplesmente não se manifestam em nenhum grau, ou seja, sequer por analogia.

Por fim, para a presente síntese, cabe ressaltar, que a justiça política se subdivide em *Natural (phisikon)* e a *por convenção*[14] *(nomikon)*. *Natural* aquela que tem em todas as partes a mesma força e não está sujeita ao parecer humano e, *por convenção* aquela que, em sua origem, tem como objeto uma ação indiferente, mas que deixa de sê-lo depois de determinada. Aristóteles ressalva, entretanto, que ambas, no mundo sublunar,[15] são mutáveis, mesmo a justiça natural, como o destro por natureza que pode treinar para tornar-se ambidestro, porém isso não tem a força de transformar toda a justiça política em convencional, como queriam alguns sofistas. E mesmo a justiça por convenção tem como limites da determinação a realidade particular de cada comunidade. Aristóteles dá o exemplo das medidas que devem ser proporcionais àquilo que é medido.[16]

2.2. A importância da "philia" na política

Segundo a análise supra, a lei tem o papel de: fundar a *polis*; estabelecer a medida das relações de justiça dentro dela; conduzir os homens à virtude. Assim, ela só pode ser interpretada em função da comunidade e da excelência. Os cidadãos sabem que, em razão da sua natureza limitada, dependem do outro para viver e, sobretudo, para viver bem – a própria humanidade depende daquela organização política de ajuda mútua em vista do bem comum. Sem a *philia* (amizade) política[17] não há sequer comunidade, muito menos *eudaimonia*. Apenas a boa vontade de uns com os outros é capaz de manter essa condição. Quando um amigo vê no outro as mesmas necessidades que ele poderia estar passando, é como se ele mesmo estivesse sofrendo e, em razão disso, o ajuda. É o sentimento de boa vontade ou benevolência (*eunoia*) característico da *philia*.[18]

O papel do legislador, então, em boa medida, se liga com a *philia*, "Se se deseja fazer com que os homens não se tratem injustamente, basta torná-los amigos, pois os verdadeiros amigos não cometem injustiças um contra o outro".[19] A própria *polis*

---

[12] EN, V, 1134 a, 25 – 35.

[13] Aristóteles dá um tratamento diferente aos demais povos helenos e àqueles que não falam grego, os bárbaros efetivamente, porém, aqui, não se leva em conta essa distinção.

[14] Também traduzida por Legal. Porém, aqui se opta pelo termo justiça por convenção como *âmbito* da justiça (em oposição à justiça natural) para não confundir com justiça legal como *forma* da justiça (em oposição à justiça particular).

[15] Aquele em que o homem vive.

[16] EN, V, 1134 b, 20 – 1135 a.

[17] Descrita em EE VII, 1242 a-b: "Por sua vez, a amizade política está constituída principalmente em função da utilidade que parece que os homens, por não se bastar a si mesmos, se reuniram, mesmo que tenham se reunido também para viver juntos. [...] A amizade baseada na igualdade é a amizade cívica. Esta por um lado se baseia na utilidade, e as cidades são amigas entre si da mesma maneira que os cidadãos". As relações entre *philia* e justiça foram mais bem desenvolvidas em: ALVAREZ, Alejandro. O Direito entre a Ética e a Política.

[18] "[...] o amigo é aquele que leva a cabo, por causa do outro, o que julga que é bom para ele". Ret. I, 1361b.

[19] EE VII, 1234b.

surgira em razão da amizade e apenas a amizade a mantém.[20] A amizade possibilita a identidade entre os amigos, assim como alguém consegue ver as condições trágicas da vida humana que limitam suas escolhas todo o tempo, consegue ver o mesmo cenário na vida do amigo, pois "o amigo é um outro eu".[21]

2.3. Os limites da teoria aristotélica

No entanto, para utilizar-se da matriz teórica da tradição aristotélica, há de se superar os limites da extensão da teoria aristotélica da justiça, particularmente quanto ao ponto apresentado em EN, V, 1134 a, 25, isto é, a justiça política existe em uma comunidade de vida entre pessoas livres e iguais. Aristóteles funda sua *Política* apenas para o cidadão[22] (*polités*), excluindo o bárbaro do âmbito da justiça. Existindo, portanto, uma trama gradual de relações, (i) *quanto aos concidadãos*, tem-se a justiça política, (ii) *quanto à mulher, ao filho e ao escravo*, os diferentes tipos de justiça doméstica; (iii) *quanto ao estrangeiro* a ausência de justiça.[23] Aristóteles é claro ao dizer que: "[...] *a justiça e a injustiça se relacionam com a lei e existem entre pessoas naturalmente sujeitas à lei, as quais são pessoas que têm partes iguais em governar e ser governadas*" (E.N., V, 1134 b, 10). Haja vista que o estrangeiro (não cidadão) não se relaciona desta forma com a lei de outra *polis*, e tampouco pode governá-la, não há com ele, portanto, relação de justiça, de tal forma que as leis da *polis* não devem se preocupar com o bem comum daqueles com os quais não há relação de justiça[24] – o que pode ser resumido na ideia de que não há uma relação de igualdade.

Porém, Tomás de Aquino, nos seus *Comentários à Ética a Nicômaco*, encaminha a tradição à superação dessas preliminares de Aristóteles:

> Compete ao amor que deve existir entre os humanos que um homem conserve o bem mesmo de um só homem, mas é melhor e mais divino que se estenda a todos os povos e a todas as cidades. Com efeito, se é amável que às vezes isto se estenda a uma só cidade, muito mais divino é que se estenda a todas as regiões em que se contêm muitas cidades. Diz que isto é *mais divino* porque pertence à semelhança de Deus, que é a causa universal de todos os bens. A este bem, que é comum a uma ou várias cidades, tende um certo método ou arte, chamado arte política. Logo, à política, por ser principal, pertence considerar sobre todo o fim último da vida humana.[25]

Desta forma, há uma adequação da extensão do justo político às comunidades igualitárias,[26] nas quais a justiça política (tanto natural quanto por convenção) passa a abranger muito do que era justiça doméstica para Aristóteles[27] e passa a incluir alguns que estavam totalmente apartados da esfera da justiça, como o estrangeiro. Admitindo-se uma superação dessas preliminares, cabe analisar efetivamente o justo

---

[20] Pol. III, 1281a, e Pol. IV, 1295b.

[21] EN IX, 1166a e 1169b e 1170b .

[22] Termo que, para Aristóteles, está vinculado àqueles que participam das funções cívico-políticas, na elegibilidade e exercício das magistraturas.

[23] Em relação ao estrangeiro hóspede (*xenos*) há justiça, mas, aqui, não se leva em conta essa distinção.

[24] A preocupação com o bem comum daqueles poderia se justificar pela amizade, porém, em uma primeira análise, parece que, na relação com o estrangeiro, não há a amizade cívica presente na relação de concidadania, tampouco, a busca de determinado bem em comum – em possíveis associações por utilidade ou no caso do hóspede (*xenos*).

[25] Comentários... , I, 15.

[26] Ver: Alasdair MacIntyre. Justiça de quem? Qual racionalidade?

[27] Sob o âmbito da justiça doméstica permaneceriam os incapazes.

legal nas relações com os estrangeiros. Viu-se que o justo diz respeito ao legal e ao igual. Portanto, a análise do problema deve proceder, primeiramente, em perquirir em que medida este problema trata do legal e do igual.

Ainda, percebe-se a fundo a possibilidade de realizar esta crítica quando estudada a ideia de amizade na tradição, ideia abandonada pela Filosofia Política Moderna Para Aristóteles, "A tarefa da política consiste, sobretudo, ao que parece, em promover a amizade".[28] Uma vez que, "Se se deseja fazer com que os homens não se tratem injustamente, basta torná-los amigos, pois os verdadeiros amigos não cometem injustiças um contra o outro".[29] E mais, as instituições que formam a cidade e, consequentemente, permitem a política, e a busca à vida boa são obras da amizade. Tomás de Aquino desenvolve este conceito dentro da concepção de caridade, a qual é tomada de Aristóteles e condensada com as ideias de Santo Agostinho,[30] particularmente o *ordo amoris*, isto é de que a amizade se apresenta de forma subsidiária, na qual todo o homem tem uma parcela.

No entanto, como um dos objetivos do trabalho é analisar as bases da política contemporânea, não é possível o realizar sem analisar os aspectos teóricos e os sinais de sua evidência na política contemporânea através de exemplos contemporâneos. Para somente então, realizar a análise crítica com base na tradição aristotélico tomista, sobre esta teoria. Entretanto, muitas das premissas aqui utilizadas já foram desenvolvidas por outros autores inseridos na tradição aristotélico-tomista, como por exemplo, as críticas às ideias de soberania e à forma moderna de se conceber a cidadania feitas por Jacques Maritain. Em sua obra *o Homem e o Estado*, na qual, defende que soberania foi fundada em erros originais – a saber, sua forma absoluta, indivisível, indissolúvel, inalienável, perpétua e transcendente –, sendo impossível lidar com o conceito, desde sua formulação por Jean Bodin. Assim, propõe como alternativa uma autonomia limitada, que pertence ao corpo político, na qual, este, abrindo mão da ficção do conceito de soberania, da plena independência (que já está limitada no plano econômico) e da independência suprema, pode vir integrar uma sociedade política universal.

5. Análise do caso das usinas de celulose

Entre outubro de 2003 e fevereiro de 2005, o Uruguai, através de lei, decidiu implantar duas "papeleiras" (plantas de processamento de celulose) nas margens do Rio Uruguai, respectivamente das empresas ENCE e Oy Metsä-Botnia Ab. Porém, na outra margem do Rio, está a Argentina. Esta, através de decreto, fechou[31] suas fronteiras terrestres com o Uruguai como protesto em razão do projeto das plantas de celulose, além de dificultar as relações comerciais de importação e exportação entre os dois países, sob o argumento de represália à decisão uruguaia, pois as papeleiras poluiriam o Rio. O Uruguai manifestou-se dizendo que as razões da Argentina

---

[28] EE, VII, 1234 b 24.

[29] EE, VII, 1234 b 33.

[30] De Civ. Dei XI, 28. Ver também: Doutrina Cristã.

[31] Limitou a passagem de pessoas e veículos em uma das pontes e bloqueou a passagem nas demais.

INQUIETAÇÕES JURÍDICAS CONTEMPORÂNEAS

15

não devem ser tomadas em conta, uma vez que sua verdadeira razão seria econômica, senão a própria Argentina não teria em funcionamento, dentro de seu território, seis papeleiras.[32] No ano seguinte, o Tribunal *Ad Hoc* instaurado pelo Mercosul deu ganho de causa ao Uruguai. Em 2010, a Corte Internacional de Justiça entendeu que o Uruguai não descumpriu as normas ambientais internacionais, mas recomendou que tivesse consultado a Argentina.

Este exemplo demonstra exatamente o problema apresentado acima: as leis, tanto do Uruguai, quanto da Argentina, geram efeitos diretos sobre *não cidadãos*. Em que pese apresentar traços de uma comunidade conjunta entre os cidadãos de uma e de outra, pelo menos sob o aspecto de preservação ambiental, como bem comum,[33] desconsideram todos os membros do outro país na elaboração das leis e nas finalidades propostas. O que, apesar de implícito no debate público, se expressa no fato de o Uruguai insistir em remeter o tema ao seu aspecto econômico, uma vez que, nesta seara, o bem comum voltaria a apresentar-se dividido.[34]

Quanto à legalidade, em razão do objeto de apreciação ser determinada lei, parece contrassensual que esta seja ilegal. Porém, a lei pode ser considerada ilegal de quatro maneiras: a) diante dos estrangeiros, haja vista seu limite territorial; b) dependendo do caso, poderia ser considerada inconstitucional (o que também expressa a ideia de Aristóteles de ilegalidade); c) ser contrária ao justo natural; d) contrária aos limites dados pela realidade a determinação do justo por convenção.

Estes três últimos casos de ilegalidade (inconstitucionalidade, contrariedade ao justo natural ou contrariedade aos limites dados pelo justo por convenção) dependem de cada caso e pode-se refutar a ideia de que seja uma expressão de ilegalidade. O que não será o objeto do presente trabalho.[35]

Quanto ao primeiro caso, o limite territorial da lei, deve-se tomar em conta a seguinte diferenciação: uma coisa é estar sujeito à lei e ter que a observar. Entretanto, outra é sofrer apenas os efeitos de uma lei. Na primeira hipótese, é exigida uma ação daquele que está sob o jugo da lei. Na outra, não há uma ação por parte daquele que sofre os efeitos da lei, há resultado de uma ou mais ações de terceiros. Consequentemente, não há ilegalidade haja vista que a ilegalidade exige uma ação.[36]

Por outro lado, o problema proposto apresenta uma patente desigualdade. Como visto, o critério de pertença a uma determinada comunidade política se dá, dentro do arranjo político atual (ou seja, estabelecida dentro dos limites oferecidos pelas ferramentas conceituais da soberania e da ideia de Estado-Nação), através da

---

[32] Esta discussão foi levada aos Tribunais de Haia, de Nova Iorque e do Mercosul, nos quais foram discutidos diversos tratados internacionais. No entanto, a discussão, aqui proposta, não será aprofundada sob o ponto de vista do direito internacional.

[33] A questão ambiental, sob o aspecto do sujeito do bem comum, pode ser remetida a toda a humanidade – aqui, decidiu-se por não explorar este ponto.

[34] Neste trabalho, excluiu-se, por uma razão de espaço, a discussão de se o paradoxo levantado antes está presente da mesma forma quando a comunidade excluída participa de um mesmo bem comum com a primeira e quando não participa. Porém, em razão disso, o exemplo proposto enfrenta o problema no âmbito menos controverso, ou seja, quando há um bem comum conjunto.

[35] Em uma análise mais aprofundada desenvolve-se essa discussão e suas consequências, porém, aqui, em razão da fragmentação já referida, optou-se pela sua supressão.

[36] Sob tal argumento, poderia ser aventada a hipótese de que não havendo ação não poderia o problema apresentado ser tratado através da teoria justiça, uma vez que esta exige, também, uma ação. Porém, vale lembra que há uma ação por parte dos cidadãos que, dentro do território do primeiro país, obedecem à lei.

cidadania. Porém, a cidadania não é um critério adequado de pertença a uma comunidade. O critério adequado é a identidade de bem comum,[37] de felicidade buscada, entre aqueles que convivem no mundo, assim, concebe-se o justo como aquilo que produz ou preserva a felicidade ou seus elementos para a comunidade política.[38] Desta forma, não há uma diferença essencial entre os membros desta comunidade maior que justifique uma exclusão de seu caráter de sujeito do âmbito da justiça – pelo contrário, há uma igualdade em dignidade. Por consequência, quando determinados agentes obedecem a uma lei a qual estão sujeitos, porém que não visa ao bem comum[39] de todos membros da comunidade,[40] há uma ruptura do justo legal[41] através da desigualdade. O que se dá, também, quando, sob o regime democrático, membros iguais foram excluídos da deliberação pública.

A solução, que já se tornou lugar comum, apresentada para tal problema seria a formação de blocos comunitários, como a União Europeia. Entretanto, ao que tudo indica, esta solução não supera os limites dados pela cidadania. A ampliação parcial de membros da comunidade é apenas uma melhora quantitativa quando pensada nesses padrões. Seria como dizer que, no Brasil, em razão de sua extensão, o problema da legitimidade destas leis que afetam ao *outro* seja menor do que no Uruguai – mas não é assim. A solução qualitativa deste problema perpassa pela redefinição dos critérios de pertença de uma comunidade, de modificações qualitativas dos conceitos de cidadania e soberania – o que evidentemente não se dá nos blocos como a União Europeia. Uma prova disto é a revolta, na França, em 2005, de pessoas excluídas da cidadania (total ou parcialmente). E esta redefinição só estará pronta quando passe pela prova do justo legal.

6. Aplicação dos conceitos aristotélicos ao caso

O exemplo dado demonstra uma situação de desigualdade. As leis envolvidas são pensadas dentro do paradigma da cidadania, ou seja, uruguaios por um lado e ar-

---

[37] Como visto supra, o presente trabalho limita-se à análise de um bem comum conjunto entre todos aqueles que sofrem o efeito da lei.

[38] "Diz, pois, primeiro, que as leis versam sobre tudo aquilo que possa demonstrar-se que se refere a algo útil, ou para toda a comunidade, como ocorre nas comunidades políticas retas nas quais se tende ao bem comum. [...] Como toda a utilidade humana se ordena finalmente à felicidade é claro que, em um sentido, se diz justo legal o que produz e conserva a felicidade e seus componentes, ou seja, aquilo que se ordena à felicidade, seja principalmente como as virtudes, seja instrumentalmente como as riquezas ou outros bens exteriores deste tipo. Isto, com relação à comunidade política, à qual observa o estabelecido pela lei". Tomás de Aquino. Comentários... V, 639.

[39] Portanto, pode-se dizer que estas leis não se relacionam diretamente com o justo legal, seriam, sob a óptica de Tomas de Aquino leis sem exame (que se considera, no presente trabalho, como um dos critérios de legitimidade das leis.): "Se a lei é estatuída retamente com relação a estes fins [ordenada ao bem comum] se diz que é uma lei reta. Das demais se diz que são leis sem exame (ou *apostamasmenos*, de *a* (sem), *potachios* (ciência) e *menos* (exame)), leis estabelecidas sem exame da ciência. Ou sem reflexão ou *schedos*, ditame improvisado. Daí *schediazo*, fazer algo de improviso. Por isso pode chamar-se lei sem previsão (ou *aposchediasmenos*), que carece da devida providência". Tomás de Aquino. Comentários... V, 640.

[40] "[...] toda comunidade é constituída em vista de algum bem. [...] É, então, manifesto que, na medida em que todas as comunidades visam algum bem, a comunidade mais elevada de todas e que engloba todas as outras visará o maior de todos os bens". Aristóteles. Política, I, 1252 a.

[41] Considerando-se a justiça como forma de realizar o bem comum imediatamente à comunidade (considerada como a totalidade de seus membros e não algo apartado) e mediatamente em relação aos particulares. Ver: Luis Fernando Barzotto. Filosofia do Direito: Os Conceitos Fundamentais e a Tradição Jusnaturalista.

gentinos do outro. Os cidadãos dos dois países fazem parte de uma comunidade única tanto sob a óptica ambiental quanto econômica, visando ao mesmo bem comum.[42] Desta forma, não há uma diferença essencial entre os membros desta comunidade maior que justifique uma exclusão de seu caráter de sujeito do âmbito da justiça, pelo contrário, há uma igualdade em dignidade. Do que se infere que se tratando de países, sob o regime democrático, membros iguais foram excluídos da deliberação pública, a democracia foi corrompida e o injusto legal instituído. Porém, desta breve análise, que identificou um cenário aonde predomina o injusto legal, não surge uma solução imediata,[43] exceto a necessidade, por parte destes países (como os demais que se fundam no mesmo modelo), de repensar o processo de decisão política e os fundamentos conceituais que o operam.

A lei em Aristóteles tem o papel de estabelecer a medida das relações de justiça dentro da *pólis* e de conduzir os homens à virtude. Assim, ela só pode ser interpretada em função de laços de comunidade. Os cidadãos sabem que, em razão da sua natureza limitada, dependem do outro para viver e, sobretudo, para viver bem – a própria humanidade depende daquela organização política de ajuda mútua em vista do bem comum. Sem a *philia* (amizade) política[44] não há sequer comunidade, muito menos *eudaimonia*. Apenas a boa vontade de uns com os outros é capaz de manter essa condição. Quando um amigo vê no outro as mesmas necessidades pelas quais ele poderia passar, é como se ele mesmo estivesse sofrendo e, em razão disso, o ajuda. É o sentimento de boa vontade ou benevolência (*eunoia*) característico da *philia*.[45]

Uma das grandes preocupações que o bom legislador deve ter em mente, segundo Aristóteles, é a conservação do regime,[46] isto é, evitar a *stasis*, a discórdia civil. Essa preocupação é legítima na teoria política aristotélica, uma vez que, como fora desenvolvido na EN, a virtude e a justiça dependem em larga medida da lei. A alteração do regime poderia levar os seus *spoudaios* à perda da justiça e da própria *eudaimonia*, pois a virtude, como visto, só existe em um regime concreto. Assim, a conservação do regime representa a conservação da própria justiça, da virtude e consequentemente das condições à *eudaimonia*. Aquele homem de bem que durante um longo período de tempo se engajou em seguir a lei, tornando-se um bom cidadão (e, se o regime fosse bom, um homem bom), teria sua condição ameaçada se aquele regime que lhe dava guarida caísse em *stasis*. Por exemplo, se um bom cidadão espartano (isto é, um bom guerreiro) não tivesse mais o regime de Esparta a lhe a

---

[42] Como visto acima, o presente trabalho limita-se à análise de um bem comum conjunto entre os membros dos dois países. Desta forma, considera-se o aspecto ambiental e econômico apenas no âmbito de um mesmo bem comum.

[43] Se ambos os países se reunissem para resolver o problema, poderia se dar o injusto perante os brasileiros, e, se o Mercosul se reunisse, ainda restaria uma grande quantidade de afetados. Para o aprofundamento desta análise, há de se determinar o que se entende por afetados imediatamente, isto é, definir quais os limites da responsabilidade da ação.

[44] Descrita em EE VII, 1242 a-b: "Por sua vez, a amizade política está constituída principalmente em função da utilidade que parece que os homens, por não se bastar a si mesmos, se reuniram, mesmo que tenham se reunido também para viver juntos. [...] A amizade baseada na igualdade é a amizade cívica. Esta por um lado se baseia na utilidade, e as cidades são amigas entre si da mesma maneira que os cidadãos". As relações entre *philia* e justiça foram mais bem desenvolvidas em: ALVAREZ, Alejandro. As relações entre Ética, Política e Direito em Aristóteles.

[45] "[...] o amigo é aquele que leva a cabo, por causa do outro, o que julga que é bom para ele". Ret. I, 1361b.

[46] Discorreu-se largamente sobre isso em: ALVAREZ, Alejandro Montiel. *As relações entre Ética, Política e Direito em Aristóteles*.

emprestar a sua lei, não teria mais suas virtudes. Apartado de Esparta, se assemelharia a uma besta, analogamente a Príamo, que, quando sucumbiu Troia, se tornou um homem "sem família, sem lei e sem lar" e, consequentemente, perdeu a possibilidade de viver plenamente como um homem.[47] O episódio da condenação de Sócrates também demonstra isso: mesmo condenado à morte, ele se nega a fugir de Atenas e viver sem suas leis.[48]

A principal causa de *stasis* é aquela que se inicia da disputa entre os seus cidadãos. O legislador deve evitar a desagregação social, inclusive quando baseada na busca pela justiça. A busca por essa justiça nos pormenores, segundo Aristóteles, pode acarretar, inclusive, na situação de constantes alterações nas leis e nos costumes, e consequentemente, no Regime. Por isso que: "[...] os indivíduos que teriam motivos mais que justos para se revoltarem, ou seja, os que se regem na sua conduta pela justiça, são os que, na verdade, menos se interessam pela revolta".[49]

Deve-se ser condescendente com os demais, pois isso é um fator estabilizador do regime e, indiretamente, da própria virtude e *eudaimonia* visada pela lei. Assim como a falta de justiça impossibilita o homem de se tornar plenamente desenvolvido, o excesso de justiça pode impedir o homem de atingir a excelência, pois fragiliza a estrutura da comunidade mantida pela *philia*.

O exemplo acima impõe a reflexão se esse laço de *philia* não deve ser estendido àqueles que têm preocupações comuns a todos os homens. Para Aristóteles, os cidadãos são amigos (*philos*), pois vivem sob critérios comuns de justiça os quais permitem a preservação da cidade. Hoje, poderíamos ampliar essa unidade, cujo fundamento é a própria natureza humana, a um círculo maior de homens: todos aqueles que dependem de uma ordem política mais ampla e necessária do que a cidade: uma ordem humana. Um conceito agostiniano parece que resolveria esse problema: *ordo amoris*. Conceito pelo qual Agostinho introduz a ideia de que o amor deve reinar entre os homens que foram criados para viver como irmãos.[50]

A insuficiência do sistema atual observada no exemplo é que não vislumbra esses laços de *philia* que permitiriam escutar ao outro como um igual na natureza insuficiente do homem. Sem as quais qualquer tentativa de observar ou mesmo deixar de observar às demandas de não cidadãos geram um problema de legitimidade das leis produzidas ali.

7. Conclusão

Primeiramente, não se pode esquecer que o presente escrito não pretende ser mais do que um ensaio, apenas objetivando levantar alguns *insights* sobre um problema. Estes deverão ser abordados de forma mais profunda e sistemática posteriormente.

---

[47] Pol. I, 1253a.

[48] PLATÃO. *Críton* 53c.

[49] Pol. V, 1, 1301a. Ver também: 1303a.

[50] AGOSTINHO. *A cidade de Deus*, XIV, 28.

A política contemporânea é pensada dentro dos limites da ideia de soberania e, consequentemente, uma concepção particular de cidadania que lhe corresponde. Essa forma de pensar a política tem sua causa na mudança das relações entre a ética e a política que houve na modernidade, uma vez que, então, estes dois campos foram profundamente cindidos, em razão da perda de uma concepção comum de vida boa. Em consequência, as sociedades contemporâneas: a) não são pensadas conforme a necessidade de autossuficiência (que possibilita ser pensada em um âmbito maior e menor), e sim, de um acordo (que é estanque e a-histórico); b) se fundam apenas na justiça e abandonam as relações de amizade (concórdia e *ordo amoris*); c) instituem um processo contínuo de exclusão da figura do "outro"; d) fomenta o individualismo.

Bibliografia

AGOSTINHO. *A cidade de Deus.* Vozes, Petrópolis, 1990.

——. *Doutrina Cristã.* São Paulo: Paulus, 2002.

ALVAREZ, Alejandro Montiel. *O Direito entre a Ética e a Política*: Perspectiva aristotélica. Porto Alegre: Sergio Antonio Fabris Editor, 2012.

AQUINO, Tomás de. *Suma Teológica.* São Paulo: Loyola, 2005. Volumes IV, V e VI.

——. *Comentários a la Ética a Nicómaco de Aristóteles.* Pamplona: Eunsa, 2000.

——. *Comentario a la Política de Aristóteles.* Pamplona: Eunsa, 2001.

ARENDT, Hannah. *Origens do totalitarismo.* São Paulo: Companhia das Letras, 1989.

ARISTÓTELES. *The Complete Works by Aristotle.* Vol. I e II. Edited by BARNES, Jonathan. Princeteon: Princeton University Press, 1995.

——. *Obras.* Madrid: Aguilar, 1982.

——. *Política.* Lisboa: Ed. Vega.

——. *Ética Nicomáquea e Ética Eudemia.* Madrid: Gredos, 1985.

BARZOTTO, Luis Fernando. *A Democracia na Constituição.* São Leopoldo: Editora Unisinos, 2005.

——. *Filosofia do Direito*: Os Conceitos Fundamentais e a Tradição Jusnaturalista. Porto Alegre: Livraria do Advogado, 2010.

MACINTYRE, Alasdair. *Justiça de quem? Qual racionalidade?* São Paulo: Loyola, 1991.

MARITAIN, Jacques. *O Homem e o Estado.* Rio de Janeiro: Agir, 1966.

VOEGELIN, Eric. *A nova ciência da política.* Brasília: Editora UNB, 1982.

— 2 —

Expressões da racionalidade contratual contemporânea (cooperação)

ANA MARIA BLANCO MONTIEL ALVAREZ[1]

Sumário: Introdução; Parte I. Racionalidade contratual contemporânea: o paradigma da cooperação; 1. Confiança e boa-fé objetiva; 2. A contribuição de Ascarelli (os contratos plurilaterais); Parte II. Expressões da racionalidade contratual contemporânea; 1. Supracontratualidade e redes contratuais.; 2. Contratos coligados e contratos conexos.; 2.1. A questão dos contratos conexos; 3. Contratos relacionais; Conclusão; Referências bibliográficas.

Introdução

Este artigo tem por base aula elaborada para os alunos da graduação da disciplina de Direito Civil (Contratos), e tem como objetivo geral examinar as teorias em matéria de direito contratual que se voltam à explicação da complexa realidade contratual hodiernamente experimentada. O contrato, esse antigo instituto jurídico, reinventa-se a todo momento, com tanto vigor e de formas tão variadas, que até a sua definição sofre efeitos, e daí a pertinência da advertência de Judith Martins-Costa no sentido de que "seja qual for a perspectiva adotada – histórica, teórica, pragmática ou comparatista –, não há um seu conceito imutável e naturalistamente apreensível", e que, tal como a história, o contrato não obedece à linearidade.[2]

Na racionalidade contratual contemporânea, fruto do exercício de pensar e manejar o contrato segundo os preceitos da confiança e da boa-fé objetiva, e ditada pela ideia de cooperação, estão inseridos temas os quais guardam afinidade, mas são em sua essência distintos: contratos plurilaterais, supracontratualidade, redes contratuais, contratos coligados, contratos conexos e contratos relacionais. Como objetivo específico, este trabalho busca abordar a noção conceitual de cada um desses pontos e distingui-los uns dos outros, capacitando os alunos para a complexa realidade contratual com a qual vão, inevitavelmente, se confrontar, e chamando-os ao estudo de tais questões.

---

[1] Graduada em Ciências Jurídicas e Sociais PUCRS, especialista em Direito Civil UFRGS, mestre em Direito UFRGS, professora de Direito Privado junto à ULBRA Campus Torres, advogada.

[2] MARTINS-COSTA, Judith. Contratos. Conceito e evolução, *in* LOTUFO, Renan; NANNI, Giovanni Ettore (coord.). *Teoria Geral dos Contratos*. São Paulo: Atlas, 2011, p. 23-66, p. 24-25.

Adverte-se que, em sendo o presente trabalho fruto da organização do material pesquisado para a elaboração de uma aula de graduação, não há a pretensão de esgotar os temas que constituem seus objetivos geral e específico. Tal circunstância explica, outrossim, o fato de as referências bibliográficas utilizadas restringirem-se a textos elementares acerca dos temas aqui tratados. Assume-se, por consequência, o risco da ausência injusta de alguma obra, artigo ou julgado importante à abordagem dos pontos aqui examinados.

Por finalidade última, este artigo se propõe a contribuir, ainda que modicamente, ao desenvolvimento de uma específica competência por parte dos operadores do direito, qual seja a de envolver-se com o instigante labor de refletir o contrato, no tempo e circunstâncias em que se coloca, imerso na cultura e na experiência que o contextualiza. Mas, sobretudo, porque se pretende contribuir ao desenvolvimento de tal competência já nos bancos da graduação é que se organizam essas palavras em reflexão, dedicando-se inteiramente este trabalho aos primeiros alunos desta autora, do campus ULBRA Torres.[3]

Parte I. Racionalidade contratual contemporânea: o paradigma da cooperação

Percebe-se em matéria de direito das obrigações, em simples exame panorâmico da literatura especializada, uma crescente atenção aos princípios da confiança e da boa-fé objetiva, os quais, dentro da lógica da obrigação como processo, ganham desenvoltura ímpar, em busca não de qualquer adimplemento, mas de um adimplemento satisfatório. Essa relevância assumida por tais princípios não autoriza supor que confiança e boa-fé inexistissem no ordenamento ou na cultura jurídica brasileira.[4] Mas tal qual ocorre em relação ao estudo de qualquer objeto, a mudança de perspectiva em relação ao objeto pode lançar luzes sobre aspectos pouco explorados, ou, no caso, pouco refletidos.

---

[3] Jamais conseguirei expressar em palavras, como duvido que outro professor possa, o quanto sou grata por tudo que aprendi com os meus alunos até aqui, sobretudo os primeiros. A homenagem rendida é tão merecida que permite a exceção à linguagem impessoal, do que faço uso sem constrangimento neste breve, mas sincero *muito obrigada*.

[4] É pertinente referir a previsão legal da boa-fé já no art. 131 do Código Comercial de 1850, compreendia e aplicada sob perspectiva absolutamente diferente da que se coloca atualmente, ilustrada por caso selecionado por Paula Forgioni, julgado em 1913 pelo Tribunal de Justiça de São Paulo. Dois comerciantes negociaram a venda de um estabelecimento comercial, assumindo o vendedor o compromisso de não abrir negócio de ramo idêntico na mesma rua na qual se localizava o negócio vendido. No entanto, o vendedor abriu negócio em rua próxima àquela em que possuía outra o negócio objeto de venda. O comprador judicializou a questão argumentando a "violação positiva do compromisso". O Tribunal, no entanto, acolheu a tese do vendedor no sentido de que o compromisso se restringia à vedação de abertura de negócio na mesma rua. Como a autora questiona, nos dias atuais, e segundo a compreensão de boa-fé que hoje se tem, a solução dada seria idêntica? FORGIONI, Paula. A interpretação dos negócios empresariais no novo Código Civil brasileiro, in *Revista de Direito Mercantil, industrial, econômico e financeiro* (Nova série), Ano XLII, n. 130, abril-junho de 2003, p. 7-38, p. 30-31. Já Jorge Cesa anota uma "(re)introdução do tema [boa-fé] na doutrina", olvidada sobretudo no período de 1950 a 1980, e retomada expressa e implicitamente em nosso ordenamento jurídico a partir do Código de Defesa do Consumidor (lei 8.078/90). SILVA, Jorge Cesa Ferreira da. Princípios de direito das obrigações no novo Código Civil, in SARLET, Ingo W. (org.), O Novo Código Civil e a Constituição. Porto Alegre: Livraria do Advogado, 2003, p. 99-126, p. 116. Sobre a não previsão da boa-fé no Código Civil de 1916 e o seu tratamento, ver COUTO E SILVA, Clóvis do. O princípio da boa-fé no Direito Brasileiro e Português, *in* FRADERA, Véra Maria Jacob de (org.). *O Direito Privado brasileiro na visão de Clóvis do Couto e Silva*. Porto Alegre: Livraria do Advogado, 1997, p. 33-58.

A obrigação deixou de ser explicada exclusivamente por seus elementos internos e externos para ser compreendida como um encadeamento de fatos inter-relacionados[5] que ligam duas ou mais pessoas, irradiando, na esfera jurídica dessas pessoas, deveres jurídicos de prestação[6] e deveres instrumentais,[7] em vista de um fim, que, no caso, é o adimplemento satisfatório ou adequado.[8] Essa perspectiva diferenciada da obrigação pressupõe as fases que compõem esse processo: a primeira, do nascimento e desenvolvimento dos deveres relativos à obrigação, e a segunda, do adimplemento; a primeira fase organizando-se em função da segunda. Essa *organização* em vista do *adimplemento qualificado* requer a observação dos princípios que condicionam o desenvolvimento da obrigação, entre os quais se inserem os princípios da confiança e da boa-fé.[9]

Assim, a primeira grande observação a se fazer no que diz respeito à racionalidade contratual contemporânea se assenta na proeminência que os princípios da confiança e da boa-fé objetiva alcançaram em matéria de direito das obrigações:[10] o primeiro promovendo a tutela das legítimas expectativas geradas de parte a parte, e o segundo impondo às partes uma conduta ética, proba, leal, honesta, transparente. São princípios distintos, os quais, para além de sua gênese no princípio geral da confiança, se inter-relacionam pela ideia de cooperação. Respeitar as legítimas expec-

---

[5] Clóvis do Couto e Silva se utiliza de processo no sentido mesmo utilizado pelo Direito Canônico, de *procedere*, para expressar esse encadeamento como "uma série de atos relacionados entre si, condicionados um ao outro e interdependentes". COUTO E SILVA, Clóvis V. *A obrigação como processo*. Rio de Janeiro: FGV, 2006.

[6] Os deveres de prestação compreendem os deveres (a) principais ou primários, que "constituem o núcleo, a 'alma da relação obrigacional', tendo em vista o atingimento de seu fim", e (b) secundários ou acidentais, subdivididos em (b.1) meramente acessórios ou anexos à obrigação principal, que "se destinam a preparar o cumprimento ou assegurar a sua perfeita realização", e (b.2) com prestação autônoma, que "se apresentam como um sucedâneo da obrigação principal (como o dever de indenização que surge diante da impossibilidade de prestar o prometido) ou de maneira coexistente com o dever principal (o caso de indenização por mora, que coexiste com o dever principal)". Ver MARTINS-COSTA, Judith. H. *Comentários ao Novo Código Civil* – Do Direito das Obrigações, do Adimplemento e da Extinção das Obrigações. Vol. V, T. I, 2ª ed. (2ª tiragem) Rio de Janeiro: Forense, 2006, p. 46 e 47.

[7] Estes também ditos deveres secundários, anexos ou instrumentais, que resultam da incidência da boa-fé. Quanto a tais deveres, ver COUTO E SILVA, Clóvis V. A obrigação como processo..., p. 92 e ss.; MARTINS-COSTA, Judith. H. *Comentários ao Novo Código Civil* – Do Direito das Obrigações, do Adimplemento e da Extinção das Obrigações..., p. 47 e ss.

[8] Esse adimplemento se traduz na satisfação efetiva do credor em vista da finalidade pela qual a obrigação foi entabulada. Não corresponde, assim, somente a uma causa extintiva do vínculo obrigacional, mas, como pontua MARTINS-COSTA, "elemento decisivo na própria formulação do conceito de relação obrigacional, constituindo a sua própria finalidade". Nessa linha, diz-se adimplemento qualificado "como atuação completa e exata do conteúdo da relação obrigacional que, ao mesmo tempo, realiza o fim da obrigação, satisfazendo e liberando [do devedor]. Nesse sentido, pode-se afirmar que o adimplemento constitui 'atuação da prestação' devida. É que, ao mesmo tempo em que realiza o 'comportamento qualificadamente devido' (prestação debitória, em sentido amplo) e é, neste sentido, um meio de liberação do devedor, o adimplemento assegura, em linha de princípio, a satisfação do interesse do credor como interesse na conduta ou ação de prestar e como interesse no resultado da prestação.". MARTINS-COSTA, Judith. H. *Comentários ao Novo Código Civil* – Do Direito das Obrigações, do Adimplemento e da Extinção das Obrigações..., p.116-118.

[9] Clóvis do Couto e Silva refere que "o desenvolvimento da relação obrigacional, polarizado pelo adimplemento, está condicionado por certos princípios gerais, ou específicos a cada tipo de obrigação, ou comuns a alguns deles", e inclui entre os princípios gerais os princípios da autonomia da vontade, da boa-fé e da separação entre as fases nascimento/desenvolvimento e adimplemento, princípios sobre os quais detém seu exame. COUTO E SILVA, Clóvis V. *A obrigação como processo*..., p. 23 e ss. Não havendo exclusão de outros princípios gerais,e dada a relevância que o princípio da confiança assumiu, é importante incluí-lo como um dos princípios vetores em matéria de direito das obrigações.

[10] Judith Martins-Costa sustenta que a boa-fé, em sua expressão objetiva, subverteu o direito obrigacional, em que pese a boa-fé conviva com o direito há dois mil anos, MARTINS-COSTA, Judith. *A boa-fé no Direito Privado*: sistema e tópica no processo obrigacional. São Paulo: Revista dos Tribunais, 1999, p. 409-410.

tativas geradas ao parceiro contratual e adotar uma postura ética em sentido amplo, não é outra coisa senão cooperar, colaborar em prol de um objetivo comum. Coloca-se, assim, uma nova referência em matéria de direito das obrigações – a cooperação –, que, por óbvio, irradia no direito contratual.

Conquanto o contrato possa ser representado classicamente por interesses que se antagonizam (por exemplo, um contratante quer vender enquanto o outro quer comprar), há, na realidade, uma confluência dos interesses postos em causa, que resulta num objetivo comum (no caso do exemplo dado, promover a troca, com a ultimação do negócio realizado). Não há, pois, sentido que, comungando as partes de um mesmo objetivo, a cooperação possa ser colocada em plano secundário.

Frente aos contratos "complexos"[11] que a realidade hodierna traz não é diferente, a cooperação baliza, talvez com mais acento, a performance das partes. Embora esses contratos possam ser representados por posições antagônicas, esse antagonismo entre as partes perde muito de sua expressividade, se, por exemplo, pensarmos em contratos que se explicam pela supracontratualidade e naqueles tidos por plurilaterais. A nota característica de tais contratos não se resume a sua complexidade, se expressa também por sua acentuada necessidade de cooperação. Nesses contratos, que se explicam pelas teorias a serem examinadas, os princípios da confiança e da boa-fé objetiva têm especial relevância e incidência.

1. Confiança e boa-fé objetiva

O princípio da confiança guarda estreita relação com a chamada Teoria da Aparência do Direito, a qual articula já há bastante tempo, por exemplo, soluções em matéria de regulação dos efeitos jurídicos de um negócio, sobretudo no que diz respeito aos problemas relativos à representação.[12] Em relação a tal teoria, Larenz refere a proteção que o ordenamento jurídico dispensa à "fe en la realización o subsistencia de un vinculo o autorización (así, un poder) efectuada mediante un negocio jurídico y que no se funda, o no se basa exclusivamente, en una declaración de voluntad – imputable como tal –, sino en la aparencia de una situación jurídica correspondiente, producida de modo distinto". Essa teoria, refere Larenz mais adiante, traduz a responsabilidade pela confiança.[13]

Em que pese a Teoria da Aparência do Direito tenha se assentado em larga medida na boa-fé, sobretudo porque um de seus objetivos é exatamente tutelar quem, de boa-fé, confiou na existência de dada situação jurídica, essa teoria contribuiu de forma decisiva para a percepção do que concerne à confiança, para dela se extrair a função precípua de tutelar a legítima expectativa gerada frente a alguém, indepen-

---

[11] Diz-se complexo dada a complexidade que cerca desde a fase pré-contratual, e se impõe ao longo da execução dos contratos que se explicam pelas teorias a serem examinadas.

[12] A Teoria da Aparência do Direito não se restringe aos negócios jurídicos, em realidade, ela conforma inúmeras soluções no direito, desde a presunção da paternidade na constância do casamento, como as questões relativas ao erro no negócio jurídico, ou à aquisição de determinado bem por terceiro de boa-fé. Sobre a Teoria da Aparência do Direito ver também GOMES, Orlando. *Transformações gerais do direito das obrigações*, 2ª ed. aumentada, São Paulo: RT, 1980, p. 114 e ss.

[13] LARENZ, Karl. *Derecho civil*: parte general. Traducción y notas de Miguel Izquierdo y Macías-Picavea. EDERSA, 1978, p. 823.

dentemente da persecução sobre sua boa-fé subjetiva.[14] Desde que essa contribuição foi dada, como solução aos casos problemáticos que a vida em relação na sociedade recorrentemente coloca ao direito, a confiança assumiu legitimamente o posto de princípio norteador do direito das obrigações.

O princípio da confiança tutela as legítimas expectativas, que assim se reputam porque dizem respeito a uma situação fática qualificada juridicamente, daí originando relações jurídicas. Em certo sentido, as expectativas legítimas são direitos subjetivos *lato sensu* baseados em atos de confiança suscitados por uma pessoa na outra, mas o conceito que melhor as expressa é o de que "são o nome que se atribui a uma relação jurídica específica, nascida de atos e fatos que não se enquadram dentro da tradicional classificação das fontes das obrigações, mas que, em razão da necessidade de proteção da confiança, produzem uma eficácia específica".[15]

Assim, em dada negociação para fins de conclusão de um contrato, comportamentos que expressem uma aquiescência futura, mas certa, podem produzir eficácia jurídica, gerando um vínculo obrigacional, se suscitarem na contraparte a legítima expectativa de que o negócio se concretizaria. Tome-se também, por exemplo, contrato já concluído, mas em cuja fase pré-contratual uma das partes dá a entender que o conteúdo de sua prestação seria x, gerando a legítima expectativa na contraparte quanto a tal conteúdo, daí impondo-se a adequação da prestação à expectativa gerada.

O princípio da boa-fé objetiva, por sua vez, centra-se num pressuposto ético, impondo às partes uma "regra de conduta fundada na honestidade, na retidão, na lealdade, e, principalmente, na consideração para com os interesses do 'alter', visto como um membro do conjunto social que é juridicamente tutelado".[16] Distingue-se a boa-fé *objetiva* da boa-fé *subjetiva* porque esta se liga à intenção que está no agente, as suas convicções psicológicas, aspecto que, embora importante, tem sua persecução restrita, uma vez que são os fatos objetivamente considerados os de maior relevância para o ordenamento jurídico.

Outrossim, é importante destacar que a boa-fé objetiva cumpre três funções distintas entre si, todas abarcadas pelo Código Civil: a) como critério de interpretação, e é nesse sentido que vem posta pelo art. 113; b) como criadora de deveres instrumentais ao alcance do adimplemento adequado, expressando-se pelo art. 422; e c) como norma balizadora do exercício de direitos subjetivos e potestativos, consoante art. 187.[17] No cumprimento de qualquer das suas funções, a boa-fé objetiva

---

[14] Ressaltando a contribuição da teoria da aparência ao que denomina de teoria da confiança, ver BRANCO, Gerson Luiz Carlos. *A proteção das expectativas legítimas derivadas das situações de confiança*: elementos formadores do princípio da confiança e seus efeitos, *in* Revista de Direito Privado, 12, Ano 3, outubro-dezembro 2002, p. 169-225, p. 171-172. A perspectiva da aparência pelo viés da confiança é de matriz alemã, e voltou-se principalmente aos problemas relativos aos direitos fundados em títulos formais os quais não correspondem à realidade, como ensina GOMES, Orlando. *Transformações gerais do direito das obrigações...*, p. 117.

[15] BRANCO, Gerson Luiz Carlos. *A proteção das expectativas legítimas derivadas das situações de confiança*: elementos formadores do princípio da confiança e seus efeitos..., p.179-180.

[16] Quem melhor do que a autora que se tornou referência no tema para expressar o conceito de boa-fé objetiva? As palavras, claro, são todas dela. MARTINS-COSTA, Judith. *A boa-fé no Direito Privado...*, p. 412.

[17] A propósito das operatividades da boa-fé objetiva, ver MARTINS-COSTA, Judith. Os campos normativos da Boa-fé objetiva: as três perspectivas do Direito Privado Brasileiro, *in* Antonio Junqueira de Azevedo; Heleno Taveira Tôrres; Paolo Carbone. (Org.). *Princípios do Novo Código Civil Brasileiro e outros temas*. Homenagem a Tullio Ascarelli. São Paulo: Quartier Latin, 2008, p. 388-421.

traz contribuições importantíssimas em matéria de direito contratual, solucionando controvérsias relativas à interpretação de cláusulas ou mesmo comportamento das partes contratantes; estabelecendo deveres que se ligam funcionalmente ao alcance do adimplemento; limitando exercício de direitos, mesmo aqueles que o próprio contrato institui, daí decorrendo uma série de teorias incidentais ao adimplemento.

O princípio da boa-fé objetiva tem seu ponto de contato com o princípio da confiança na colaboração intersubjetiva entre as partes, em prol do que ambos os princípios trabalham. Atente-se ao fato de que, de um lado, a confiança tutela as legítimas expectativas, enquanto, de outro, a boa-fé impõe a consideração com os interesses do outro. Há uma complementação de um princípio pelo outro, os quais, postos na dinâmica do contrato, podem alcançar a sinergia perfeita na consecução do fim último almejado.

E é precisamente desta sinergia perfeita que dependem os contratos que se explicam pela plurilateralidade, pela supracontratualidade, e também os contratos em rede, coligados, relacionais e conexos, porque é a cooperação, ponto comum da confiança e da boa-fé objetiva, que expressa a racionalidade subjacente a tais contratos. Fora dessa lógica, o que esses contratos alcançam são somente resultados isolados, tanto do ponto de vista econômico quanto jurídico, os quais podem expressar adimplemento somente em sentido parcial, impróprio, mas jamais o adimplemento que o polariza como processo obrigacional que é.

2. A contribuição de Ascarelli (os contratos plurilaterais).

Tullio Ascarelli contribuiu expressivamente à teoria contratual nacional ao desenvolver a ideia de contrato plurilateral.[18] Sua clara e declarada intenção cinge-se (1) à refutação da compreensão doutrinária segundo a qual a sociedade se constitui por meio de um ato complexo; e (2) à defesa da compreensão doutrinária pela qual a sociedade se constitui por meio de um contrato, acrescendo a tal compreensão uma perspectiva absolutamente inovadora, capaz de solucionar problemas que uma concepção contratualista da sociedade até então não lograva alcançar.

Ao defender a concepção contratualista da sociedade, Ascarelli não deixa de ver o antagonismo que se coloca no contrato de sociedade, como em qualquer outro contrato até então era perspectivado, mas centra a proeminência dessa antagonização de interesses à constituição da sociedade, exemplificando tal circunstância com a avaliação relativa às contribuições de cada sócio e sua participação na administração, lucros e perdas da sociedade.

---

[18] O texto fundamental, sob título "O contrato plurilateral", consta em ASCARELLI, Tullio. Problemas das sociedades anônimas e direito comparado, 2ª ed.. São Paulo: Saraiva, 1969 (p. 255-312). A primeira edição deste livro de Ascarelli é de 1947, e em 1944 Waldemar Ferreira também escreveu sobre o tema, embora não com tanta propriedade (Instituições de Direito Comercial). A ideia de contrato plurilateral já vinha sendo desenvolvida pela doutrina estrangeira, sobretudo a italiana, como refere o próprio Ascarelli, o qual, aliás, na Itália vinha se dedicando ao tema desde a década de 30 do século passado. Como espécies de contrato plurilateral, Ascarelli identifica a sociedade, a associação, e, também, os chamados contratos plurilaterais normativos, centrando, no entanto, a sua atenção ao primeiro. Para um estudo comparativo entre sociedade e associação, de acordo com a legislação vigente, ver SZTAJN, Raquel. Associações e sociedades: semelhanças e distinções à luz da noção de contrato plurilateral, in *Revista de Direito Privado* vol. 21, 2005, p. 223-234.

No entanto, Ascarelli destaca que, uma vez superada a constituição da sociedade, a antagonização de interesses, embora ainda presente durante a vida da sociedade, passa a se conjugar com a finalidade comum a todos os sócios, o que reforça a compreensão de que a sociedade é instrumentalizada por um contrato. Para a constituição de sociedade, diz Ascarelli, "não só é necessária a unanimidade, mas tôdas as partes se encontram, por assim dizer, no mesmo plano; no mesmo plano, em posição de igualdade e em contraposição de interêsses.", de tal maneira que "O conflito de interêsses – evidente na constituição e subsistente durante a vida da sociedade – permite falar de contrato e excluir o ato complexo; a comunhão de objetivo, por sua vez, distingue êsse contrato dos de permuta".[19]

Para Ascarelli, as peculiaridades que cercam o contrato pelo qual se constitui uma sociedade indicam que este se insere numa categoria de contrato: o contrato plurilateral. Essa categoria se expressa nas seguintes e principais peculiaridades. Em primeiro lugar, na possível participação de mais de duas partes, o que não é o mesmo que dizer "dois contratantes ou mais". Um contrato de compra e venda pode ter mais de um comprador e mais de um vendedor, e por isso se pode dizer que há mais de dois contratantes, mas ainda será um contrato que envolve duas partes. No contrato de sociedade há uma verdadeira pluralidade de partes, pode haver cinco, dez ou cem sócios, diz Ascarelli, os quais corresponderam a cinco, dez ou cem partes, sendo impossível a sua divisão em duas partes ou dois grupos.[20]

A consequência prática dessa perspectiva está na segunda peculiaridade do contrato plurilateral: todas as partes desta subespécie de contrato são titulares de direitos e obrigações – como soi ocorrer a todos os contratos –, mas esses direitos e obrigações não se colocam de uma parte frente à outra, e sim, de cada uma das partes para com todas.[21] Esta característica do contrato plurilateral está intimamente ligada a outra, de fundamental relevância: "À pluralidade corresponde a circunstância de que os interêsses contrastantes das várias partes devem ser unificados por meio de uma *finalidade comum*; os contratos plurilaterais aparecem como contratos com comunhão de fim".[22]

A finalidade comum, que expressa a essencialidade da colaboração entre as partes, se dá em vista do objetivo pelo qual a sociedade foi constituída, evidenciando que o contrato plurilateral tem uma *função instrumental*, sendo tal função também outro aspecto peculiar dessa categoria. Essa função, segundo Ascarelli, "não termina quando executadas as obrigações das partes (como acontece, ao contrário, nos demais contratos); a execução das obrigações das partes constitui a premissa para uma atividade ulterior; êste consiste, em substância, na organização de várias partes em relação ao

---

[19] ASCARELLI, Tullio. O contrato plurilateral, *in Problemas das sociedades anônimas e direito comparado*..., p. 259. Observe-se que este artigo de Ascarelli foi escrito na década de 40 do século passado, no qual predominada a ideia de que, nos contratos que promoviam troca (como a permuta, a compra e venda etc.), não havia comunhão de interesses, ainda não havia sido o direito obrigacional subvertido pelos princípios que hoje ditam sua compreensão.

[20] ASCARELLI, Tullio. *O contrato plurilateral*..., p. 267.

[21] Procurando deixar ainda mais claro o que está percebendo, Ascarelli refere que a representação geométrica de um contrato plurilateral se dá pela disposição das partes em círculo. ASCARELLI, Tullio. *O contrato plurilateral*..., p. 268.

[22] Grifei. Acrescente-se que a finalidade comum "Constitui o elemento 'comum', 'unificador' das várias adesões, e concorre para determinar o alcance dos direitos e dos deveres das partes". ASCARELLI, Tullio. *O contrato plurilateral*..., p. 271-272.

desenvolvimento de uma atividade ulterior".[23] Essa atividade ulterior é o fim último, o escopo, o objetivo do contrato que viabiliza a sociedade. Cumprindo a sua função instrumental, o contrato plurilateral regula a utilização dos bens a que se refere e articula os direitos e deveres das partes, ao longo da vida do contrato de sociedade, buscando o alcance do fim colimado. Mas se deixa de ser cumprida essa função, o contrato perde seu sentido, e a dissolução da sociedade se impõe como consequência.

Assim, dentro da lógica instrumental do contrato, os direitos das partes são qualitativamente equivalentes entre si porque se ligam à consecução da finalidade comum. O mesmo ocorre com os deveres, embora possam ser diversos quanto ao objeto (um sócio pode contribuir com o capital, enquanto o outro, com o trabalho). Dessa maneira, na relação que se estabelece entre as partes do contrato plurilateral, a relação de equivalência que realmente importa é aquela que se dá na conjugação dos direitos e deveres de cada um das partes frente a todas as outras.

A partir daí, as soluções jurídicas aos problemas práticos do contrato plurilateral se desenham, conformando, por exemplo, a execução da obrigação de cada parte, que se dará sem afetação ao contrato quando seu fim continua sendo alcançável. Ou, noutro exemplo, viabilizando a substituição do objeto da obrigação de uma das partes por outro objeto equivalente quando o objetivo comum segue sendo viável. Quanto à aplicabilidade da teoria da exceção do contrato não cumprido, Ascarelli observa que, em havendo inadimplemento por parte de um dos sócios, os demais não poderiam, com base nisso, se eximirem do adimplemento que a eles se impõe, e o motivo é óbvio. Em sendo permitido que assim fosse, a sociedade restaria absolutamente inviabilizada porque a *finalidade comum* restaria gravemente maculada.

Para Ascarelli, mesmo o sinalagma, tão marcadamente presente nos contratos bilaterais, se faz presente nos contratos plurilaterais. Naqueles, o sinalagma se dá em caráter direto e imediato, de parte a parte; nos contratos plurilaterais, o sinalagma se coloca indiretamente, mediado pela finalidade comum, de forma que a inviabilidade ou o inadimplemento da obrigação por parte de uma das partes não afeta a subsistência do contrato se o alcance da finalidade comum ainda for possível.

Dando prosseguimento ao desenvolvimento dessa categoria, Ascarelli ainda tratou das relações internas e externas que se fazem presentes no contrato plurilateral: as primeiras concernem às relações entre as partes do contrato; as segundas tratam das relações da organização interna alcançada pelas partes frente a terceiros, externos ao contrato. E também em atenção a tais aspectos internos e externos os direitos e deveres das partes, no contrato plurilateral, se organizam, afinal, a gestão de uma sociedade tanto pode afetar a esfera jurídico-patrimonial dos demais sócios, como também de terceiros. Da interação dos aspectos internos e externos torna-se possível compreender porque direitos e deveres diferem conforme critério de responsabilidade e poder,[24] porque um contrato plurilateral permite a visualização de interesses comuns às partes e interesses particulares da cada parte,[25] e porque, enfim,

---

[23] ASCARELLI, Tullio. *O contrato plurilateral...*, p. 272.

[24] Para tanto, basta pensar no exemplo trazido pelo próprio Ascarelli, o sócio responsável ilimitadamente evidentemente usufrui de direitos ampliados em relação aos demais.

[25] Toda sociedade tem uma finalidade comum, no entanto, isso não exclui que a sua constituição atenda também a interesses particulares das partes, como, por exemplo, propiciar a gestão de patrimônio familiar de maneira mais racional e econômica, com menor carga tributária.

se coloca a separação entre o patrimônio da pessoa jurídica resultante de um contrato plurilateral e o patrimônio das pessoas que são partes nesse contrato.[26]

Por fim, Ascarelli deteve-se no exame de outra espécie de contrato plurilateral, o chamado *contrato plurilateral normativo*, o qual se destaca em relação aos demais contratos plurilaterais (sociedade e associação) pelo fato de visar à disciplina da conduta ulterior das partes e não haver, no caso do normativo, a necessária personificação. Ascarelli identificou três hipóteses de contrato plurilateral normativo: a) contrato destinado a determinar as cláusulas de futuros contratos entre as partes; b) contrato destinado a instrumentalizar o compromisso entre as partes de adotarem determinada diretriz comum, embora agindo individualmente; c) contrato destinado a disciplinar a concorrência recíproca entre as partes. Os exemplos trazidos pelo próprio autor são, respectivamente: contrato pelo qual empreendedores estabelecem juros aplicáveis ou condições de venda entre si; contrato voltado ao balizamento da atuação de acionistas; e contrato que instrumentaliza consórcio entre empreendedores.

Qualquer dessas hipóteses de contrato plurilateral normativo se volta à consecução de um fim comum, o qual, embora não seja a finalidade comum ou o fim social atinente à sociedade, requer uma atuação das partes marcada pela estreita cooperação, sob pena de prejudicar o alcance do resultado em vista do qual as partes se mobilizaram e se organizaram.

A contribuição de Ascarelli foi de extrema relevância, não só para o amadurecimento das ideias que cercam a concepção de sociedade,[27] como também para permitir que os contratos, outrora encerrados numa classificação que distinguia apenas entre unilateralidade e bilateralidade, pudessem ser vistos por uma nova perspectiva e receber o tratamento jurídico adequado, coerente com a realidade de sua formação, execução, e, principalmente, finalidade. Contudo, a contribuição de Ascarelli não se esgota nesses dois aspectos, pois seu trabalho lançou luzes a um ponto pouco explorado, embora pudesse tal ponto ser dado como pressuposto em contratos classificáveis como plurilaterais: a cooperação.

Parte II. Expressões da racionalidade contratual contemporânea

Seguindo na trilha desse novo caminho em matéria de direito contratual, passa-se ao exame das teorias, as quais, nas palavras de Judith Martins-Costa, "etiquetam uma mesma realidade fenomênica, qual seja, a da interligação de negócios jurídicos diversos unidos, todavia, por conexão econômica, funcional e/ou finalística".[28]

---

[26] Ascarelli, a propósito, anota que "Quando a organização entra em relações com terceiros, é òbviamente possível dar um passo ulterior, isto é, ver nela uma pessoa jurídica; conceber o patrimônio da pessoa jurídica como separado ou, até, como completamente separado, dos patrimônios de seus membros [...]". Trata-se, portanto, da personificação da organização, a qual, no entanto, como adverte Ascarelli, embora encontre sua razão de ser na relação com terceiros, aplica-se também frente às partes do contrato plurilateral, isto é, aos membros da organização em relação à própria organização. ASCARELLI, Tullio. *O contrato plurilateral...*, p. 293-294.

[27] Sobre a evolução do tema – concepção da sociedade – e a sua compreensão nos dias atuais, é indispensável a leitura de SALOMÃO FILHO, Calixto. *O novo direito societário*, 4ª ed. revista e ampliada. São Paulo: Malheiros, 2011, sobretudo o capítulo segundo, intitulado *Interesse social: a nova concepção* (p. 27-52).

[28] MARTINS-COSTA, Judith. O fenômeno da supracontratualidade e o princípio do equilíbrio: inadimplemento de deveres de proteção (violação positiva do contrato) e deslealdade contratual em operação de descruzamento acioná-

Essas teorias, voltadas à complexidade das operações econômicas "vestidas" pelo contrato, são marcadas pela lógica da cooperação, pois somente mediante uma compreensão cooperativa dos contratos relacionados é possível atingir a finalidade em razão da qual foram articulados. Pode-se dizer, em relação às teorias a seguir abordadas, que tal qual ocorre nos contratos plurilaterais – embora nestes se trate de apenas um contrato –, se estabelece uma finalidade comum em vista da qual há toda uma organização de direitos e deveres das partes de cada um dos contratos, e cada um dos contratos assume, junto dos demais, papel decisivamente instrumental.

As "etiquetas" *supracontratualidade, redes contratuais*, e os contratos ditos *relacionais, coligados* e *conexos* evidenciam, na marcada conexão funcional de alguns e na instrumentalidade presente em todos, uma comunidade de interesses subjacente à formação e execução de cada um dos contratos que se liga a outro. E se há comunidade, deve haver cooperação.

Embora seja possível perceber, no exame de tais teorias, peculiaridades atinentes a cada uma, as quais serão oportunamente ressaltadas, a abordagem que se pretende fazer de cada uma delas não tem o objetivo de esgotá-las, senão de demonstrar em definitivo que sem os instrumentos adequados, sintetizados na ideia de cooperação, não há resposta suficiente que o jurista possa dar às questões de extrema complexidade que hoje se apresentam.

1. Supracontratualidade e redes contratuais

A supracontratualidade é fruto de uma perspectiva ampliada de contratos que, embora autônomos do ponto de vista jurídico e econômico, não o são do ponto de vista funcional, porque se ligam uns aos outros em busca do alcance de uma finalidade última, coordenando-se numa operação econômica complexa. Perceber a supracontratualidade requer o mesmo exercício que se deve fazer frente a uma obra de arte com traços complexos. Somente o distanciamento pode aumentar a perspectiva do objeto, facilitando a compreensão não do que cada traço significa por si, mas do que significa no todo e em vista do resultado final. Esse resultado se expressa em cada traço, mas somente se concretiza no conjunto harmônico do traçado.

Assim é também no conjunto de contratos ligados por uma finalidade que paira acima de cada contrato individualmente considerado. O resultado último está presente em cada um dos contratos que compõe o conjunto, mas expressa tão só uma parte diminuta, porque sua revelação definitiva e sua concretização dependem do encadeamento e da compreensão desse encadeamento de contratos. Cada contrato, assim como cada traço, contribui de forma decisiva ao alcance do intento derradeiro, mas perspectivado de forma isolada não tem forças para alcançar o resultado perseguido, podendo, ao invés, prejudicá-lo.

Por tal perspectiva, embora haja a autonomia de cada contrato, e por isso se possa extrair de cada contrato uma prestação e uma contraprestação, e, em certa medida, a preservação da utilidade frente ao interesse do credor, inserido no conjunto e em vista do resultado último, esse contrato individualmente considerado não terá o condão de assegurar a satisfação do interesse do credor por inteiro. Respondendo,

---

rio (parecer), *in Revista trimestral de direito civil*, v. 26, abril-jun 2006, p. 213 a 249, p. 219.

portanto, somente por parte do adimplemento da complexa obrigação instrumentalizada por vários contratos.

Na perspectiva da supracontratualidade, presente no conjunto de contratos voltados à consecução de operação econômica complexa, a prestação e a contraprestação, a interdependência equilibrada entre elas, portanto, o sinalagma, e a utilidade de cada uma delas em prol da satisfação do interesse do credor, são extraídos do todo, segundo a contribuição de cada contrato no conjunto.

O que a supracontratualidade revela, assim, são contratos postos como uma rede, identificados por uma unidade funcional, econômica e sistemática. Conforme a complexidade da operação econômica, essa rede pode ser tecida com a trama mais fechada ou mais aberta, limitando ou expandindo a possibilidade de que cada contrato da trama tenha menos ou mais efeitos jurídicos individualizados em relação ao todo.

É importante destacar que a supracontratualidade e a ideia de redes contratuais são expressões de um mesmo fenômeno, essa interligação contratual, polarizada por uma finalidade que extravasa cada contrato individualmente considerado. Nessa concepção alargada, se inserem outras expressões do mesmo fenômeno, tais como os contratos coligados e os contratos conexos. No entanto, dadas as especificidades da abordagem da cada uma dessas expressões, há quem compreenda que os contratos coligados e os conexos têm pontuais diferenças em relação às redes contratuais.

Em matéria de supracontratualidade e redes contratuais, que, para os fins desse trabalho, são tomados como sinônimos, pode-se indicar ao menos três textos os quais exploram de maneira profícua, didática e profunda a temática ora tratada.

Rodrigo Leonardo Xavier trata das redes contratuais, abordando com profundidade os aspectos teóricos que se ligam ao tema, sem, no entanto, se eximir de demonstrar sua aplicabilidade prática, e o faz analisando o mercado habitacional. Para este autor, "A rede de contratos [...] define-se como um sistema de contratos constituído em razão de uma finalidade operacional comum entre os diversos agentes econômicos interessados em potencializar benefícios e minimizar riscos. Os elementos desse sistema, portanto, são os contratos ou, melhor dizendo, as relações jurídicas contratuais estruturalmente diferenciadas, constituídas a partir de contratos singulares".[29]

Os requisitos para a configuração das redes contratuais, e dos efeitos daí decorrentes, são três, e todos devem ser orquestrados segundo um raciocínio de unidade. Em primeiro lugar deve haver a *conexão dos contratos*, e tal conexão, como destaca o autor supracitado, não pode se basear na disposição das partes envolvidas nos contratos subjacentes (isto é, num critério subjetivo). É preciso que a verificação da conexão ou interligação contratual se dê por um critério objetivo, verificado como

---

[29] Em outra passagem, anterior à ora citada, o autor explica que "[...] são realizados contratos estruturalmente individualizados, dotados de causa jurídica própria, aptos a entabular processos obrigacionais que se subsumem ao modelo clássico de relação jurídica obrigacional (partes, objeto, causa e garantia) e que, portanto, em princípio, vinculariam apenas as partes contratantes. Funcionalmente, contudo, referidos contratos estruturalmente individualizados mostram-se vinculados, na medida em que formam elementos de uma operação econômica unificada, sistematizada e funcionalizada pelo que se convencionou chamar de rede." (p. 138). XAVIER, Rodrigo Leonardo. *Redes contratuais no Mercado Habitacional*. São Paulo: Revista dos Tribunais, 2003, p. 145.

"reflexo da formulação de uma operação econômica unitária".[30] O segundo requisito é a verificação de uma *finalidade econômico-social supracontratual*,[31] ou seja, de uma causa sistemática que não se confunde com a causa de cada contrato individualmente considerado, mas expressa a causa do todo, *como se* o todo fosse um só negócio jurídico, uma vez que se trata de uma operação econômica complexa, mas unitária frente à finalidade perseguida. E já aí se anuncia o terceiro requisito, que é a verificação do propósito comum almejado.

Preenchidos tais requisitos, configura-se a rede contratual, mas Rodrigo Leonardo Xavier refere que somente isso não basta para que a rede esteja plenamente constituída, pois, nas suas palavras, "A exigência de que os elementos integrantes do sistema estejam ordenados projeta-se nos objetivos de estabilidade, persistência temporal e equilíbrio",[32] objetivos esses próprios às redes de contratos. O alcance desses objetivos, fundamentais ao sucesso da rede, depende fundamentalmente da observação dos deveres jurídicos decorrentes da incidência do princípio da boa-fé objetiva.

Os outros dois textos recomendados à abordagem e ao aprofundamento do tema ora tratado são do argentino Ricardo Lorenzetti[33] e da já conhecida autora Judith Martins-Costa.[34] O texto recomendado, do primeiro autor mencionado, assume especial relevância por trilhar, ainda que sucintamente, o caminho até a concepção das redes contratuais, e trabalhar temas fundamentais aos contratos, quais sejam, interesses postos em causa, prestações e deveres, sob uma perspectiva sistematizada, assim enfrentando os efeitos jurídicos nas relações internas da rede (entre os contratantes da rede), como também os efeitos jurídicos das relações externas, entre a rede e terceiros. A boa-fé objetiva e a confiança não são o pano de fundo da sua abordagem, mas chama atenção o fato de que, frente às relações internas, o autor pontua recorrentemente a observância do que chama de "deberes colaterales sistemáticos", os quais são fundamentais ao sucesso do sistema sob o qual a rede contratual é engendrada. Já no que diz respeito às relações externas, destaca-se na sua abordagem a expectativa jurídica criada pela rede contratual frente a terceiros, e, neste ponto, o autor exemplifica com a aquisição de bens de consumo mediante financiamento.[35]

---

[30] XAVIER, Rodrigo Leonardo. Redes contratuais no Mercado Habitacional..., p. 146.

[31] Como identifica Rodrigo Leonardo Xavier, a expressão supracontratual foi cunhada pelo argentino Ricardo Lorenzetti, em seu *Tratado de los contratos*, XAVIER, Rodrigo Leonardo. *Redes contratuais no Mercado Habitacional...*, p. 146-147. No entanto, para os fins do presente trabalho, o texto de Lorenzetti utilizado, considerado como um dos fundamentais em matéria de redes contratuais, é Redes contractuales: conceptualización jurídica, relaciones internas de colaboración, efectos frente a terceros, *in Revista do Consumidor*, Vol. 28, outubro-dezembro 1998, p. 22-58.

[32] XAVIER, Rodrigo Leonardo. *Redes contratuais no Mercado Habitacional...*, p. 148.

[33] LORENZETTI, Ricardo. *Redes contractuales*: conceptualización jurídica, relaciones internas de colaboración, efectos frente a terceros, *in Revista do Consumidor*, Vol. 28, outubro-dezembro 1998, p. 22-58.

[34] MARTINS-COSTA, Judith. O fenômeno da supracontratualidade e o princípio do equilíbrio: inadimplemento de deveres de proteção (violação positiva do contrato) e deslealdade contratual em operação de descruzamento acionário (parecer), *in Revista trimestral de direito civil*, v. 26, abril-jun 2006, p. 213 a 249.

[35] Este não é o único exemplo trazido pelo autor para problematizar as relações externas à rede contratual, mas, dadas as razões que a seguir serão esposadas, é o exemplo que merece ser tomado com bastante cuidado, pois a solução contemplada no Brasil se dá pela compreensão de que, neste caso, o consumidor é parte integrante da rede contratual, o que, aliás, é demonstrado por Rodrigo Leonardo Xavier, na obra supramencionada.

Três observações são imperiosas a tais aspectos destacados do texto de Lorenzetti. A primeira, no sentido de que em contratos postos em rede, conectados funcional e economicamente, o resultado último almejado pela operação econômica complexa que lhe é subjacente jamais se explicará, e muito menos se concretizará, contando apenas com a observância dos deveres jurídicos de prestação de cada contrato, sendo de vital importância a observância dos deveres jurídicos instrumentais, criados pela boa-fé objetiva. Os "deveres colaterales sistemáticos" de que o autor fala são, assim e essencialmente, deveres jurídicos instrumentais. A segunda observação se dá no sentido de realçar que a proteção às expectativas jurídicas criadas nada mais é do que a atuação do princípio da confiança, o qual há de ser observado com igual atenção nas relações externas, como também nas relações internas. Por último, há que se contestar a perspectiva do autor no sentido de que a aquisição de bens de consumo mediante financiamento coloca o consumidor na condição de terceiro em relação à rede que se estabeleceria entre o fornecedor do produto e o fornecedor do crédito, de maneira que, havendo vício do produto, o consumidor estaria compelido a seguir pagando o financiamento. No ordenamento jurídico brasileiro, bastante avançado em matéria de direito do consumidor, tanto no plano teórico, como no plano prático, essa perspectiva não procede, quer se explique a interligação dos contratos de compra e venda (entre fornecedor do produto e consumidor), e financiamento (entre o fornecedor do crédito e o consumidor), pela perspectiva das redes contratuais, dos contratos coligados ou dos contratos conexos.

O outro texto que, para fins de compreensão da chamada supracontratualidade, merece atenta leitura é o parecer elaborado por Judith Martins-Costa ao responder a quesitos envolvendo complexa operação de descruzamento acionário entre companhias que pretendiam passar a explorar a mineração e a siderurgia separadamente.[36] Em meio à operação econômica de altíssima complexidade, houve a entabulação de um contrato, entre tantos, dispondo o direito de preferência na aquisição de determinada mina ("Mina de Canela") por parte da companhia que faria sua "saída acionária" sem remuneração (chamada Companhia A). Ao submeter-se o negócio ao exame do CADE, a companhia B, em prol da qual houve a "saída acionária" da companhia A, sustentou perante aquele órgão que o direito de preferência referente à Mina de Canela concedido à Cia. A seria nocivo ao mercado nacional e violaria a legislação antitruste. O CADE proferiu decisão acolhendo as razões da Cia. B, e determinou a exclusão das cláusulas relativas ao direito de preferência da Cia. A. O cerne da questão, então, passou a ser a configuração ou não de contratos ligados por um nexo funcional, o que, no caso tratado pela autora, fez-se bastante óbvia a resposta positiva, e o tratamento dos efeitos jurídicos da exclusão de tal cláusula de preferência, bem assim dos efeitos jurídicos da conduta da Companhia B.

Embora a complexidade do caso, que pode inicialmente desestimular a leitura pela dificuldade de sua compreensão, o texto aborda com propriedade singular não só a ideia da supracontratualidade, como também explora os efeitos jurídicos da aplicação de tal teoria, sobretudo ao abordar a utilidade e o equilíbrio contratual, fundamentais aos contratos, inclusive àqueles postos em rede. A conclusão do caso

---

[36] MARTINS-COSTA, Judith. O fenômeno da supracontratualidade e o princípio do equilíbrio: inadimplemento de deveres de proteção (violação positiva do contrato) e deslealdade contratual em operação de descruzamento acionário (parecer), *in Revista trimestral de direito civil*, v. 26, abril-jun 2006, p. 213 a 249.

se deu no sentido de configurar o inadimplemento contratual por parte da Companhia B, imputando a esta as consequências daí advindas, e, no caso concreto, em clara homenagem ao princípio da boa-fé objetiva.

2. Contratos coligados e contratos conexos

Os contratos coligados, de matriz italiana, encontram sua abordagem fundamental no trabalho de Francisco Paulo de Crescenzo Marino,[37] e dizem respeito às "operações complexas, envolvendo duas ou mais partes, estruturadas por meio de dois ou mais contratos, unidos por um determinado nexo".[38] São, assim, "contratos que, por força de disposição legal, da natureza acessória de um deles ou do conteúdo contratual (expresso ou implícito), encontram-se em relação de dependência unilateral ou recíproca".[39]

Os elementos essenciais aos contratos coligados centram-se na pluralidade de contratos, ainda que não concluídos entre as mesmas partes, e a existência de um "vínculo de dependência unilateral ou recíproca".[40] E a coligação pode-se dar *ex lege*, isto é, mediante previsão da lei; natural, porque há naturalmente a coligação de certos contratos, como no caso do contrato principal e o respectivo contrato acessório; ou voluntária, explícita ou implicitamente, e, assim, a coligação "pode advir de cláusulas que expressamente disciplinem o vínculo intercontratual [...] ou que condicione a eficácia de um contrato a outro" [expressa], ou "pode ser deduzida a partir do fim contratual concreto e das circunstâncias interpretativas"[41] [implícita].

Os exemplos de contratos coligados *ex lege* e de coligação natural abordados por Marino, são, respectivamente: a) a venda financiada de bens de consumo; b) a união entre contrato-base e subcontrato, ou, outro exemplo, contrato principal e respectivo contrato de garantia, tal como a locação e a fiança.

Quanto aos contratos coligados voluntariamente, a distinção entre coligação explícita e implícita tem por critério, de um lado, aspecto subjetivo, e, de outro, aspecto objetivo. Neste ponto há bastante similaridade com a teoria das redes contratuais, pois o que determina a coligação voluntária implícita é o critério objetivo *fim contratual*, verificável a partir das circunstâncias concretas e segundo exercício de interpretação.

No entanto, diferentemente da teoria das redes contratuais, que rechaça uma coligação pela exclusiva disposição das partes, a teoria dos contratos coligados vê tal interligação contratual como uma coligação voluntária expressa, advinda de cláusula que condicione a eficácia de um contrato a outro. A coligação voluntária diz respeito, assim, à fonte do nexo contratual.

Esta não é, contudo, o único aspecto distinto entre a teoria das redes contratuais e a teoria dos contratos coligados. Como elenca sucintamente Marino,[42] as redes

---

[37] MARINO, Francisco Paulo de Crescenzo. *Contratos coligados no Direito Brasileiro*. São Paulo: Saraiva, 2009.

[38] Idem, p. 32.

[39] Idem, p. 99.

[40] Idem. p. 99.

[41] Idem, p. 107-108.

[42] Idem, p. 96-97.

contratuais dizem respeito à contratação empresarial em massa; estruturam-se por uma parte que se liga a outras partes contratantes, e por isso se pode dizer que a rede é aberta, gerando uma multiplicidade de contratos fungíveis para a parte que promove a rede; e a rede é, ainda divisível, de forma a possibilitar que a invalidade ou a ineficácia de um contrato não afete os demais. Já os contratos coligados não necessariamente estão ligados à atividade empresarial, tampouco à contratação massificada; não comportam abertura ou fungibilidade, nos termos que ocorrem às redes contratuais, e, têm como marca característica a repercussão da invalidade ou da ineficácia de um contrato frente aos outros com os quais se liga.

2.1. A questão dos contratos conexos

No Brasil, Carlos Nelson Konder[43] escreveu sobre os chamados contratos conexos, procurando reunir sob essa categoria a compreensão italiana (*collegamento contrattuale*) e a francesa (*groupes de contrats*), definindo os contratos conexos como "contratos que, para além de sua função individual específica, apresentam juntos uma função ulterior". Tal compreensão em nada difere daquelas trazidas, no âmago, pelas redes contratuais ou pela teoria dos contratos coligados, e não há a exploração detida sobre requisitos ou elementos que possam permitir uma profícua verificação de semelhanças e diferenças, daí por que se compreende que o autor propõe, sob a denominação de contratos conexos, uma formulação capaz de abranger contratos coligados, redes contratuais e até os grupos de contratos.

Há, outrossim, que se observar a crítica formulada por Marino ao único critério *função ulterior*, no sentido de que este não revela quando a coligação é relevante sob ponto de vista jurídico. Para Marino, a definição alcançada por Konder, conciliatória das doutrinas italiana e francesa, acaba por contrariar esta última, já que o que subjaz à ideia francesa (*groupes de contrats*) são contratos que, conexos um ao outro, não estão exclusivamente ditados por uma função ulterior,[44] abrangendo, por isso, as chamadas cadeias contratuais (*chaînes de contrats*), que partilham uma identidade de objeto, e "são formadas a partir da conclusão sucessiva de contratos" (como contratos de compra e venda que se sucedem, por exemplo), de maneira que a sua estruturação é linear.[45]

Para além das críticas que se pode formular à teoria dos contratos conexos e sua adequação ao ordenamento jurídico brasileiro, é importante destacar a contribuição que uma tal perspectiva traz em matéria de direito contratual, sobretudo por reforçar a necessidade de pensar o contrato contextualmente num sentido pleno, em busca de soluções que se coadunem com a racionalidade contratual contemporânea, marcada pela cooperação. Para a consecução de tal intento, deve-se admitir, quer os

---

[43] Contratos conexos: grupos de contratos, redes contratuais e contratos coligados. Rio de Janeiro: Renovar, 2006.

[44] MARINO, Francisco Paulo de Crescenzo. *Contratos coligados...*, p. 97.

[45] A teoria francesa comporta, ainda, os chamados conjuntos contratuais (*ensembles de contrats*), estes sim ligados por um fim comum, voltados à realização de uma operação complexa organizada em torno de uma parte, que é parte em todos os demais contratos. Nos conjuntos contratuais há coexistência temporal, e por isso sua estruturação é tida como circular. Essas explicações da teoria francesa dizem respeito, no entanto, ao seu desenvolvimento embrionário, promovido por Bernard Teyssie, e conceituada de forma demasiada ampla, daí porque Mireille Bacache-Gibelli dispôs-se a traçar linhas conceituais mais marcadas, sistematicamente. MARINO, Francisco Paulo de Crescenzo. *Contratos coligados...*, p. 76 e ss.

contratos coligados, quer os contratos conexos, têm condições de trazer respostas aos recorrentes problemas práticos que o operador de direito enfrenta.

3. Contratos relacionais

A teoria dos contratos relacionais tem matriz norte-americana, e é associada sobretudo a Ian Macneil, embora outros autores tenham também contribuído de forma decisiva a esta ideia.[46] No Brasil, o texto fundamental a respeito de tal teoria é de autoria de Ronaldo Porto Macedo Jr.,[47] responsável por sua aplicação recorrente nos tribunais brasileiros.

Segundo Ronaldo Porto Macedo Jr., o desenvolvimento da teoria relacional fez-se possível a partir de uma *nova* concepção do direito contratual, alinhada às "ideias welfaristas", concepção esta que dá maior relevo às questões atinentes ao poder entre as partes contratantes, à justiça contratual substantiva, à influência dos valores de cooperação e solidariedade, tudo parte de uma nova racionalidade jurídica.[48]

Partindo do conceito segundo o qual "o contrato é um projetor de trocas emanados numa matriz social fundada [n]a a especialização do trabalho e da troca, [n]o sentimento de escolha, aparente ou real, e seu exercício, e [n]a consciência do passado, presente e futuro",[49] Ronaldo Porto Macedo Jr. passa ao exame dos pressupostos à verificação dos contratos relacionais.

Podem, assim, ser considerados relacionais os contratos de longa duração, sem início e fim claramente determinados, nos quais é comum o surgimento de redes de agentes e participantes, que aumentam a complexidade da relação contratual. Além disso, tais contratos podem envolver a troca de valores não monetizáveis, ou não tão facilmente conversíveis em dinheiro (tais como o contrato de cooperação tecnológica entre empresas). Outro aspecto a destacar diz respeito ao planejamento de um contrato relacional, que revela aspectos importantes como a performance das partes e a condução de planejamentos futuros. Segundo o autor, "o planejamento vai assumindo um caráter menos substantivo e mais processual ou constitucional, à medida que passa a regular a forma pela qual a revisão e reformulação do planejamento vai

---

[46] Nos Estados Unidos da América destacam-se William Whitford, Nathaniel Leff, Selznick, Stewart Macauly, Duncan Kennedy, Anthony Kronman, Victor Goldberg, Oliver Williamson entre outros. Na Europa, alguns autores também abordam ideias semelhantes e afins ao que foi sistematizado por Macneil, dstacando-se: Christian Jorges, Gumther Teubner, Noerbert Reich, Thomas Wilhelmsson, Hugh Collins, P. S. Atyiah, Erich Schanze, François Ewald, Dieter Hart, David Campbell, Andrzej Szumanski entre outros, como destaca MACEDO JR., Ronaldo Porto. *Contratos relacionais e defesa do consumidor*. 2ª ed. revista, ampliada e atualizada. São Paulo: RT, 2007, p. 122-123.

[47] *Contratos relacionais e defesa do consumidor*. 2ª ed. revista, ampliada e atualizada. São Paulo: RT, 2007.

[48] MACEDO JR., Ronaldo Porto. *Contratos relacionais e defesa do consumidor*..., p. 58 e ss. As ideias welfaristas de que fala o autor são atinentes ao advento do *welfare state*, entre nós tratado sob a denominação de Estado Social, o qual representou, frente ao Estado Liberal que o precedeu, uma nova forma estatal, surgida entre o final do século XIX e o início do século XX. Enquanto o Estado Liberal centrou-se na limitação do poder do Estado como forma de garantir a liberdade do indivíduo, o Estado Social, embora mantendo a liberdade do indivíduo, preocupou-se em promover políticas sociais, para as quais a intervenção do Estado faz-se imprescindível. A respeito do tema, ver SOUZA JR., Cezar Saldanha. Consenso e Tipos de Estado no Ocidente. Porto Alegre: Sagra Luzzatto, 2002, p. 69 e ss. No ordenamento jurídico brasileiro, o Estado Social fez-se presente a partir da década de 30, e, no âmbito do direito contratual, guarda relação com o chamado dirigismo contratual.

[49] MACEDO JR., Ronaldo Porto. *Contratos relacionais e defesa do consumidor*..., p. 126.

se operar". Por fim, ônus e benefícios são compartilhados, referindo Macedo Jr. que "os contratos relacionais aproximam-se mais da estrutura dos contratos de sociedade do que dos contratos de compra e venda, tal como concebido pela doutrina neoclássica".[50]

Macedo Jr. problematiza a aplicabilidade da teoria relacional no ordenamento jurídico brasileiro utilizando o contrato de previdência privada, embora reconhecendo que tal contrato não seja o exemplo por excelência da teoria abordada. No entendo, e é este o cerne da sua defesa, a teoria relacional ou teoria dos contratos relacionais pode permitir uma melhor compreensão descritiva de tal contrato, como também uma melhor regulação normativa, em prol da defesa dos interesses dos consumidores, dentro de uma lógica de solidariedade e cooperação.

Conclusão

Com o presente artigo, buscou-se reduzir em texto o que o direito contratual vem desenvolvendo e experimentando já há algumas décadas, resultante no que se decidiu denominar, neste trabalho, de *racionalidade contratual contemporânea*, ditada pela lógica da *cooperação*. Para tanto, trilhou-se o caminho da concepção da obrigação como um processo, cindido em duas fases, polarizado por um adimplemento qualificado, em vista do qual atuam os princípios da *confiança* e da *boa-fé objetiva*, pano de fundo da ideia de cooperar em dada relação obrigacional.

Sob tal compreensão, demonstrou-se a frutificação de teorias contratuais as quais, se não estão alicerçadas expressamente na racionalidade da cooperação, não escapam de sua incidência, porquanto fora de tal racionalidade qualquer das teorias abordadas não alcançaria o seu intento último, qual seja, trazer soluções razoáveis a problemas contratuais complexos.

Examinou-se, assim, os contratos plurilaterais, a supracontratualidade e as redes contratuais, os contratos coligados e conexos, e os chamados contratos relacionais, com o claro intuito de destacar uns dos outros, sublinhando-se, no entanto, o papel dos princípios supramencionados ou da própria cooperação em cada uma dessas teorias. Buscou-se, outrossim, sempre que possível, contribuir com exemplos concretos capazes de facilitar a compreensão de cada uma das teorias supramencionadas, através da utilização de textos eleitos por sua contribuição elementar ao desenvolvimento dos temas no ordenamento jurídico brasileiro.

Pretendeu-se abordar temas os quais, embora não sejam recentes, recorrentemente são suprimidos no ensino do direito contratual junto aos bancos da graduação, a começar pela bibliografia elementar, os chamados "manuais", como se o ensino do direito contratual pudesse se resumir à noção conceitual, elementos, classificação, formação, interpretação, revisão e extinção do contrato; como se o contrato fosse a retratação de uma realidade estática e cerrada, ou, ao menos, pouco inventiva e complexa. O fim derradeiro do presente trabalho, cujo alcance dependerá do quanto dele reverberá na formação de cada aluno, centrou-se na tentativa de chamar os

---

[50] MACEDO JR., Ronaldo Porto. *Contratos relacionais e defesa do consumidor...*, p. 133 e 138.

alunos da graduação à realidade dos fatos: os problemas de maior complexidade contratual dificilmente envolverão um simples e isolado contrato de compra e venda de uma bicicleta. No entanto, seja simples ou complexo o problema posto em matéria contratual, a cooperação é o paradigma que deve pautar as soluções a serem formuladas.

Referências bibliográficas

ASCARELLI, Tulio. O contrato plurilateral, *in Problemas das sociedades anônimas e direito comparado*. São Paulo: Saraiva, 1946, p. 271-332.

BRANCO, Gerson Luiz Carlos. A proteção das expectativas legítimas derivadas das situações de confiança: elementos formadores do princípio da confiança e seus efeitos, *in Revista de Direito Privado*, 12, Ano 3, outubro-dezembro 2002, p. 169-225, p. 171-172.

COUTO E SILVA, Clóvis V. *A obrigação como processo*. Rio de Janeiro: FGV, 2006.

——. O princípio da boa-fé no Direito Brasileiro e Português, *in* FRADERA, Véra Maria Jacob de (org.). *O Direito Privado brasileiro na visão de Clóvis do Couto e Silva*. Porto Alegre: Livraria do Advogado, 1997, p. 33-58.

FORGIONI, Paula. A interpretação dos negócios empresariais no novo Código Civil brasileiro, *in Revista de Direito Mercantil, industrial, econômico e financeiro* (Nova série), Ano XLII, n. 130, abril-junho de 2003, p. 7-38.

GOMES, Orlando. *Transformações gerais do direito das obrigações*, 2ª ed. aumentada, São Paulo: RT, 1980.

LARENZ, Karl. *Derecho civil*: parte general. Traducción y notas de Miguel Izquierdo y Macías-Picavea. EDERSA, 1978.

LEONARDO, Rodrigo Xavier. *Redes contratuais no Mercado Habitacional*. São Paulo: Revista dos Tribunais, 2004.

LORENZETTI, Ricardo. Redes contractuales: conceptualización jurídica, relaciones internas de colaboración, efectos frente a terceros, *in Revista do Consumidor*, Vol. 28, outubro-dezembro 1998, p. 22-58.

MACEDO JR., Ronaldo Porto. *Contratos relacionais e defesa do consumidor*. 2ª ed. revista, ampliada e atualizada. São Paulo: RT, 2007.

MARINO, Francisco Paulo de Crescenzo. *Contratos coligados no Direito Brasileiro*. São Paulo: Saraiva, 2009.

MARTINS-COSTA, Judith. O fenômeno da supracontratualidade e o princípio do equilíbrio: inadimplemento de deveres de proteção (violação positiva do contrato) e deslealdade contratual em operação de descruzamento acionário (parecer), *in Revista trimestral de direito civil*, v. 26, abril-jun 2006, p. 213 a 249.

——. *Comentários ao Novo Código Civil* – Do Direito das Obrigações, do Adimplemento e da Extinção das Obrigações. Vol. V, T. I, 2ª ed. (2ª tiragem) Rio de Janeiro: Forense, 2006.

——. Os campos normativos da Boa-fé objetiva: as três perspectivas do Direito Privado Brasileiro, in Antonio Junqueira de Azevedo; Heleno Taveira Tôrres; Paolo Carbone. (Org.). *Princípios do Novo Código Civil Brasileiro e outros temas*. Homenagem a Tullio Ascarelli. São Paulo: Quartier Latin, 2008, p. 388-421.

——. Contratos. Conceito e evolução, in LOTUFO, Renan; NANNI, Giovanni Ettore (coord.). Teoria Geral dos Contratos. São Paulo: Atlas, 2011, p. 23-66.

SALOMÃO FILHO, Calixto. *O novo direito societário*, 4ª ed. revista e ampliada. São Paulo: Malheiros, 2011.

SILVA, Jorge Cesa Ferreira da. Princípios de direito das obrigações no novo Código Civil, *in* SARLET, Ingo W. (org.), *O Novo Código Civil e a Constituição*. Porto Alegre: Livraria do Advogado, 2003, p. 99-126.

SOUZA JR., Cezar Saldanha. *Consenso e Tipos de Estado no Ocidente*. Porto Alegre: Sagra Luzzatto, 2002.

SZTAJN, Raquel. Associações e sociedades: semelhanças e distinções à luz da noção de contrato plurilateral, *in Revista de Direito Privado*, Volume 21, 2005, p. 223-234.

— 3 —

Sistema acusatório: efetiva garantia de princípios e direitos individuais constitucionais

ANDRÉ CEZAR[1]

Sumário: Introdução; 1. Relação e reflexos político-sociais no processo penal e o Estado como promovedor dos direitos e garantias constitucionais; 2. Estado de direito, ação e pretensão: limites do poder punitivo; 3. Sistemas processuais: inquisitório e acusatório; 4. O processo como instrumento de garantias baseado no sistema acusatório; 5. Efetividade e garantia dos princípios constitucionais através do sistema acusatório; Conclusão; Bibliografia.

Introdução

O estudo do processo penal exige uma metodologia com caráter interdisciplinar e dialético, não somente pelo método lógico-formal de exegese da lei e dos códigos, mas pela compreensão que ultrapassa os limites formais da Constituição e da legislação ordinária; bem mais complexo do que simplesmente um conjunto de normas que regulam o processo em matéria penal, motivo pelo qual insere-se no eixo temático *Processo e Jurisdição*, justamente pela necessidade de um estudo crítico do Direito Processual como instrumento de Jurisdição.

As bases do direito material, a evolução histórica de um direito processual e, em especial processual penal que abandona a vingança privada e adota o caráter público estabelece o avanço para um modelo acusatório, que atualmente configura verdadeira expressão democrática, representativa de uma evolução constitucional.

Muito embora, os Tratados e Convenções Internacionais sustentem as Constituições com a devida convergência para a efetividade de direitos e garantias fundamentais, com vistas a estabelecer o lastro para a atuação soberana de um país através de um processo legislativo democrático, o Estado que é ativista, não mais reativista (Damaska, 1983), demonstra a interferência na legislação, em especial processual e penal, no objetivo de atender os anseios sociais em busca de repressão.

---

[1] Advogado. Doutorando do programa de Pós-Graduação em Ciências Criminais da Pontifícia Universidade Católica do Rio Grande do Sul (PUC-RS). Mestre em Direito pela Universidade de Santa Cruz do Sul (UNISC). Professor do Curso de Direito da Universidade Luterana do Brasil (ULBRA), campus Canoas.

O direito, e por consequência também o direito processual penal, é fenômeno que se manifesta no espaço-tempo social e não pode prescindir das relações inter-disciplinares a fim de evitar a qualificação do processo como simples instrumento de controle e repressão social baseada apenas na norma e na autoridade do Estado, reafirmando que os princípios de política processual de um país estão de acordo com sua política estatal em geral e o processo penal serve para aferir os elementos autoritários ou democráticos de sua Constituição (LOPES JR., 2008).

A partir do momento que o processo penal deve corresponder à Constituição Democrática para máxima eficiência do sistema de garantias do indivíduo serve como instrumento constitucional para autolimitação do poder do Estado através de princípios e normas se estabelece no conflito entre o *jus puniendi* do Estado e o *jus libertatis* do indivíduo, logo, e, por sua vez, passa a ser entendido como o conhecimento e a sistematização de regras que disciplinam do direito de punir e o direito de defesa, em especial o direito de liberdade, e como tal revela a autolimitação do Estado.

O presente trabalho objetiva demonstrar que o Sistema Acusatório, não só é instrumento de reafirmação do processo penal como limitador do poder punitivo do Estado, mas também como instrumento necessário para efetividade de direitos e garantias constitucionais, identificando-se com o Estado Democrático de Direito. Ainda não seja possível um sistema acusatório puro, mas a máxima incidência de elementos que compõem o Sistema Acusatório determina reflexos de um Estado Democrático de Direito sobre a legislação processual em vista de ações que tenham identidade e resultem na efetiva garantia dos princípios e direitos individuais previstos na Constituição de um país.

1. Relação e reflexos político-sociais no processo penal e o Estado como promovedor dos direitos e garantias constitucionais

Conforme consta da Declaração dos Direitos do Homem (1789), democracia é o sistema político-cultural que valoriza o indivíduo na relação Estado-indivíduo, e a democratização do processo penal estabelece o fortalecimento do sujeito passivo, reafirmando a dignidade humana como princípio de maior hierarquia valorativa, inclusive se sobrepondo a outros bens protegidos constitucionalmente.[2]

Afirma-se que os conceitos dos institutos fundamentais do direito processual não são definitivos, mas relativos, dependendo de relação do Estado em face do indivíduo, pois, numa concepção autoritária do Estado, o processo como demonstração de poder dos interesses do Estado, sendo o acusado, mero objeto; em seguida, no Estado liberal, o indivíduo autônomo passa a ser detentor de direitos originários, sujeito de processo, com direito de defesa e garantias individuais; e, por fim, no Estado

---

[2] Para Aury Lopes Jr.: "o que precisa ser legitimado e justificado é o poder de punir, é a intervenção estatal e não a liberdade individual. A liberdade individual, por decorrer necessariamente do direito à vida e da própria dignidade da pessoa humana, está amplamente consagrada no trato constitucional e tratados internacionais, sendo mesmo um pressuposto para o Estado Democrático de Direito em que vivemos.". (2008, p. 12)

de direito social, o processo passa da condição de instrumento técnico, refletindo em si valores políticos e ideológicos de uma nação, espelhando as diretrizes básicas do sistema político do país (Fernandes, 2007, p. 20), sustentado na necessária leitura metodológica e sistemática dos princípios constitucionais.[3]

Estaria em permanente movimento, portanto instável, diante da situação histórico-político-social, e dependendo das circunstâncias, submetido a um regime de maior ou menor tensão social, "com o propósito de endurecimento do sistema penal nos momentos e nos locais difundidos" (Rosa, 2009, p. 29), como aconteceu no surgimento das bases do *Law and Order*, vinculado aos intensos conflitos raciais na década de setenta nos Estados Unidos, que se resolvia com a prisão a contenção das populações marginalizadas,[4] na década de noventa o movimento toma ares de cientificidade, com a difusão da Teoria das Janelas Quebradas;[5] e, o Brasil acenou para essa tendência através da Lei dos Crimes Hediondos, "...seguida de outras na mesma linha, marcou a entrada do sistema penal brasileiro na era da escuridão, na ideologia do repressivismo saneador. A ideia de que a repressão total vai sanar o problema é totalmente ideológica e mistificadora" (Lopes Jr., 2004, p. 15).

Tais ideologias estabelecem a quebra da organização do ambiente, a ordem não existe em uma sociedade de risco, complexa como a nossa, o que determina o afastamento das garantias individuais, determinando a pureza, como absoluto que é, e que, por exclusão, gera a impureza, como se fosse um jogo sem mediação, há extremos onde os impuros são os objetos fora do lugar. Aqueles que não têm condições de estar no jogo são detidos e neutralizados, preferencialmente com o menor custo.

O movimento Lei e Ordem significa uma triste opção pela gestão penal da pobreza, pois a exemplo dos crimes cometidos durante o movimento nazista, a corte de Nuremberg foi produzida sobre lastro de garantias, mesmo que, para o senso comum, não houvesse inocentes no exército alemão. A exemplo do mencionado filme, ante a dura realidade enfrentada pelos julgadores, os direitos de defesa deveriam ser respeitados, a fim de estabelecer legitimidade no julgamento.

O rigorismo de Couture foi relativizado por Calamandrei, para quem o direito de ação deve ser entendido no contexto de um dado momento sócio-histórico, aproveitando determinada sociedade política, relacionado ao espaço/tempo social, o que permitiria uma atuação do Estado mais liberal, em privilégio do indivíduo, ou mais autoritária, caracterizada por regimes centralizadores e ou totalitários. Surge, portanto, a teoria eclética de Liebman, intermediária dos extremos, para quem seria um direito de natureza abstrata, porém, instrumentalmente conexo a uma pretensão

---

[3] "Atualmente, fala-se na necessidade de revisão dos paradigmas da ciência processual, na perspectiva da instrumentalidade, com a noção de acesso à justiça ao centro das reflexões, de modo que se pudesse fazer do processo, também no campo penal, um instrumento de efetivação de valores constitucionais próprios do Estado Democrático e, sobretudo, instrumento ético de participação política, com o aprofundamento da democracia em todas as suas formas, social, política, jurídica e econômica". (MACHADO, 2009, p. 80)

[4] A partir de então, a ação caritativa é progressivamente substituída por uma política de ação repressiva, o que determina o avanço do Estado penal "recorrendo de forma vultuosa e sistemática ao aprisionamento, pois após experimentar uma diminuição "em 12% durante a década de 60 a população carcerária americana literalmente explodiu, passando de menos de 200 mil detentos em 1970 a cerca de 825 mil em 1991, ou seja, um crescimento nunca visto em uma sociedade democrática, de 314% em vinte anos". (ROSA, 2009.p. 32)

[5] Para Alexandre Morais da Rosa, toda janela quebrada (comportamento desviante) deve ser consertada (punição), sob pena de se estabelecer a decadência da rua e da comunidade como um todo (aumento de criminalidade)". (2009, p. 29)

(Machado, 2009, p. 105), através das condições da ação (possibilidade jurídica do pedido, legitimidade e o interesse processual), o que serviu para o Código de Processo Civil de 1973, no qual foram instituídas como requisitos para formação e desenvolvimento da relação processual.

No Brasil, a Constituição Federal foi explícita ao prever o direito de ação como direito público, subjetivo, constitucional e abstrato, além de ser garantia ao indivíduo na previsão do artigo 5º, incisos XXXIV e XXXV, alínea *a*, e dos tratados internacionais recepcionados pelo Brasil. Especialmente, quanto à ação penal, cumpre investigá-la sob um aspecto relativista, diante de uma realidade histórico-sociopolítica, especialmente por tratar de direitos indisponíveis, de ordem pública, a postulação do direito de punir, jus puniendi in judicio, sem haver titularidade para o direito de punir (direito potestativo), que compete ao Estado, em face da divisão de funções, característica do sistema acusatório.

Sob o enfoque da titularidade da ação penal, está a afirmação de que seria da sociedade, representada pelo órgão do Ministério Público, que jamais poderia afrontar o interesse púbico ou tornar-se repressivo, motivo pelo qual, na ótica constitucional deve tratar do acusado como sujeito de direitos e garantias, inserido que está na mesma sociedade que o órgão acusador representa.

Na linha de uma concepção ampliada da noção de Estado, integrado pela sociedade civil e política, o *jus puniendi* que compete ao Estado-Juiz (ou à própria sociedade que o integra), cuja decisão vai além dos interesses das partes, representa os interesses da sociedade e, sendo a sociedade titular do interesse de acusar o agente, representada pelo Ministério Público, surge o enfrentamento do problema que atinge dois órgãos em funções distintas dentro do mesmo processo, cujos interesses estão vinculados a um ente comum, a sociedade, possibilitando a influência externa (histórico-social-política), firmando cada vez mais a necessidade de que a pretensão acusatória tenha correspondência com a sentença, para legitimar a jurisdição.

Não é diferente do tratamento dispensado sob a versão do direito penal do inimigo (Giacomolli, 2006) e, para todos, sacrificam-se Direitos Fundamentais em nome da incompetência estatal em resolver os problemas que realmente geram a violência, como bem exemplifica através da Lei dos Crimes Hediondos, pela qual, a supremacia estatal e legal demonstra o franco detrimento do indivíduo e dos seus direitos fundamentais.

A relação do processo penal com a situação histórica que o circunscreve, está, obrigatoriamente vinculada a uma globalização neoliberal que sustenta a maximização do direito e a restrição de garantias processuais, extensiva à questão econômica, difundida pela imprensa que "pretende remediar com um 'mais Estado' policial e penitenciário o 'menos Estado' econômico e social que é a própria causa da escalada generalizada de insegurança objetiva e subjetiva" dos países reféns dessa política econômica.[6]

---

[6] Apresenta-se com as seguintes peculiaridades: a) é própria de um contexto político-econômico; b) fomenta a repressão de cunho autoritário, especialmente para com a criminalidade de rua; c) estimula a diversificação e a extensão de sanções jurídicas, sejam penais ou extrapenais; d) pretende a mitigação dos direitos e garantias individuais e coletivos.". (ROSA, 2009.p. 41/47)

Cria-se um direito penal e processual de emergência, ante a exacerbação e divulgação da (falsa) necessidade de mais repressão, pelo imediatismo (e a falsa segurança) de novas leis penais, sob a pressão do sentimento de medo, insegurança e ameaça constante da criminalidade, estabelecendo verdadeira legislação do terror, que perpassa a ideia de que o Estado (policialesco) está atento, porém carece de medidas que legitimem, limitadas ao exercício autoritário do poder, firmando-se como um Estado penitente.[7]

Entretanto, o tratamento dado pelo processo penal, em relação à sociedade não mais a coloca acima do acusado, mas em coexistência, determinando a exigência do equilíbrio no processo das partes, não sem antes determinar que primeiro está o indivíduo, depois o Estado, que não é um fim em si mesmo e, se justifica a utilidade do processo penal enquanto meio que tem como fim a tutela do homem e dos seus direitos fundamentais.

Nos termos que Ferrajoli utiliza (1999), trata-se da lei do mais débil, que é o acusado que sofre a violência institucionalizada do processo e, posteriormente da pena. Por isso, a democratização do processo penal para proteção dos inocentes (artigo 5º, inciso LVII, da CF), firmando o objeto da tutela do processo penal como a liberdade processual do imputado e o respeito a sua dignidade.

O Estado não está como titular, como parte, mas como juiz, para exercer o direito de penar e, o poder de condenar o culpado é um direito potestativo, anterior ao processo, porque nasce do delito, como poder concreto da justiça penal – personificada no juiz – de condenar o culpado e executar a pena, por isso a ação penal deve ser vista como um "direito ao processo", enquanto que o direito do particular ou do Estado-acusador é um direito ao processo, completamente distinto do poder de punir que corresponde exclusivamente ao Estado-juiz.

Retoma-se a situação de que a pretensão jurídica é o reflexo ou uma substituição da pretensão social, e deve ser afastada a pretensão punitiva do Estado da pretensão processual, o que não permite a confusão sobre a tensão ou choque entre a pretensão acusatória e a resistência do acusado, que exige para admissão da acusação, um *fumus comissi delicti*, amparado por um suporte mínimo suficiente de prova.

2. Estado de direito, ação e pretensão: limites do poder punitivo

A pretensão é o conceito fundamental da ideia do processo, e sua essência é a acusação que dirige contra alguém e que se exerce diante de um juiz, competente, originada, formalmente na ação, que, na linha da presente investigação, delimita a correspondência com a sentença penal condenatória, considerados os direitos e ga-

---

[7] "a ciência processual, numa perspectiva de futuro, de superação dos esquemas antigos de distribuição da justiça, deve encarar o processo não apenas como instrumento de solução de conflitos, nem mecanismo de garantia de direitos apenas patrimoniais, mas pensá-lo exatamente como instrumento de "geração" de conflito, com a finalidade de distribuir igualitariamente os bens e os direitos fundamentais, confrontando os poderes, os interesses e os privilégios de classe, típicos das sociedades capitalistas." (MACHADO, 2009, p.81)

rantias inerentes ao acusado, pois se o Direito Penal falha, cumpre ao processo penal o papel de filtro, evitando o (ab)uso do poder de perseguir e penar.

É erro pensar que o objeto do processo penal é a pretensão punitiva como fenômeno igual ao processo civil, definido assim, será equívoco determinado pela Teoria Geral do Processo, que lhe atribui condições específicas de existência, validade ou eficácia, pois, não garantidor da liberdade do acusado na sua defesa e contraditório, estabelecendo o desequilíbrio entre as partes, permitindo a confusão de papéis, que, formalmente não se confundem no sistema acusatório, onde o poder de penar do Estado não está como titular, como parte, mas como juiz.

Por tais motivos, a ação penal deve ser vista como um direito ao processo, em sentido amplo e o direito do particular ou do Estado-acusador é um direito ao processo, completamente distinto do poder de punir que corresponde exclusivamente ao Estado-juiz.

Trata-se de um direito de petição, cujo conteúdo, mesmo valorado pelo titular da ação, que representando um direito que não é próprio, o exerce diante de um princípio constitucional permitido a qualquer pessoa, mas que, pela institucionalidade do ofício, provoca a jurisdição (princípio da demanda), para que o Estado-Juiz cumpra com suas atribuições, dentro do que lhe é cabível, sem que, com isso, avance sobre as atribuições do autor da ação.

Aliás, o *princípio da demanda* não se confunde com o *princípio dispositivo* do processo civil, da mesma maneira, enquanto princípio de iniciativa do processo, não está prejudicado pela obrigatoriedade da ação penal pública, o que determina a necessária distinção entre o princípio acusatório do dispositivo, para o que, importa destacar a delimitação do objeto do litígio e do julgamento, o impulso processual, para o que se conclui que por "princípio dispositivo compreende-se o poder de decidir sobra a instauração do processo, respectiva subsistência, e delimitação do litígio, enquanto um princípio de debate se caracterizaria pelos poderes de aquisição e introdução das provas no processo" (Prado, 2006. p. 114-115).

Com a referência sobre a delimitação do objeto, a ação penal serve de limitador para a pretensão acusatória, o implica na aferição do princípio da demanda, que é o poder de instauração do processo, diferente do princípio dispositivo *stricto sensu*, visto como poder de dispor sobre o objeto do processo já pendente, não se limitando à provocação da jurisdição, mas manter o processo ativo em permanente impulsionamento.

Entenda-se importante que o processo como relação jurídica entre partes, estabeleceu o acusado como sujeito de direito da relação jurídico-processual, o que lhe determina a condição de detentor de direitos e do próprio processo como garantia às arbitrariedades que podem surgir em vista da confusão criada na relação entre sociedade, órgão acusador e julgador, para o que o processo passou a instrumentalizar o direito de ação, o direito de defesa e o poder da jurisdição, definindo a distinção entre as funções de acusar, defender e julgar, caracterizadoras de um sistema acusatório.

Da forma exposta, predomina, para sustentação de que o princípio da demanda não se aplica ao processo de ação penal pública, porque "predomina a concepção da natureza pública do conflito de interesse penal, que se transforma em caso penal, sendo a sanção penal pública e portanto resultante de uma atribuição estatal, a vedação cada vez menos rigorosa à disponibilidade do conteúdo do processo penal está guiada pela assunção do interesse público subjacente" (Prado, 2006. p. 115).

A verificação das evidências para uma teoria que (se)delimite a pretensão acusatória passa, como dito ao início, pela situação histórica, política e social em que o sistema processual está inserido, motivo pelo qual a necessidade de segurança imediata, na proliferação da legislação penal implica medidas extremas de controle da criminalidade, com a utilização de modelos preestabelecidos, em circunstâncias completamente diferentes da nossa, a exemplo de movimentos em que o acusador está respaldado pela representação de um anseio coletivo de punição.

Entretanto, ação penal e acusação não se confundem, pois respectivamente estão vinculadas ao conteúdo e a forma de delimitação da acusação, havendo impossibilidade de a ação penal se limitar ao impulso e provocação da jurisdição, o que determina parte da base para distinguir a inaplicabilidade dos princípios do direito processual civil ao processual penal, considerando que aquele estava vinculado ao direito subjetivo do autor da ação, inadequado ao Ministério Público, que exerce um direito potestativo e indisponível (princípios da legalidade e obrigatoriedade), que não permite a confusão entre a liberdade do Ministério Público e a faculdade do autor civil (Prado, 2006. p. 113).

Tanto assim, que a ação penal se distancia da ação civil, no momento em que não mais está restrita ao impulso inicial para provocar a jurisdição, visto pela perspectiva do direito de ação o princípio acusatório inclui entre seus elementos o princípio da demanda, que não se confunde com o princípio dispositivo, corrente no processo civil, bem como não lhe é contraposto, considerando que este último detém como aspectos a iniciativa da instauração do processo; delimitação do objeto do litígio e do julgamento; impulso processual; aquisição do material de fato e de direito a ser utilizado na motivação da sentença; extinção do processo por ato dispositivo. (Prado, 2006. p. 115)

O poder de iniciativa seria, portanto, próprio do sistema acusatório, pois haveria demanda, com a exclusão do poder inquisitorial do juiz, a delimitação do objeto através da acusação (que seria elemento da própria ação penal), e direito a produção da prova para demonstração dos fatos e argumentos.

O objeto do processo não é a pretensão punitiva, como acontece no processo civil, vinculado ao uso dos mesmos elementos, princípios e condições da Teoria Geral do Processo, pois a pretensão acusatória é a afirmação do nascimento de um direito judicial de penar e a solicitação de que se exerça esse direito, o que não confunde a pretensão punitiva do Estado com a pretensão processual.

No processo penal, diferente do que ocorre no processo civil, no qual as partes exercem um direito próprio, o conteúdo do pedido está limitado à condenação, pois não constitui elemento inicial da pretensão, o que determina que, no processo penal não vige o princípio dispositivo, mas o da indisponibilidade e da pretensão, da indivisibilidade do fato aparentemente punível, estabelecendo que aos entes no processo (titulares), definido pelo Estado-acusador, réu (pessoa do acusado), e o Estado-juiz, está o elemento objetivo definido pelo fato, aparentemente punível, verossimilitude (*fumus comissi delicti*), diferente do que ocorre com a processualística civil.[8]

A inadequação passa pela legitimidade da parte, como condição da ação, relacionada com a pertinência subjetiva da ação, o que determina a convergência da titularidade de propor a ação quanto do próprio direito reivindicado na mesma pessoa e, no caso da ação penal a legitimidade seria extraordinária, pela reivindicação em juízo de um direito alheio, o que alguns denominariam de substituição processual, não da vítima pelo Ministério Público, mas da sociedade pelo órgão acusador.

3. Sistemas processuais: inquisitório e acusatório

Tal enfrentamento leva ao entendimento de que se o *jus puniendi* pertence à sociedade, e o Ministério Público, que não é órgão repressivo do Estado, mas autêntico representante de defesa da sociedade, deixa de ser uma legitimidade extraordinária para se tornar ordinária, o que implica necessária e aprofundada investigação, pois se antes haveria possibilidade de dúvida e fusão dos mesmos interesses da sociedade, representada pelo órgão acusador e o órgão julgador, agora, o tratamento circunda à beira de tornar o Ministério Público legítimo sobre interesse próprio, delimitando cada vez mais a necessidade de restringir o poder acusatório, pois cada vez mais ampliada a relação do processo no contexto sociopolítico-econômico. Ao inverso, tratando de legitimidade extraordinária, estaria o ofendido que, em nome próprio representa o interesse de punir da sociedade, supletivamente o seu, como vítima.

Está firmada a confusão entre a figura do juiz e do *dominus litis*, derrubando a ideia formal de separação dos atores e do direito potestativo do Ministério Público, pois não há efetiva disponibilidade sobre o conteúdo do processo, não pela natureza jurídica do direito material, mas pela personificação do Estado como titular do direito material em questão, o que permite que magistrado, *ad argumentandum*, que em confronto ao pedido de absolvição do Ministério Público firma sentença condenatória, como verdadeiro exercício da acusação de ofício.[9]

O sistema processual está inserido no contexto espaço-temporal, respeitada a variação histórica e teórica, consequência da própria contingência da organização social sujeita a transformações decorrentes das condições demográficas e de exercício do poder, além das experiências positivas e negativas vividas, de sorte que o conhecimento do Direito seria impossível sem o conhecimento do lugar que ocupa no estudo da evolução jurídica.[10]

No Brasil, ainda colônia os processos judiciais iniciavam por clamores, depois por querelas, através da *delatio* por particulares e devassas, iniciadas por denúncias. De regra, o primeiro código de processo criminal, em 1832, tinha forte influência

---

[8] Conforme CARNELUTTI: "lide é o conflito de interesses qualificado pela pretensão de um dos interessados e pela resistência do outro" (1936, p. 40)

[9] Geraldo Prado, citando Asencio Mellado.(2006, p. 116)

[10] Geraldo Prado, citando Asencio Mellado.(2006, p. 116)

medieval e privilegiava poderosos que pagavam para se desincumbirem do cumprimento das penas.

No estudo dos sistemas inquisitório e acusatório, a transição para a inquisição começou exatamente com a insatisfação com a atividade incompleta das partes e passa por alguns obstáculos, inclusive de ordem material, dentre eles, a mentalidade inquisitória que se limita ao pensamento de que a estrutura do processo é utilitarista, exclusivamente punitivo, assim como recursos orçamentários para implantação de um novo sistema, a exemplo das defensorias públicas, para equipá-las e colocá-las onde, antes só havia o Ministério Público. (Prado, 2006, p. 116)

A distinção entre os sistemas penais inquisitivo e acusatório, de regra, se estabelece entre a divisão da figura do acusador e do julgador, e as limitações do último em auferir provas através de atos de ofício. A partir da Constituição de 88, o Ministério Público (artigo 129, inciso I) detém a atribuição de iniciar a ação pública (respeitada a pequena parcela dos crimes de ação penal de iniciativa do ofendido, ainda excluída a ação privada subsidiária da pública), através do princípio da obrigatoriedade, o que determina a persecução dos ilícitos e o exercício do ius puniendi, para que se firme, através da fase inquisitória a justa causa para o processo penal, como requisito intransponível, sujeito à absolvição sumária (artigos 395 e 397 do CPP). (Ambos, 2009, p. 66)

Sistema Acusatório compreende normas e princípios fundamentais, ordenadamente dispostos e orientados a partir do principal princípio, tal seja, aquele do qual herda o nome: acusatório (PRado, 2006, p. 104), e para isso, sua caracterização está relacionada à exclusão de tudo que não o integra, desde que não afete a relação entre os três sujeitos, das tarefas de acusar, defender e julgar, afastado o utilitarismo do processo, que se satisfaz com o resultado, seja qual for, e prima pelo instrumento de defesa dos direitos fundamentais do acusado em confronto com a possibilidade de arbítrio do poder de punir – são as regras do jogo.

O processo inquisitório, por sua vez, está vinculado ao direito penal material, ao poder punitivo do Estado, para o que, os atributos do juiz devem ser compatíveis com o objeto e portanto, cumpre com a função de segurança pública, o que lhe permite interferir na acusação, sob entendimento diverso daquele que a dispõe (princípio da obrigatoriedade), e não permite o exercício independente do órgão acusador, decidindo de modo diverso do que pretendido, produzindo provas de ofício, classificando sua atuação como órgão acusador, em verdadeiro direito de ação, e por serem de atribuição do órgão acusador, a prevalência do interesse em punir sobre a tutela dos direitos fundamentais do acusado, passam à condição de tarefas de acusação (Prado, 2006, p. 105), o que não caracteriza um sistema acusatório, caracterizado por um processo de partes.

Importante destacar que a investigação passa pelas condições objetivas de punibilidade, e que, numa visão jurídica, delimitaria de forma mais específica (e formal), a pretensão acusatória, uma vez que está relacionada ao aperfeiçoamento do tipo penal (tipicidade do fato), portanto, ao mérito da causa e não às condições de procedibilidade, que poderia ser comparada às condições da ação civil enquanto impossibilidade jurídica do pedido, e que teria como consequência a rejeição da denúncia ou a extinção anormal do processo, como por exemplo, a declaração de prescrição no curso do processo.

O sistema inquisitivo puro estaria sustentado no princípio da oficialidade, (*indagatio criminis*), através de uma investigação (inquisitiva, secreta) e a *veritas delicti*, que embasa o princípio da averiguação material, que é um princípio implícito da busca da verdade material. Assim, o único diferenciador para um processo penal misto está na intervenção adicional do Ministério Público (Ambos, 2009, p. 37) e a atuação cada vez mais ativa do juiz no processo, para obtenção de provas, é tida como característica de um processo misto adversarial-inquisitivo (Ambos, 2009, p. 39).

O fortalecimento do Ministério Público ocorre a partir do período humanitário do Direito Penal, em meados do século XVIII, com a condenação as formas tortuosas cometidas contra os acusados, passando à liberdade das provas, cujos reflexos alcançaram o Brasil e, com a Constituição de 1934 ocorreu a unificação da legislação processual penal e, a partir da Constituição de 1937, o código atual, determinando uma fase "moderna" incluindo-se ao inquisitivo e acusatório (não puros), o misto, como tendência, dando-se em regra, a separação entre as funções de acusar e julgar na fase da ação, estabelecendo o contraditório e a necessidade de defesa técnica, mantinha o procedimento *ex officio* e amplos poderes ao juiz na fase de investigação, o que somente foi modificado pela Constituição de 1988, pela se adotou um sistema de princípio e garantias correspondentes ao sistema acusatório. Mesmo que a doutrina brasileira aponte a existência de um sistema processual misto, tendo a fase pré-processual (investigação) caráter inquisitório e a fase judicial acusatório, com o que Aury Lopes Júnior não concorda.[11]

Percebe-se, desse entendimento, que não se trata de uma classificação fechada, em especial para o processo penal brasileiro, já que compõe uma primeira etapa puramente inquisitória, mas na fase processual, por mais que se apresentem características de um sistema acusatório, ainda persistem vigentes dispositivos oriundos de uma situação político-social arbitrária da época de sua construção, remontando aquela situação de que a lei reflete as circunstâncias que lhe rodeiam e, consequentemente lhe norteiam, a exemplo do Código de Processo Penal brasileiro, com forte influência do Código Rocco e do Estado Novo.

Entretanto, como sistema misto significa que um sistema *empresta* ao outro seus elementos informadores, o que permitiria que no sistema acusatório ainda pairem dispositivos com características inquisitórias, o que seria uma justificativa para o brocardo *Jura Novit Curia*, que desobriga o Ministério Público de adequar a nova tipificação legal, bastando a narrativa dos fatos que o juiz aplique o direito, sem permitir ao acusado o pleno e efetivo exercício do contraditório. Segue Aury Lopes Júnior que, *na essência, o sistema sempre é puro*, não podem ser mistos por força de um *princípio unificador*. (2008, p.75)

Embora o sistema acusatório predomine em países de base democrática como o Brasil, ainda persistem resquícios das influências dominantes (inquisitivas) da época de sua construção e vigência, pois a *concepção de sistema acusatório está*

---

[11] "Ora, afirmar que o 'sistema é misto' é absolutamente insuficiente, é um reducionismo ilusório, até porque não existem mais sistemas puros (são tipos históricos), todos são mistos. A questão é, a partir do reconhecimento de que não existem mais sistemas puros é identificar o princípio informador de cada sistema, para então classifica-lo como inquisitório ou acusatório, pois essa classificação feita a partir do seu núcleo é de extrema relevância." (LOPES JR., 2008, p.58)

íntima e indissoluvelmente relacionada, na atualidade, à eficácia do contraditório e, principalmente, da imparcialidade. (Lopes Jr., 2008, p.73)

A imparcialidade do juiz passa pelo seu afastamento da carga das provas, deve-se descarregar o juiz de atividades inerentes às partes, para assegurar sua *imparcialidade*. Com isso, também se manifesta respeito pela integridade do processado como cidadão. (Lopes Jr., 2008, p.74)

Em suma: havendo o litígio, o Estado disciplinou a autodefesa (e até a proibiu), acentuou sua intervenção determinando o monopólio da administração da justiça (Poder Judiciário), através de um juiz pelo processo, afastando o sistema inquisitorial (que teve seu apogeu na idade média), em que o juiz acusava e instruía (o acusado era mero objeto da investigação), sem direito algum no processo, para alcançar mecanismos seguros, pelos quais o juiz precisaria ser preservado, imparcial, neutro, momento em que surge o Ministério Público, com a incumbência da persecução criminal pública.

4. O processo como instrumento de garantias baseado no sistema acusatório

A titularidade exclusiva do Estado do poder de punir surge no momento em que é suprimida a vingança privada e são implantados os critérios de justiça. Ciente do risco de autodefesa, o Estado se fortalece com o monopólio da justiça e, violado um bem juridicamente protegido invoca-se a prestação jurisdicional através da estrutura preestabelecida pelo Estado, que é o processo penal, mediante a atuação de um terceiro imparcial, cuja designação não corresponde à vontade das partes e resulta da imposição da estrutura institucional.

O processo não é efeito do delito, mas da pena que se tem que lhe aplicar, não sendo possível existir o delito sem pena, nem pena sem delito e processo, nem processo penal senão para determinar o delito e impor a pena. Assim, fica estabelecido o caráter instrumental do processo penal com relação ao Direto Penal e à pena, pois o processo penal é o caminho necessário para a pena (Lopes Jr., 2008, p.21).

Ao substituir a vingança privada pela pena estatal (pública), estabeleceu-se que a pena é uma reação do Estado contra a vontade individual. Explique-se. A norma penal apresenta um preceito que tem como conteúdo um determinado comportamento proibido ou imperativo, e a sanção tem como destinatário aquele poder do Estado, que é chamado a aplicar a pena. Para a aplicação da pena, é necessário o prévio processo, o que não permite o consentimento do acusado que não pode se submeter voluntariamente à aplicação da pena, senão por meio de um ato judicial, diferente do processo civil.

O processo é necessário para o confronto entre o *ius puniendi* do Estado com o *ius libertatis* do indivíduo, trata-se de jurisdicionalização da pena, segundo a qual a sanção penal somente pode ser aplicada pelos órgãos jurisdicionais mediante a utilização de um instrumento adequado, que é o processo. Trata-se de um conflito de interesses de alta relevância social, que só pode ser solucionado mediante pronunciamento judicial, emanado de órgão competente do Poder Judiciário, o que impede que seja resolvido extrajudicialmente, o que torna o processo inevitável e necessário.

Ao tratar de um direito potestativo, o Ministério Público com base na oficialidade do exercício da ação penal, submete-se ao princípio da legalidade e obedece aos princípios de moralidade e, principalmente impessoalidade, pois mesmo criado para desempenhar a persecução criminal, está inserido numa realidade de garantias indispensáveis à dignidade da pessoa humana, o que leva a uma atuação mais amena, ante o sistema acusatório, não sendo possível reprimir sua atuação ao princípio da legalidade, sob pena de mantê-lo identificado com um sistema utilitarista, inquisitivo por essência: a potencialidade dos danos da conduta, a ofensividade a bens jurídicos, a própria dimensão do dano provocado e o desvalor da ação são elementos que o Direito Penal oferece ao Ministério Público para determinar as hipóteses de atuação ou não. (Prado, 2006, p. 129)

Demonstrados como indispensáveis os direitos e garantias, não podem ser isolados, muito pelo contrário, sua interligação permite que, muitas vezes sejam confundidos ou tratados com o mesmo significado, entretanto à tutela dos direitos se faz necessário o instrumento para sua garantia, o que reclama o aprofundamento na exegese constitucional para determinar a conjugação harmônica entre os dois conceitos.

Importa reafirmar que, muito embora haja o permissivo do direito de petição, implica o mesmo na delimitação do exercício de acusação, o que permite a plenitude da defesa do acusado, como direito de petição que dá início à ação, mais precisamente um direito à tutela jurisdicional do Estado, como tal, tem sido definido, sucessivamente, nas mais importantes declarações de direitos humanos.

É comum nos textos, a competência, a independência e imparcialidade dos tribunais, assim como as garantias (constitucionais), dentre elas, o acesso à justiça, pelo exercício do direito à jurisdição, sem que o Estado-Juiz possa escusar-se da apreciação da lesão ou da ameaça de lesão a direito.

Portanto, a imperiosa delimitação da pretensão acusatória na efetiva correlação entre acusação e sentença: "efetivamente, não existe acusação penal nem decisão penal fora de um processo criminal, conduzido por um Juiz estatal. Então, qualquer manifestação acusatória ou decisória fora de um processo não é uma acusação ou decisão criminal e, neste sentido, não pode haver manifestação de outro critério que não seja o da necessidade." (Giacomolli, 2006, p. 69)

Extrai-se, então, que a acusação, propriamente dita está vinculada não só aos limites da ação enquanto formalidade, ao seu exercício num determinado momento processual, o que leva ao enfrentamento da possibilidade de emenda à inicial como mecanismo que impede o efetivo exercício do contraditório, e fulmina com a igualdade entre as partes, demonstrando verdadeira confusão entre os atores do processo.

A partir do momento em que a Constituição de 88 estabelece princípios e garantias explícitas ao acusado, como um juiz natural previamente estabelecido (artigo 5º, inciso LIII), do devido processo legal (artigo 5º, inciso LIV), do contraditório e da ampla defesa (artigo 5º, inciso LV), a vedação do uso de provas obtidas de forma ilícita (artigo 5º, inciso LVI), publicidade dos atos processuais (artigo 5º, inciso LX) e a necessidade de fundamentação das decisões judiciais (artigo 93, inciso IX), se define a divisão entre as funções do órgão acusador e do julgador.

Os princípios de política processual, não outra coisa que segmentos das políticas gerais ou de Estado, são um termômetro dos elementos corporativos ou autoritários de sua Constituição, por conta do que a ciência processual tem desenvolvido princípios opostos que constituem o processo. A história do processo passa pelo conflito entre eles, uns sobre os outros ou sua fusão, o que significa a própria evolução histórica do processo. (Alonso, 1997, p. 110)

Nas palavras de Werner Goldschmidt, o termo *justiça* corresponde ao bem comum e, às vezes, parece mais apropriado, adequado. Se a lei objetiva o bem comum, o que se busca através dela é justiça, dependendo somente de sua materialização, estabelecendo uma zona de liberdade dentro da qual o indivíduo se transforme em pessoa.[12]

Uma das formas de desenvolver o respeito à personalidade se atinge pelo seu fortalecimento através do estabelecimento de direitos fundamentais e, isso se dá pelo dever de o Estado promover a Justiça, assim como a resistência e o enfraquecimento do poder do Estado, através da divisão dos poderes e da autonomia dos órgãos judiciais. (Alonso, 1997, p. 138-139).

5. Efetividade e garantia dos princípios constitucionais através do sistema acusatório

O processo penal deve ter estruturação equilibrada entre a jurisdição, a ação e a defesa. O equilíbrio entre as partes e a efetividade das garantias passa necessariamente pelo atendimento do devido processo legal, uma vez que estabelece a forma através da qual restará limitado o poder punitivo do Estado e a legitimidade para se opor ao *jus libertatis*.

A garantia constitucional do devido processo legal não está limitada às formas processuais, mas também será substancial, em virtude do processo legislativo que precede a individualização dos atos no procedimento; portanto, assim como a recepção da legislação ordinária pela Constituição, a produção legislativa estaria sempre voltada para o aspecto constitucional de efetividade às garantias fundamentais, como acontece com a igualdade processual no tratamento das partes que representa o equilíbrio entre acusação e defesa.[13]

Mais, a busca da verdade material, como caracterizadora do sistema inquisitivo, é substituída pela busca da verdade provável, que serviu de base para o ofereci-

---

[12] "El principio supremo de la justicia consistem em exigir para cada cual uma zona de liberdad dentro de la que pueda transformarse de 'hombre en persona'. Los critérios que deben guiar al hombre a desenvolver su personalidade no pueden ser desprendidos de la justicia, sino que han de dedurcirse de otros valores, ora económicos, ora culturales, ora metafísico-religiosos, cuya mutua sub y supra-ordenación tampoco es mision del valor justicia. Em cambio, sí constituye contenido del mismo la estrutura de un regímen de justicia que dé a cada cual la reclamada zona de liberdad." (ALONSO, 1997, p.33)

[13] "A acusação normalmente está afeta a órgão oficial. Tem este todo o aparelhamento estatal montado para ampará-lo. O acusado tem de contar somente com as suas próprias forças e o auxílio de seu advogado. Essa situação de desvantagem justifica tratamento diferenciado no processo penal entre acusação e defesa, em favor desta, e a consagração dos princípios in dubio pro reo e do favor rei. Ademais, o direito em jogo no processo penal é a própria liberdade do indivíduo, só restringível por condenação quando o juiz adquira pleno convencimento de que ficariam inteiramente evidenciadas a prática do crime e a sua autoria." (FERNANDES, 2007, p. 53)

INQUIETAÇÕES JURÍDICAS CONTEMPORÂNEAS

mento da ação penal, em face da colheita de elementos na fase de investigação e que, se esgota no momento em que surge o processo, delineado por todos os princípios constitucionais que não alcançam aquela primeira etapa, limitada, portanto, cujos elementos devem ser submetidos à judicialização, senão afastados, a fim de evitar a suspeição do magistrado, no caso de ter tomado medidas assecuratórias com base em provas não submetidas ao contraditório, como bem destaca Aury, ao afirmar a necessidade de se estabelecer a prevenção do juiz.

Considerando a possibilidade de processos sem lide (sem pretensões resistidas), torna-se indispensável ao processo *a pretensão do autor manifestada em juízo, exteriorizada pelo pedido e delimitada pela causa de pedir ou imputação* (Jardim, 1997, p. 24), o que tornaria mais aceitável construir toda a teoria da jurisdição e do processo em torno do conceito de pretensão, que lhe é essencial (Jardim, 1997, p. 25). Entretanto, mesmo havendo discordância sobre a indispensabilidade de lide, conflito de interesses no processo penal, certo é que, não é possível o processo sem pretensão. A própria teoria carnelutiana acaba acolhendo a pretensão como categoria indispensável ao processo.[14]

Com a obrigatoriedade de o Estado promover a participação popular no processo (sistema acusatório), a busca pela *liberdade*, também como direito fundamental e pétreo exige a ampliação na informação sobre todos os atos (isonomia) e todo o conteúdo do processo (pretensão acusatória), vinculada ao caso penal (qualificado pela tipicidade), para que o acusado exerça pleno contraditório através de todos os meios necessários (paridade de armas), para impedir a restrição ao *jus libertatis*.

Aliás, o *jus libertatis* também diz respeito à liberdade processual, uma vez que lhe permite a Constituição da República que exerça a ampla defesa e o contraditório sejam exercidos de foram plena (liberdade na produção das provas – carga probatória) e efetiva (durante todo o processo).[15] O contraditório pressupõe a necessária informação para que se permita a reação do acusado durante todo o processo pela necessidade de permitir ao réu a informação, o conhecimento da acusação, permitindo-lhe a defesa.[16]

Um contraditório pleno e efetivo decorre da informação e da possibilidade de reação, através de meios para que possa opor-se e que seja permanente durante o

---

[14] "Entretanto, Carnelutti fixara-se no conceito de lide para a formulação de sua teoria sobra a jurisdição e o processo, moivo pelo qual, diante do instituto da parte civil no processo penal italiano – ressarcimento do dano *ex delicto* – passou a sustentar o caráter intermédio do processo penal (parte contencioso, parte voluntário) e, depois, o seu caráter misto. Assevera o mestre que, caso fosse possível cindir o conteúdo penal do civil, não teria dúvida em afirmar que o processo penal seria genuinamente um procedimento de jurisdição voluntária, fazendo analogia ao processo civil de interdição, onde não há lide e sim mera controvérsia." (JARDIM, 1997, p. 26).

[15] "É o processo o palco no qual devem se desenvolver, em estruturação equilibrada e cooperadora, as atividades do Estado (jurisdição) e das partes (autor e réu). Nenhuma dessas atividades deve ser o centro, impondo-se sobre as outras. O excessivo realce à predominância da jurisdição sobre as partes é reflexo do valor dado ao intervencionismo estatal na sociedade e na vida dos indivíduos. Prestigiar a ação é ressaltar a atividade do autor em detrimento da atuação do Estado e da defesa. Colocar a defesa como a razão do processo é, também, valorizar uma das partes da relação jurídica processual em prejuízo da outra." (FERNANDES, 2007, p. 35)

[16] "No processo penal é necessário que a informação e a possibilidade de reação permitam um contraditório pleno e efetivo. Pleno porque se exige a observância do contraditório durante todo o desenrolar da causa, até seu encerramento. Efetivo porque não é suficiente dar à parte a possibilidade formal de se pronunciar sobre os atos da parte contrária, sendo imprescindível proporcionar-lhes os meios para que tenha condições reais de contrariá-los. Liga-se aqui, o contraditório ao princípio da paridade de armas, sendo mister, para um contraditório efetivo, estarem as partes munidas de forças similares." (FERNANDES, 2007, p. 63)

processo que se desenvolve, determinado pela paridade de armas, mesmo que ocorra à revelia, o que distancia o processo penal do processo civil, pois no último o que existe é o princípio da bilateralidade da audiência, através do qual se permite ao réu o conhecimento do que contra ele se pede, e no caso da revelia, resulta na veracidade dos fatos alegados pelo autor, entendida a defesa como um ônus, não um dever.

Daí, o contraditório como diferenciador das bases de processo civil e penal é visto como a ciência inicial da ação e oportunidade dada para que o requerido se defenda, querendo, o que diferencia o contraditório da bilateralidade, sendo suficiente o segundo; diferente do que ocorre com o processo penal, pois estão em jogo os direitos de punir e de liberdade, marcadamente indisponíveis, para o que deverá o juiz assegurar um contraditório pleno e efetivo, como equilíbrio entre acusação e defesa. (Fernandes, 2007, p. 67)

Reafirmando a aplicabilidade e efetividade constitucional sobre o processo penal, consta do artigo 5º, inciso III, da Constituição Federal, a aferição da imparcialidade do juiz, que não é uma garantia individual de parte, mas da própria jurisdição, uma vez que valida os atos e as decisões tomadas, através da proibição dos tribunais de exceção e proibição de evocação, suscitadas três regras de proteção em que só podem exercer jurisdição os órgãos instituídos pela Constituição, ninguém pode ser julgado por órgão instituído após o fato e, entre os juízes pré-constituídos vigora uma ordem taxativa de competências que exclui qualquer alternativa deferida à discricionariedade de quem quer que seja. (Fernandes, 2007, p. 135)

O direito de defesa, antes de ser mera garantia do acusado, constitui garantia de um processo justo, como condição de regularidade do procedimento e o contraditório como legitimante da própria jurisdição, para o que se faz necessário o conhecimento claro da imputação e o direito à prova: a defesa representa, na realidade, um aspecto integrante do próprio direito de ação, quais face e verso da mesma medalha, até porque não se pode falar em ação senão com relação à defesa, baseando-se a atuação de ambas as garantias sobre componentes idênticas. (Grinover, 1990, p. 8)

Trata-se o direito de defesa de uma categoria aberta, à qual devem ser imputados todos os concretos direitos, de que o arguido dispõe de coodeterminar ou conformar a decisão final do processo (Prado, 2006, p. 107), em contrapartida a uma acusação que tem por base um direito material, sob a insigne do princípio da legalidade em contrapartida ao direito de liberdade do acusado, não limitada ao oferecimento de uma denúncia, mas uma função, a um órgão, a um conjunto de atos e a um determinado sujeito, a acusação cuida da atribuição de uma infração penal, em vista da possibilidade de condenação de uma pessoa tida provavelmente como culpável, enquanto a ação penal consiste em ato da parte autora, concretado por sua dedução formal em juízo. (Prado, 2006, p. 112)

Conclusão

A evolução na teoria do processo alcançou a instrumentalidade jurídico-política, afastando a exacerbação das formas passando por um direito de ação autônoma, instituindo o processo como instrumento de reafirmação de direitos e garantias, como mecanismo de afirmação de valores constitucionais, com resultados concretos e legítimos.

A instrumentalidade do processo deve ser vista sob um aspecto jurídico que atua sobre o direito, em especial das partes (instrumento técnico), e ao mesmo tempo alcança fins jurídicos, políticos e sociais (instrumento ético), o que afasta o processo do sentido meramente formalista, limitado às partes, visto como instrumento de repressão e controle, determinando efetividade coletiva em face dos preceitos constitucionais que lhe determina ser garantidor dos direitos fundamentais, não só individuais.

O mundo globalizado relativizou o papel do direito enquanto fenômeno, muito embora mantido como instrumento simbólico de limitação do Poder, estabilizando as expectativas dos integrantes da sociedade (Prado, 2006, p. 11), e mesmo que possa parecer paradoxal, o constitucionalismo moderno, representa o momento único e ímpar da convergência entre o pensamento jusnaturalista e a necessidade de positivação do direito, pressupondo um rol de interesses indisponíveis para a vida digna do ser humano (Prado, 2006, p. 12), especialmente através da racionalidade do direito, do relevo à Constituição, da divisão de poderes, bem como da tutela de direitos fundamentais, que está vinculada ao poder legítimo.

Na medida em que o processo (constitucional) penal, efetivamente, instrumentaliza o direito penal, há necessidade de que sua vigência se dê em consonância com a democracia, o que indica que pode sofrer influências ou pressão de grupos sociais, firmando-se uma relação entre processo e democracia, com base na distinção entre, no mínimo três sujeitos, autônomos, mas com vinculações recíprocas de direitos e deveres. Trata-se da vinculação do processo, da democracia e do sistema acusatório (Prado, 2006, p. 32).

Entretanto, não será legítima a decisão do magistrado que condena por pressão, ao atender um reclame da sociedade por punição, mas somente quando houver correspondência entre a pretensão acusatória, as provas produzidas e a decisão propriamente dita.

O processo exige uma imunização a decisões utilitaristas, não vinculadas a uma verdade real, assegurados direitos e garantias que, no processo reduzam o poder subjetivo da decisão condenatória, delineado de forma constitucional.

A relação direta entre Constituição e Processo Penal está na proteção aos direitos fundamentais e na separação dos poderes. Tutelam a liberdade individual, como direito fundamental e cláusula pétrea (artigo 60, §4º, inciso IV, CF), na Constituição, que é fundamento para validade de todas as leis e garantia da proteção jurídica e social, através do Processo Penal, que ultrapassa a condição única instrumentalista: *"O poder estatal de intervenção e a liberdade civil devem ser levados a um equilíbrio, de modo que garanta ao indivíduo tanta proteção estatal quanto seja necessária, assim como também tanta liberdade individual quanto seja possível."* (Callegari, 2009, p. 39).

Em resposta à proposição inicial, pode-se dizer que, embora não tenhamos um sistema acusatório puro, certo é que ainda determina efetividade e materialização dos direitos garantias constitucionais de um país democrático, ante um mundo globalizado, que clama pela repressão à criminalidade, mas que mantém, mesmo que limitada, a idoneidade sobre um sistema que permite a mais ampla defesa, o contraditório, a igualdade das partes como forma de aplicação da máxima aplicação de todas as ações que tenham identidade e resultem na efetiva garantia dos princípios e direitos individuais previstos na Constituição da República.

Bibliografia

ALONSO, Pedro Aragoneses. *Proceso y derecho procesal (introduccion)*. Madrid: Editoriales de Derecho Reunidas, 2ª edição, 1997.

AMBOS, Kai, Marcellus Polastri Lima. *O processo Acusatório e a vedação Probatória – Perante as realidades alemã e brasileira*. Porto Alegre: Livraria do Advogado Editora, 2009.

BITENCOURT, Cezar Roberto. *Tratado de Direito Penal – Parte Geral I*. 13ª ed. São Paulo: Editora Saraiva, 2008.

CARNELUTTI, Franceso, *Sistema di diritto processuale civile*, Pádua, Cedam, 1936, volume I, p. 40)

CHOUKR, Fauzi Hassan, Kai Ambos. *Processo Penal e Estado de Direito*. Campinas: Edicamp, 2002.

DAMASKA, Mirjan R.. "Activism in Perspective". Faculty Scholarship Series, 1983, Paper 1585. *In* http://digitalcommons.law.yale.edu/fss_papers/1585, acesso em 29.08.2012.

——. Las Caras de La Justicia y El Poder Del Estado – Análisis comparado del proceso legal. Santiago: Editorial Juridica de Chile, 1986.

——. *The Shadow Side of Command Responsibility*. Faculty Scholarship Series, 2011, Paper 1574. *In* http://digitalcommons.law.yale.edu/fss_papers/1574, acesso em 29.08.2012.

D'ÁVILA, Fábio Roberto. Ofensividade em Direito Penal – Escritos sobre a teoria do crime como ofensa a bens jurídicos. Porto Alegre: Livraria do Advogado Editora, 2009.

FERNANDES, Antonio Scarance. *Processo Penal Constitucional*. 5ª ed. São Paulo: editora Revista dos Tribunais, 2007.

FERRAJOLI, Luigi. *Derechos y Garantias. La ley del más débil*. Trad. Pefecto Andrés Ibáñêz e Andrea Greppi. Madrid, Trotta, 1999.

——i. *Derecho y Razón – Teoria del Garantismo Penal*. 2ª ed. Trad. Perfecto Ibañez; Alfonso Ruiz Miguel; Juan Carlos Bayon Mohino; Juan Terradillos Basco e Andrea Greppi. Madri, Trotta, 1997.

GRINOVER, Ada Pelegrini. *As garantias constitucionais do processo*: novas tendências do direito processual. Rio de Janeiro, Forense Universitária, 1990.

GIACOMOLLI, Nereu José. *Legalidade, Oportunidade e Consenso no Processo Penal* – na perspectiva das garantias constitucionais. Porto Alegre: Livraria do Advogado Editora, 2006.

JARDIM, Afranio Silva. *Direito processual penal: estudos e pareceres*. 6ª ed. Rio de Janeiro: Forense, 1997, p. 25.

LOPES JR., Aury. *Direito Processual Penal e sua Conformidade Constitucional*. Volume 1, 3ª edição. Rio de Janeiro: Editora Lúmen Juris, 2008.

——. *Introdução Crítica ao Processo Penal* – Fundamentos da Instrumentalidade Garantista. Rio de Janeiro: Editora Lumen Juris, 2004.

——, Gustavo Henrique Badaró. *Direito ao Processo Penal no Prazo Razoável*. Editora Lumen Juris, 2009.

MACHADO, Antonio Alberto. *Teoria Geral do Processo Penal*. São Paulo: Editora Atlas, 2009.

PRADO, Geraldo. *Sistema Acusatório – A Conformidade Constitucional das Leis Processuais Penais*. 4ª ed. Rio de Janeiro: Editora Lumen Juris, 2006.

——; MALAN, Diogo, (orgs.). *Processo Penal e Democracia* – Estudos em Homenagem aos 20 Anos da Constituição da República de 1988. Rio de Janeiro: Editora Lumen Juris, 2009.

ROSA, Alexandre Morais da; SILVEIRA FILHO, Sylvio Lourenço da. *Para um Processo Penal Democrático* – Crítica à Metástase do Sistema de Controle Social. Rio de Janeiro: Editora Lumen Juris, 2009.

ROXIN, Claus. *A proteção dos bens jurídicos como função do Direito Penal*. CALLEGARI. André Luis, GIACOMOLLI, Nereu José, (org. e trad.). Porto Alegre: Livraria do Advogado, 2009.

TUCCI, Rogério Lauria. *Direitos e Garantias Individuais no Processo Penal Brasileiro*. 3ª ed. São Paulo: Revista dos Tribunais, 2009.

— 4 —

O comércio eletrônico e suas consequências no direito empresarial

CAROLINA ZENHA SARAIVA[1]

Sumário: 1. Introdução; 2. A era digital e seus aspectos históricos; 2.1. O conceito de Internet; 3. O direito empresarial e a Internet; 3.1. A empresa; 3.2. O comércio eletrônico; 3.3. O empresário virtual; 3.4. O estabelecimento empresarial virtual; 3.4.1. Consequências de um estabelecimento empresarial virtual; 3.4.1.1. O direito de arrependimento do consumidor; 3.4.1.2. A proteção ao ponto comercial; 3.5. A segurança e a legislação no comércio eletrônico; 4. Considerações finais; Referências bibliográficas.

1. Introdução

O direito empresarial, ao longo dos tempos, principalmente na história mais recente, tem sofrido diversas modificações. Com o advento do Estado Social, democrático e de direito, iniciou-se grande batalha doutrinária e jurisprudencial para que seja perpetuada a concretização dos direitos fundamentais, o que fez com que o empresário, atualmente, não mais se preocupasse unicamente com a obtenção de retorno financeiro positivo, mas também com o papel social que desempenha. Ademais, enquanto o jurista brasileiro estudava os efeitos da Constituição Federal promulgada, na tecnologia nova revolução ocorria: a criação da Internet.

A Era Digital veio a modificar as relações sociais, exigindo do Direito novas regras e perspectivas. No direito Empresarial não foi diferente. O advento do comércio digital veio editar novo regramento, sendo questionados conceitos como estabelecimento empresarial, sujeitos das relações, nova ideia de direito do autor e sua proteção, além de tornar o comércio propriamente dito em algo mais abrangente, possibilitando maior facilidade às transações internacionais, por exemplo.

Hoje ainda se debate de forma veemente as consequências da Internet da vida do homem, o que certamente reflete nas normas a serem utilizadas e criadas pelo Direito para correto regramento destas novas relações e propiciar a segurança necessária aos usuários da rede mundial de computadores, principalmente no que se refere ao Comércio nesse ambiente tão amplamente travado.

---

[1] Mestranda em Direito no Programa de Pós-Graduação *Strictu Sensu* da Pontifícia Universidade Católica do Rio Grande do Sul, professora assistente da universidade Luterana do Brasil, nas disciplinas de Direito Empresarial e Processo Civil.

2. A era digital e seus aspectos históricos

A atualmente apelidada de Era Digital, apesar de na Segunda Guerra Mundial ter-se notícia da criação de computadores de menor complexidade,[2] tem como marco inicial de sua história em 1979, quando a IBM lançava o computador pessoal PC-XT, o qual, ao longo de cerca de 23 anos, foi usado como molde para novas descobertas tecnológicas, sendo lançado o Pentium III, com maior capacidade e variedade de funções.[3]

Eis o que tal evolução tecnológica significou:

> O que aconteceu nesses vinte e três anos? Se tal fenômeno de desenvolvimento tecnológico ocorresse com o ser humano, seria o mesmo que bilhões de neurônios se tivessem multiplicado, aumentando e distribuindo nossa capacidade de agrupar e analisar informações. Dentro dessa relação, nosso raciocínio trabalharia 1.000 vezes mais rápido.[4]

No que concerne ao direito, a Era Digital efetivamente lhe chamou maior atenção quando da criação da Internet, que possibilitou e criou novas formas de relação, em um mundo ainda inóspito pelo jurista: o mundo virtual. Essa necessidade de acesso mundial a informações e dados veio muito impulsionada pelas grandes redes mundiais de jornalismo, mas também pelo próprio setor financeiro, que via na criação de uma "aldeia financeira" uma maneira de corte de gastos com pessoal e maior articulação de interesses.[5]

A Internet teve início a partir dos anos 60, principalmente desenvolvida pelos norte-americanos, que receavam a fragilidade das formas de segurança de dados da época, temendo ataques nucleares. Dessa forma, foi desenvolvida a Arpanet (Advanced Research Projects Agency Network), primeira rede de dados que interligava computadores de universidades, centros de pesquisa e instituições militares.

A evolução da referida rede, com desenvolvimento de pesquisas norte-americanas, do Reino Unido e de países nórdicos, assim como com a dissociação do caráter militar e civil da rede e a criação da www (World Wide Web), em 1983, a então Arpanet passou a ser conhecida como *Internet*, sendo que em 1886 houve um grande trabalho pela disseminação das informações científicas acerca destes trabalhos, promovida pela NFS (National Science Fondation), criando uma ligação de eficiente rapidez para compartilhamento de informações, fazendo com que a Internet passasse a ser conhecida e utilizada mundialmente. No Brasil, a expansão e maior divulgação da Internet ocorreu a partir de 1988 com a criação do Altenex, sistema que desenvolveu a "espinha dorsal" da Internet no país.[6]

Sabe-se, até o momento, qual foi a evolução histórica da Internet, porém, para o presente estudo, imprescindível que seja entendido o seu conceito, a fim de que se possa entender o papel do direito nas relações virtuais, abrangendo mais especificamente o Direito Empresarial frente ao comércio eletrônico cada vez mais frequente no país.

---

[2] SCORZELLI. Patrícia. *A Comunidade Cibernética e o Direito*. Rio de Janeiro: Lumen Juris, 1997, p. 11.

[3] CORRÊA. Gustavo Testa. *Aspectos Jurídicos da Internet*. 2. ed. rev. São Paulo: Editora Saraiva, 2002, p. 1.

[4] CORRÊA, 2002, p. 2.

[5] PECK. Patrícia. *Direito Digital*. São Paulo: Saraiva, 2002, p. 17.

[6] SCORZELLI, 1997, p. 16.

2.1. O conceito de Internet

Para que seja conceituada a Internet, importante iniciar-se pelo estudo do que seria uma rede de computadores. Deise Fabiana Lange assim afirma: "Pode-se dizer que uma rede é um conjunto de micros ou terminais interligados, por cabo ou não, e que compartilham, por isso mesmo, dados, programas e informações".[7]

Ora, pensando neste conceito de rede, pode-se ampliar a ideia de que a Internet é um canal de comunicação e repasse de dados e informações, conectado mundialmente. Não há, na doutrina especializada, um conceito único e final de Internet, mas pode-se, para fins acadêmicos, identificar a Internet como um sistema global de rede de computador que torna possível a transferência de dados, informações, programas etc., entre dois computadores que estejam interligados por uma rede, fazendo espécie de intercâmbio de dados.

O uso desta rede de troca de informações possibilitou, de certa forma, que fossem desenvolvidas novas formas de negócios. Dentre elas, está o comércio eletrônico, além da utilização, pelos empresários em geral, da Internet como forma de divulgação e incremento de suas atividades econômicas. Pelo número crescente de usuários, certo que os empresários viram na rede mundial de computadores uma forma de maximilizar seus lucros, não sendo a Internet somente um local de troca de informações, mas também um solo fértil para bons negócios e incremento da empresa.

Muito bem enumera Gustavo Testa Corrêa sobre a importância da Internet na atividade empresária:

> Poderíamos também afirmar que a Internet é importante, porque muda as nossas vidas, disponibilizando uma vasta gama de "comunicações eletrônicas bidirecionais", expandindo a interatividade entre homem e máquina. Na medida em que a quantidade de usuários da Internet cresce, um grande número de companhias explorará os potenciais de propaganda, publicidade e venda de mercadorias através da Rede, sendo assim, responsáveis pela identificação das necessidades dos usuários e, também, pela mudança da concepção de comércio, fazendo do ciberespaço um ambiente mais confiável e seguro.[8]

Ora, resta evidenciado que a criação e expansão da rede mundial de computadores trouxeram grande modificação ao comércio convencional, tanto em termos de formas de venda como de propagação de informações sobre produtos e serviços. Ocorre que, a partir dessa nova ótica, também necessário que seja repensado o direito, no caso o direito empresarial, uma vez que uma série de relações e formas é modificada com o advento do mercado virtual, sendo necessário que haja maior segurança e confiabilidade nas transações ocorridas no ambiente cibernético.

Nesse contexto é que se passa à análise dos aspectos jurídicos do Direito Empresarial na Era Digital, trabalhando-se com algumas das modificações e dificuldades encontradas pelos juristas estudiosos da área.

3. O direito empresarial e a Internet

Conforme referido até o momento, houve grande modificação na sociedade mundial em virtude do advento e expansão da Internet, sendo que o comércio foi um

---

[7] LANGE. Deise Fabiana. *O Impacto da Tecnologia Digital sobre o Direito de Autor e Conexos.* São Leopoldo: Ed. Unisinos, 1996, p. 77.

[8] CORRÊA, 2002, p. 9.

dos ramos mais atingidos e que mais se tem valido dos benefícios da maior socialização de informações e dados. Surgem, com isso, inclusive empresários virtuais, que utilizarão exclusivamente a Internet como meio de prestação de serviços ou mesmo distribuição de mercadorias.

Para melhor esclarecimento dos fenômenos ocorridos na empresa em virtude da Era Digital, passa-se à conceituação de empresa, para então passar-se especificamente à empresa virtual.

3.1. A empresa

Empresa deve ser entendida não como o sujeito empresário, mas sim como atividade, esta a qual tem por finalidade precípua a obtenção de lucro.[9] Até a coroação da adoção da Teoria de Empresa pelo direito comercial no Brasil, muitas foram as discussões acerca do tema da conceituação da atividade comercial, sendo hoje elementos essenciais para sua caracterização o profissionalismo e a organização.

Exercer uma atividade de forma organizada e profissional, pelos próprios aspectos intrínsecos dessas características, leva à responsabilidade maior por parte do empresário, que deve zelar pelo seu exercício de acordo com um padrão de conduta adequado.[10] Outro aspecto de importante referência é o uso do vocábulo *empresa*. Em muitos casos, o mesmo é utilizado como sujeito, identificando o sujeito que exerce atividade organizada, profissional e com fins econômicos. Em outros casos, é utilizada no perfil funcional, traduzindo-se como atividade,[11] perfil usado no presente estudo.

Nessa mesma linha de raciocínio, evidente que o empresário que utiliza a Internet para exercício de empresa deve ter cuidado tanto com a responsabilidade "comum" do empresário em atividade, assim como tomar as devidas precauções acerca dos riscos que a fácil disseminação de informações pela rede de computadores pode causar.

3.2. O comércio eletrônico

Com a expansão do uso da Internet, houve claramente um incremento também no sentido de que relações negociais, de diversas naturezas, pudessem se travar em âmbito virtual, fazendo o mercado antes efetuado ou pessoalmente e, no máximo, via telefone ou fax, evoluir para o mercado eletrônico propriamente dito.

Não só o comércio eletrônico é possível através de computadores, mas também hoje é possibilitado através do uso de telefones celulares. O vocábulo *e-commerce* é utilizado para transações ocorridas através de computadores, *m-commerce* sendo aquele realizado através de dispositivos móveis (na maioria das vezes aparelhos celulares) e *t-commerce*, aquele feito através da televisão.[12]

---

[9] Artigo 966 do Código Civil Brasileiro vigente, que afirma que a atividade empresária é atividade econômica.

[10] LUPION, Ricardo. *Boa-fé Objetiva nos Contratos empresariais*. Porto Alegre: Livraria do Advogado, 2011, p. 72.

[11] CAMPINHO, Sérgio. *O Direito de Empresa à Luz do Novo Código Civil*. 6ª ed. rev. atual. Conforme Lei nº 11.101/2005. Rio de Janeiro: Renovar, 2005, p. 13.

[12] PECK. SOOS, p. 90.

No comércio eletrônico, independentemente da natureza do bem a ser negociado ou do serviço a ser prestado (interessante pensar que até mesmo o produto pode ser virtual, como no caso de *e-books*, por exemplo), as negociações pré-contratuais, assim como os próprios instrumentos contratuais e negociação ocorrem por meio eletrônico,[13] sendo que muitos empresários hoje têm optado por manter suas atividades exclusivamente de forma eletrônica, abandonando a forma clássica de fazer comércio.

Nesse contexto, surge a chamada empresa virtual, cuja conceituação é imprescindível para a evolução do estudo aqui intentado.

3.3. O empresário virtual

Ao iniciar o presente ponto, importante referir que há diferença entre empresário virtual e extensão do empresário real através da rede mundial de computadores. O fato de um empresário comum utilizar a Internet para fomentar seus negócios não é a mesma coisa que ser um empresário virtual.

Caso haja a intenção do início de uma atividade empresarial comum, o futuro empresário deve efetuar seu registro na Junta Comercial competente, estabelecer-se em local físico (formação do estabelecimento empresarial), buscar as licenças necessárias para regularização de sua atividade, dentre outras medidas. O Código Civil, assim como a Lei de Registro de Atividades Empresárias e Afins,[14] enumeram as necessidades do empresário para que exerça regularmente sua atividade.[15]

O empresário virtual, por sua vez, deve ter cuidados adicionais, até mesmo para proteger aqueles que virão a fazer negócios com ele. Infelizmente, uma realidade vivida no Brasil é o da informalidade nas relações negociais havidas na *web*. Muitos empresários, mesmo sem qualquer registro ou estrutura (inclusive em termos de regularidade fiscal) oferecem seus serviços ou produtos na Internet sem que haja o mínimo de cuidado com emissão de notas fiscais, segurança de dados do consumidor, dentre outros fatores de risco.

Tais condutas levam à falta de credibilidade do chamado *e-commerce*, frente aos problemas que o anonimato na rede de computadores pode trazer ao público consumidor em geral. Engana-se aquele que pensa que, por ser um empresário virtual, está à margem do ordenamento jurídico, não possuindo qualquer necessidade de regularização de sua atividade.[16]

Portanto, por mais que eu seja um empresário que não terei, por exemplo, estabelecimento empresarial físico, atuando exclusivamente através da Internet, deverei manter regular minha atividade, fazendo incidir os tributos da operação, mantendo ativo meu registro de empresário (NIRE), assim como respeitando a integralidade das leis consumeiristas.

O que se percebe das informações acima, no entanto, é que, apesar de um empresário virtual ter deveres muitas vezes similares ao empresário comum, uma das

---

[13] COELHO. Fábio Ulhoa. *Manual de Direito Comercial*. 25. ed. São Paulo: Saraiva, 2013, p. 95.

[14] Lei n° 8.934/1994.

[15] COELHO, Fabio Ulhoa. *Curso de Direito Comercial*. 6. ed. rev. Atual. São Paulo: Saraiva, 2002, p. 66-67.

[16] PECK, 2002, p. 46.

principais diferenças diz respeito ao estabelecimento empresarial propriamente dito. O estabelecimento físico e o estabelecimento virtual certamente distinguem-se em diversos aspectos, conforme a seguir estudado.

3.4. O estabelecimento empresarial virtual

Estabelecimento empresarial é o conjunto de bens indispensáveis que o empresário reúne para a exploração de sua atividade econômica, tais como mercadorias em estoque, máquinas, veículos, tecnologia, marcas e outros sinais distintivos, prédios etc. Trata-se de elemento indissociável à empresa.

O referido conceito pode ser encontrado no art. 1.142 do Código Civil: "Art. 1.142. Considera-se estabelecimento todo complexo de bens organizado, para exercício da empresa, por empresário, ou por sociedade empresária".

Fábio Ulhoa Coelho conceitua estabelecimento assim: "O complexo de bens reunidos pelo empresário para o desenvolvimento de sua atividade econômica".[17]

O Estabelecimento empresarial é o instrumento da atividade do empresário. É a "base física" da empresa, o complexo de bens, sejam eles corpóreos ou incorpóreos, reunidos pelo empresário para que possa praticar a atividade empresarial.

Ocorre que, nos casos de empresários virtuais, o estabelecimento empresarial "físico" não existiria, sendo que as vendas/entregas e contratação e prestação de serviços ocorreriam em um âmbito distinto, no âmbito digital.

Não diferirá do conceito elencado de estabelecimento empresarial o estabelecimento virtual. Permanece este sendo o conjunto de bens do empresário utilizados para tornar sua atividade mais rentável e eficiente.[18] No entanto, este estabelecimento estará localizado na *web*.

Muitos problemas advêm dessa constatação. Primeiro, sabe-se que, para o devido registro no órgão competente, deve o empresário possuir sede de suas atividades.[19] Ora, tendo somente endereço virtual, como isso se resolveria? O empresário, ao requerer sua inscrição no órgão do comércio, deve informar endereço físico.

No entanto, seu elemento principal do estabelecimento (endereço eletrônico) estará registrado através de registro de domínio junto à rede mundial de computadores, sendo, no caso do Brasil, o registro.br. A Resolução CGI.br/RES/2008/008/P, datada de 28 de novembro de 2008, traz o regramento referente ao registro de domínio na Internet no Brasil, enumerando, em seus artigos 1º e 2º, o texto abaixo:

---

[17] COELHO, 2002, p. 97.

[18] GUSMÃO. Mônica. *Lições de Direito Empresarial*. 9. ed. Rio de Janeiro: Lumen Juris, 2009, p. 195.

[19] Veja-se o que dispõe os dispositivos do Código Civil quanto ao registro do empresário, tanto individual quanto sociedade, especificando a necessidade de endereço para o regular ato. Art. 968. A inscrição do empresário far-se-á mediante requerimento que contenha: I – o seu nome, nacionalidade, domicílio, estado civil e, se casado, o regime de bens; II – a firma, com a respectiva assinatura autógrafa; III – o capital; IV – o objeto e a sede da empresa.(...) Art. 997. A sociedade constitui-se mediante contrato escrito, particular ou público, que, além de cláusulas estipuladas pelas partes, mencionará: I – nome, nacionalidade, estado civil, profissão e residência dos sócios, se pessoas naturais, e a firma ou a denominação, nacionalidade e sede dos sócios, se jurídicas; II – denominação, objeto, sede e prazo da sociedade; III – capital da sociedade, expresso em moeda corrente, podendo compreender qualquer espécie de bens, suscetíveis de avaliação pecuniária; (...)

> Art. 1º Um nome de domínio disponível para registro será concedido ao primeiro requerente que satisfizer, quando do requerimento, as exigências para o registro do mesmo, conforme as condições descritas nesta Resolução.
>
> Parágrafo único – Constitui-se em obrigação e responsabilidade exclusivas do requerente a escolha adequada do nome do domínio a que ele se candidata. O requerente declarar-se-á ciente de que não poderá ser escolhido nome que desrespeite a legislação em vigor, que induza terceiros a erro, que viole direitos de terceiros, que represente conceitos predefinidos na rede Internet, que represente palavras de baixo calão ou abusivas, que simbolize siglas de Estados, Ministérios, ou que incida em outras vedações que porventura venham a ser definidas pelo CGI.br.
>
> Art. 2º É permitido o registro de nome de domínio apenas para entidades que funcionem legalmente no País, profissionais liberais e pessoas físicas, conforme disposto nesta Resolução. No caso de empresas estrangeiras poderá ser concedido o registro provisório, mediante o cumprimento das exigências descritas no artigo 6º, desta Resolução.[20]

Dessa forma, para que o empresário virtual possua seu endereço devidamente registrado junto ao Comitê Gestor de Internet no Brasil,[21] junto a seu Núcleo de Informação e Coordenação do Ponto BR (NIC.br), deverá possuir endereço fixo, além de exercer sua atividade empresária de forma regular, sendo considerada essa regularidade no ponto de vista registral, ou seja, estar com seus registros na Junta Comercial competente devidamente validado.

Para o autor Fabio Ulhoa Coelho, existem três tipos distintos de estabelecimentos empresariais virtuais, os quais classifica da seguinte forma:

> São três os tipos de estabelecimentos virtuais: B2B (que deriva da expressão *business to business*), em que os Internetenautas compradores são também empresários, e se destinam a negociar insumos; B2C (denominação derivada de *business to consumer*), em que os internetenautas são consumidores, na acepção legal do termo (CDC, art. 2º); e C2C (*consumer to consumer*) são feitos entre ineternetenautas consumidores, cumprindo ao empresário titular do *site* apenas funções de intermediação (é o caso dos leilões virtuais).[22]

Evidente que haverá diferente legislação aplicada a cada caso de estabelecimento, uma vez que sobre as relações havidas em estabelecimento virtual B2B serão aplicados os dispositivos referentes ao direito empresarial puro, por ser relação negocial, mercantil; no estabelecimento B2C, tratando-se de relação de fornecedor com consumidor, haverá a incidência óbvia do Código de Defesa do Consumidor; já no estabelecimento C2C, tratando-se de dois sujeitos consumidores, o caso concreto analisará a incidência da legislação consumeirista ou de natureza civil propriamente dita.

Veja-se que muitas são as consequências da existência de um estabelecimento empresarial virtual, sendo interessante o apontamento de algumas mais profundamente.

3.4.1. Consequências de um estabelecimento empresarial virtual

O fato de o empresário possuir um estabelecimento comercial virtual pode trazer grande diferença na leitura da forma de sua atuação no mercado. Seguem algumas reflexões sobre o assunto.

---

[20] Resolução retirada do site http://www.cgi.br/regulamentacao/resolucao2008-008.htm, acessado em 15 de abril de 2013.

[21] Comitê constituído através do Decreto Nº 4.829, de 3 de setembro de 2003.

[22] COELHO. 2013, p. 96.

3.4.1.1. O direito de arrependimento do consumidor

Tendo sido analisada a questão de a empresa poder ser exercida em âmbito digital, o fato de existir uma espécie de estabelecimento virtual pode trazer modificações nas relações do empresário e de seus consumidores.

Uma das consequências que podem ser verificadas trata da questão de direito do consumidor que trata das vendas remotas de produtos. Obviamente que se pode afirmar que as vendas ocorridas pela Internet são uma evolução quase que natural das vendas ocorridas via telefone.[23] Nestas últimas, sempre houve a prerrogativa do consumidor acerca do arrependimento da compra.

O artigo 49 da Lei nº 8.078/1990 dá ao consumidor a possibilidade de arrependimento de compra de produto caso a mesma tenha ocorrido fora do estabelecimento empresarial do fornecedor.[24] Estabelece tal artigo que o consumidor, quando efetuar uma compra fora do estabelecimento comercial do fornecedor, poderá arrepender-se do negócio, fazendo a devolução da mercadoria e tendo direito à restituição da totalidade dos valores pagos.

A questão que é levantada com a nova ótica trazida pelas relações virtuais é a seguinte: existindo um estabelecimento empresarial virtual, a compra efetuada através da Internet daria ao consumidor a prerrogativa enumerada no artigo 49 do Código de Defesa do Consumidor?

Ainda não está tal situação pacificada nos tribunais. No Tribunal de Justiça do Estado do Rio Grande do Sul, por exemplo, já existem julgados no sentido de que deve sim ser aplicado o disposto no artigo 49 do CDC em relações havidas em estabelecimentos empresariais.[25] Esse questionamento levantado trata de questão prática que, com o passar do tempo e a ocorrência de problemas levados ao Judiciário, provavelmente terá solução sedimentada.

---

[23] PECK, 2002, p. 89.

[24] Art. 49. O consumidor pode desistir do contrato, no prazo de 7 dias a contar de sua assinatura ou do ato de recebimento do produto ou serviço, sempre que a contratação de fornecimento de produtos e serviços ocorrer fora do estabelecimento comercial, especialmente por telefone ou a domicílio.

[25] APELAÇÃO CÍVEL. CONTRATO DE TRANSPORTE AÉREO. AÇÃO DE REPARAÇÃO DE DANOS MATERIAIS E MORAIS C/C PEDIDO DE REPETIÇÃO DE INDÉBITO. AQUISIÇÃO DE BILHETE AÉREO COM POSTERIOR DESISTÊNCIA DA VIAGEM. COMPRA PELA INTERNET. CÓDIGO DE DEFESA DO CONSUMIDOR. DEVOLUÇÃO EM DOBRO. INAPLICABILIDADE DO ART. 42, PARÁGRAFO ÚNICO DO CDC. DANOS MORAIS. INOCORRÊNCIA. CÓDIGO DE DEFESA DO CONSUMIDOR. Não há por que o Código de Defesa do Consumidor não se aplicar aos casos de compra de passagens aéreas pela internet. A interpretação extensiva ao conceito de serviço, excluindo desse aquele oferecido pela internet na aquisição de bilhetes aéreos, além de militar em malam partem, com indiscutível prejuízo da parte mais vulnerável, sobretudo nas compras virtuais, não encontra correspondência no que dispõe o texto da legislação consumerista. ART. 49 DO CDC. DIREITO DE ARREPENDIMENTO. Interpretação pontual, a partir do bom senso, no que se refere ao transporte aéreo. DEVOLUÇÃO DO VALOR PAGO. Tendo a autora desembolsado, pelo desfazimento do negócio, o valor relativo à taxa de cancelamento, deverá ser reembolsada dos valores que permaneceram sendo descontados nas faturas do seu cartão de crédito, considerando que o valor total da compra já havia sido repassado à apelada. Devolução de forma simples, pois não se flagra a figura do art. 42, Parágrafo único, do CDC. DANOS MORAIS. Inocorrência. Não se cuida do dano in re ipsa, pois o fato, por si, não deve ter provocado na autora mais do que sentimentos de contrariedade e até mesmo indignação, o que não traduz o abalo moral nem o estresse além do limite tolerável, de forma a merecer avaliação pecuniária. APELO PARCIALMENTE PROVIDO. (Apelação Cível Nº 70049155534, Décima Segunda Câmara Cível, Tribunal de Justiça do RS, Relator: Ana Lúcia Carvalho Pinto Vieira Rebout, Julgado em 16/08/2012)

Uma questão é certa, no entanto, é imprescindível que haja unificação quanto à utilização da ideia de estabelecimento empresarial virtual, pois assegurar que o endereço na Internet é o estabelecimento efetivo do empresário traz consequências muito maiores que a mera ideia de domicílio ou sede do comerciante.

Ainda tratando sobre estabelecimento empresarial, outro aspecto importante a ser ressaltado é a proteção ao chamado ponto comercial, que terá uma nova roupagem na análise da vida digital do novo empresário.

3.4.1.2. A proteção ao ponto comercial

Um ponto importante amplamente abordado pelo direito empresarial trata da proteção ao ponto comercial. O ponto, em muitos casos, como nos casos de Shopping Center, por exemplo, pode ser um dos itens mais valiosos do estabelecimento empresarial, sendo peça muitas vezes fundamental em uma negociação de trespasse.[26]

O ponto empresarial, ou de comércio, é o lugar onde está situado o estabelecimento empresarial e para o qual se destina a clientela. O ponto é o local escolhido pelo empresário para realizar a atividade empresarial, de modo a ensejar seu contato com um público específico.

Para Rubens Requião:

Ponto comercial é o lugar do comércio, em determinado espaço, em uma cidade, por exemplo, ou na beira de uma estrada, em que está situado o estabelecimento comercial, e para o qual se dirige a clientela. O ponto, portanto, surge ou da localização da propriedade imóvel do empresário, acrescendo-lhe o valor, ou do contrato de locação do imóvel pertencente a terceiro. Nesse caso, o ponto se destaca nitidamente da propriedade, pois pertence ao comerciante locatário, e constitui um bem incorpóreo do estabelecimento.[27]

Ocorre que, quando se fala em estabelecimento virtual, torna-se mais complicada a análise do ponto comercial, uma vez que não se está falando em estabelecimento físico, mas sim em estabelecimento cuja localização se encontra em terreno ainda pouco explorado: o terreno virtual.

A questão referente ao ponto comercial envolve a questão de domínio de endereço (*site*) na Internet. O domínio, ou endereço eletrônico

é a maneira pela qual um *site*, seja este comercial ou não, apresenta-se para fins de localização na Internet. Em outras palavras, estaria ele para a Internet como os tradicionais endereços para os correios. Tem a função precípua de materializar a conexão entre o usuário da Internet e o servidor responsável pelo alojamento do *site*.[28]

Evidente, portanto, que o domínio poderá ser considerado o ponto comercial do empresário virtual, devendo ter sua proteção para preservação da empresa e fomento da atividade empresarial. Por não se tratar de bem imóvel, a proteção do domínio será um pouco diferente da dada ao ponto comercial físico. Outra corrente entende ser somente o título do estabelecimento, sendo que somente um ponto comercial físico poderia ter proteção.

---

[26] CAMPINHO, Sérgio. *O Direito de Empresa A Luz do Novo Código Civil*. 6. ed. rev. Atual. Rio de Janeiro: Renovar, 2005, p. 302-303.

[27] REQUIÃO, Rubens. *Curso de Direito Comercial*. 23. ed. São Paulo: Saraiva, 1998, p. 168.

[28] CORRÊA. 2002, p. 18.

De qualquer forma, o domínio, como já referido, tem seu registro junto aos órgãos competentes, ligados ao Comitê da Internet no Brasil, devendo ser requerido por pessoa física ou jurídica, empresária ou não, devidamente registrada e regular.

Obtendo o domínio e mantendo os pagamentos de sua manutenção em dia, poderá o empresário utilizá-lo sem que haja prazo de expiração. No entanto, é importante que reste claro, principalmente aos oportunistas de plantão, que o domínio não pode de forma alguma significar ofensa ao uso de nome empresarial ou marca devidamente registrada.

Isso significa que, tendo o empresário registro de marca junto ao INPI – Instituto Nacional de Propriedade Industrial –, terá o direito de fazer o registro de domínio eletrônico utilizando a marca como base podendo, inclusive, invalidar eventual registro prévio feito por terceiro.

Tal conclusão é tomada em virtude da proteção do detentor de marca dada pela Lei nº 9.279/1996 (Lei da Propriedade Industrial), além do fato de que, caso o detentor de uma marca não tenha o domínio na Internet com ligação a ela, poderá haver confusão junto ao público consumidor, gerando inclusive ato de concorrência desleal, conforme disposto no art. 195 da lei acima referida.[29]

No que se refere à proteção da marca, que tem abrangência nacional, resta mais tranquila a possibilidade de haver somente um detentor do direito de domínio de um determinado endereço eletrônico. No entanto, no nome empresarial, cuja proteção é Estadual,[30] poderia, nesse caso, haver mais de um empresário com nome empresarial similar, podendo haver, nesses casos, disputas administrativas e jurídicas acerca de domínio na Internet. O conflito administrativo poderá ser processado de acordo com o regulamento do sistema administrativo de conflitos de internet relativos a nomes de domínios sob ".BR" – Denominado SACI-Adm, cujo artigo 1º assim dispõe:

> Art. 1º O Sistema Administrativo de Conflitos de Internet relativos a nomes de domínios sob o ".br" – SACI-Adm – tem por objetivo a solução de litígios entre o titular de nome de domínio no ".br" (denominado "Titular") e qualquer terceiro (denominado "Reclamante") que conteste a legitimidade do registro do nome de domínio feito pelo Titular.

Adepto da teoria de que o domínio equivale ao ponto comercial ou da posição de que o mesmo teria a mesma proteção de um título do estabelecimento, o fato é que existe sim proteção e devido registro, o que permite que o empresário regular se resguarde quanto a eventuais abusos na utilização ou negociação de endereços eletrônicos, o que certamente vem a proteger a atividade empresária como um todo.

---

[29] Art. 195. Comete crime de concorrência desleal quem: I – publica, por qualquer meio, falsa afirmação, em detrimento de concorrente, com o fim de obter vantagem; II – presta ou divulga, acerca de concorrente, falsa informação, com o fim de obter vantagem; III – emprega meio fraudulento, para desviar, em proveito próprio ou alheio, clientela de outrem; IV – usa expressão ou sinal de propaganda alheios, ou os imita, de modo a criar confusão entre os produtos ou estabelecimentos; V – usa, indevidamente, nome comercial, título de estabelecimento ou insígnia alheios ou vende, expõe ou oferece à venda ou tem em estoque produto com essas referências.

[30] O nome empresarial está protegido pela Lei nº 8.934/1994, sendo tal proteção no âmbito da Junta Comercial que procedeu ao seu registro, ou seja, em âmbito estadual.

3.5. A segurança e a legislação no comércio eletrônico

Como último ponto a ser debatido no presente trabalho, importante que sejam referidos alguns aspectos acerca de riscos que o empresário, assim como seu público consumidor, pode correr quando utilizam a modalidade de comércio eletrônico.

Da mesma forma de quando surgiram vendas via telefone, ou mesmo por anúncios na televisão, os negócios celebrados via Internet requerem dos empresários que exploram o ramo diversos cuidados com segurança de dados, além de, por não possuírem estabelecimento físico, passar credibilidade ao consumidor.

Conforme referido anteriormente, pode ser considerado comércio eletrônico aquele que ocorre inteiramente à distância, desde as negociações, fase pré-contratual, assim como o próprio contrato e de documentação ocorrem via *web*.

Para que seja garantida mínima segurança para partes contratantes, uma padronização documental tem sido adotada mundialmente, a fim de dar credibilidade ao mercado eletrônico, permitindo sua rápida expansão. A tarefa de padronização, no entanto, não é fácil ao jurista. Veja-se:

> Para o crescimento sustentável e equilibrado do comércio eletrônico, surge a necessidade da criação de um 'contrato base' para transações realizadas por computadores. E, pelo motivo de estas serem virtuais, imateriais e intangíveis, é indispensável que essa regulamentação reconheça a complexidade da contratação e execução dentro desse meio, adaptando princípios gerais do direito contratual e comercial às particularidades resultantes das transações eletrônicas.[31]

O fato de não existir ainda, em nível mundial, uma padronização de documentação, assim como quanto à sua ampla validade e perfectibilização jurídica, ainda deixa menos rápida a expansão absoluta dessa modalidade de comércio.

Algumas medidas têm sido adotadas internacionalmente, como por exemplo a criação de uma Lei-Modelo pela UNCITRAL[32] (*United Nations Comissions on International Trade Law*), já adotada por países como Estados Unidos, França, Alemanha e Argentina, dentre outros, que determinou que o uso da tecnologia de encriptação seria suficiente para que os documentos "assinados" virtualmente tivessem a mesma validade e eficácia de documentos físicos.[33]

A maior dificuldade certamente está na adoção mundial de um modelo de documento, ou mesmo de formas de utilização de *softwares* que permitam segurança,

---

[31] CORRÊA, 2002, p. 38.

[32] Texto sobre a origem da UNCITRAL, retirado da página http://www.uncitral.org/pdf/english/texts/general/12-57491-Guide-to-UNCITRAL-e.pdf, acessada em 15/04/2013. 1. In an increasingly economically interdependent world, the importance of an improved legal framework for the facilitation of international trade and investment is widely acknowledged. The United Nations Commission on International Trade Law (UNCITRAL), established by the United Nations General Assembly by resolution 2205 (XXI) of 17 December 1966 (see annex I), plays an important role in developing that framework in pursuance of its mandate to further the progressive harmonization and modernization of the law of international trade1 by preparing and promoting the use and adoption of legislative and non-legislative instruments in a number of key areas of commercial law. Those areas include dispute resolution, international contract practices, transport, insolvency, electronic commerce, international payments, secured transactions, procurement and sale of goods. These instruments are negotiated through an international process involving a variety of participants, including member States of UNCITRAL, nonmember States, and invited intergovernmental and non-governmental organizations. As a result of this inclusive process, these texts are widely accepted as offering solutions appropriate to different legal traditions and to countries at different stages of economic development. In the years since its establishment, UNCITRAL has been recognized as the core legal body of the United Nations system in the field of international trade law.

[33] PECK. 2002, p. 90.

uma vez que a Internet permitiu a inteiração comercial entre pessoas de países absolutamente distantes um do outro a um simples clique no teclado do computador. Ademais,

Para entendermos tais preceitos devemos ter em mente que *softwares*, bases de dados, sistemas de inteligência artificial e outras formas de informação computadorizada são governadas por leis de propriedade intelectual, direitos autorais e, mas especificamente, a *Lei do Software*. É aí que surge o grande problema do comércio eletrônico, conciliar o comércio de bens materiais e imateriais dentro de um meio intangível.

No Brasil, Projeto de Lei apresentado pela Comissão Especial de Informática Jurídica da OAB/SP tem a intenção de regulamentar o comércio eletrônico, de certa forma padronizando questões como assinatura digital e validade dos documentos. Não há, até o momento, lei específica, nem em nível nacional nem em nível internacional, que padronize o comércio eletrônico.

No Brasil utilizam-se regras de Direito Civil, Direito Empresarial, Direito do Consumidor, sendo que, em casos envolvendo relações internacionais, aplica-se o disposto nas normas de Direito Internacional privado, fazendo-se igualmente uso da analogia dentre outras fontes de direito para, no caso concreto, encontrar-se a solução para eventuais conflitos originados no mundo virtual.

Percebe-se, dessa forma, que ainda não há padronização quanto ao uso de documentos virtuais e sua total validade, assim como não existe um apanhado de normas que deem maior segurança ao usuário da rede de computadores ao negociar no ambiente virtual. Apesar disso, a jurisprudência tem desempenhado importante papel ao adequar, caso a caso, o ordenamento aplicável ao comércio comum no virtual, conseguindo, ao menos por enquanto, resolver a grande maioria dos conflitos apresentados.

4. Considerações finais

O presente estudo, em momento algum, teve a pretensão de esgotamento do assunto relativo ao comércio eletrônico. Primeiro, porque o assunto requer uma multidisciplinaridade ímpar, pois mescla regras de informática, com usos da sociedade e dispositivos legais.

Apesar disso, alguns aspectos importantes puderam ser vislumbrados. Está-se efetivamente diante de uma nova forma de comércio. Isso faz com que o jurista empresarial tenha que refletir sobre a aplicabilidade das regras do direito comercial comum ao comércio eletrônico.

Analisar, por exemplo, quem é o empresário virtual e se o mesmo detém as mesmas características do empresário comum. Respondendo a tal questionamento, pode-se dizer que sim. O Empresário virtual ainda é aquele sujeito que organiza fatores para a finalidade lucrativa, circulando mercadorias e prestando serviços. O que difere o empresário comum do virtual é o ambiente, a forma como ele promove tal atividade. Tanto é semelhante, que mesmo o empresário virtual, para ter a possibilidade de registro de seu domínio, deve estar regularmente registrado no órgão competente do comércio: as Juntas Comerciais.

Quando se fala em estabelecimento empresarial, outros questionamentos são produzidos. Poderia existir um estabelecimento não físico, ou seja, virtual? Grande parte da doutrina entende que sim, assim como a autora desse estudo. O grande problema, atualmente, dessa percepção é a ainda deficiente segurança da rede de computadores quanto à validade e responsabilização de sujeitos que descumprirem negócios firmados, pois a inexistência de domicílio físico (ponto comercial na acepção clássica da expressão) poderia ser óbice para eventual execução e satisfação de créditos. Até mesmo a citação em processo judicial poderia restar prejudicada. Eis um aspecto que deve ser, de alguma forma, revisto da doutrina empresarial.

A ideia de existir um estabelecimento empresarial unicamente virtual pode trazer modificações inclusive na interpretação de regras de Direito do Consumidor, utilizando este estudo com exemplo a questão do direito de arrependimento do consumidor quando efetuar vendas remotas. Não há solução específica para essa questão, estão os Tribunais, quando recebem casos de conflitos, solucionado da forma que melhor se apresentar.

Por fim, percebe-se a necessidade de padronização quanto ao ordenamento aplicado ao comércio eletrônico. Talvez não haja a necessidade de serem elaboradas novas leis que venham a tratar especificamente do comércio eletrônico. Talvez o que seja necessário é que exista correta e padronizada interpretação dos dispositivos já existentes em termos negociais para a realidade do mundo virtual.

Uma realidade é sabida: o direito ainda está aquém da expansão do uso da Internet no mundo dos negócios, e essa posição retardatária pode ser responsável por uma lentidão do desenvolvimento econômico e internacional do Brasil.

Referências bibliográficas

CAMPINHO, Sérgio. *O Direito de Empresa à Luz do Novo Código Civil*. 6. ed. rev. atual. Conforme Lei nº 11.101/2005. Rio de Janeiro: Renovar, 2005.

COELHO, Fábio Ulhoa. *Manual de Direito Comercial*. 25. ed. São Paulo: Saraiva, 2013.

——. *Curso de Direito Comercial*. 6. ed. rev. Atual. São Paulo: Saraiva, 2002

CORRÊA, Gustavo Testa. *Aspectos Jurídicos da Internet*. 2. ed. rev. São Paulo: Saraiva, 2002.

FERRAZ JUNIOR, Tércio Sampaio. *Introdução ao estudo do direito*: técnica, decisão, dominação. São Paulo: Atlas, 1994.

GUSMÃO, Mônica. *Lições de Direito Empresarial*. 9. Ed. Rio de Janeiro: Lumen Juris, 2009.

IHERING, Rudolf Von. *A Luta pelo Direito*. 23ª Ed. Rio de Janeiro: Forense, 2004.

KELSEN, Hans. *Teoria Pura do Direito*. São Paulo: Martins Fontes, 1998.

LANGE, Deise Fabiana. O Impacto da Tecnologia Digital sobre o Direito de Autor e Conexos. São Leopoldo: Ed. Unisinos, 1996.

LUPION, Ricardo. Boa-fé Objetiva nos Contratos empresariais. Porto Alegre: Livraria do Advogado, 2011.

PECK, Patrícia. *Direito Digital*. São Paulo: Saraiva, 2002.

REQUIÃO, Rubens. *Curso de Direito Comercial*. 23. ed. São Paulo: Saraiva, 1998.

SCORZELLI, Patrícia. *A Comunidade Cibernética e o Direito*. Rio de Janeiro: Lumen Juris, 1997.

TEPEDINO, Gustavo. *Problemas de direito civil-constitucional*. Rio de Janeiro: Renovar, 2000.

—— (Coord.). *A parte geral do novo código civil*: estudos na perspectiva civil-constitucional. 2. ed. rev. Rio de Janeiro: Renovar, 2003.

— 5 —

Aplicabilidade e eficácia da mediação nos conflitos familiares: da prática à teoria

CLAUDINE LANG STÜMPFLE FANKHAUSER

Sumário: 1. Introdução; 2. O que é mediação de família?; 3. Origem e histórico da mediação; 4. A mediação como forma de concretização dos direitos fundamentais; 5. A técnica da mediação nos conflitos familiares: a sua aplicação prática; 6. Considerações finais; Referências bibliográficas.

1. Introdução

Neste novo século, é inegável o mal-estar das sociedades, motivando inúmeras ações judiciais familiares no mundo ocidental, não podendo os tribunais responder à forte demanda da conflitiva familiar. Por tal motivo, nos últimos vinte anos, surgiu a mediação familiar como alternativa de solução dos litígios.

A mediação foi há pouco introduzida no Brasil como técnica de solução de conflitos, mesmo não havendo uma legislação que regule seu procedimento.

Recentemente, o Conselho Nacional de Justiça e o Ministério da Justiça lançaram a terceira edição do Manual da Mediação Judiciária. A referida publicação incentiva a concliação como forma de solução de conflitos, sem a necessidade de instaurar um processo judicial. Conforme o Ministro Ayres Britto, o lançamento do manual sobre mediação "ocorre no momento em que o Poder Judiciário desperta para a imprescindibilidade desse mecanismo de conciliação entre as partes, atuando como mediador, contemporizador e orientador".[1]

Sabe-se que o Judiciário é o Poder encarregado de solucionar os conflitos, aplicando os dispositivos normativos. Também é conhecido o fato de que o modelo tradicional de justiça se caracteriza pela oposição de interesses entre as partes envolvidas no litígio. Esse poder está acima das partes e não questiona se a perdedora aceitará a decisão e suas consequências, tão somente fundamenta sua decisão sobre a disputa.

Nesse sentido, o presente artigo tem como objetivo geral oportunizar o estudo da mediação e suas possíveis soluções, no âmbito do Direito de Família.

---

[1] Disponível em: <http://www.cnj.jus.br/noticias/cnj/20978:cnj-e-ministerio-da-justicalancam-terceira-edicao-de-manual>.Acesso em 11 mar. 2013.

Como objetivo específico, demonstrar a relevância da interligação da teoria e da prática jurídica, no estudo do direito positivo.

Visa, ainda apresentar o processo de mediação em conflitos familiares, e seus benefícios, a fim de minimizar as inevitáveis sequelas que sofrem as partes envolvidas.

2. O que é mediação de família?

A Mediação de Família é uma prática de resolução de conflitos, que envolve a instituição familiar. Constitui-se em um instrumento de auxílio à decisão judicial. Entende-se por essa prática a ação orientada, segundo uma técnica de intervenção, a qual inclui a participação de equipe multidisciplinar, que fará a intermediação.

João Roberto da Silva (2004, p. 53) afirma que:

A mediação em matéria de família sobretudo, tem por objeto a família em crise, quando seus membros se tornam vulneráveis, não para invadir ou dirigir o conflito, mas para oferecer-lhes uma estrutura de apoio profissional, a fim de que lhes seja aberta a possibilidade de desenvolverem, através das confrontações, a consciência de seus direitos e deveres, criando condições para que o conflito seja resolvido com o mínimo de comprometimento da estrutura psico-afetiva de seus integrantes, podendo também ser vista como uma técnica eficiente para desobstruir os trabalhos nas varas de família e nas sucessões, influindo decisivamente para que as demandas judiciais tenham uma solução mais fácil, rápida e menos onerosa.

O autor destaca, ainda, que a adoção da mediação familiar, no Brasil, sendo adequada à nossa realidade cultural, aliada ao fato de ter estímulo na criação de leis que regulam, representa um avanço para salvaguardar a dignidade da pessoa humana, através da responsabilidade social e o exercício da cidadania e, especialmente no cumprimento do art. 226, *caput*, da CF, que preceitua que a família, sendo base da sociedade, tem direito à proteção do estado.

Com base no Boletim do IBDFAM – Instituto Brasileiro de Direito de Família –, Águida Arruda Barbosa (2004, p. 6) explica, com suas palavras, o que é mediação: "A mediação constitui um dos meios de escolha disponíveis para que o cidadão tenha acesso à justiça, ao lado de outros meios da mesma escala valorativa, tais como a jurisdição estatal, a conciliação e a arbitragem.".

Enfatiza, ainda, o referido autor que a técnica da mediação é um método pelo qual uma terceira pessoa, de forma imparcial, orienta as partes a despertarem os próprios recursos pessoais para compor o conflito que os opõe. Nesse sentido, às partes é dada a oportunidade de construção de alternativas para a resolução dos conflitos.

A técnica de mediação familiar, então, pressupõe uma negociação entre as partes envolvidas no litígio, com vista a uma solução, que será construída pelas partes, a partir da intervenção de profissionais, os quais conscientizarão os envolvidos de que o acordo deve resultar em soluções consensuais.

Com essa técnica de intervenção, as partes podem chegar a um consenso, contornando-se as dificuldades apresentadas.

Existem diversos aspectos a serem analisados e discutidos pelos mediadores para a definição da problemática, especificamente nos conflitos familiares.

As questões de Direito de Família são mais afeitas à mediação, face à natureza do conflito, quando o conteúdo é de conciliação, principalmente nas questões mais sensíveis, como nas situações de não cumprimento de pensão alimentícia, partilha de bens, guarda de filhos, dentre outros.

Bolzan de Morais (1999, p. 146) define a mediação como espécie do gênero justiça consensual, assim entendida como uma alternativa de solução de conflitos através da atuação de um terceiro, para auxiliar as partes, no sentido de que elas próprias construam uma decisão rápida, ponderada e eficaz para os envolvidos. Nesse enfoque consensual, o autor conclui que:

> [...] na mediação, por constituir um mecanismo consensual, as partes apropriam-se do poder de gerir seus conflitos, diferentemente da jurisdição estatal tradicional onde este poder é delegado aos profissionais do Direito, com preponderância àqueles investidos das funções jurisdicionais[...].

No tópico, Bolzan de Morais leciona que, ao contrário do método tradicional de solução dos conflitos pelo Estado-Juiz, a mediação se aplica com a participação de profissionais do Direito e de outras áreas, como Psicologia e Serviço Social, a fim de orientar às partes quanto às alternativas possíveis para resolução do embate.

A mediação como técnica de eliminação de conflitos constitui um instrumento para a celebração de acordos e facilitação do trabalho dos operadores jurídicos, juízes e advogados, desde que estejam afinados com o espírito de conciliação.

No caso da aplicação do Direito positivo, o magistrado fundamentará sua decisão considerando tão somente os aspectos legais. Entende-se, assim, que a técnica mediadora vem a preencher uma lacuna deixada pela utilização estrita do Direito Positivo, já que ela utiliza-se de outras abordagens para a satisfação do conflito.

Reforça a ideia Maria Berenice Dias (2004a, p. 2):

> [...] Faltam instrumentos ao judiciário para lidar com a esfera afetiva e psíquica dos afetos e desejos e com a esfera psicossocial (papéis e funções) dos vínculos desfeitos. Nesta sede é que a mediação pode dar sua melhor contribuição, pois vem resgatar o indivíduo e suas responsabilidades [...]

O acesso à justiça pelo procedimento tradicional caracteriza-se pelo excesso de formalismo e excesso de meios e técnicas, os quais, frequentemente, emperram o andamento judicial, por vezes fazendo com que os feitos se prolonguem no tempo. No entanto, a mediação consolida-se pelo abandono desse formalismo e excessivo uso da técnica, o que faz com que as pessoas busquem cada vez mais essa prática de solução de conflitos.

Desta forma, a mediação é mais eficiente nos conflitos de natureza familiar, cujos temas que envolvem casamento, separação, divórcio, partilha de bens, guarda de filhos, pensão alimentícia, tutela, curatela, entre outros, é possível através desta técnica utilizar instrumentos voltados para atender as questões afetivas e psicossociais.

3. Origem e histórico da mediação

O termo *mediação* vem do latim *mediare*, que significa mediar, dividir ao meio ou intervir, colocar-se no meio. Segundo Serpa (1999), essas expressões sugerem a

INQUIETAÇÕES JURÍDICAS CONTEMPORÂNEAS

acepção moderna da denominação *mediação*, que é um processo de composição dos conflitos.

Conforme a autora, o objeto da mediação consiste em fazer com que as partes se acomodem dentro de uma estrutura formada por normas, capazes de regular a vida das pessoas em sociedade. Por esse prisma, alguns pensadores sustentam que a diferença entre o juiz e o mediador é que o primeiro ordena em conformidade com a lei, ao passo que o segundo propicia às partes a se conformarem com essas regras.

Assim, no Brasil, a prática de mediação vem sendo estruturada pouco a pouco, muito embora não haja uma lei específica que venha regular sua aplicação.

Dentre as formas de jurisdição de meados do século passado, destacam-se as formas antigas da autotutela e a autocomposição. Dinamarco (2012) leciona que a partir a aplicação das formas de autocomposição, os indivíduos começaram a sentir os malefícios desse sistema, pois entendiam que se uma das partes ou ambas se envolviam na solução dos conflitos, as decisões passariam a serem parciais.

Dinamarco (2012) explica que todas essas soluções, através da autocomposição, têm em comum a circunstância de serem parciais. Em contrapartida, a esse sistema considerado parcial, os indivíduos começaram a preferir uma solução amigável e imparcial.

Ao lado das formas de autocomposição, começam a surgir outros modelos de solução de conflitos, através da participação de terceiros, mediante as figuras do árbitro, do mediador e do conciliador. Portanto, são essas as formas de resolução de litígio que se empregavam há muito tempo.

Segundo Schnitman (1999), desde o início da década de 70, a mediação tornou-se muito conhecida nos Estados Unidos, principalmente, em comunidades, universidades e tribunais. Lá, atualmente, existem mais de quatrocentos centros de mediação, o que demonstra que nem sempre os tribunais judiciais foram os meios de acesso à justiça mais procurados.

Algumas das organizações de resolução de disputas surgiram a partir da década de setenta, nos Estados Unidos, como bem ilustrou Serpa (1999). São os seguintes: Institute for Environmental Mediation e o Resolve – Center for Environmental Conflict resolution.

A autora supracitada cita outras instituições, cujos programas tinham por finalidade a resolução de conflitos, tais como: a SPIDR(1971) – Society of Professionals in Dispute Resolution –, a AAA(1970) – American Arbitration Association –, a ABA(1976) – American Bar Association –, o FMCS(1977) – Federal Mediation and Conciliation Act –, o Dispute Resolution Act(1980), entre outros.

Esta prática, muito desenvolvida nos Estados Unidos, atualmente, é oferecida como técnica de negociação, denominada ADR,[2] e vem sendo aplicada também por Reino Unido, Canadá, França, Espanha, Austrália, Oriente Médio, África do Sul e alguns dos países da América Central e do Sul.

Destaca-se, também que, nos Estados Unidos, a prática de mediação é oferecida como processo preliminar às decisões judiciais.

---

[2] Sigla internacionalmente utilizada para designar processos alternativos de resolução de disputa.

Na América do Sul, a Argentina tem tradição no campo da ADR. Mesmo assim, pode-se dizer que a mediação é muito aplicada naquele país, inclusive em algumas universidades. Desde o ano de 1993, já funciona um Centro de Mediação do Ministério da Justiça, que desenvolve, em caráter experimental, o Programa de Mediação Piloto vinculado aos juizados de primeira instância, na área cível, na Capital Federal.

O instituto da mediação passou a ser muito valorizado dentre os meios de acesso à justiça, não como um remédio para a superação dos problemas que o país vinha enfrentando no sistema judiciário, mas, sobretudo, como uma forte alternativa de resolução de conflitos. Contudo, foi através das experiências que optaram pela implantação da mediação na Argentina, o que bem salientou Cunha (2002, p. 3-14), no referido artigo:

> [...] a implantação de formas alternativas de resolução dos conflitos produz a curto prazo efeitos favoráveis sobre a carga de trabalho dos juízes; a longo prazo – se efetivamente se logra uma mudança de mentalidade da sociedade, especialmente nos operadores do Direito – é possível esperar um maior acesso à justiça conjuntamente com uma baixa no índice de litigiosidade, ou seja, redução do ingresso de causas no sistema jurisdicional.

O programa Nacional de Mediação na Argentina foi proposto pelo Ministro Léon Carlos Arslanian, o qual contou com uma comissão composta por juízes de primeiro e segundo graus, advogados e demais operadores do Direito, os quais foram responsáveis pela feitura do anteprojeto de lei de mediação, voltada para um Programa ou Plano Nacional de Mediação, a ser instaurado, na Argentina, como técnica resolutiva de conflitos.

Ainda na Argentina, foi criada como experiência piloto uma Escola de Mediadores, conectada com tribunais do foro cível, que foi um programa pioneiro no campo da mediação, além da celebração e assinatura de convênios com outras Universidades, como, por exemplo, com a Faculdade de Direito e Ciências Sociais da Universidade de Buenos Aires, entre outros.

O Ministério da Justiça, visando a sistematizar normas e procedimentos acerca do assunto, encaminhou ao Presidente da Argentina um projeto de norma em meados de 1992, do qual resultou o Decreto 1.480/92.

A China, desde a Antiguidade, também já oferecia a mediação como sendo o principal meio de solução dos litígios e até hoje, a maioria dos conflitos é resolvida dessa forma. Os tribunais de mediação que existentes na China são conhecidos como Comitês Populares de Mediação. Segundo Maria de Nazareth Serpa, esses Comitês são responsáveis pelo entendimento das partes de uma maneira informal.

Pode-se dizer que o mesmo espírito de conciliação também prepondera no Japão, no sentido de evitar o acesso à justiça, buscando resolver os conflitos através do auxílio do mediador.

No Japão, a técnica da mediação é muito mais aplicada do que os instrumentos tradicionais de composição de conflitos. Pondera o autor que a justificativa pela procura da mediação reside no fato de o governo japonês estimular essas técnicas ao invés de dificultar o acesso à justiça.

Nesse país, a dissolução do casamento pode ser requerida pelas seguintes formas: divórcio por acordo mútuo, quando as partes chegam a um acordo, o qual é estabelecido pelas partes, divórcio por decisão judicial, nos casos em que as partes não chegam a um consenso, então recorrem ao tribunal para que o magistrado possibilite o divórcio por decisão judicial, ou divórcio por mediação, ocorrido quando as partes não entram em comum acordo e solicitam a mediação, *"choutei"*, para assuntos familiares denominados de *"Katei saibansho"*.

Badu *et al.* (2003) dizem que, na França, após doze anos de prática pioneira, a mediação familiar viu-se reconhecida como um meio de organização da sociedade. Essa prática considera diferentes aspectos: psicossociais, legais, emocionais, econômicos e patrimoniais.

No Brasil, a mediação é uma prática recente, no entanto, consiste apenas em uma prática, sem afirmação no sistema jurídico. José Roberto da Silva (2004) explica que essa técnica foi introduzida no Brasil em 1996, juntamente com a Lei n° 9.307/96, que instituiu a arbitragem.

Segundo o autor, essa técnica foi implantada pelo reconhecimento do princípio da autonomia da vontade das partes. Também pela sua capacidade de resolução das questões familiares e pelo papel subsidário e supletivo reservado ao Estado, pelo processo de desjudiciarização e ainda, pela adoção do princípio da conciliação, instituída no art. 331 do Código de Processo Civil.

O Conselho Nacional de Justiça, através da Resolução n° 125/2010, instituiu as sessões de conciliação e mediação pré-processuais, com vistas a adotar outros métodos consensuais de solução de conflitos, de modo a garantir um acesso à justiça de forma mais ágil, efeciente e menos oneroso, servindo de princípio e base para a criação permanente de Núcleos para este fim, como é o caso do Tribunal de Justiça do Rio Grande do Sul.

4. A mediação como forma de concretização dos direitos fundamentais

O processo de mediação tem por finalidade a condução do acordo entre as partes, cujo mediador é o responsável pela administração do mesmo, no sentido de organizar as questões controvertidas a serem resolvidas.

Esse processo se constitui em uma das formas de concretização dos direitos fundamentais nas relações entre particulares, na medida em que possibilita a composição dos conflitos de forma harmônica, resgatando a dignidade da pessoa, que constitui princípio elementar da Carta Magna vigente. Desta forma, a técnica da mediação implica a garantia de um resultado mais satisfatório do que uma sentença, uma vez que atende aos interesses das partes, tornando o tratamento dos conflitos mais humano e menos formalista, garantindo o efetivo acesso à justiça.

A concretização dos direitos fundamentais na técnica de mediação se materializa no momento em que é possível um acesso à justiça de forma efetiva que atenda aos princípios basilares do Direito, que pressupõe atender de forma satisfatória aos interesses dos litigantes.

Nessa esteira, Steinmetz (2004) entende que nas relações entre particulares, os direitos fundamentais produzem uma eficácia mediata. Sustenta essa questão, tendo em vista que neste tipo de relação todos os indivíduos são titulares dos direitos fundamentais, ao contrário do que ocorre nas relações entre indivíduo e Estado.

Steinmetz acrescenta, ainda:

É o caso, precisamente, da autonomia privada, havida como princípio supremo do direito privado. A autonomia privada compreende a autodeterminação do indivíduo, a sua liberdade para estabelecer, em relações de reciprocidade, direitos e obrigações – em outros termos, a liberdade para, nas relações com outros particulares, autovincular-se responsavelmente. Para a teoria da eficácia mediata, a aplicação imediata ou direta das normas fundamentais nas relações entre particulares implicaria, sem mais, o afastamento ou a eliminação da autonomia privada e, por conseguinte, uma provável perigosa e indesejável perda da identidade e independência do direito privado ante o direito constitucional. (STEINMETZ, 2004, p.142).

O referido autor expõe que as normas de direitos fundamentais nas relações entre particulares devem ser protagonizadas pelos poderes públicos, em primeiro lugar, pelo Legislativo. Todavia, não exclui a possibilidade de uma mediação judicial. Nesse sentido, diz o autor que na teoria da eficácia mediata, havendo um conflito ou lesão de direito fundamental e não tendo regulações específicas do legislador, o juiz ou tribunal decide o caso, recorrendo-se a cláusulas gerais. (Steinmetz, 2004, p.146).

Além de prevalecer a autonomia privada, em termos de cidadania, democracia e direitos humanos, a mediação pode ser vista como uma das melhores formas de realização e de composição dos conflitos. (Warat, 2001).

Warat acrescenta ainda:

A mediação ultrapassa a dimensão de resolução adversária de disputas jurídicas. Ela possui incidências que são ecologicamente exitosas, como a estratégia educativa, como a realização política da cidadania, dos direitos humanos e da democracia. Dessa forma, produz um devir de subjetividade que indica uma possibilidade de fuga da alienação. (WARAT, 2001, p.88–89).

Oliveira Júnior (2000) pondera se a mediação seria um interessante canal de discussão sobre um novo paradigma no direito. Sobre isso, ressalta que existe uma tensão entre uma também denominada crise da modernidade e a emergência do que alguns autores denominam de pós-modernidade. Para ele, a mediação faz parte de um novo contexto, que surge no momento em que o próprio sistema judiciário busca o rompimento das formas tradicionais de solução dos feitos.

O novo paradigma apresentado por Warat e Oliveira Júnior, no tocante às técnicas de mediação, tem como objetivo fornecer respostas possíveis para a humanização das relações entre particulares, notadamente com relação às questões de direitos fundamentais, cidadania e democracia.

A efetivação dos direitos fundamentais implica necessariamente um processo de reformulação do sistema em vigor, no sentido de promover o indivíduo, especificamente na valorização do princípio da dignidade da pessoa como direito fundamental que deve ser priorizado, bem como a solução seja encontrada pelas próprias partes.

A mediação, por consequência, tem um papel fundamental de humanizar o Poder Judiciário, resgatar a cidadania e os valores humanitários, haja vista que no processo em que se realiza a técnica da mediação não há ganhador e perdedor, pois se autor e réu chegarem a um entendimento, não se submeterão a uma decisão impositiva, que sempre será desfavorável a uma das partes.

5. A técnica da mediação nos conflitos familiares:
a sua aplicação prática

A mediação familiar propicia a capacidade de compreensão dos problemas e a perspectiva de harmonização das disputas. Também permite aos familiares a construção de decisões que melhor lhes favoreçam, desde que orientadas.

A mediação nos processos de separação e divórcio deve ser entendida como uma técnica, a qual visa a levar os cônjuges a uma comunicação, demonstrando alternativas e opções para a solução do conflito.

Pode-se verificar que a mediação, além de possibilitar a solução dos conflitos que se prolongam por anos, tem a intenção de reorganizar a família, em razão do ritmo acelerado em que está vivendo, pois os integrantes necessitam de uma tomada de consciência com vistas à superação de seus desajustes.

Nos processos de separação e divórcio, são inevitáveis as consequências que se desencadeiam na vida dos cônjuges e filhos, uma vez que não existe uma ruptura que não seja dolorosa e traumática.

Do ponto de vista prático, na técnica da mediação, são localizados os pontos de discordância existentes entre as partes, a mediação viabiliza, em primeiro lugar, a comunicação entre as partes, a fim de que se possa estabelecer um plano de ação, respeitados os pontos de vista de cada um, uma vez apresentados.

Apresentados os pontos controvertidos, objeto de discussão entre as partes, é marcada uma data para a sessão de mediação. As partes são intimadas para comparecerem onde será instalada. Nessa sessão, o mediador auxiliará as partes a negociar sobre a escolha de soluções, para que o acordo seja aceitável por todos os envolvidos. Nessa etapa, as posições serão modificadas e acordadas, a partir de todas as opções disponíveis para resolver o conflito.

É importante destacar que o papel do mediador é informativo, no sentido de facilitar às partes as decisões.

Nesse sentido, Warat (2001, p. 86) comenta: "[...] o mediador não decide, unicamente ajuda a realizar a reconstrução simbólica que permitirá uma eventual resolução (transformação do conflito) efetuada pelas partes [...]".

A mediação, então, se desenvolve através de atos que seguem uma sequência lógica, partindo da coleta de dados, definição do problema, a partir dos dados, desenvolvendo opções para resolver o conflito, redefinir posições e barganhar sob as opções existentes para a resolução do conflito.

Conforme o referido autor, o mediador é o responsável pela administração do processo, devendo convencer as partes, auxiliando no processo. Dentre as diversas funções assinaladas, o mediador precisa estar comprometido a realizar um acordo entre as partes, a fim de que desenvolvam opções para resolver o conflito.

Sua tarefa consiste em ouvir um e outro envolvido no litígio, tentando que cada um, com seu ponto de vista, possa olhar o outro, possa transformar-se, reencontrando-se em seu rumo. (Warat, 2001).

Bolzan de Morais (1999), ao tratar do capítulo sobre harmonização de disputa através da mediação, expõe a importância não somente no término daquele conflito existente, mas sim da final pacificação social dos conflitos entre as partes.

Nesse sentido, enfatiza o autor que no encerramento do processo, as partes envolvidas devem não só ver-se ressarcidas pelos prejuízos suportados, como também entender que aquele conflito pelo qual passaram, além de ter terminado, satisfazendo a lide, não deixou resíduo social subjacente.

Para Cachapuz (2003), é da natureza do ser humano encontrar-se, não raras vezes, em situações embaraçosas pelas impossibilidades legais de resolução dos conflitos. Assim recorre à mediação, pois já não encontra uma saída para normalizar a situação.

A autora demonstra que uma das tendências humanas é transferir para outro a responsabilidade do problema. Assim, exemplifica que, quando um casal vive um momento de desgaste da relação, na realidade, um dos cônjuges procura transferir a culpa para o outro.

Diante dessa situação, Cachapuz adota o método da mutualização, o qual consiste na indução das partes, através do mediador, para que deixem de lado as ideias individuais, entendendo que a causa do problema é gerada de forma mútua.

Partindo dessa tomada de consciência de que a responsabilidade não é somente de um, mas de ambos, é que se começa a definir as posições, no intuito de localizar novas perspectivas a serem desenvolvidas.

Portanto, a partir do momento em que foi trabalhada a consciência de que ambos têm participação no conflito, começa-se a projeção do futuro, no sentido de vislumbrar quais as perspectivas, as novas alternativas de convivência.

A autora enfatiza que o responsável pela mediação jamais poderá direcionar-se por um lado, como se o outro tivesse culpa, pois sua função é tão somente definir as perspectivas futuras.

Segundo Cachapuz, o resumo vem demonstrar os pontos mais controvertidos da situação conflitante, com vistas a uma solução final. A partir de então, as partes começarão a vislumbrar uma perspectiva de solução para o problema.

Quando as partes estão convencidas que os conflitos são solúveis, estão predispostas a resolver o conflito, o mediador formula hipóteses para os mediados, para que eles próprios construam as opções que melhor atendam seus interesses. Em caso positivo, o processo chegará ao seu término com o resultado pretendido, ou seja, solucionado ou reestruturado.

Para a autora, o aspecto mais relevante da mediação reside na perspectiva de devolver os sentimentos e os valores mais nobres do ser humano, como amor, paz e respeito, em substituição aos sentimentos de ódio, mágoa, ressentimentos, vingança etc.

Essa técnica não se resume apenas à resolução dos conflitos, implica possibilidades de promoção humana, com efeitos benéficos na criação de condições para um crescimento pessoal das pessoas, na capacidade de comunicação, no sentido de responsabilizar os envolvidos, recuperando sua autoestima, entre outras possibilidades que se pode vislumbrar.

Cachapuz (2003) assevera que, na mediação, o processo se torna menos doloroso para os cônjuges, posto que é entendida não como adversarial, possibilitando a reconstrução das partes, sem a aplicação coativa de uma norma, mas através da construção voluntária do consenso.

Pontifica, ainda, que o exercício da cidadania é vislumbrado quando pelos próprios conflitantes, que têm a possibilidade de serem auxiliados pelos mediadores, compondo seus conflitos, a partir de uma nova visão apresentada para seus problemas.

Em relação aos filhos, pondera que o Judiciário está acumulado de processos, e esses estão sofrendo diretamente as consequências, tanto física, quanto emocionalmente.

Os filhos, acostumados a uma estrutura familiar solidificada pelo pai e pela mãe, se deparam com uma nova realidade, em que passam a ser vítimas do conflito de seus pais. Como consequência disso, resultam problemas como desajustes na personalidade, falta de amor, alto índice de rejeição, problemas escolares, entre outros fatores que irão contribuir negativamente.

Afirma, ainda, que, com frequência, se encontram jovens e adolescentes cada vez mais envolvidos com drogas, tendo como causa a desestrutura familiar. Além das consequências, os efeitos da dissolução da sociedade conjugal trazem a guarda, visitas e pensão alimentícia, que são questões difíceis a resolver, cujos acordos das sentenças dos processos, na maioria das vezes, não são cumpridos.

Por conseguinte, afirma que a mediação tem apresentado resultados positivos para as partes conflitantes, no sentido de proporcionar a mudança de paradigma quanto ao comportamento dos cônjuges e dos filhos.

Para exemplificar, o papel do mediador na separação e no divórcio consiste em informar aos cônjuges que a ruptura não significa apenas o término do casamento e da família, mas sim uma nova ótica na estrutura da família.

Badu *et al* (2003) explicam como a mediação pode auxiliar nos conflitos familiares, nos processos de pensão alimentícia, divisão de bens e em separação.

Segundo os autores, o processo se desenvolve a partir do diálogo entre as partes, com vistas a uma negociação. Realizada a conciliação nessa fase, o processo resulta em acordo.

Nesse diapasão, o Tribunal de Justiça do Rio Grande do Sul, através da 8ª Câmara Cível, quando do Julgamento da Apelação n° 70050033919, ressaltou sobre a importância da mediação como método de resolução de conflitos. O relator, em seu voto, destacou que a mediação, procedida por profissionais habilitados, devidamente credenciados pelo Poder Judiciário, deve ser incentivada e valorizada, até mesmo ates da instrução do processo em nome da instrumentalidade do processo e prestígio de outros meios consensuais.[3]

---

[3] O v. Acórdão restou assim ementado: APELAÇÃO CÍVEL. REVISÃO DE ALIMENTOS. A audiência de conciliação foi realizada por mediadores vinculados à Universidade de Santa Cruz (UNISC), que prestam esse serviço mediante convênio formalizado entre aquela Universidade e o Poder Judiciário. Nada se tem a opor a tal procedimento, que encontra respaldo, inclusive, na Resolução n° 125, do CNJ, que dispõe sobre a "organização dos serviços de conciliação, *mediação* e outros métodos consensuais de solução de conflitos". [...]. Nesse contexto, embora se avalize – em nome da instrumentalidade do processo e visando prestigiar os meios alternativos de solução de

Muito embora alguns operadores do direito entendam que a sessão de mediação, dirigida por profissionais de outras áreas do direito, possa constituir uma afronta aos princípios processuais, como o devido processo legal, o método não resulta prejuízo ao processo e nem tampouco às partes envolvidas, haja vista que, caso inexitosa a tentativa de mediação, o feito continuará sob a direção do magistrado, com a instrução do processo até a sentença.[4]

Nessa senda, verifica-se que a técnica da mediação a ser aplicada tem como escopo possibilitar aos envolvidos o resgate da dignidade humana, redefinindo os papéis de cada um na relação, dando ênfase ao papel do homem e da mulher, enfatizando seus direitos e deveres que decorrem da lei civil vigente.

6. Considerações finais

Com o estudo da mediação, buscou-se entender o seu procedimento. Com base nessa análise, constatou-se que antropólogos, sociólogos e estudiosos do comportamento humano enfatizam a complexidade das relações interpessoais. Nos tempos modernos, quando tecnologias digitais acabam com as distâncias geográficas, percebe-se claramente a insatisfação coletiva frente ao sistema. Nos países em desenvolvimento como o Brasil, o Estado, ora por incompetência, ora por insuficiência, não é capaz de atender as demandas da sociedade. Em consequência disso, o Poder Judiciário em particular tem sido alvo de anseios da sociedade, que almeja um modelo de justiça transparente, ágil e capaz de atender as suas expectativas.

O ciclo vicioso se inicia num Legislativo que legisla em causa própria, sem qualquer compromisso com as verdadeiras aflições da sociedade. Posteriormente, para fantasiar uma realidade inexistente, produz leis utópicas, são geradoras de infindáveis conflitos. A consequência óbvia deságua num Judiciário abarrotado de disputas, agravado por complicados ritos processuais e altos custos, que são obstáculos praticamente intransponíveis para soluções eficazes.

---

conflitos – a realização de uma audiência meramente conciliatória/mediatória perante profissionais especializados, devidamente credenciados para tanto (como no caso), não se pode olvidar que, caso frustrado o objetivo dessa etapa, cumpre ao magistrado designar audiência de instrução, mesmo diante da revelia, na qual, no mínimo, até mesmo de ofício, deverá ser produzido o depoimento pessoal das partes.[...]. (Apelação Cível nº 70050033919, Oitava Câmara Cível, Tribunal de Justiça do RS, Relator: Luiz Felipe Brasil Santos, Julgado em 23/08/2012).

[4] No mesmo sentido: *FAMÍLIA E PROCESSUAL CIVIL. OFERTA DE ALIMENTOS. REGULAMENTAÇÃO DE VISITAS. INCLUSÃO DAS PARTES EM PROJETO *MEDIAÇÃO*, RESTANDO EXITOSO O ACORDO. SENTENÇA MERAMENTE HOMOLOGATÓRIA. IRRESIGNAÇÃO QUANTO AO ATO JURÍDICO E NÃO CONTRA O ATO SENTENCIAL. VIA INADEQUADA. ART. 486 DO CPC. PRECEDENTES JURISPRUDENCIAIS. APELAÇÃO NÃO CONHECIDA. (Apelação Cível nº 70036203800, Oitava Câmara Cível, Tribunal de Justiça do RS, Relator: Luiz Ari Azambuja Ramos, Julgado em 01/07/2010)

FAMÍLIA. SEPARAÇÃO JUDICIAL. PARTILHA DE BENS. CASAMENTO SOB O REGIME DA COMUNHÃO UNIVERSAL, IMPONDO-SE A PARTILHA IGUALITÁRIA. INCONFORMIDADE EM RAZÃO DA INCLUSÃO DE BENS QUE, SEGUNDO AJUSTADO EM PROJETO *MEDIAÇÃO*, SERIAM OBJETO DE DIVISÃO FUTURA, COMPENSANDO-SE EVENTUAIS DIFERENÇAS DE VALORES. SENTENÇA PARCIALMENTE REFORMADA NO ASPECTO. MANUTENÇÃO DA PARTILHA QUE IMPLICARIA EM FAVORECIMENTO SEM CAUSA DO SEPARANDO, TRATANDO-SE DE BENS, INCLUSIVE, PASSÍVEIS DE REGULARIZAÇÃO NOTARIAL. APELAÇÃO PROVIDA. (SEGREDO DE JUSTIÇA) (Apelação Cível nº 70020922720, Oitava Câmara Cível, Tribunal de Justiça do RS, Relator: Luiz Ari Azambuja Ramos, Julgado em 25/10/2007)

Em função desse caos, a sociedade se abre para alternativas capazes de produzirem soluções mais eficientes para resolução de seus conflitos. Nesse sentido e inicialmente inspirado em procedimentos já implementados em outros países, o Brasil vem buscando, através da mediação, um instrumento transformador do conflito.

A utilização dessa técnica tem-se mostrado de suma importância e eficácia, por ser uma esperança de humanização do direito de família, visto que o principal objetivo da mediação é evitar que as partes tomem decisões precipitadas. Além disso, oportuniza que as soluções sejam encontradas pelas pessoas diretamente envolvidas.

Procurou-se destacar que a mediação propicia ao Estado o resgate do princípio da dignidade humana, pois, o cidadão conta com a intervenção de um terceiro, que servirá como um agente facilitador na solução construída pelas próprias partes.

Os benefícios da mediação estão pautados na teoria da comunicação, aperfeiçoando a prestação jurisdicional, pois ela se apresenta como complementaridade ao sistema vigente, garantindo, também, o desafogo do judiciário. Por conseguinte, a mediação familiar visa à transformação do conflito em acordo, através da reabilitação da comunicação humana, resgatando a responsabilidade dos implicados, gerando, assim, efeitos curativos e preventivos, evitando o retorno à engrenagem do sistema judicial.

Por derradeiro, ressalta-se a importância da aplicação da técnica da mediação familiar como alternativa complementar ao Poder Judiciário. Alerta-se, também, para a necessidade de uma seleção, capacitação e supervisão dos operadores implicados na mediação, bem como do estímulo à pesquisa de outras áreas do conhecimento científico que enriqueçam e complementem o pensamento, o que pode ser materializado através de artigos, livros, seminários ou congressos, permitindo, assim, caminhar em direção a uma cultura de transformação da comunidade na qual a Universidade está inserida, melhorando e elevando o nível da qualidade de vida de seus membros.

Referências bibliográficas

BADU et al. Guide du médiateur familial: la médiation famiale étape par étape. [s. l.]: Érès, 2003.

BARBOSA, Águida Arruda. Mudança estrutural ou reforma emergencial? Boletim do IBDFAM, p. 6, jan./fev. 2004.

BARROS, Fernanda Otoni de. Interdisciplinaridade: uma visita ao Tribunal de Família pelo olhar da psicanálise. In: Direito de família contemporâneo. Belo Horizonte: Del Rey, 1997

BOLZAN DE MORAIS, Jose Luis. Mediação e arbitragem: alternativas à jurisdição. Porto Alegre: Livraria do Advogado, 1999.

——. Direitos humanos "globais (universais)" de todos, em todos os lugares! In: PIOVESAN, Flávia (org.). Direitos humanos, globalização econômica e integração regional: desafios do direito constitucional internacional. São Paulo: Max Limonad, 2002. p.519-542.

CACHAPUZ, Rozane da Rosa. Mediação nos conflitos e direito de família. Curitiba: Juruá, 2003.

CHODOSH, Hiram E. A mediação jurídica e a cultura legal. Disponível em: <http://www.usinto.state.gov./jornais/itdhr/1299/ijdp/chodosh.htm> Acesso em 14 jan. 2002.

CUNHA, J. S. Fagundes. Da mediação e da arbitragem endoprocessual. Disponível em: <http://www.ulpg.br/rja1v1at16.htm> Acesso em: 14 jan. 2002.

DIAS, Maria Berenice. A mediação no confronto entre direitos e deveres. Disponível em: <http://www.mariaberenicedias.com.br> Acesso em: 06 maio 2004.

DINAMARCO, Cândido Rangel; GRINOVER, Ada Pellegrini. Teoria geral do processo. 28. ed. São Paulo: Malheiros, 2012.

GEVAERD, Luiz Fernando. Mediação de conflitos. São Paulo: GB comunicações, 1994.

GRISARD FILHO, Waldir. Mediação: o recurso da mediação nos conflitos de família. *Revista Brasileira de Direito de Família*, Porto Alegre, v. 4, n. 14, jul./ set. 2002.

GODIN, Robert A. La mediación: panorama general de la solución alternativa de controversias del periodico electronico de diciembre,1999. Disponível em: <http:\\www.usemb.gov.do/IRC/judicial/conflict4.htm. Acesso em: 09 jan. 2002.

OLIVEIRA JÚNIOR, José Alcebíades de. *Teoria Jurídica e novos direitos.* Editora Lumen Juris, Rio de Janeiro, 2000.

SALES, José Roberto da Cunha. *Tratado da praxe conciliatória.* Rio de Janeiro: Livraria Popular, 1879.

SCHNITMAN, Dora Fried. *Novos paradigmas em mediação.* Tradução Marcos AG. Domingues, Jussara Haubert Rodrigues. Porto Alegre: Artes Médicas Sul, 1999.

SERPA, Maria de Nazareth. *Teoria e prática da mediação de conflitos.* Rio de Janeiro: Lúmen Júris, 1999.

——. *Mediação de família.* Belo Horizonte: Del Rey, 1998.

SILVA, João Roberto da. *A mediação e o processo de mediação.* São Paulo: Paulistanajur, 2004.

STEINMETZ, Wilson. *A vinculação dos particulares a direitos fundamentais.* teoria e direito público. Malheiros, 2004.

TRINDADE, Jorge. *Delinqüência juvenil:* uma abordagem transdisciplinar. Porto Alegre: Livraria do Advogado, 1993.

——. *Manual de psicologia Jurídica para operadores do direito.* Porto Alegre: Livraria do Advogado, 2004.

WARAT, Luis Alberto. *O ofício do mediador.* Florianópolis: Habitus, 2001.

— 6 —

A imunidade religiosa: a proteção constitucional sobre a liberdade de religião e crença

ÉDERSON GARIN PORTO[1]

Sumário: Introdução; I – Investigação conceitual; 1. Histórico; 1.1. Das benesses à religião oficial ao laicismo brasileiro; 1.2. Da consagração da liberdade religiosa como direito fundamental. Declaração Universal dos Direitos Humanos; 2. Conteúdo da imunidade; 2.1. Liberdade religiosa e religião; 2.2. Imunidade sobre o templo de qualquer culto. Sentido da expressão "templo"; 2.3. Análise da palavra "culto". A Constituição estabelece algum critério restritivo para aplicação da imunidade? Quais religiões estariam abrangidas?; 3. Imunidade religiosa como cláusula pétrea. A tentativa de abolir a imunidade por meio de Proposta de Emenda à Constituição (PEC 176-A de 1993, Dep. Eduardo Jorge); II – O Chamado "vetor interpretativo" da imunidade religiosa (art. 150, § 4°, da CF); 1. Teoria das finalidades essenciais. Interpretação finalística/teleológica; 2. A Livre concorrência como limite à imunidade religiosa; Conclusões; Referências bibliográficas.

Introdução

A investigação aqui proposta tem o intuito de examinar a imunidade prevista no artigo 150, VI, "b", da Constituição Federal, que protege os templos de qualquer culto da tributação e a interpretação possível que este trecho da Carta Magna mantém com as demais disposições que tratam da questão religiosa. A dicção da imunidade, tal como inscrita na Constituição, passa a ideia de proteção aos prédios de celebração religiosa, conclusão que se poderia alcançar mediante interpretação literal do texto constitucional. No entanto, o ponto de partida e o primeiro problema suscitado neste ensaio reside em saber qual o verdadeiro alcance da imunidade prevista no artigo 150, VI, "b", da Constituição.

No intento de responder a este problema, a pesquisa se desenvolve em duas partes, sendo que a primeira, de cunho mais conceitual, busca encontrar na tradição constitucional brasileira o verdadeiro sentido da questão religiosa para o texto da Carta Maior. Esta pesquisa incluirá o resgate da religião e seu tratamento do Brasil Colônia, passando pela fase da religião oficial em solo brasileiro para chegar à sepa-

---

[1] Doutorando em Direito pela UFRGS. Mestre em Direito pela UFRGS. Professor de Direito Tributário da Ulbra e Unisinos. Palestrante da Escola Superior da Advocacia OAB/RS. Advogado tributarista.

ração entre Estado e Igreja quando da proclamação da República. O segundo aspecto a ser destacado e que será abordado é a inserção da liberdade de religião e crença no rol dos direitos humanos e, mais precisamente, entre os direitos e garantias fundamentais. Este aspecto desempenha um papel importante na definição conceitual e interpretação da imunidade em foco. A primeira parte do trabalho é encerrada com a tentativa de apresentar uma definição semântica mais adequada para a imunidade sobre os templos de qualquer culto. Esta primeira etapa da investigação se encerra com o exame da proposta de emenda à Constituição que almejava abolir a referida imunidade da Constituição, no intuito de realçar a importância que o ordenamento jurídico pátrio lhe assegura.

A segunda parte do trabalho tem o propósito de apresentar um método interpretativo mais consentâneo com a ordem constitucional vigente, sobretudo, em harmonia com o Sistema Tributário Nacional. Esta segunda parte terá como foco central o exame do parágrafo quarto do artigo 150 da Constituição e a função que o referido texto exerce na aplicação e concreção da imunidade sobre o templo de qualquer culto. Na segunda metade do trabalho serão apreciados com maior rigor os precedentes do Supremo Tribunal Federal sobre a imunidade dos templos, buscando conferir-lhes sistematicidade capaz de tornar inteligível a limitação ao poder de tributar que a Constituição instituiu no tocante aos templos.

Cumpre, ainda à guisa de introdução, registrar uma posição adotada neste artigo e que já está estampada no título do trabalho. Adota-se uma definição mais ampla em relação à imunidade prevista no artigo 150, VI, "b", da Constituição Federal. Em que pese o texto faça referência apenas ao "templo de qualquer culto", a posição aqui sustentada é que esta imunidade protege muito mais que o mero prédio de celebração religiosa, servindo, em verdade, como salva-guarda da liberdade de religião e crença que a Constituição e as convenções internacionais asseguram. Portanto, no decorrer deste ensaio, sempre que se estiver referindo à imunidade prevista no artigo 150, VI, "b", da Carta Maior, entenda-se que se estará falando sobre a imunidade de religião e de crença, e não somente sobre mera técnica tributária isentiva e pontual.

I – Investigação conceitual

1. Histórico

1.1. Das benesses à religião oficial ao laicismo brasileiro

Descabe à presente investigação remontar aos conflitos religiosos que pautaram a história da humanidade. Desde a antiguidade, passando pela idade média, idade moderna e contemporânea, sempre se verificaram embates entre religiões e crenças, estando presente nestes conflitos a disputa pela preferência do Estado e, por vezes, o intento de supremacia frente a outros movimentos religiosos. Não obstante este aspecto histórico remeta a questões políticas e históricas profundas que transbordam os limites da presente investigação, não se pode deixar de registrar que tais fatores tiveram papel importante na construção da imunidade aqui examinada.

De efeito, a questão religiosa está intimamente ligada com a configuração atual da imunidade sobre os templos de qualquer culto e, sem sombra de qualquer dúvida, precisa ser, ao menos, levada em consideração para a correta compreensão do instituto.

Resgatando a história pátria, percebe-se que o país, até a chegada dos portugueses, era povoado por diferentes tribos e culturas indígenas, sendo que cada qual possuía peculiaridades, mas todas mantinham um forte laço cultural com o aspecto místico e religioso.[2] De relevo, cumpre notar que as crenças sempre moldaram o comportamento e justificavam certos fenômenos, de modo que o aspecto moral é extremamente marcante no exame acurado dos movimentos religiosos indígenas. Certas crenças permitiam o sacrifício de animais e até mesmo de vidas humanas, chegando até mesmo a encorajar o embate entre tribos rivais. A chegada dos português importou num processo de catequização dos povos indígenas e imposição da religião católica aos nativos. Este seja talvez o momento histórico marcante do choque de crenças e crise na liberdade de credo. Desde o movimento de colonização português, verifica-se um forte processo de imposição do catolicismo como orientação religiosa oficial, dada a forte ligação entre Estado e Igreja existente à época na Europa.

Pode-se apontar como marco jurídico bastante significativo, a Constituição do Império de 1824, que em seu artigo 5° mantinha a religião católica como a religião oficial do Brasil Império, mas passava oficialmente a tolerar outras crenças, desde que em caráter restrito ao ambiente privado e doméstico.[3] Equivale a dizer que o Estado Brasileiro preserva a identificação com uma religião específica (católica) e toleraria outras desde que não tivessem caráter ostensivo.

A situação somente viria a se modificar com a queda do Império e início do período republicano. Marechal Deodoro da Fonseca capitaneou um movimento vanguardista de estímulo à liberdade de manifestação religiosa, em especial, com a edição do Decreto n° 119-A no ano de 1890.[4] É, sem sombra de dúvida, a proclamação da República o divisor de águas sobre a questão religiosa e a ligação com o Estado no Brasil. É com o início da República que Estado e Igreja se separam, e o país deixa de proteger e subvencionar de forma explícita a religião católica.[5] Consta no texto da Constituição de 1891, pela primeira vez, a ideia de liberdade de crença e culto, podendo ser exercidas de forma livre e pública suas convicções religiosas.[6]

---

[2] LARAIA, Roque de Barros. *As religiões indígenas: o caso tupi-guarani. In:* Revista USP n. 67, p. 6-13, set/nov 2005. Roque Laraia, citando Emile Durkheim, refere que as religiões indígenas: "[...] não são menos respeitáveis do que as outras. Elas respondem às mesmas necessidades, desempenham o mesmo papel, dependem das mesmas causas; portanto podem perfeitamente servir para manifestar a natureza da vida religiosa".

[3] "Art. 5. A Religião Catholica Apostolica Romana continuará a ser a Religião do Imperio. Todas as outras Religiões serão permitidas com seu culto domestico, ou particular em casas para isso destinadas, sem fórma alguma exterior do Templo".

[4] ALMEIDA, Washington Carlos de. *A aplicação hodierna das Imunidades Tributárias aos templos de todos os cultos. In:* Revista de Estudos Tributários n° 78, mar/abril 2011, p. 61-72.

[5] Sobre o tema, escreve Roque Carrazza: "A imunidade em tela decorre, naturalmente, da separação entre a Igreja e o Estado, decretada com a Proclamação da República. Sabemos que, durante o Império, tínhamos uma religião oficial: a religião católica apostólica romana. As outras religiões eram toleradas, mas apenas a católica recebia especial proteção do Estado". CARRAZZA, Roque Antonio. *Curso de Direito Constitucional Tributário.* 24 ed. São Paulo: Malheiros, 2008, p. 739.

[6] Art. 72. (...) § 3° – Todos os indivíduos e confissões religiosas podem exercer pública e livremente o seu culto, associando-se para esse fim e adquirindo bens, observadas as disposições do direito comum.

Este marco inaugurado com a proclamação da República se perpetuou até os dias atuais, perpassando os textos constitucionais que sucederam a Constituição de 1891. Dessa forma, pode-se apresentar a primeira consideração em torno da temática da imunidade dos templos de qualquer culto, a saber: a história brasileira desde o fim do século XIX até os dias atuais é marcada pela posição liberal do Estado em torno da religião, ficando assentado que o Brasil é um Estado laico, não possuindo religião oficial, tolerando todas as práticas religiosas e não subvencionando nenhuma.

1.2. Da consagração da liberdade religiosa como direito fundamental. Declaração Universal dos Direitos Humanos

Como apresentado antes, o valor "liberdade de crença" ingressa na tradição constitucional brasileira com a Constituição de 1891. Não obstante a Constituição do Império tolerasse outras crenças, é preciso lembrar que as práticas ostensivas de rituais e devoções eram reprimidas, admitindo-se apenas aqueles ritos que se limitassem ao ambiente doméstico. Inegavelmente, é o período republicano que traz a liberdade de cultuar e professar a fé (distinta da católica) em locais públicos.

Ocorre que o movimento de apoio e garantia do direito à livre manifestação religiosa ganha força em decorrência de inúmeros eventos históricos vivenciados especialmente no século XX.[7] A intolerância de certas religiões, assim como a questão palestina, os conflitos entre cristãos e protestantes no Reino Unido e na Irlanda, a II Guerra Mundial, os movimentos xenófobos, dentre outros fatores, motivaram as nações a envidarem esforços para combater conflitos movidos por crenças e convicções religiosas, consagrando a liberdade de crença como bandeira a ser erguida e sustentada por todos os povos.[8] A palavra *crença*, como alerta Natan Lerner, não é despropositada. Passa-se a adotar e defender a liberdade de crença, ao lado da liberdade religiosa, para consagrar e proteger convicções não teísticas como o ateísmo, agnostismo, entre outros.[9]

---

[7] Escreve Fabiana Ávila: "A liberdade religiosa é tema da mais alta relevância na contemporaneidade. Em uma sociedade como a brasileira,onde a diversidade de religião é enorme devido ás invasões,à colonização, à presença de escravos africanos e às constantes migrações, é admirável que as culturas de origem nativa se tenham preservado e se manifestado no mundo urbano.

A liberdade de crença não se localiza no Estado, mas em um elemento da própria individualidade; a liberdade de orientar a fé de cada um, seus valores,sua perspectiva em relação à vida.A liberdade de crença ,portanto diz respeito e envolve a esfera da intimidade e da privacidade.A liberdade de culto é a exteriorização e a demonstração plena da liberdade de religião que reside interiormente". ÁVILA, Fabiana.A imunidade tributária dos templos de qualquer culto.Direito Tributário em Questão: Revista da FESDT,Porto Alegre,v.3, n.6, p.43-63, jul./dez.2010.

[8] Na mesma linha, explica Natan Lerner: "Tragic events that demonstrate the powerful influence of ethnicity and religion, and in some cases require the intervention of massive international force, are but additional proof that religion plays a weighty role in xenophobia, racism, group hatred, and even territorial changes. Further - more, religious persecution and conflicts between believers and non believers; between different churches in multireligious societies; be - tween dominating, protected, or preferred religions and religious minorities; and between newly established religions are all common phenomena. Some even argue that a shift from violence between sovereign states to conflicts between ethnic and religious groups is taking place". LERNER, Natan. *The nature and minimum Standards of freedom of religion or belief. In:* Brigham Young University Law Review n. 3, ABI/INFORM Global, 2000.

[9] "A major politically-motivated confrontation between Western and Communist countries was avoided by inserting 'belief' after 'religion'. The terms are intended to refer to both theistic views of the universe, as well as atheistic, agnostic, rationalistic, and other views excluding religion and religious norms". A major politically-motivated

No plano internacional, podem-se destacar os tratados de Augsburg (1555), Westphalia (1648), e Vienna (1815) que principiaram a adoção de um humanitarismo e notadamente da tolerância religiosa. Em momento posterior, pode-se arrolar o tratado da Liga das Nações que assegurou em seu artigo 22 a liberdade de consciência e religião. No entanto, a Declaração Universal dos Direitos Humanos, proclamada em 1948 pela recém-criada Organização das Nações Unidas – ONU – é o instrumento jurídico de maior relevo no contexto internacional. Destaque para o artigo XVIII, que consagra a liberdade de crença e religião para todos os povos signatários da conferência.[10]

Mais recentemente, em 1981, foi proclamado pela Assembleia Geral da ONU a Declaração da Liberdade de Religião e eliminação de todas as formas de intolerância e discriminação baseada em religião ou crença. Esta convenção internacional estabelece um marco sobre a liberdade de religião e crença e condena medidas que possam estabelecer discriminações ou possam inviabilizar a manifestação livre de crença. No que tange ao presente trabalho, importa realçar a previsão contida no artigo 4° da Declaração que impõe às nações a adoção de medidas capazes de eliminar a discriminação e, principalmente, que restrinjam a ação do Estado quando tendente a causar discriminação religiosa.[11]

No intuito de proceder ao correto exame da imunidade dos templos de qualquer culto insculpida no texto da Constituição de 1988, mostra-se inafastável a compreensão dos elementos históricos até aqui arrolados. A tradição religiosa brasileira, assim como os movimentos internacionais de valorização e preservação da liberdade de religião e crença, inegavelmente, inspiraram os constituintes que fizeram incluir no texto da Constituição de 1988 vários dispositivos consagradores da evolução aqui retratada. Desse modo, não se pode perder de vista o valor e importância da liberdade religiosa que alcançou *status* de Direitos Humanos sendo protegida por convenções internacionais, caracterizando qualquer violação como afronta à dignidade humana, violadora dos princípios da Carta das Nações Unidas, devendo ser condenada como violação dos direitos humanos e das liberdades proclamadas na Declaração Universal dos Direitos Humanos, segundo consta no artigo 3° da Declaração de 1981.[12]

Em suma, a compreensão da imunidade dos templos de qualquer culto passa pelo conhecimento de como o país tratou ao longo dos tempos a liberdade religiosa e, de forma especial, deve levar em consideração os tratados e convenções que asseguram especial proteção à liberdade de religião e crença.

---

confrontation between Western and Communist countries was avoided by inserting "belief" after "religion." The terms are intended to refer to both theistic views of the universe, as well as atheistic, agnostic, rationalistic, and other views excluding religion and religious norms.

[10] "Artigo XVIII. Toda pessoa tem direito à liberdade de pensamento, consciência e religião; este direito inclui a liberdade de mudar de religião ou crença e a liberdade de manifestar essa religião ou crença, pelo ensino, pela prática, pelo culto e pela observância, isolada ou coletivamente, em público ou em particular".

[11] Article 4: 1. All States shall take effective measures to prevent and eliminate discrimination on the grounds of religion or belief in the recognition, exercise and enjoyment of human rights and fundamental freedoms in all fields of civil, economic, political, social and cultural life. 2. All States shall make all efforts to enact or rescind legislation where necessary to prohibit any such discrimination, and to take all appropriate measures to combat intolerance on the grounds of religion or other beliefs in this matter".

[12] "Article 3. Discrimination between human beings on grounds of religion or belief constitutes an affront to human dignity and a disavowal of the principles of the Charter of the United Nations, and shall be condemned as a violation of the human rights and fundamental freedoms proclaimed in the Universal Declaration of Human Rights and enunciated in detail in the International Covenants on Human Rights, and as an obstacle to friendly and peaceful relations between nations".

2. Conteúdo da imunidade

2.1. Liberdade religiosa e religião

Como defendido pela doutrina, a imunidade dos templos de qualquer culto guarda relação umbilical com as normas constitucionais que consagram a liberdade de crença e prática religiosa.[13] Em voto da lavra do Min. Eros Grau, o Supremo Tribunal Federal definiu que a imunidade dos templos de qualquer culto possui um caráter dúplice, tendo tanto a função de proteger os locais dos cultos e suas liturgias, quanto funcionando como "salvaguarda contra qualquer embaraço ao seu funcionamento".[14]

Palmilhando o texto constitucional, observa-se que a Constituição trata da liberdade religiosa e de crença nos seguintes incisos do artigo 5°:

VI – é inviolável a liberdade de consciência e de crença, sendo assegurado o livre exercício dos cultos religiosos e garantida, na forma da lei, a proteção aos locais de culto e a suas liturgias;
VII – é assegurada, nos termos da lei, a prestação de assistência religiosa nas entidades civis e militares de internação coletiva;
VIII – ninguém será privado de direitos por motivo de crença religiosa ou de convicção filosófica ou política, salvo se as invocar para eximir-se de obrigação legal a todos imposta e recusar-se a cumprir prestação alternativa, fixada em lei;

Prosseguindo a leitura do texto da Constituição, merece transcrição a previsão contida no artigo 19:

Art. 19. É vedado à União, aos Estados, ao Distrito Federal e aos Municípios:
I – estabelecer cultos religiosos ou igrejas, subvencioná-los, embaraçar-lhes o funcionamento ou manter com eles ou seus representantes relações de dependência ou aliança, ressalvada, na forma da lei, a colaboração de interesse público;

A leitura atenta da Constituição permite compreender o caráter dúplice da imunidade dos templos de qualquer culto destacada no voto do Ministro Eros Grau. Se de um lado, a Constituição veda qualquer tipo de discriminação e proíbe que os entes da federação estabeleçam cultos, subvencionem, embaracem o funcionamento ou mantenham com os cultos dependência ou aliança, significa afirmar que a imunidade deve ser compreendida como "desdobramento" destes preceitos na seara tributária. Roque Antonio Carrazza apresenta as dimensões que a liberdade religiosa assume no ordenamento jurídico, sustentando que a Constituição confere um direito à "ampla e irrestrita liberdade religiosa":

A liberdade religiosa, uma das manifestações dos direitos humanos em sociedade, tem três dimensões: individual, social e política. Com efeito, abrange (i) o direito de ter convições sobre assuntos espirituais (dimensão individual), (ii) o direito de manifestá-las livremente (dimensão social) e (iii) o direito à objeção

---

[13] CARVALHO, Paulo de Barros. *Curso de Direito Tributário*. 19 ed. São Paulo: Saraiva, 2007, p. 208.
[14] "RECURSO EXTRAORDINÁRIO. CONSTITUCIONAL. IMUNIDADE TRIBUTÁRIA. IPTU. ARTIGO 150, VI, 'B', CB/88. CEMITÉRIO. EXTENSÃO DE ENTIDADE DE CUNHO RELIGIOSO. 1. Os cemitérios que consubstanciam extensões de entidades de cunho religioso estão abrangidos pela garantia contemplada no artigo 150 da Constituição do Brasil. Impossibilidade da incidência de IPTU em relação a eles. 2. A imunidade aos tributos de que gozam os templos de qualquer culto é projetada a partir da interpretação da totalidade que o texto da Constituição é, sobretudo do disposto nos artigos 5°, VI, 19, I e 150, VI, 'b'. 3. As áreas de incidência e da imunidade tributária são antípodas. Recurso extraordinário provido". (RE 578562, Rel. Min. EROS GRAU, Tribunal Pleno, julgado em 21/05/2008, DJe-172 DIVULG 11-09-2008 PUBLIC 12-09-2008, RTJ v. 206-02, p. 906 LEXSTF v. 30, n. 358, 2008, p. 334-340).

de consciência (dimensão política). Desenvolvendo esta idéia, o direito de ter convicções protege o foro íntimo das pessoas, permitindo que cultivem, sem nenhum empeço, suas crenças religiosas.[15]

A compreensão possível do texto constitucional conduz para afirmação do caráter laico do Estado e a repercussão daí decorrente no âmbito tributário, o que, em outras palavras, importa em dizer que o Estado brasileiro não poderá causar embaraço, não poderá discriminar qualquer religião ou crença, devendo manter uma postura neutra frente aos diferentes movimentos religiosos.[16]

Essa neutralidade reflete-se no Direito Tributário na imunidade consagrada no artigo 150, VI, alínea "b", que veda à União, aos Estados, ao Distrito Federal e aos Municípios instituir e cobrar impostos dos "templos de qualquer culto". Esta norma, como dito e repetido, precisa ser entendida em conjunto com o artigo 5°, incisos VI, VII e VIII, e o artigo 19, I, da Constituição Federal. Esta interpretação conjugada conduzirá seguramente o intérprete à conclusão de que a imunidade está protegendo um direito fundamental, protegido pela Constituição e constante do rol dos direitos humanos protegidos pela Declaração Universal dos Direitos Humanos (1948) e Declaração da Liberdade de Religião e Crença (1981).

2.2. Imunidade sobre o templo de qualquer culto. Sentido da expressão "templo"

O comedimento do constituinte ao instituir a imunidade aqui examinada levou doutrina e jurisprudência a debater em torno do alcance da expressão "templo de qualquer culto". Tivesse a Constituição uma redação mais clara e menos lacônica, muitas das discussões nem sequer teriam surgido. Ocorre que o texto se refere apenas ao "templo", dando uma impressão – falsa, diga-se de passagem – que a imunidade estaria ligada apenas ao prédio onde realizado o ritual religioso.[17]

Esta posição, ainda que ultrapassada, já gozou de prestígio no Supremo Tribunal Federal, tendo sido acolhida no julgamento do RE n° 21.826/DF da relatoria do Min. Ribeiro da Costa. No julgamento do precedente, a Corte declarou que a imunidade dos templos "apenas não incide sobre o templo, a saber a Igreja, o seu edifício, e dependências. Um terreno isolado, não se pode considerar o solo do edifício do templo".[18] Esta posição foi respaldada por vozes da doutrina e passou a ser chamada

---

[15] CARRAZZA, Roque Antonio. A imunidade tributária dos templos de qualquer culto (art. 150, vi, b, da CF) – Questões Conexas. In: *Imunidades Tributárias*. Rio de Janeiro: Elsevier, 2012.

[16] "A imunidade concerne ao que seja necessário para o exercício do culto. Nem se deve restringir seu alcance, de sorte que o tributo constitua um obstáculo, nem se deve ampliá-lo, de sorte que a imunidade constitua um estímulo à prática do culto religioso". MACHADO, Hugo de Brito. *Curso de Direito Tributário*. 30 ed. São Paulo: Malheiros, 2009, p. 288.

[17] ANDRADE FILHO, Edmar Oliveira. Imunidades tributárias na Constituição Federal. In: PEIXOTO, Marcelo Magalhães e CARVALHO, Cristiano (org.). *Imunidade Tributária*. São Paulo: MP, 2005, p. 117. VERGUEIRO, Guilherme von Müller Lessa. Teoria constitucional da imunidade dos templos religiosos. In: PEIXOTO, Marcelo Magalhães e CARVALHO, Cristiano (org.). *Imunidade Tributária*. São Paulo: MP, 2005, p. 157-172.

[18] A IMUNIDADE ESTATUIDA NO ART. 31,5, LETRA B DA CONSTITUIÇÃO, E LIMITADA, RESTRITA, SENDO VEDADO A ENTIDADE TRIBUTANTE LANCAR IMPOSTOS SOBRE TEMPLOS DE QUALQUER CULTO, ASSIM ENTENDIDOS A IGREJA, O SEU EDIFICIO, E DEPENDÊNCIAS. UM LOTE DE TERRENO, ISOLADO, NÃO SE PODE CONSIDERAR O SOLO DO EDIFICIO DO TEMPLO. (RE 21826, Relator(a): Min. RIBEIRO DA COSTA, SEGUNDA TURMA, julgado em 02/07/1953, ADJ DATA 07-03-1955 PP-00898 ADJ DATA 24-06-1957 PP-01534 DJ 31-12-1953 PP-16099 EMENT VOL-00158-01 PP-00352)

de corrente "clássica-restritiva".[19] No entanto, mesmo entre os adeptos desta corrente, a interpretação mais adequada da imunidade não é aquela que restringe apenas ao prédio, como se pode verificar na lição de Aliomar Baleeiro, que amplia para além da edificação a imunidade, alcançando as instalações anexas e necessárias para finalidade de celebração religiosa, chegando a equiparar a templo, por exemplo, a embarcação ou aeronave destinada ao culto religioso.[20] Na mesma linha extensiva, está Hugo de Brito Machado, que alberga na imunidade "tudo quanto seja ligado ao exercício da atividade religiosa".[21]

No ponto, diverge a doutrina sobre o que estaria açambarcado pela regra imunizante. Para Sacha Calmon Navarro Coelho, por exemplo, a casa do pai de santo, do padre ou do rabino não estão protegidas pela imunidade do templo. Da mesma forma, sustenta que a imunidade não alcança imóveis paroquiais da mitra, ordem religiosa ou seita que se voltem a fins econômicos tais como prédios alugados, terrenos arrendados para estacionamentos, conventos e seminários, lotes vagos etc.[22] Em sentido contrário, Roque Carrazza defende que todos os anexos ao templo devem ser entendidos como parte da imunidade. Diz o mestre que, neste ponto, "não podemos ser preconceituosos, afrontando o desígnio constitucional".[23]

No entanto, como já antecipado, a posição restritiva não é a mais atual e reinante. Isso porque o Supremo Tribunal Federal adotou interpretação mais ampla em matéria de imunidade tributária. Em que pese os dois primeiros acórdãos não tratem especificamente da imunidade sobre os templos, e sim, sobre a imunidade das instituições assistenciais, não se duvida que o raciocínio adotado seja o mesmo para as imunidades aqui debatidas. O primeiro caso é da relatoria do Min. Marco Aurélio e aborda o alcance da imunidade das entidades assistenciais sem fins lucrativos sobre imóveis que estejam sendo ocupados por seus membros. Na ocasião, o Supremo Tribunal Federal entendeu que a destinação de certos imóveis para a ocupação de membros não afastaria a imunidade assegurada aquelas entidades.[24]

---

[19] O mestre Aliomar Baleeiro afirma que: "Mas não se incluem na imunidade as casas de aluguel, terrenos, bens e rendas do Bispado ou da paróquia etc.". BALEEIRO, Aliomar. *Direito Tributário Brasileiro*. 11 ed. Rio de Janeiro: Forense, 2003.

[20] "O templo de qualquer culto não é apenas a materialidade do edifício, que estaria sujeito tão-só ao imposto predial do Município, se não existisse a franquia inserta na Lei Máxima. Um edifício só é templo se o completam as instalações ou pertenças adequadas àquele fim, ou se o utilizam efetivamente no culto ou prática religiosa. Destarte, templo, no art. 19, III, b, compreende o próprio culto e tudo quanto vincula o órgão à função". BALEEIRO, Aliomar. *Direito Tributário Brasileiro*. 11 ed. Rio de Janeiro: Forense, 2003, p.

[21] MACHADO, Hugo de Brito. *Curso de Direito Tributário*. 30. ed. São Paulo: Malheiros, 2009, p. 288. No mesmo sentido: "A imunidade tributária dos templos é conteúdo de uma só proposição do art. 20, III, b), da Constituição de 1967. Portanto, templo não paga imposto predial, nem territorial, nem de licença, nem outro qualquer. Não paga imposto de transmissão de propriedade em caso de troca de terreno, ou de edifício e terreno; mas o comprador do terreno, ou prédio do templo, que se acabou, paga imposto de transmissão. Os atos do culto estão incluídos na expressão 'templo'. Está incluído, também, o avião só usado para a catequese, ou os serviços do culto (Aliomar Baleeiro, Limitações Constituicionais ao Poder de Tributar, 113). O que é vendido, sem intuito mercantil, e não constitui renda desviável do templo, não é tributável". PONTES DE MIRANDA, Flavio Cavalcanti. Comentários à Constituição de 1967. T. II. São Paulo: RT, 1967, p. 409.

[22] COELHO, Sacha Calmon Navarro. *Curso de Direito Tributário*. 9. ed. Rio de Janeiro: Forense, 2006, p. 304.

[23] CARRAZZA, Roque Antonio. *Curso de Direito Constitucional Tributário*. 24. ed. São Paulo: Malheiros, 2008, p. 739.

[24] "IMUNIDADE – INSTITUIÇÕES DE EDUCAÇÃO E ASSISTÊNCIA SOCIAL SEM FINS LUCRATIVOS – IMÓVEIS – ESCRITÓRIO E RESIDÊNCIA DE MEMBROS. O fato de os imóveis estarem sendo utilizados como escritório e residência de membros da entidade não afasta a imunidade prevista no artigo 150, inciso VI, alí-

Pode-se trazer à colação, ainda, o RE n° 257.700, da Relatoria do Min. Ilmar Galvão, em que se discutiu o alcance da imunidade de instituição assistencial sobre imóvel de propriedade da entidade imune, mas que estava sendo locado para terceiro. No caso, a Corte decidiu que o fato de o imóvel estar locado não desnatura a essência e o propósito da imunidade, pois a renda obtida com a locação estaria sendo revertida para a finalidade da referida instituição.[25]

O último precedente a ser examinado versa especificamente sobre a imunidade dos templos e controverte a sua aplicação sobre imóveis desocupados, vale dizer, sem nenhuma destinação. O recente julgamento do Supremo respeitou posição já conhecida da Corte, consoante acima reproduzido, abarcando no âmbito da imunidade os imóveis desocupados.[26]

Cotejando-se os precedentes citados, extrai-se que a imunidade não se limita ao prédio ocupado pela instituição religiosa, devendo ser alcançado pela proteção constitucional tudo quanto necessário para realização das atividades essenciais e promoção do credo.

2.3. Análise da palavra "culto". A Constituição estabelece algum critério restritivo para aplicação da imunidade? Quais religiões estariam abrangidas?

Prosseguindo a análise semântica da imunidade, afigura-se necessário investigar o conteúdo da palavra "culto" utilizada pelo texto constitucional. Como alerta Paulo de Barros Carvalho, dependendo da acepção que for adotada para a palavra

---

nea 'c', § 4° da Constituição Federal". (RE 221395, Rel. Min. MARCO AURÉLIO, Segunda Turma, julgado em 08/02/2000, DJ 12-05-2000 p. 28).

[25] "IMUNIDADE TRIBUTÁRIA. ART. 150, VI, *C*, DA CONSTITUIÇÃO. INSTITUIÇÃO DE ASSISTÊNCIA SOCIAL. EXIGÊNCIA DE IMPOSTO PREDIAL E TERRITORIAL URBANO SOBRE IMÓVEL DE PROPRIEDADE DA ENTIDADE. ALEGAÇÃO DE QUE O ÔNUS PODE SER TRANSFERIDO AO INQUILINO. A norma inserta no art. 150, inciso VI, alínea c, da Constituição Federal prevê a imunidade fiscal das instituições de assistência social, de modo a impedir a obrigação tributária, quando satisfeitos os requisitos legais. Tratando-se de imunidade constitucional, que cobre patrimônio, rendas e serviços, não importa se os imóveis de propriedade da instituição de assistência social são de uso direto ou se são locados. Recurso não conhecido". (RE 257700, Rel. Min. ILMAR GALVÃO, Primeira Turma, julgado em 13/06/2000, DJ 29-09-2000, p. 98).

[26] "AGRAVO REGIMENTAL NO RECURSO EXTRAORDINÁRIO COM AGRAVO. TRIBUTÁRIO. IMUNIDADE TRIBUTÁRIA. IPTU. ENTIDADE ASSISTENCIAL. IMÓVEL VAGO. IRRELEVÂNCIA. JURISPRUDÊNCIA DO STF. AGRAVO REGIMENTAL NO RECURSO EXTRAORDINÁRIO COM AGRAVO DESPROVIDO. 1. A imunidade tributária prevista no art. 150, VI, "c", da CF alcança todos os bens das entidades assistenciais de que cuida o referido dispositivo constitucional. 2. Deveras, o acórdão recorrido decidiu em conformidade com o entendimento firmado por esta Suprema Corte, no sentido de se conferir a máxima efetividade ao art. 150, VI, "b" e "c", da CF, revogando a concessão da imunidade tributária ali prevista somente quando há provas de que a utilização dos bens imóveis abrangidos pela imunidade tributária são estranhas àquelas consideradas essenciais para as suas finalidades. Precedentes: RE 325.822, Tribunal Pleno, Rel. Min. Gilmar Mendes, DJ 14.05.2004 e AI 447.855, da relatoria do Ministro Gilmar Mendes, DJ de 6.10.06. 3. In casu, o acórdão recorrido assentou: "Ação declaratória de inexistência de relação jurídica. Sentença de improcedência. Alegada nulidade por falta de intimação/intervenção do Ministério Público. Ausência de interesse público. Art. 82, III, CPC. IPTU. Imunidade. Decisão administrativa. Entidade de caráter religioso. Reconhecimento da imunidade, com desoneração do IPTU/2009. O imposto predial do exercício anterior (2008), no entanto, continuou a ser cobrado pela Municipalidade, por considerar estarem vagos os lotes na época do fato gerador (janeiro/2008). Comprovação da destinação dos imóveis para os fins essenciais da igreja – construção de seu primeiro templo. Inteligência do art. 150, VI e § 4°, da CF. Dá-se provimento ao recurso." 4. Agravo regimental a que se nega provimento. (ARE 658080 AgR, Rel. Min. LUIZ FUX, Primeira Turma, julgado em 13/12/2011, DJe-033 DIVULG 14-02-2012 PUBLIC 15-02-2012 RSJADV mar., 2012, p. 44-46).

INQUIETAÇÕES JURÍDICAS CONTEMPORÂNEAS

culto, a compreensão do termo *templo* estaria prejudicada. Para o professor, estariam autorizadas a ser incluídas no conceito "culto" todas "as formas racionalmente possíveis de manifestações organizadas de religiosidade, por mais estrambóticas, extravagantes ou exóticas que sejam".[27]

Na mesma trilha, Celso Ribeiro Bastos diz que estão abrangidas na palavra "culto", "quaisquer das formas imaginárias de expressão da atividade religiosa e espiritual, consistente no relacionamento do homem com a Divindade".[28] Para Sacha Calmon, dada a igualdade que deve pautar o tratamento do Estado frente a todas as religiões, não se pode limitar a imunidade apenas às religiões cristãs, tampouco restringir apenas às religiões com maior número de praticantes, desimportando a quantidade de adeptos.[29] Posição idêntica é defendida por Roque Carrazza quando associa a expressão "culto" à palavra "igreja" e esta, de seu turno, refere-se às suas várias formas organizacionais.[30]

Verificam-se, por outro lado, posições na doutrina que restringem a compreensão do termo "culto", afastando certas manifestações religiosas e crenças que poderiam colidir com os valores constitucionais. Tendo em vista que o preâmbulo da Constituição diz que o texto foi promulgado sob a proteção de Deus, conflitaria com a inspiração constitucional certas crenças demoníacas ou satânicas.[31] Na linha da polêmica, Ives Gandra Martins sustenta que certos cultos, ainda que dirigidos à Deus, teriam o propósito de iludir e aproveitar-se da fé da população, visando única e exclusivamente a auferir vantagem. Estas seitas, segundo defende o autor, mereceriam atenção das autoridades policiais, pois estariam mais preocupadas em enriquecer seus dirigentes, do que fortalecer a fé e espiritualidade de seus seguidores.[32]

Com o devido respeito às posições contrárias, a imunidade sobre os templos de qualquer culto não se sujeita a qualquer tipo de moção de censura. A liberdade religiosa é garantia constitucional que não pode sofrer limitação, dada a relevância para a promoção da dignidade da pessoa humana, assim compreendida no seu aspecto espiritual. A existência de seitas e cultos com finalidades questionáveis não se afigura em razão suficiente para restringir a imunidade. Eventuais distorções e ilícitos devem ser apurados caso a caso, perante as autoridades competentes, chamando a atenção mais do Direito Penal do que efetivamente revelar-se preocupação de natureza tributária. Portanto, a imunidade sobre os templos de qualquer culto destina-se

---

[27] CARVALHO, Paulo de Barros. *Curso de Direito Tributário*. 19 ed. São Paulo: Saraiva, 2007, p. 209.

[28] BASTOS, Celso Ribeiro. Imunidade dos templos. In: *Revista de Direito Tributário* n. 5, p. 222.

[29] Diz o autor: "O templo, dada a isonomia de todas as religiões, não é só a catedral católica, mas a sinagoga, a casa espírita kardecista, o terreiro de candomblé ou de umbanda, a igreja protestante, shintoísta ou budista e a mesquita maometana. Pouco importa tenha a seita poucos adeptos. Desde que uns na sociedade possuam fé comum e se reúnam em lugar dedicado exclusivamente ao culto da sua predileção, este lugar há de ser um templo e gozará de imunidade tributária". COELHO, Sacha Calmon Navarro. *Curso de Direito Tributário Brasileiro*. 9 ed. Rio de Janeiro: Forense: 2006, p. 303.

[30] Explicando melhor o termo "igreja", afirma Roque Carrazza: "Por igreja entendemos a instituição religiosa que cultua, por meio de ritos próprios, um Ser Transcendental e que, no dizer expressivo de Del Giudice, 'tende a conseguir o bem comum sobrenatural da santificação da santificação dos fiéis'". CARRAZZA, Roque Antonio. A imunidade tributária dos templos de qualquer culto (art. 150, vi, b, da CF) – Questões Conexas. In: *Imunidades Tributárias*. Rio de Janeiro: Elsevier, 2012, p. 13.

[31] SARAIVA FILHO, Oswaldo Othon de Pontes. A imunidade religiosa. In: *Revista Dialética de Direito Tributário*, n. 4, jan 1996, p. 62.

[32] MARTINS, Ives Gandra. *Comentários à Constituição do Brasil*. v VI, tomo I. São Paulo: Saraiva, p. 180.

a promover e, principalmente, não embaraçar a profissão da fé e da cultura religiosa, dimensões do ser humano prestigiadas pelo texto constitucional.

3. Imunidade religiosa como cláusula pétrea. A tentativa de abolir a imunidade por meio de Proposta de Emenda à Constituição (PEC 176-A de 1993, Dep. Eduardo Jorge)

Na tentativa de definir a importância da imunidade sobre os templos de qualquer culto, assim como esclarecer se as imunidades são ou não cláusulas pétreas, interessa examinar Proposta de Emenda à Constituição – PEC 176-A – que buscou abolir a imunidade prevista no artigo 150, VI, "b", da Constituição.

A proposta apresentada pelo Deputado Federal Eduardo Jorge pretendia excluir do texto constitucional a imunidade sobre os templos de qualquer culto porque, segundo constava na exposição de motivos, a imunidade estaria a criar privilégios e indesejadas situações de favorecimento de instituições religiosas frente a outras pessoas jurídicas. Segundo consta na justificação apresentada pelo Deputado Eduardo Jorge, a imunidade criada teve exagerada ampliação, servindo para que contribuintes se utilizem das mais variadas estratégias de evasão escudadas na imunidade sobre os templos.[33]

A PEC n° 176-A foi rejeitada pelo Congresso, no exercício do controle de constitucionalidade prévio desempenhado pela Comissão de Constituição e Justiça. O parecer da relatoria do Deputado Jair Siqueira apontou inviabilidade jurídica da proposta, pois esbarraria no previsto no artigo 60, § 4°, IV, da Constituição Federal. Na fundamentação do parecer, ficou estampada a relação da imunidade sobre os templos com o direito fundamental à liberdade religiosa, de modo que proposta tendente a aboli-la encontraria óbice por ser considerada cláusula pétrea. Vale transcrever excerto do parecer da Comissão de Constituição e Justiça:

> Como se vê, a supressão da alínea "b" do inciso VI do art. 150 da Constituição Federal, ora alvitrada na presente proposta, viola um direito e garantia individual: a liberdade religiosa (art. 5°, VI da Constituição Federal). Pois, ao tributar os templos religiosos, poderá criar-lhes dificuldades de funcionamento, além da possibilidade de fiscalização ser eventualmente exercida por fiscais impregnados de fanatismo religioso, motivo que poderá levar a arbitrariedade de ação com igrejas de seitas diferentes das suas.[34]

As razões apresentadas pela Comissão de Constituição e Justiça são de duas ordens. Em primeiro lugar, não se poderia extinguir a imunidade sobre os templos porque o benefício tributário estaria a proteger a liberdade religiosa, e, esta constituiria em direito fundamental intangível por modificações constitucionais intentadas pelo Constituinte derivado, segundo prescreve o artigo 60, § 4°, IV, da Constituição. Em segundo lugar, a extinção da imunidade instauraria embaraço às atividades religiosas, sendo possível inclusive antever fiscalizações arbitrárias fundadas em razões de cunho religioso.

A análise do caso permite concluir que o Sistema Constitucional Tributário erigiu a imunidade sobre os templos de qualquer culto à condição de garantia fun-

---

[33] Justificativa da Proposta de Emenda à Constituição n° 176-A, publicada no Diário Oficial em 8.8.1995, p. 16445.

[34] Parecer da Comissão de Constituição e Justiça sobre a Proposta de Emenda à Constituição n° 176-A, publicada no Diário Oficial em 8.8.1995, p. 16448.

damental incapaz de ser abolida pelo poder reformador da Constituição.[35] Esta impossibilidade reside na ligação que a imunidade mantém com o direito individual insculpido no artigo 5°, VI, da Constituição, de modo que a tentativa de extingui-la esbarraria na vedação contida no artigo 60, § 4°, IV, da Carta Magna. Por outro lado, e não menos importante, merece destacar que o legislador constituinte derivado vislumbrou a possibilidade da tributação causar embaraço à liberdade religiosa e de crença. Não é demasiado referir que a tributação constitui em restrição ao desenvolvimento humano, seja do ponto de vista econômico, seja do ponto de vista da liberdade em seu sentido mais amplo. Logo, a implementação da tributação sobre as atividades e cultos religiosos constituiriam em verdadeira "censura tributária" como já referido pelo Supremo Tribunal Federal,[36] logo, incompatível com a expressão da Constituição.

II – O chamado "vetor interpretativo" da imunidade religiosa (art. 150, § 4°, da CF)

1. Teoria das finalidades essenciais. Interpretação finalística/teleológica

A imunidade sobre os templos de qualquer culto é disciplinada pelo artigo 150, § 4°, da Constituição. Dada a importância para o desenvolvimento deste ponto, cumpre transcrever o texto:

> Art. 150. (...) § 4º – As vedações expressas no inciso VI, alíneas "b" e "c", compreendem somente o patrimônio, a renda e os serviços, relacionados com as finalidades essenciais das entidades nelas mencionadas.

A Constituição oferece, portanto, um vetor interpretativo, como já referido pelo Supremo Tribunal Federal:

> Recurso extraordinário. 2. Imunidade tributária de templos de qualquer culto. Vedação de instituição de impostos sobre o patrimônio, renda e serviços relacionados com as finalidades essenciais das entidades. Artigo 150, VI, "b" e § 4º, da Constituição. 3. Instituição religiosa. IPTU sobre imóveis de sua propriedade que se encontram alugados. 4. A imunidade prevista no art. 150, VI, "b", CF, deve abranger não somente os prédios destinados ao culto, mas, também, o patrimônio, a renda e os serviços "relacionados com as finalidades essenciais das entidades nelas mencionadas". 5. *O § 4º do dispositivo constitucional serve de vetor interpretativo das alíneas "b" e "c" do inciso VI do art. 150 da Constituição Federal.* Equiparação entre as hipóteses das alíneas referidas. 6. Recurso extraordinário provido (sem grifos no original).[37]

---

[35] "Daí que a liberdade religiosa, afirmada em nosso texto constitucional, reclama, máxime das autoridades públicas, o pleno respeito às convicções e à independência espiritual de cada indivíduo. Direito fundamental, consagrado na própria *Declaração Universal dos Direitos do Humanos* (art. 18), da qual o Brasil é signatário, é, em nosso ordenamento constitucional, cláusula pétrea, não podendo, pois, ser derrogado, nem mesmo por meio de emenda constitucional". CARRAZZA, Roque Antonio. A imunidade tributária dos templos de qualquer culto (art. 150, vi, b, da CF) – Questões Conexas. In: Imunidades Tributárias. Rio de Janeiro: Elsevier, 2012, p. 11.

[36] "(…) Dentro dessa perspectiva, a cláusula normativa inscrita no art. 2°, § 2° da EC n° 3/93 afeta o regime dos direitos fundamentais, na medida em viabiliza a ocorrência de uma inaceitável censura tributária – para usar a feliz expressão do em. Ministro Sepúlveda Pertence – à liberdade de natureza confessional, à liberdade de organização partidária e à própria liberdade de manifestação de pensamento". Voto do Min. Celso de Mello na ADI 939/DF, p. 287

[37] RE 325822, Relator(a): Min. ILMAR GALVÃO, Relator(a) p/ Acórdão: Min. GILMAR MENDES, Tribunal Pleno, julgado em 18/12/2002, DJ 14-05-2004 PP-00033 EMENT VOL-02151-02 PP-00246.

Extrai-se que a imunidade sobre os templos possui limitação ao seu exercício, e esta limitação é orientada pelo disposto no artigo 150, § 4°, da Constituição Federal. É o que a doutrina consagrou como "teoria das finalidades essenciais".[38] Trata-se de orientação hermenêutica para a concretização da imunidade. Em termos de interpretação, aponta-se que a técnica interpretativa mais adequada para resolução dos dilemas acerca das imunidades é o método teleológico.[39] Logo, a interpretação propugnada pela Constituição para definição da extensão e abrangência da imunidade religiosa seria aquela com o foco nos fins colimados pela ordem constitucional, notadamente, porque assim impõe o artigo 150, § 4°, da Constituição.

Esta compreensão é extraída, por exemplo, da interpretação que o Ministro Sepúlveda Pertence conferiu à imunidade das entidades assistenciais sobre imóveis locados, sendo importante reproduzir trecho aqui pertinente:

> Não obstante, estou em que o entendimento do acórdão – conforme ao do precedente anterior à Constituição – é o que se afina melhor à linha da jurisprudência do Tribunal nos últimos tempos, decisivamente inclinada à interpretação teleológica das normas de imunidade tributária, de modo a maximizar-lhes o potencial de efetividade, como garantia ou estímulo à concretização dos valores constitucionais que inspiram limitações ao poder de tributar.[40]

Verifica-se que a interpretação da norma constitucional insculpida no artigo 150, § 4°, da Constituição apresenta duas correntes, a saber:

> a) a primeira, que chamaríamos restritiva, exige que o patrimônio, as rendas e os serviços em questão tenha origem nas atividades essenciais da entidade e se destinem à sua manutenção;

> b) a segunda, a que chamaríamos ampliativa, admite que as entidades imunes possam prestar serviços, auferir rendas e adquirir patrimônio através de atividades outras que não as suas "essenciais", desde que não haja, na espécie violação ao princípio da livre concorrência e que os recursos assim obtidos sejam integralmente aplicados na manutenção das atividades.[41]

No intuito de identificar a interpretação mais coerente com o ordenamento jurídico e, em especial, com a orientação construída no âmbito do Supremo Tribunal Federal, impõe-se examinar alguns precedentes para apresentar uma proposta sobre o alcance do dispositivo.

O *leading case* da Suprema Corte é, sem dúvida, o Recurso Extraordinário n° 325.822/SP, cuja relatoria ficou a cargo do Min. Gilmar Mendes, voto vencedor por ocasião do julgamento.[42] No caso, estava sob julgamento a aplicação da imuni-

---

[38] SABBAG, Eduardo. *Manual de Direito Tributário*. 4. ed. São Paulo: Saraiva, 2012; SCHOUERI, Luís Eduardo. *Direito Tributário*. São Paulo: Saraiva, 2011;

[39] PESTANA, Márcio. O princípio da imunidade tributária. São Paulo: RT, 2001, p. 83-84.

[40] RE 237718, Relator(a): Min. SEPÚLVEDA PERTENCE, Tribunal Pleno, julgado em 29/03/2001, DJ 06-09-2001 PP-00021 EMENT VOL-02042-03 PP-00515. Em sentido contrário, José Manoel da Silva defende que a interpretação das imunidades deve ser pautada pela orientação hermenêutica conferida pelo artigo 111 do CTN, não sendo admissível o elastério buscado por parte da doutrina. SILVA, José Manuel da. Imunidade dos templos de qualquer culto. In: Revista Dialética de Direito Tributário n. 14, 1996, p. 26.

[41] CAMPOS, Flávio. Imunidade tributária na prestação de serviços por templos de qualquer culto. In: *Revista Dialética de Direito Tributário* n. 54, mar. 2000, p. 52.

[42] RECURSO EXTRAORDINÁRIO. 2. Imunidade tributária de templos de qualquer culto. Vedação de instituição de impostos sobre o patrimônio, renda e serviços relacionados com as finalidades essenciais das entidades. Artigo 150, VI, "b" e § 4°, da Constituição. 3. Instituição religiosa. IPTU sobre imóveis de sua propriedade que se encontram alugados. 4. A imunidade prevista no art. 150, VI, "b", CF, deve abranger não somente os prédios destinados ao culto, mas, também, o patrimônio, a renda e os serviços "relacionados com as finalidades essenciais das entidades nelas mencionadas". 5. O § 4° do dispositivo constitucional serve de vetor interpretativo das alíneas "b" e "c" do inciso VI do art. 150 da Constituição Federal. Equiparação entre as hipóteses das alíneas referidas. 6. Recurso

dade sobre imóveis da Mitra Diocesana de Jales que não serviam diretamente para as atividades eclesiásticas. Buscava-se no Recurso ao Supremo Tribunal Federal assegurar que todos os imóveis de propriedade da Mitra, tivessem ou não ligados às celebrações religiosas, fossem abrangidos pela imunidade. O Supremo Tribunal Federal decidiu que a imunidade deve ser aplicada em consonância com o vetor interpretativo inserido no artigo 150, § 4°, da Constituição, o que significa dizer que o patrimônio, a renda e os serviços da instituição religiosa estão amparados pela imunidade, desde que sirvam para promoção dos valores protegidos pela própria regra constitucional.

O segundo precedente a ser analisado é o Recurso Extraordinário n° 578.562/BA, da relatoria do Min. Eros Grau. O julgado examina a imunidade religiosa e sua eventual aplicação sobre cemitérios com identificação religiosa. O Pleno do Supremo Tribunal Federal acolheu, por unanimidade, a invocação da Sociedade da Igreja de São Jorge e Cemitério Britânico da imunidade religiosa sobre os imóveis de sua propriedade destinados à utilização como cemitérios, afastando, por decorrência, a incidência do IPTU que o Município de Salvador pretendia exigir. O aspecto que merece realce neste precedente é que o Supremo albergou sobre a proteção da imunidade religiosa o cemitério, incluindo-o no espectro da manifestação de religiosidade da sociedade, o que permite extrair que a interpretação mais coerente com o texto da Constituição e com a interpretação que o Supremo Tribunal Federal lhe confere alcança proteção a tudo aquilo que está ligado à promoção da liberdade religiosa, ainda que não esteja sob o abrigo do teto da igreja. A conclusão é extraída do voto do Ministro Eros Grau, que concatena o texto do artigo 150, VI, "b", com as previsões do artigo 5°, VI, e artigo 19, I, todos da Constituição.[43] Vale transcrever o trecho do voto do Ministro Eros Grau, que promove a conciliação dos dispositivos constitucionais:

> 8. O Supremo Tribunal Federal tem entendido que a limitação ao poder de tributar que a imunidade do artigo 150, VI, "b", contempla há de ser amplamente considerada, de sorte a ter-se como cultos distintas expressões de crença espiritual. Mais ainda, no RE 325.822, Redator para o acórdão o Ministro Gilmar Mendes, definiu que ela abrange não apenas os prédios destinados ao culto, mas também o patrimônio, a renda e os serviços "relacionados com as finalidades essenciais" mencionadas no preceito constitucional. Daí que a regra do § 4° do artigo 150 serve de vetor interpretativo dos textos das alíneas "b" e "c" do seu inciso VI.
>
> 9. No destes autos o cemitério é anexo à capela na qual o culto da religião anglicana é praticado; trata-se do mesmo imóvel, parcela do patrimônio, da recorrente, abrangida pela garantia contemplada no artigo 150. Garantia desdobrada do disposto nos artigos 5°, VI e 19, I da Constituição do Brasil. A imunidade aos tributos, de que gozam os templos de qualquer culto, é projetada a partir da (i) proteção aos locais de culto e suas liturgias e da (ii) salvaguarda contra qualquer embaraço ao seu funcionamento. Da interpretação da totalidade que o texto da Constituição é, em especial dos artigos 5°, VI; 19, I e 150, VI, b, tem-se que,

---

extraordinário provido. (RE 325822, Rel. Min. ILMAR GALVÃO, Rel. p/ Acórdão: Min. GILMAR MENDES, Tribunal Pleno, julgado em 18/12/2002, DJ 14-05-2004, p. 33).

[43] RECURSO EXTRAORDINÁRIO. CONSTITUCIONAL. IMUNIDADE TRIBUTÁRIA. IPTU. ARTIGO 150, VI, "B", CB/88. CEMITÉRIO. EXTENSÃO DE ENTIDADE DE CUNHO RELIGIOSO. 1. Os cemitérios que consubstanciam extensões de entidades de cunho religioso estão abrangidos pela garantia contemplada no artigo 150 da Constituição do Brasil. Impossibilidade da incidência de IPTU em relação a eles. 2. A imunidade aos tributos de que gozam os templos de qualquer culto é projetada a partir da interpretação da totalidade que o texto da Constituição é, sobretudo do disposto nos artigos 5°, VI, 19, I e 150, VI, "b". 3. As áreas da incidência e da imunidade tributária são antípodas. Recurso extraordinário provido. (RE 578562/BA, Rel. Min. EROS GRAU, Tribunal Pleno, julgado em 21/05/2008, DJe-172 DIVULG 11-09-2008 PUBLIC 12-09-2008, RTJ v. 206-02, p. 906, LEXSTF v. 30, n. 358, 2008, p. 334-340).

no caso, o IPTU não incide --- lembro que na imunidade nenhum tributo jamais incide; as áreas da incidência e da imunidade tributária são antípodas --- o IPTU não incide, dizia eu, sobre o Cemitério Britânico.[44]

Digno de destaque a compreensão que o Ministro Eros Grau faz da imunidade aqui abordada, consignando que a interpretação é extraída da conjugação da Constituição na sua inteireza, e não da literalidade do trecho inscrito no artigo 150, VI, "b". A leitura do texto confinado ao excerto do texto constitucional referido, dissociado do vetor interpretativo preconizado pelo Supremo Tribunal Federal, poderia levar à conclusão equivocada de que a imunidade não abrangeria cemitérios porque estes se diferem da acepção de templos ou igrejas.

Dessa forma, a interpretação mais correta é aquela que associa o artigo 150, VI, "b" com o § 4° do mesmo artigo, relacionando a imunidade com a ideia de finalidades essenciais à promoção da liberdade de religião e de crença. Decorre que, como sustenta Roque Carrazza, a forma como obtida os recursos tem menor importância que o efetivo destino dos mesmos para aferir se a imunidade se aplica ou não ao caso. Como diz o autor: "Noutras palavras, se as rendas obtidas, ainda que de forma atípica, pela instituição religiosa, tiverem aplicação consentânea com as finalidades essenciais do culto, o reconhecimento da imunidade é de rigor".[45]

A análise do Agravo Regimental no ARE n° 858.080/SP, da relatoria do Ministro Luiz Fux, permite avançar um pouco na compreensão da imunidade religiosa aqui defendida. Dada a atualidade do julgado, a interpretação conferida ao caso concreto lança luzes sobre a discussão aqui travada. No julgamento, tornou-se controversa a incidência da imunidade sobre imóveis que não possuíam destinação alguma. Os imóveis eram de propriedade da Igreja Cristo Franca. Dada a pertinência do julgado, afigura-se importante a transcrição do excerto do voto do Ministro Luiz Fux:

> A tese da parte agravante funda-se no entendimento de que somente no momento da aprovação do projeto de construção do templo religioso é que será possível depreender a utilização do imóvel para as finalidades essenciais de assistência e religião, nos termos do § 4º do art. 150, da CF. Contudo, tal entendimento está em confronto com a matriz jurisprudencial firmada por esta Suprema Corte, que em diversas ocasiões já se pronunciou no sentido de garantir a máxima efetividade à imunidade tributária prevista na Constituição para tais entidades, dada a natureza dos serviços prestados à sociedade, que merecem todo o apoio do Estado, cuja finalidade compreende a diminuição das desigualdades sociais. Com esse escopo, não há que se restringir a concessão da referida imunidade ao momento da aprovação de qualquer projeto, isso porque o mesmo pode sofrer atrasos por diversas razões, que vão desde a viabilidade financeira para construção do templo como a demora decorrente dos trâmites burocráticos necessários para sua aprovação.[46]

Em linha de conclusão parcial, pode-se afirmar que a imunidade religiosa abrange todos os impostos que poderiam incidir sobre a renda, patrimônio e os serviços das instituições religiosas e que comprovadamente estejam ligadas à promoção das suas atividades de cunho religioso ou, ainda, que a renda, patrimônio e/ou serviço revertam em favor das já mencionadas finalidades essenciais da respectiva religião ou crença. Portanto, não é correto limitar a imunidade ao templo, entendido

---

[44] RE 578562, Relator(a): Min. EROS GRAU, Tribunal Pleno, julgado em 21/05/2008, DJe-172 DIVULG 11-09-2008 PUBLIC 12-09-2008 EMENT VOL-02332-05 PP-01070 RTJ VOL-00206-02 PP-00906 LEXSTF v. 30, n. 358, 2008, p. 334-340.

[45] CARRAZZA, Roque Antonio. *A imunidade tributária dos templos de qualquer culto* (art. 150, vi, b, da CF) – Questões Conexas. In: Imunidades Tributárias. Rio de Janeiro: Elsevier, 2012, p. 18.

[46] ARE 658080 AgR, Relator(a): Min. LUIZ FUX, Primeira Turma, julgado em 13/12/2011, ACÓRDÃO ELETRÔNICO DJe-033 DIVULG 14-02-2012 PUBLIC 15-02-2012 RSJADV mar., 2012, p. 44-46.

apenas como o prédio de celebração e suas adjacências, assim como não é correto, segundo posição do Supremo Tribunal Federal, interpretar o artigo 150, § 4°, da Constituição como restrição da imunidade apenas às atividades essenciais. A utilização do § 4° do artigo 150 como vetor interpretativo está, consoante precedentes analisados, mais vocacionada a alcançar situações não previstas na redação lacônica do artigo 150, VI, "b", do que restringir a compreensão do instituto.[47]

2. A livre concorrência como limite à imunidade religiosa

A compreensão da imunidade religiosa tem como limite hermenêutico a proteção constitucional à prática de concorrência desleal e eventual desequilíbrio econômico. Tanto a doutrina[48] quanto a jurisprudência[49] vislumbram como critério para concessão da imunidade religiosa o não desempenho de atividades sujeitas ao livre mercado. Hugo de Brito defende que a realização de atividade eminentemente econômica/empresária não deve estar ao abrigo da imunidade, sob pena de prática de concorrência desleal, em afronta ao artigo 170, IV da Constituição.[50]

A promoção da livre concorrência (art. 170, IV da CF) decorre da interpretação conjugada com o artigo 150, § 3°, da Constituição que estabelece:

§ 3º As vedações do inciso VI, "a", e do parágrafo anterior não se aplicam ao patrimônio, à renda e aos serviços, relacionados com exploração de atividades econômicas regidas pelas normas aplicáveis a empreendimentos privados, ou em que haja contraprestação ou pagamento de preços ou tarifas pelo usuário, nem exonera o promitente comprador da obrigação de pagar imposto relativamente ao bem imóvel.

Embora o dispositivo refira-se expressamente à chamada imunidade recíproca, tem-se defendido que o benefício protetivo à liberdade religiosa não pode servir para gerar distorções e favorecer certos agentes econômicos em detrimentos de outros. Isso porque quando a entidade religiosa deixa o campo de promoção da fé e ingressa no mercado, vendendo produtos ou prestando serviços sujeitos ao regime privado de exploração de atividades econômicas, não se pode admitir que usufruam da imunidade prevista na Constituição.

Esta interpretação já foi sustentada pelo Supremo Tribunal Federal que, ao julgar a aplicação da imunidade ao cemitério da Igreja Anglicana, fez a seguinte ressalva:

5. Essas observações são relevantes porque diversa da que se há de aplicar aos cemitérios que consubstanciam extensões de entidade de cunho religioso é a norma de decisão que calha a situações nas quais empresas exploram a atividade de locação e/ou venda de jazigos. Vale dizer: no julgamento do presente recurso esta Corte não dirá, simplesmente, que cemitérios em geral estão abrangidos, ou não estão abrangidos, pela imunidade; diversamente, decidiremos que cemitérios que consubstanciam extensões de entidades de cunho religioso estão, ou não estão, por ela alcançados.

---

[47] RODRIGUES, Ricardo Schneider. *Da imunidade tributária dos templos*. Recife: Nossa livraria, 2010, p. 61-67. VERGUEIRO, Guilherme von Müller Lessa. Teoria constitucional da imunidade dos templos religiosos. In: PEIXOTO, Marcelo Magalhães e CARVALHO, Cristiano (org.). Imunidade Tributária. São Paulo: MP, 2005, p. 161-5.

[48] RODRIGUES, Ricardo Schneider. *Da imunidade tributária dos templos*. Recife: Nossa livraria, 2010, p. 73-80; VERGUEIRO, Guilherme von Müller Lessa. Teoria constitucional da imunidade dos templos religiosos. In: PEIXOTO, Marcelo Magalhães e CARVALHO, Cristiano (org.). *Imunidade Tributária*. São Paulo: MP, 2005, p. 1163-5.

[49] RE 578562, Rel. Min. EROS GRAU, Tribunal Pleno, julgado em 21/05/2008, DJe-172 DIVULG 11-09-2008 PUBLIC 12-09-2008, p. 1070, RTJ v. 206-02, p. 906, LEXSTF v. 30, n. 358, 2008, p. 334-340.

[50] MACHADO, Hugo de Brito. *Curso de Direito Tributário*. 30. ed. São Paulo: Malheiros, 2009, p. 288.

6. Pois é evidente que jazigos explorados comercialmente, por empresas dedicadas a esse negócio, não gozam da proteção constitucional de que se cuida. Ainda que a família e amigos próximos do ali enterrado possam cultuar a sua memória diante do jazigo.[51]

Com efeito, o método de interpretação teleológico aqui defendido, antes de propor uma visão ampliativa das imunidades, propugna uma interpretação ajustada aos fins constitucionalmente protegidos. Como sustentado acima, não se pode interpretar a imunidade religiosa jungida apenas ao prédio, pois não se estaria prestando o devido valor que a cláusula constitucional possui. Da mesma forma, não se pode arguir que a imunidade alcance toda e qualquer atividade só porque estaria sendo desempenhada por instituição religiosa. A imunidade religiosa, como já defendido, protege a liberdade de promoção da fé e da crença, mas não alberga privilégio e deslealdade concorrencial.

Como a Constituição deve ser entendida como um todo único, coerente e harmônico, não se pode vislumbrar aplicação ou interpretação conflitante dos dispositivos constitucionais. O Supremo Tribunal Federal já reconheceu a aplicabilidade do princípio da unidade da Constituição Federal quando apreciou a ADI n° 815-3/DF, no qual se discutia a inconstitucionalidade de normas constitucionais. Nas palavras do Min. Moreira Alves: "(...) delas resulta a estrita observância do princípio da unidade da Constituição. Assim na atual Carta Magna 'compete ao Supremo Tribunal Federal, precipuamente, a guarda da Constituição' (artigo 102, caput), o que implica dizer que essa jurisdição que lhe é atribuída para impedir que desrespeite a Constituição como um todo, (...)".[52] Assim, a interpretação das normas constitucionais não pode ser feita de forma fatiada, em parcelas, de sorte que o texto deve ser entendido na sua integralidade, evitando que a leitura isolada propicie decisões em conflito com o espírito da Constituição Federal.

A tese do legislador racional remete para a ideia de que não existem normas "sobrando no texto da Constituição".[53] Cumpre ao intérprete concatená-las de forma coerente e ordenada, visando à maximização de suas eficácias normativas.

Nesse aspecto é que ganha importância o princípio (postulado) da concordância prática, também conhecido como princípio da harmonização. Por meio dessa norma que regula a aplicação de outras normas (daí a utilização da expressão postulado) deve-se procurar justamente compatibilizar os bens jurídicos que aparentemente demonstram-se em confronto. Como afirmado por Konrad Hesse: "bens jurídicos protegidos jurídico-constitucionalmente devem, na resolução do problema, ser coordenados um ao outro de tal modo que cada um deles ganhe realidade. Onde nascem colisões não deve, em 'ponderação de bens' precipitada ou até 'ponderação de valor' abstrata, um ser realizado à custa do outro. Antes, o princípio da unidade da Constituição põe a tarefa de uma otimização: a ambos os bens devem ser traçados limites, para que ambos possam chegar a eficácia ótima".[54]

---

[51] RE 578562, Relator(a): Min. EROS GRAU, Tribunal Pleno, julgado em 21/05/2008, DJe-172 DIVULG 11-09-2008 PUBLIC 12-09-2008 EMENT VOL-02332-05 PP-01070 RTJ VOL-00206-02 PP-00906 LEXSTF v. 30, n. 358, 2008, p. 334-340.

[52] ADI n° 815-3, Pleno, Rel. Min. Moreira Alves, j. 23.08.1996, DJU 10.05.1996.

[53] MENDES, Gilmar Ferreira, COELHO, Inocêncio Mártires e BRANCO, Paulo Gustavo Gonet. *Curso de Direito Constitucional*. 2 ed. São Paulo: Saraiva, 2008, p. 113.

[54] HESSE, Konrad. *Elementos de Direito Constitucional da República Federal da Alemanha*. Trad. Luís Afonso Heck. Porto Alegre: SaFe, 1998, p. 66.

Esse, enfim, é o desiderato do postulado da concordância prática, vale dizer, harmonizar os bens jurídicos a fim de atingir a máxima valorização de ambos, sem que seja necessário negar vigência a qualquer dos bens envolvidos. O constitucionalista Inocêncio Coelho aduz que: "o princípio da harmonização ou da concordância prática consiste essencialmente, numa recomendação para que o aplicador das normas constitucionais, em se deparando com situações de concorrência entre bens constitucionalmente protegidos, adote a solução que otimize a realização de todos eles, mas ao mesmo tempo não acarrete a negação de nenhum".[55]

A livre concorrência (art. 170, IV da CF), portanto, serve como parâmetro para fruição da imunidade religiosa, de sorte que atividades sujeitas ao livre mercado e ao regime privado de exploração comercial não podem conviver com instituições ou "players" que, sob o pálio da religião, concorrem em franca vantagem aos demais concorrentes. Esta aplicação da imunidade religiosa que desequilibra o livre mercado é contrária aos preceitos constitucionais da concordância prática e, por óbvio, incompatível com a ordem constitucional.

Conclusões

A Constituição distribui competência tributária aos entes da federação, outorgando-lhe parcelas de poder para o exercício da tributação. Simultaneamente, limitou este poder, estabelecendo limites formais e materiais ao seu exercício. Nesta toada, comungando da visão da imunidade como "limitação constitucional ao poder de tributar, como diz expressamente a Constituição Federal e se expressa sob a forma de *exclusão de competência tributária*",[56] propõe-se a compreensão da imunidade inserida no artigo 150, VI, "b", da Constituição como proteção à liberdade de religião e de crença e não como mera técnica de recorte da tributação consoante conveniência jurídico-econômica.

A profissão da fé, da religiosidade e da dimensão espiritual do ser humano são corolários do princípio constitucional da dignidade da pessoa humana (art. 1°, III, da CF) e restam protegidas pela Constituição como direitos fundamentais (art. 5°, incisos VI, VII e VIII, da CF). Desde que o Brasil tornou-se um Estado laico até a atual redação da Constituição que proíbe a identificação do Estado com qualquer culto religioso, assim como veda qualquer tipo de embaraço a sua promoção, compreende-se a liberdade de religião e credo como valor sagrado do ordenamento

---

[55] MENDES, Gilmar Ferreira, COELHO, Inocêncio Mártires e BRANCO, Paulo Gustavo Gonet. *Curso de Direito Constitucional*. 2 ed. São Paulo: Saraiva, 2008, p. 114. No mesmo sentido: "O ordenamento constitucional estabelece simultaneamente vários princípios que podem entrelaçar-se no momento de sua aplicação. Como o Estado deve garantir ou preservar o ideal de coisas que cada um dos princípios estabelece, o entrelaçamento concreto entre os princípios exige do Poder Público o encontro de alternativas capazes de compatibilizar todos os princípios. O fundamento constitucional do postulado da concordância prática é precisamente o estabelecimento simultâneo de uma multiplicidade de princípios complementares: diante do caso concreto, o Poder Público, devendo preservar todos, deverá encontrar soluções harmonizadoras". ÁVILA, Humberto Bergmann. *Sistema Constitucional Tributário*. São Paulo: Saraiva, 2004, p. 393.

[56] DIFINI, Luiz Felipe Silveira (org.). *Imunidades tributárias e Direitos fundamentais*. Porto Alegre: Livraria do Advogado, 2010, p. 9.

jurídico, sendo inclusive arrolado dentre os direitos humanos protegidos por convenções internacionais.

As conclusões decorrentes da investigação aqui empreendida propugnam a compreensão da imunidade religiosa a partir de uma interpretação orientada pelos fins que a Constituição visa promover. Em outras palavras, é a interpretação teleológica a mais adequada para compreender a extensão da imunidade que o texto constitucional guarda. Esta conclusão é respaldada pela doutrina pesquisada e pelos precedentes do Supremo Tribunal Federal identificados no texto.

No entanto, a interpretação teleológica aqui defendida não pode ser confundida com interpretação extensiva. Em verdade, interpretar de acordo com os fins pode significar ora ampliar e ora restringir, dependendo dos interesses jurídicos em conflito. A interpretação teleológica ora propugnada tem o propósito de adequar a imunidade religiosa de forma a conferir-lhe a maior eficácia possível, sem com isso aniquilar outras normas constitucionais de igual envergadura. Esta tarefa pode ser realizada por meio da aplicação do postulado da concordância prática na forma antes explicitada.

Referências bibliográficas

ANDRADE FILHO, Edmar Oliveira. *Imunidades tributárias na Constituição Federal. In:* PEIXOTO, Marcelo Magalhães e CARVALHO, Cristiano (org.). *Imunidade Tributária.* São Paulo: MP, 2005, p. 117.

ARDANT, Gabriel. *Histoire de l'impôt.* Paris: Librairie Arthème Fayard, 1972.

ÁVILA, Humberto. *Sistema Constitucional Tributário.* São Paulo: Saraiva, 2004.

——. *Teoria dos Princípios.* Da definição à aplicação dos princípios jurídicos. São Paulo: Malheiros, 2003.

——. Argumentação jurídica e a imunidade do livro eletrônico. In: *Temas de Interpretação do Direito Tributário.* Org. Ricardo Lobo Torres. Rio de Janeiro: Renovar, 2003.

BALEEIRO, Aliomar. *Direito Tributário Brasileiro.* 11 ed. Rio de Janeiro: Forense, 2003.

BASTOS, Celso Ribeiro. *Imunidade dos templos. In:* Revista de Direito Tributário n. 5, p. 221-224.

BECHO, Renato Lopes. *Filosofia do Direito Tributário.* São Paulo: Saraiva, 2009.

CAMPOS, Flávio. *Imunidade tributária na prestação de serviços por templos de qualquer culto. In:* Revista Dialética de Direito Tributário n. 54, mar. 2000, p. 44-53.

CARRAZZA, Roque Antonio. *Curso de Direito Constitucional Tributário.* 24 ed. São Paulo: Malheiros, 2008, p. 739.

——. A imunidade tributária dos templos de qualquer culto (art. 150, vi, b, da CF) – Questões Conexas. In: *Imunidades Tributárias.* Rio de Janeiro: Elsevier, 2012.

CARVALHO, Paulo de Barros. *Curso de Direito Tributário.* 19 ed. São Paulo: Saraiva, 2007

CASÁS, José Osvaldo. *Derechos y Garantías constitucionales del contribuyente.* A partir del principio de reserva de ley tributaria. Buenos Aires: Ad Hoc, 2005.

CASSONE, Vittorio. Imunidade tributária dos templos. A solidariedade na Igreja Católica e na Constituição do Brasil. In: *Revista Fórum de Direito Tributário,* n. 4, 2003, p. 42.

COELHO, Sacha Calmon Navarro. *Curso de Direito Tributário.* 9 ed. Rio de Janeiro: Forense, 2006.

COSTA, Regina Helena. *Imunidades Tributárias.* Teoria e Análise da Jurisprudência do STF. São Paulo: Malheiros, 2001.

DIFINI, Luiz Felipe Silveira. *Proibição de Tributos com efeito de confisco.* Porto Alegre: Livraria do Advogado, 2007.

——. *Manual de Direito Tributário.* 3 ed. São Paulo: Saraiva, 2006.

——. Princípio do Estado Constitucional democrático de direito. in: *Revista da Ajuris* n. 102, p. 161-168.

FARIA, Maria Cristina Neubern de. A interpretação das normas de imunidade tributária – conteúdo e alcance. In: *Revista Tributária e de Finanças Públicas,* n. 36, jan/fev, 2001, p. 150.

FERRAZ JUNIOR, Tércio Sampaio. Imunidade Tributária e entidades beneficentes de assistência social. In: *Revista Fórum de Direito Tributário,* n. 1, jan./fev., 2003, p. 9-17.

FERREIRA SOBRINHO, José Wilson. *Imunidade tributária.* Porto Alegre: SaFe, 1996.

ICHIHARA, Yoshiaki. *Imunidades tributárias.* São Paulo: Atlas, 2000.

LARENZ, Karl. *Metodologia da Ciência do Direito*. 3 ed. trad. José Lamego. Lisboa: Fundação Calouste Gulbenkian, 1997.

LERNER, Natan. The nature and minimum Standards of freedom of religion or belief. In: *Brigham Young University Law Review* n. 3, ABI/INFORM Global, 2000.

LIMA, Ruy Cirne. Imunidade tributária – Templos e anexo – inteligência do art. 19, n. III, "b", da Constituição da República Federativa do Brasil. In: *Revista de Direito Público* n. 31/207-208.

MARTINS, Ives Gandra da Silva (org). *Imunidades Tributárias*. São Paulo: RT, 1998.

——. Imunidades condicionadas e incondicionadas. In: *Revista Dialética de Direito Tributário* n. 28, p. 69-83, jan 1998.

MARRONI NETO, Roberto Medaglia. Imunidade dos templos de qualquer culto. In: *Imunidades Tributárias e Direitos fundamentais*. Luiz Felipe Silveira Difini (org). Porto Alegre: Livraria do Advogado, 2010.

MACHADO, Hugo de Brito. *Curso de Direito Tributário*. 30 ed. São Paulo: Malheiros, 2009

NOGUEIRA, Ruy Barbosa. *Imunidades contra impostos na Constituição anterior e sua disciplina mais completa na Constituição de 1988*. 2 ed. São Paulo: Saraiva, 1992.

PEIXOTO, Marcelo Magalhães e CARVALHO, Cristiano (org.). *Imunidade Tributária*. São Paulo: MP, 2005.

PEREZ, Fernando Augusto Moneiro. Extensão e alcance da imunidade dos templos de qualquer culto. *Revista Trimestral de Jurisprudência dos Estados*, v. 178, p. 63-78, ano 24, set-out 2000.

PESTANA, Márcio. *O princípio da imunidade tributária*. São Paulo: RT, 2001.

PONTES DE MIRANDA, Flavio Cavalcanti. *Comentários à Constituição de 1967. T. II*. São Paulo: RT, 1967, p. 409.

RODRIGUES, Ricardo Schneider. *Da imunidade tributária dos templos*. Recife: Nossa livraria, 2010, P. 61-67..

SABBAG, Eduardo. *Manual de Direito Tributário*. 4 ed. São Paulo: Saraiva, 2012.

SARAIVA FILHO, Oswaldo Othon de Pontes. A imunidade religiosa. In: *Revista Dialética de Direito Tributário*, n. 4, jan 1996, p. 61.

SCHOUERI, Luís Eduardo. *Direito Tributário*. São Paulo, Saraiva, 2011.

SILVA, José Manuel da. Imunidade dos templos de qualquer culto. In: *Revista Dialética de Direito Tributário* n. 14, 1996, p. 24.

SOLLER, Fabrício da. A imunidade tributária dos templos de qualquer culto. Por uma revisão da posição do STF. In: *Revista Fórum de Direito Tributário*, n. 12, nov/dez 2004, p. 109-140.

SOUSA, Ercias Rodrigues. *Imunidades tributárias na Constituição Federal*. Uma análise a partir dos conceitos estruturais da ciência do Direito. Curitiba: Juruá, 2004.

VANONI, Ezio. *Natureza e interpretação das leis tributárias*. Trad. Rubens Gomes de Souza. Rio de Janeiro: Edições financeiras, 1932.

VERGUEIRO, Guilherme von Müller Lessa. Teoria constitucional da imunidade dos templos religiosos. In: PEIXOTO, Marcelo Magalhães e CARVALHO, Cristiano (org.). *Imunidade Tributária*. São Paulo: MP, 2005, p. 161-5.

— 7 —

Breves considerações sobre o Sistema Recursal no novo Código de Processo Civil (Anteprojeto 166/2010 e PL 8.046/2010)

GIULIA JAEGER[1]
GREICE SCHMIDT NEUMANN[2]
MATHEUS BIANCHI[3]

Sumário: Introdução; Recursos; Efeitos dos recursos; Recursos no novo CPC; Efeitos recursais; Prazos recursais; Considerações finais; Referências bibliográficas.

Introdução

Sob a alegação de que o atual CPC não tem sido eficaz no que se refere à solução de conflitos em tempo adequado, foi instituída pelo Senado Federal, por meio do Ato 379/2009, uma Comissão de Juristas encarregada de elaborar anteprojeto do novo Código de Processo Civil, com o objetivo de garantir a celeridade e efetividade processual, como também modernizar os procedimentos atualmente previstos na Lei. Assim, de acordo com o que se percebe do texto do projeto em tramitação, a comissão nomeada buscou reestruturar o conteúdo do Código de Processo Civil em vigor – já desfigurado em razão de inúmeras reformas legislativas – adequando-o aos novos conceitos doutrinários e jurisprudenciais. Para tanto, vários artigos foram reescritos ou modificados, e alguns institutos foram suprimidos.

No que se refere ao sistema recursal, tem-se que os recursos são o maior obstáculo para a celeridade e efetividade processual, não só em razão do número de recursos, como também pela quantidade de sucedâneos recursais – meios de impugnação em geral e ações impugnativas autônomas – pelo espectro de abrangência dos recursos e pela falta de sistematização, notadamente após o movimento reformista do CPC na década de 1990.

---

[1] Advogada. Mestre em Direito. Professora de Processo Civil e Direito Tributário na ULBRA, Coordenadora das Pós-Graduações nas Faculdades Monteiro Lobato e Professora no Curso de Pós-Graduação em Direito Tributário na UNIRITTER.

[2] Advogada.

[3] Acadêmico de Direito da ULBRA.

INQUIETAÇÕES JURÍDICAS CONTEMPORÂNEAS

Por fim, vale mencionar que a reforma do CPC possui inúmeros pontos positivos bem como negativos, e o resultado da mesma só será visto após alguns anos de experiência na aplicação das novas normas que ainda estão para ser aprovadas pela Câmara dos Deputados.

Recursos

O processo civil brasileiro está prestes a ser reformado através do Projeto de Lei 8.046/10. Sob este enfoque, trataremos o aspecto recursal brasileiro.

Recurso é o meio jurídico usado para provocar o reexame da decisão judicial, pela mesma autoridade judiciária, ou por outra hierarquicamente superior. Conforme José Carlos Barbosa, recurso é "o remédio voluntário idôneo, a ensejar, dentro do mesmo processo, a reforma, a invalidação, o esclarecimento ou a integração de decisão judicial que se impugna".[4]

Segundo Amaral Santos, o recurso pode ser definido como:

O meio ou o remédio impugnativo apto para provocar, dentro da relação processual ainda em curso, o reexame de decisão judicial, pela mesma autoridade judiciária, ou por outra hierarquicamente superior, visando obter-lhe a reforma, invalidação, esclarecimento ou integração.[5]

Efeitos dos recursos

Os dois principais efeitos dos recursos são o efeito devolutivo e o efeito suspensivo. O efeito devolutivo provoca o reexame da matéria impugnada por órgão hierarquicamente superior. Todo recurso, em maior ou menos medida, possui efeito devolutivo. O efeito suspensivo provoca a suspensão imediata dos efeitos das decisões.

Recursos no novo CPC

Atualmente, após inúmeras reformas pontuais, os recursos listados pelo Código de Processo Civil, art. 496, são oito: a) apelação; b) agravo; c) embargos infringentes; d) embargos de declaração; e) recurso ordinário; f) recurso especial; g) recurso extraordinário; e h) embargos de divergência em recurso especial e em recurso extraordinário.

Já, de acordo com o projeto do novo Código de Processo Civil (166/2010), os recursos previstos, art. 907, são: a) apelação; b) agravo de instrumento; c) agravo interno; d) embargos de declaração; e) recurso ordinário; f) recurso especial; g) re-

---

[4] FIGUEIRA JR., Joel Dias. *A Trama Recursal no Processo Civil Brasileiro e a Crise da Jurisdição Estatal*. Revista de Processo: São Paulo, ano 35, n. 188, p. 265-276, out. 2010, p. 268.

[5] SANTOS, Moacyr Amaral. *Primeiras Linhas de Direito Processual Civil*. SSão Paulo: Saraiva, 2003.

curso extraordinário; e h) embargos de divergência. Após a tramitação no Senado, foi acrescentado um recurso no rol enumerado, no art. 948: agravo de admissão (PL 8.046/2010).

Veja quadro comparativo abaixo:

NCPC PL 8046/2010	NCPC Anteprojeto 166/2010	CPC ATUAL
TÍTULO II DOS RECURSOS CAPÍTULO I DAS DISPOSIÇÕES GERAIS	TÍTULO II DOS RECURSOS CAPÍTULO I DAS DISPOSIÇÕES GERAIS	TÍTULO X DOS RECURSOS CAPÍTULO I DAS DISPOSIÇÕES GERAIS
Art. 948. São cabíveis os seguintes recursos: I – apelação; II – agravo de instrumento; III – agravo interno; IV – embargos de declaração; V – recurso ordinário; VI – recurso especial; VII – recurso extraordinário; VIII – Agravo de admissão; IX – embargos de divergência. § 1º. Excetuados os embargos de declaração, os recursos são interponíveis em quinze dias úteis.	Art. 907. São cabíveis os seguintes recursos: I – apelação; II – agravo de instrumento; III – agravo interno; IV – embargos de declaração; V – recurso ordinário; VI – recurso especial; VII – recurso extraordinário; VIII – embargos de divergência. Parágrafo único. Exceto os embargos de declaração, os recursos são interponíveis em quinze dias úteis.	Art. 496. São cabíveis os seguintes recursos: I – apelação; II – agravo; III – embargos infringentes; IV – embargos de declaração; V – recurso ordinário; VI – recurso especial; VII – recurso extraordinário; VIII – embargos de divergência em recurso especial e em recurso extraordinário; Art. 508. Na apelação, nos embargos infringentes, no recurso ordinário, no recurso especial, no recurso extraordinário e nos embargos de divergência, o prazo para interpor e para responder é de 15 (quinze) dias.

O artigo 907 do Anteprojeto 166/10 bem como o art. 948 do PL 8046/10 iniciam o capítulo intitulado como "Disposições Gerais", no qual são tratadas as espécies de recursos, seus efeitos, seus requisitos, entre outras coisas. Analisando os referidos artigos, nitidamente percebem-se quatro modificações em relação ao Código de Processo Civil atual, quais sejam: a eliminação do rol de recursos dos embargos infringentes e do agravo retido, a previsão expressa do agravo de instrumento e do gravo interno, a inclusão no rol dos recursos do agravo de admissão e a alteração dos prazos recursais, com exceção do prazo previsto para os embargos de declaração.

Com relação à supressão dos embargos infringentes do texto de lei, tal medida mostra-se bem-vinda e é apoiada pela maioria dos doutrinadores, pois entendem não haver justificativa para a manutenção de um recurso que ataca uma decisão pelo simples fato de ela não ser unânime.

A existência de tal recurso há muito recebe críticas, como assevera o comentário de Alfredo Buzaid:

> A existência de um voto vencido não basta por si só para justificar a criação de tal recurso; porque, por tal razão, se devia admitir um segundo recurso de embargos toda vez que houvesse mais de um voto venci-

do; desta forma poderia arrastar-se a verificação por largo tempo, vindo o ideal de justiça a ser sacrificado pelo desejo de aperfeiçoar-se a decisão.[6]

Referentemente ao agravo, nota-se que foi suprimido do texto de lei o agravo retido e mantida, expressamente, a previsão do agravo de instrumento, o qual passa a ser a única modalidade de agravo em primeira instância.

Por fim, cabe mencionar a alteração do prazo dos recursos, que foi unificado, com exceção do prazo previsto para a interposição dos embargos de declaração.

Pois bem, indicadas as modificações relevantes, cabível a análise das mudanças em cada uma das espécies de recurso, de acordo com o projeto do novo Código de Processo Civil.

a) APELAÇÃO

A apelação, conforme o artigo 513 do CPC atual, é o recurso cabível para impugnar a sentença, com ou sem julgamento do mérito. O escopo do recurso de apelação é levar a sentença para o reexame dos tribunais do segundo grau, com base no princípio do duplo grau de jurisdição. O prazo para ser interposta a apelação é de 15 dias.

Conforme a lição do professor Moacyr Amaral Santos:

> Por meio de apelação impugna-se a sentença, provocando-se o reexame da causa pelo órgão judiciário de segundo grau, para o fim de se obter deste a reforma total ou parcial da sentença impugnada. Diga-se, pois, que a apelação é o recurso interposto para o juízo superior da sentença do juiz de primeiro grau a fim de ser obtida a sua reforma total ou parcial.[7]

No projeto do Novo CPC, essa regra é mantida, porém são introduzidas duas novidades. A primeira delas está relacionada com a extinção do agravo retido, em que as questões decididas interlocutóriamente e que não possam ser atacadas por agravo de instrumento, poderão ser suscitadas em preliminar de apelação ou contrarrazões, mas somente as que, como já mencionado, não puderem ser atacadas através de agravo de instrumento, pois se cabível tal recurso e o mesmo não for interposto, a questão decidida precluirá, não mais podendo ser discutida em momento posterior.

Vale destacar que, embora suprimido o agravo retido da previsão do texto de lei, tal exclusão não mitigou o princípio da segurança jurídica, pois se a decisão não puder ser atacada através de agravo de instrumento e realmente acarretar dano à parte vencida, ela poderá ser novamente discutida em preliminar de apelação. Salienta-se que a intenção foi apenas a supressão de um recurso, mantendo-se a possibilidade de discussão da decisão interlocutória em momento posterior. Essa foi a justificativa colocada na exposição de motivos dos juristas responsáveis pela elaboração do projeto:

Ressalte-se que, na verdade, o que se modificou, nesse particular, foi exclusivamente o momento da impugnação, pois essas decisões, de que se recorria, no sistema anterior, por meio de agravo retido, só eram mesmo alteradas ou mantidas

---

[6] BUZAID, Alfredo. *Ensaio para uma Revisão do Sistema de Recursos no Código de Processo Civil*. Estudos de Direito . v.1. São Paulo: Saraiva, 1972, p.111.

[7] SANTOS, Moacyr Amaral. *Primeiras Linhas de Direito Processual Civil*. São Paulo: Saraiva, 2003, p. 109.

quando o agravo era julgado, como preliminar de apelação. Com o novo regime, o momento de julgamento será o mesmo; não o da impugnação.

A segunda novidade tem relação com o julgamento antecipado, previsto no art. 515, § 3º, do atual CPC, que determina que "nos casos de extinção do processo sem julgamento do mérito (art. 267), o tribunal pode julgar desde logo a lide, se a causa versar questão exclusivamente de direito e estiver em condições de imediato julgamento". Referida questão é tratada pelo Projeto (PL 8.046/10) em seu art. 965, § 3º, o qual introduz uma alteração significativa, pois enquanto no CPC em vigor os requisitos para o julgamento antecipado são cumulativos, ou seja, a questão versar exclusivamente sobre direito e estiver em condições de julgamento, no projeto os requisitos são alternativos, pois prevê o julgamento pelo Tribunal se a causa versar sobre questão exclusivamente de direito ou estiver em condições de imediato julgamento. E mais, são introduzidas pelos incisos I a IV do referido § 3º quatro limitações para esse julgamento antecipado e que devem ser observadas, quais sejam: I) reforma da sentença sem julgamento do mérito; II) declarar a nulidade de sentença por não observância do pedido; III) declarar a nulidade de sentença por falta de fundamentação e IV) reformar sentença que reconhecer a decadência ou prescrição.

b) AGRAVO

O agravo é o recurso cabível contra qualquer decisão interlocutória e esta previsto no artigo 522 do CPC atual, podendo ser interposto na forma retida ou de instrumento.

Nelson Luiz Pinto define o agravo assim:

> É recurso cabível contra decisões interlocutórias proferidas no processo (arts. 522 e 162, §2º), tanto no de conhecimento como no de execução e no cautelar, de jurisdição contenciosa ou na voluntária, qualquer que seja o procedimento e qualquer que seja a fase em que o processo se encontre.[8]

Atualmente, o agravo retido é utilizado quando a parte, em vez de se dirigir diretamente ao tribunal para provocar o imediato julgamento, volta-se para o juiz da causa e apresenta o recurso, pedindo que o mesmo permaneça nos autos, para que dele o tribunal conheça, preliminarmente, por ocasião do julgamento da apelação.

Explica Fredie Didier Jr sobre o agravo retido:

> Uma vez interposto, deverá ficar mantido nos autos, somente devendo ser processado e julgado pelo tribunal, caso não haja retratação imediata do juízo de primeiro grau e desde que a parte reitere para que o tribunal, quando do eventual julgamento da apelação, dele conheça (CPC, art. 523). Significa que não se conhecerá do agravo se a parte não requerer expressamente, nas razões ou contra-razões da apelação, sua apreciação.[9]

No atual CPC, caberá agravo retido contra as decisões interlocutórias, salvo quando se tratar de decisão suscetível de causar à parte lesão grave ou de difícil reparação, tendo o mesmo como objetivo evitar a preclusão da matéria para que a mesma possa ser revisada posteriormente.

Há, ainda, previsão de outra forma de agravo retido que é a forma oral, podendo ser interposta no curso da audiência quando o juiz decide sobre a questão

---

[8] PINTO, Nelson Luiz. *Manual dos Recursos Cíveis*. 3 ed. São Paulo: Malheiros, 2004, p. 142-143.

[9] DIDIER Jr. Fredie. *Curso de Direito Processual Civil*. Salvador: JUSPODIVM, 2008 – vol. III, p.136.

de produção de provas, formulação de perguntas à testemunha, contradita e tantos outros incidentes.

O agravo de instrumento, por outro lado, é cabível contra decisão suscetível de causar à parte lesão grave ou de difícil reparação, decisão que rejeita a apelação ou que delibera quanto aos efeitos em que a apelação é recebida. O agravo de instrumento, conforme o artigo 524 do CPC em vigor, será dirigido diretamente ao tribunal competente e deverá conter os seguintes requisitos: a exposição do fato e do direito; as razões do pedido e da reforma da decisão e o nome e endereço completo dos advogados do agravante e agravado. Deverá ser interposto no prazo de dez dias.

No projeto do novo CPC não há previsão do agravo retido, como já mencionado, podendo as questões, contra as quais não caiba agravo de instrumento, serem arguidas posteriormente na forma de preliminares de apelação, ou seja, apenas houve a alteração do momento de questioná-las, não a sua preclusão pela inexistência do agravo na forma retida.

No novo CPC há apenas a previsão do agravo de instrumento, previsto no art. 969 do PL 8.046/2010, onde também estão elencadas suas hipóteses de cabimento. Inicialmente, conforme o Anteprojeto 166/2010, essas hipóteses eram apenas quatro, contudo, após tramitar pelo Senado foram acrescidas outras hipóteses, que totalizam dez, previstas no PL 8.046/2010, em votação na Câmara dos Deputados, que são: I) tutelas de urgência ou da evidência; II) mérito da causa; III) rejeição da alegação de convenção de arbitragem; IV) incidente de resolução de desconsideração da personalidade jurídica; V) gratuidade de justiça; VI) exibição ou posse de documento ou coisa; VII) exclusão de litisconsorte por ilegitimidade; VIII) limitação de litisconsórcio; IX) admissão ou inadmissão de intervenção de terceiros; e X) outros casos expressamente referidos em lei.

Ainda, em relação ao agravo de instrumento, há no novo Código uma novidade com relação aos documentos que devem acompanhar o recurso. Enquanto o CPC atual exige a juntada da certidão de intimação (art. 525, I), o novo CPC admite a substituição da mesma por outro documento oficial que comprove a tempestividade do recurso (art. 971, I – PL 8.046/2010). No que tange aos demais documentos exigidos não houve modificação, permanecendo os mesmos em ambos os artigos.

Outra inovação nesse recurso também foi introduzida através do § 3º do art. 971, anteriormente mencionado, que é a possibilidade de intimação do agravante para que, em cinco dias, supra a falta de peça obrigatória, sendo apenas inadmitido o recurso caso tal determinação não seja cumprida. Na atual sistemática existe a possibilidade de inadmissão do agravo se, além dos documentos obrigatórios, não forem juntados documentos considerados essenciais para o conhecimento e julgamento do recurso, ou seja, mesmo que o documento não esteja elencado no rol do art. 525, I, se qualquer outro documento for considerado essencial e não tiver sido juntado com a interposição do recurso, cabe a inadmissão do mesmo. Já pelo sistema do novo Código esse problema resta solucionado, pela possibilidade de intimação do agravante para a juntada do documento faltante.

Outra modificação relevante no recurso aqui tratado diz com a juntada da petição do agravo e do comprovante de sua interposição aos autos do processo. Conforme o atual CPC essa juntada deve ser feita no prazo de três dias, art. 526, contado de sua interposição, sob pena de inadmissão do recurso, desde que arguido e provado pelo agravado, conforme parágrafo único. No novo Código não há obrigatoriedade para o agravante da juntada de tais documentos, sendo a mesma facultativa, conforme art. 972 (PL 8.046/2010).

Finalmente, a última modificação significativa se refere à exclusão do pedido de informações ao juiz da causa, pois ausente dos incisos do art. 972 do novo Código.

c) AGRAVO INTERNO

Cabe a interposição de agravo interno contra decisão monocrática, proferida por Relator em recursos, que causarem prejuízo à parte, no âmbito dos próprios Tribunais. Também é chamado de "agravo regimental". Referido recurso não tem previsão expressa no CPC em vigor, apenas nos Regimentos Internos dos Tribunais Estaduais e do Superior Tribunal de Justiça. Seu objetivo é levar a decisão ao conhecimento do órgão colegiado competente a fim de que este se manifeste a favor ou contra.

No novo Código, referido recurso está previsto no rol elencado pelo art. 907 do Anteprojeto 166/2010 e pelo art. 948 do PL 8.046/2010, o que põe fim à discussão acerca da legalidade deste recurso, em razão da sua não previsão legal. É cabível, como já dito, contra decisões de relator e somente no âmbito dos Tribunais, art. 975 do PL 8.046/2010. Também há previsão, no § 1º do mencionado artigo, da possibilidade de retratação pelo Relator, caso em que o recurso ficará prejudicado, do contrário *"o relator o incluirá em pauta para julgamento colegiado, na primeira sessão".*

Também foi instituída pelo novo Código a aplicação de multa, § 2º do art. 948, entre um e dez por cento do valor corrigido da causa, caso manifestamente inadmissível o agravo interno.

d) EMBARGOS DE DECLARAÇÃO

Os embargos de declaração são interpostos com o objetivo de impedir a eficácia e obter pronunciamento do juízo acerca de sentença ou acórdão atingido por efeito de obscuridade, contradição ou omissão.

Segundo Fredie Didier Jr. são cabíveis embargos de declaração quando na sentença ou no acórdão houver:

Obscuridade ou contradição, sendo igualmente cabíveis quando houver omissão, ou seja, quando o juiz ou tribunal tiver deixado de apreciar ponto sobre o qual deveria pronunciar-se.

Considera-se omissa a decisão que não se manifestar: a) sobre um pedido; b) sobre argumentos relevantes lançados pelas partes (para o acolhimento do pedido, não é necessário o enfrentamento de todos os argumentos deduzidos pela parte, mas para o não-acolhimento, sim, sob pena de ofensa à garantia do contraditório); c) ausência de questões de ordem pública, que são apreciáveis de oficio pelo magistrado, tenham ou não tenham sido suscitadas pela parte.

A decisão é obscura quando for ininteligível, quer porque mal-redigida, quer porque escrita à mão com letra ilegível. Um dos requisitos da decisão judicial é a clareza; quando esse requisito não é atendido, cabem embargos de declaração para buscar esse esclarecimento.

A decisão é contraditória quando traz proposições entre si inconciliáveis. O principal exemplo é a existência de contradição entre a fundamentação e a decisão.[10]

O prazo para interpor os embargos de declaração é de cinco dias conforme o artigo 536 do atual CPC, a partir da data da intimação do ato impugnado.

Os embargos serão opostos mediante petição dirigida ao juiz ou relator, indicando o ponto obscuro, contraditório ou omisso, os embargos de declaração estão dispensados de preparo.

Conforme o artigo 538 do CPC, os embargos de declaração interrompem o prazo para a interposição de outros recursos, por qualquer das partes.

Nelson Luiz Pinto explica que no caso dos embargos de declaração:

A devolutividade não permite a revisão da decisão recorrida, mas unicamente seu esclarecimento ou integração. Além disso, a devolução se faz ao mesmo órgão que prolatou a decisão recorrida, e não a um órgão hierarquicamente superior, como ocorre, de regra, nos demais recursos.[11]

Também os embargos de declaração possuem o efeito suspensivo, que suspende a executoriedade da decisão recorrida.

De acordo com o novo CPC – art. 976 (PL 8.046/2010) – além dos requisitos de obscuridade, omissão e contradição, foi expressamente prevista ao rol a possibilidade de correção do erro material através dos embargos de declaração, prática já vinha sendo admitida há tempos para tal hipótese.

Também foi prevista, através do parágrafo único do art. 976, a possibilidade de efeito modificativo dos embargos declaratórios, em virtude de correção do vício, desde que ouvida a parte contrária. Ou seja, havendo possibilidade de modificação do *decisum*, pela correção da omissão, obscuridade ou contradição, deve ser ouvida a parte contrária no prazo de cinco dias. Tal determinação se faz necessária para assegurar o princípio da ampla defesa e do contraditório, pois a modificação do julgado sem vista da parte contrária torna nulo o ato processual.

Outra modificação com relação os embargos declaratórios é com relação ao prequestionamento. Segundo o art. 979 do novo Código, os embargos de declaração interpostos com o fim de prequestionamento, mesmo que não admitidos, poderão ser considerados pelo Tribunal, caso o mesmo considere existente a omissão, contradição ou obscuridade. Tal previsão esvazia a Súmula 211 do Superior Tribunal de Justiça, que inadmite o recurso especial quando os embargos declaratórios não foram apreciados pelo Tribunal *a quo*.

Também foi solucionada pelo novo Código, art. 980, § 2º, (PL 8.046/10) a questão a respeito da interrupção do prazo para a interposição de outros recursos, quando os embargos de declaração forem intempestivos, referindo que "*quando intempestivos, a interrupção do prazo não aproveitará o embargante*".

Ainda, houve o aumento da multa para o caso de interposição de embargos protelatórios, em valor na excedente a cinco por cento do valor da causa. No atual CPC, a multa está limitada a um por cento do valor da causa. Também não são admitidos novo embargos de declaração se os anteriores forem considerados protelatórios (§ 5º).

---

[10] DIDIER Jr. Fredie. *Curso de Direito Processual Civil*. Salvador: JUSPODIVM, 2008 – vol. III, p. 179.

[11] PINTO, Nelson Luiz. *Manual dos Recursos Cíveis*. 3 ed. São Paulo: Malheiros, 2004, p. 180.

e) RECURSO EXTRAORDINÁRIO E RECURSO ESPECIAL

Tradicionalmente, o recurso extraordinário e o recurso especial são regulados em conjunto, não fugindo à regra o anteprojeto 166/10 nem o projeto de Lei 8.046/10, possuindo características diferentes dos demais recursos.

Tais recursos são considerados especiais (ou excepcionais), frente aos demais recursos, pois, além da sucumbência como requisito para a sua propositura, exige-se ofensa ao direito positivo, constitucional ou infraconstitucional.

As hipóteses para seu cabimento estão elencadas nos arts. 102, III, e 105, III, da CF/88. Tais recursos também são regulados pelo atual CPC, a partir do art. 541.

Com relação aos referidos recursos, o projeto de lei traz inúmeras inovações. A primeira delas está contida no art. 896, § 3º, do PL 8046/10, que torna o voto vencido como parte integrante do acórdão, inclusive com o fim de prequestionamento, o que vai de encontro com o atual entendimento do STF e STJ, no sentido de que o exame da questão jurídica contido no voto vencido não satisfaz a exigência do prequestionamento.

Outra inovação está contida no art. 983, § 2º, do PL 8.046/10 e trata da possibilidade de apreciação de recurso extraordinário ou especial tempestivo, mas inadmissível por defeito formal, ou seja, se o vício não for o da intempestividade do recurso e não se repute grave, bem como diga respeito a "casos repetitivos" ou, alternativamente, que "a decisão da questão de mérito contribua para o aperfeiçoamento do sistema jurídico", o vicio poderá ser desconsiderado pelo STF ou STJ.

No que se refere aos recursos de causas repetitivas, com o fim de disciplinar de forma mais clara a didática matéria, estabeleceu-se uma subseção dentro da seção dos recursos extraordinário e especial. Essa questão já é tratada no atual ordenamento jurídico, sendo as regras já existentes mantidas pelo projeto e acrescentadas algumas poucas a respeito, como, por exemplo, a unificação dos arts. 543-B e 543-C do atual CPC, prevendo os recursos repetitivos tanto no STJ quanto no STF e a possibilidade de suspensão dos processos de 1º grau, por período não superior a 12 meses (art. 991, § 3º) e a suspensão dos recursos que versarem sobre questões controvertidas tanto nos tribunais superiores, quanto nos tribunais de 2º grau (art. 991, § 4º).

Outra inovação diz respeito à solução da atual controvérsia com relação à competência em razão da matéria (para matéria federal infraconstitucional a competência é do STJ e para matéria constitucional a competência é do STF) que muitas vezes, no caso concreto, não tem nítida distinção, o que acarreta certo prejuízo as partes, pois torna necessária a interposição tanto do recurso especial, quanto do extraordinário.

Para esses casos, foram introduzidos nos projetos os arts. 986 e 987, que permitem a aplicabilidade do princípio da fungibilidade aos recursos excepcionais (possibilidade antes negada pela jurisprudência dos tribunais superiores). Assim, entendendo o Superior Tribunal de Justiça que o recurso especial versa sobre questão constitucional, concedendo prazo para "que o recorrente deduza as razões que revelem a existência de repercussão geral, remeta os autos para o Supremo Tribunal Federal, que procederá à sua admissibilidade, ou o devolverá ao Superior Tribunal de Justiça". O Supremo Tribunal Federal, por sua vez, entendendo que o recurso extraordinário enfrenta questão legal, remeterá os autos para o Superior Tribunal de Justiça. Em ambos os casos, a decisão cabe ao relator e é irrecorrível.

Observa-se que a inovação mencionada poderá ser muito positiva, dando maior efetividade ao processo e evitando que divergências surgidas entre as duas Cortes façam com que as partes fiquem sem saber a qual delas dirigir seu recurso.

f) AGRAVO DE ADMISSÃO

O agravo de admissão tem previsão no art. 544 do Código de Processo Civil atual. Não foi previsto pelo anteprojeto do novo Código (anteprojeto 166/10), restando introduzido durante a sua tramitação pelo Senado. No novo Código – PL 8.046/10 – ele possui um capítulo próprio, diferentemente do que acontece na Lei processual vigente.

Referido recurso poderá ser interposto no caso em que inadmitido recurso extraordinário e especial, art. 996, e seu processamento será de acordo com o estabelecido pelos Regimentos Internos dos Tribunais (§ 6º). O agravo de admissão não necessita preparo (§ 2º).

g) EMBARGOS DE DIVERGÊNCIA

O recurso de embargos de divergência, ou simplesmente recurso de divergência, é um instrumento processual colocado à disposição das partes, do órgão do Ministério Público e de terceiro prejudicado, para viabilizar, dentro da mesma relação jurídica processual, a uniformização da jurisprudência interna do STF ou do STJ. Têm por objetivo promover a uniformização da jurisprudência interna do STF ou do STJ quando divergirem, as turmas entre si ou uma turma e outro órgão colegiado.

O objetivo dos embargos de divergência é o de uniformizar a aplicação das leis, promovendo o fim das controvérsias quanto à interpretação das normas jurídicas, e não o de proporcionar o simples reexame das questões de fato.

No atual CPC está previsto no art. 546, dentro da seção do recurso extraordinário e especial, em que são elencadas duas hipóteses de cabimento para a sua interposição: I) em recurso especial, divergir do julgamento de outra turma, da seção ou do órgão especial; II) em recurso extraordinário, divergir do julgamento da outra turma ou do plenário.

No anteprojeto e no projeto de lei em tramitação, esse recurso recebeu seção própria dentro dos recursos dirigidos aos Tribunais Superiores, e suas hipóteses de cabimento estão elencadas a partir do art. 997 do PL 8.046/10, restando ampliadas as suas hipóteses de cabimento, a saber: I) em recurso especial, divergir do julgamento de outra turma, da seção ou do órgão especial, sendo as decisões, embargada e paradigma, de mérito; II) em recurso especial, divergir do julgamento de outra turma, da seção ou do órgão especial, sendo as decisões, embargada e paradigma, relativas ao juízo de admissibilidade; III) da seção ou do órgão especial, sendo uma decisão de mérito e outra que não tenha conhecido do recurso, embora tenha apreciado a controvérsia; IV) nas causas de competência originária, divergir do julgamento de outra turma, seção ou do órgão especial. Seu processamento será de acordo com o estabelecido pelos Regimentos Internos dos Tribunais (art. 998).

Efeitos recursais

No CPC atual, são previstos dois tipos de efeitos para os recursos, o efeito devolutivo e o efeito suspensivo, possuindo cada recurso sua regra específica. No novo CPC, a regra geral é a não atribuição do efeito suspensivo aos recursos, ou seja, os mesmos serão recebidos apenas no efeito devolutivo, dependendo a concessão do efeito suspensivo da constatação "da probabilidade de provimento do recurso ou risco de dano grave ou de difícil reparação, havendo relevante fundamentação". A concessão do efeito suspensivo depende do pedido do recorrente, feito em petição autônoma, art. 949, § 2º, PL 8.046/10. Vale destacar que a decisão de conferir efeito suspensivo a recurso ao é passível de recurso (§ 4º).

Quadro comparativo:

CPC Atual	NCPC
Art. 497. O recurso extraordinário e o recurso especial não impedem a execução da sentença; a interposição do agravo de instrumento não obsta o andamento do processo, ressalvado o disposto no art. 558 desta Lei.	Art. 949. Os recursos, salvo disposição legal em sentido diverso, não impedem a eficácia da decisão.
Art. 520. A apelação será recebida em seu efeito devolutivo e suspensivo. Será,no entanto, recebida só no efeito devolutivo, quando interposta de sentença que: (...)	§ 1º A eficácia da decisão poderá ser suspensa pelo relator se demonstrada probabilidade de provimento do recurso, ou, sendo relevante a fundamentação, houver risco de dano grave ou difícil reparação, observado o art. 968.
Art. 558. O relator poderá, a requerimento do agravante, nos casos de prisão civil, adjudicação, remição de bens, levantamento de dinheiro sem caução idônea e em outros casos dos quais possa resultar lesão grave e de difícil reparação, sendo relevante a fundamentação, suspender o cumprimento da decisão até o pronunciamento definitivo da turma ou câmara.	§ 2º O pedido de efeito suspensivo do recurso será dirigido ao tribunal, em petição autônoma, que era prioridade na distribuição e tornará prevento o relator.
Art. 522. Das decisões interlocutórias caberá agravo, no prazo de 10 (dez) dias, na forma retida, salvo quando se tratar de decisão suscetível de causar à parte lesão grave e de difícil reparação, bem como nos casos de inadmissão da apelação e nos relativos aos efeito sem que a apelação é recebida, quando será admitida a sua interposição por instrumento.	§ 3º Quando se tratar de pedido de efeito suspensivo a recurso de apelação, o protocolo da petição a que se refere o § 2º impede a eficácia da sentença até que seja apreciado pelo relator.
	§ 4º É irrecorrível a decisão do relator que conceder efeito suspensivo.

Prazos recursais

No atual CPC, há uma grande diversidade de prazos processuais, previsto em diversos artigos espalhados pelo diploma legal, tais como o art. 508, que prevê o prazo de 15 dias para a interposição do recurso de apelação, o art. 522, que prevê o prazo de 10 dias para a interposição do recurso de agravo, o art. 536, que prevê o prazo de cinco dias para a interposição de embargos de declaração, entre outros. No novo CPC, essa diversidade de prazos foi simplificada, restando determinado prazo único de 15 dias para todos os recursos, exceto para os embargos declaratórios que continuarão com o prazo de 5 dias. Redação dada pelo parágrafo único do artigo 907 do Anteprojeto 166/10 e Art. 948, parágrafo primeiro do PL 8.046/10.

Uma questão importante deve ser mencionada a respeito da contagem dos prazos. Pode-se observar, de acordo com o texto contido no parágrafo único do art. 907 do anteprojeto n.º 166/10, que restou estabelecido que "exceto os embargos de declaração, os recursos serão interponíveis em 15 dias úteis". Já, de acordo com o texto constante do art. 948, § 1º, do PL 8.046/10, percebe-se que foi suprimida a expressão "úteis", ficando o texto escrito da seguinte maneira: "excetuados os embargos de declaração, o prazo para interpor e para responder os recursos é de 15 dias" o que poderia gerar dúvida a respeito da contagem, se somente em dias úteis ou não. Contudo, tal dúvida pode ser resolvida pela simples leitura do art. 186 do PL 8.046/10, o qual trata especificamente sobre a contagem dos prazos, que estabelece que os prazos sejam contados somente em dias úteis. Assim, existindo artigo que trata especificamente da contagem dos prazos e o mesmo determinando que a mesma será feita em dias úteis, torna-se desnecessária a menção em cada artigo que menciona prazos de que os mesmos deverão ser contados somente em dias úteis.

Considerações finais

O projeto do novo CPC, pelo que se pode notar, traz inúmeras e válidas inovações ao ordenamento jurídico. Nele é possível ver uma nítida tendência de valorização da jurisprudência já consolidada e de defesa da segurança jurídica, o que se acredita tornará mais célere a tramitação processual, sendo inegável que, no geral, as modificações propostas aparentam ser positivas, contribuindo para aprimorar a qualidade da prestação jurisdicional como um todo. É certo que a reforma legislativa não é a única solução para todos os problemas do Judiciário, mas a reforma proposta parece suprir parte dos anseios da comunidade jurídica. Sendo aprovado o projeto, espera-se que o objetivo seja alcançado, algo que só com o tempo se poderá perceber.

Referências bibliográficas

BRASIL. Senado Federal. *Código de Processo Civil*: Anteprojeto/comissão de juristas responsável pela elaboração de anteprojeto de Código de Processo Civil. Brasília: Senado Federal, Presidência, 2010.

BUZAID, Alfredo. Ensaio para uma Revisão do Sistema de Recursos no Código de Processo Civil. *Estudos de Direito* . v.1. São Paulo: Saraiva, 1972.

DIDIER Jr. Fredie. *Curso de Direito Processual Civil*. Salvador: JUSPODIVM, 2008 – vol. III.

FIGUEIRA JR., Joel Dias. A Trama Recursal no Processo Civil Brasileiro e a Crise da Jurisdição Estatal. *Revista de Processo*: São Paulo, ano 35, n. 188, p. 265-276, out. 2010.

MOREIRA, José Carlos Barbosa. *Comentários ao Código de Processo Civil*. Rio de Janeiro: Forense,1999.

PINTO, Nelson Luiz. *Manual dos Recursos Cíveis*. 3. ed. São Paulo: Malheiros, 2004.

PORTO, Sérgio Gilberto. *Manual dos Recursos Cíveis*. 2. ed. Porto Alegre: Livraria do Advogado, 2008.

SANTOS, Moacyr Amaral. *Primeiras Linhas de Direito Processual Civil*. São Paulo: Saraiva, 2003.

THEODORO JUNIOR, Humberto. *Curso de Direito Processual Civil*. 50. ed. Rio de Janeiro: Forense, 2009.

— 8 —

A justiça dita como um atributo de caráter

LEANDRO CORDIOLI

Sumário: Introdução; 1. Conceitos concorrentes de justiça; 2. O que é virtude; 3. A virtude da justiça; 4. O caso central: por que virtude?; Conclusão; Bibliografia.

Introdução

Até meados do século XVIII, a investigação da filosofia prática, aquela parte do conhecimento humano que se dedica ao estudo da ética, da política e do Direito, se iniciava com a procura do que seria uma vida boa para um ser humano viver diante das potencialidades e das circunstâncias a que a nossa condição nos possibilita. Esse modo de vida que consiste na própria felicidade humana não poderia ser limitado à posse de bens exteriores e nem apenas àquelas condições de existência mínimas como, por exemplo, não sofrer ataque intencional de outras pessoas à própria integridade física, segundo a tradição aristotélico-tomista. Por isso, o ser humano feliz era entendido como aquele que atualiza as suas capacidades corporais e psíquicas (sentidos, emoções e razão). Nesse contexto teórico, o conceito de justiça emergia como uma das capacidades interiores de caráter que as pessoas deveriam desenvolver para serem felizes. Possuindo uma função estratégica, dentre as demais, na medida em que envolvia também exteriormente fazer o bem de outra pessoa. Assim, o conceito fundamental de justiça era visto a partir da ética, sendo que as instituições serviam apenas para garantir um mínimo de condições para que as pessoas alcançassem a própria felicidade sem sofrer a interferência das outras, ou dos governantes que se desviassem do caminho da virtude. O recurso ao Estado de Direito como garantia dessas condições era concebido em razão da desconfiança da capacidade ética dos governantes ou dos concidadãos, mas eram também conhecidas as suas limitações e suas possíveis injustiças.

Ocorre que no início do iluminismo, diante do descrédito do *Ancien Régime*, da realeza e do clero, totalmente insensíveis às mazelas da população, instalou-se a desconfiança em relação aos governantes e ao Estado. Nas palavras de Bobbio,[1] o homem deixou de ser súdito e passou a ser cidadão. O que ensejou o desenvolvimento das declarações de direitos humanos e a adoção do Estado de Direito como ideal

---

[1] BOBBIO, Norberto. *A Era dos Direitos*, p. 58-61.

de garantia da felicidade dos cidadãos no sentido de protegê-los das arbitrariedades do Estado. Dessa situação histórica, geraram-se muitas consequências benéficas em termos de teoria do justo e das instituições além das duas já referidas. Os arranjos políticos assumiram a função de modo mais eficiente e enfático, com a separação dos poderes proposta por Montesquieu. Muito foi igualmente desenvolvido em termos de teoria do justo político. Porém, algumas perdas teóricas e práticas ocorreram. A justiça passou a ser vista eminentemente como algo dito das instituições, não mais como um fator de felicidade da própria pessoa justa. Em razão disso, a teoria da justiça foi empobrecida, perdendo o seu conteúdo ético. O Estado de Direito foi concebido como fator político suficiente para a garantia da correção de um governo e felicidade dos respectivos cidadãos. O papel das próprias pessoas como causas eficiente, material e final das instituições foi relegado teoricamente a lugar nenhum. Enfim, a própria justiça concebida como um estado de coisas que possibilite que as pessoas busquem alcançar a felicidade padeceu deste empobrecimento.

Dessa forma, além de outros prejuízos práticos, e apesar de ganhos em relação ao desenvolvimento do estudo e das disposições sociais em termos de teoria do justo nas instituições, aquilo que era apenas uma condição necessária para a retidão de uma sociedade passou a ser tomada como condição suficiente. O que não procede, na medida em que as próprias instituições podem ser desviadas para gerarem ou serem fontes de injustiças. Assim, a relevância do presente trabalho consiste em demonstrar que a teoria prática estava mais completamente compreendida pelos clássicos pré-iluministas no que diz respeito à conceituação da justiça em seu significado central como um atributo do caráter, não como uma virtude dita das instituições: arranjos de funções políticas e judiciais (p.ex., a separação dos Poderes: Legislativo, Executivo e Judiciário), Estado de Direito, Direito, direitos subjetivos etc. Pois, a posição clássica é mais abrangente ao compreender a moderna em termos institucionais e mais a justiça dita a partir do caráter das pessoas consideradas em si mesmas. Ademais, fica claro também a insuficiência da tese em termos institucionais para a garantia de condições razoáveis e justas para que cada um persiga o seu projeto de vida em sociedade com essa constatação.

Assim sendo, faz-se necessário dividir o nosso estudo para alcançar estes objetivos. Primeiramente, a maneira mais interessante de empreender este projeto não é se debruçar na história do conceito de justiça como foco da análise, mas assumir um dos conceitos como verdadeiro e fazer a sua defesa apresentando as vantagens e as desvantagens diante da realidade em que vivemos. Mesmo assim, é necessário apresentarmos o conceito aristotélico-tomista e brevemente um modelo da outra tese, a fim de termos um comparativo. Para tanto, foi escolhido John Rawls, que defende expressamente o conceito de justiça como uma virtude institucional. Depois será necessário esmiuçarmos o conceito clássico naquilo que diz respeito ao seu elemento ético (vontade, habitualidade e ação) perdido pós-iluminismo. Enfim, teremos os elementos para traçarmos os comparativos; bem como, as limitações e as possibilidades de cada um dos conceitos serão, então, mais evidentes.

1. Conceitos concorrentes de justiça

O que é justiça? Essa é uma pergunta que pode ter várias respostas se levarmos em consideração o conceito principal (*simpliciter*) e seus derivados (*secundum quid*) principalmente o que passou a ser estudado como justiça a partir do iluminismo e das revoluções setecentistas (Revolução Americana: 1776, Revolução Francesa: 1789 etc.). Para os fins deste ensaio, é interessante assumir dois conceitos principais e concorrentes de justiça. O primeiro deles foi proposto por Aristóteles na Grécia antiga e desenvolvido por Tomás de Aquino na idade média e sustenta que a justiça em seu sentido primário é uma qualidade de caráter boa e desejável dos cidadãos, dos governantes e dos juízes. O segundo conceito foi proposto por John Rawls em sua obra *Uma Teoria da Justiça* (1971) e defende que o sentido primário da justiça é ser dito de instituições, não de pessoas humanas. De nossa parte, sustentamos que o conceito clássico enfatiza o personalismo ético e é central na medida em que contempla com vantagens as duas hipóteses: personalismo e institucionalismo. Uma vez que o recurso às instituições é condição necessária para que as pessoas disponham de uma sociedade capaz de permitir-lhes serem felizes impedindo a intervenção arbitrária de outros cidadãos ou de governantes. Ocorre que estas condições, apesar de necessárias, não são suficientes como demonstra a teoria aristotélico-tomista. De outro lado, as teorias que deduzem o seu caso central de justiça a partir das instituições como John Rawls destorcem o conceito de justiça, passando a enfatizar o justo, não mais a virtude da justiça, e se limitam a descrever as condições mínimas do justo em sociedade que é garantir que sua forma esteja presente no Direito, nos direitos subjetivos, nos arranjos de funções políticas e judiciárias etc. O que não garante aos cidadãos que tais instituições não serão desviadas de suas atribuições inicialmente justas. Nossos argumentos nesse sentido são expostos fundamentalmente no item "4" abaixo. Ainda vale frisar que muitos outros conceitos de justiça não descritos ainda são possíveis e podem ser empregados apropriadamente em sentidos secundários derivados do caso central.

Comecemos com o conceito de justiça de Aristóteles, considerado por muitas mentes brilhantes o pai da filosofia prática, que sustentou ser a "justiça" [*he dikaiosýne*] nada mais do que uma qualidade moral desejável das próprias pessoas, ou seja, uma virtude como vimos na seção antecedente. O seu significado principal, a partir do qual todos os demais se iluminam, é qualificar o caráter dos indivíduos como uma excelência ao quererem e ao agirem em relação ao que é justo [*tò díkaion*]. Como qualquer virtude moral, a justiça também se opõe a múltiplos vícios, que são qualidades de caráter indesejáveis; no caso específico, a virtude da justiça é oposta particularmente ao vício da injustiça [*adikías*]: uma qualidade de caráter que leva as pessoas a agirem e desejarem o que é injusto [*tà ádika*].[2]

O mesmo conceito foi reduzido a duas fórmulas que expressam a sua tese a respeito da "justiça" [*he dikaiosýne*]. A mais difundida foi exposta em suas Éticas que compartilham o mesmo livro para tratar do tema.[3] Nela, o Filósofo afirma que por justiça todos chamam: "[...] a disposição em virtude da qual os homens praticam o que é justo, agem justamente e querem o justo [*tò díkaion*]; e da mesma maneira a respeito da injustiça: a disposição em virtude da qual agem injustamente e querem o injusto".[4] A outra fórmula empregada por Aristóteles em sua Retórica afirma que:

---

[2] ARISTÓTELES. *Ética a Nicômaco*, V 1 1129a 4-10. BARZOTTO, Luis Fernando. *Filosofia do Direito...*, p. 82-5.

[3] ARISTÓTELES. *Ética a Nicômaco*, Livro V. *Ética a Eudemo*, Livro IV.

[4] ARISTÓTELES. *Ética a Nicômaco*, V 1 1129a 4-10.

"[a] justiça é a virtude pela qual cada um tem o que lhe é próprio [*hautõn*], e segundo a lei [*ho nómos*], e a injustiça quando tem o alheio, não segundo a lei".[5]

As duas formulações se referem à mesma virtude. A mudança mais significativa foi a adoção de pontos de vistas distintos para descrever o mesmo objeto de estudo. Enquanto a primeira adota os olhos de qualquer um envolvido em relações de justiça como participante, ou como um sujeito exterior ao litígio encarregado da autoridade para corrigir alguma injustiça; a segunda formulação parte do prisma de quem toma os benefícios ou os encargos em uma relação com outros para descrever seu objeto, ou seja, descreve o caráter apenas dos participantes dessa relação. Pois, um juiz ou qualquer outro cidadão poderia possuir a virtude descrita primeiramente. Porém, quanto à segunda formulação, se um juiz resolvesse ter o que considera seu (o próprio) em um julgamento estaria comprometido com os próprios interesses ou com alguma das partes. Quando sabemos que a neutralidade é essencial para seu agir com justiça nas correções das desigualdades atribuindo o que está na posse de alguém injustamente ao seu legítimo proprietário. Portanto, esse último é um ponto de vista mais estrito que considera tão somente o cidadão, e do qual o juiz é excluído.

No século XIII, Tomás de Aquino renovou a filosofia cristã e as categorias romanas de *iustitia* e *ius*[6] conciliando-as com o aristotelismo.[7] O conceito de "justiça" adotou, então, a fórmula romana[8] vista sob o aparato conceitual de Aristóteles: "[...] a justiça é a vontade constante e perpétua de dar a cada um o seu direito"[9] nas relações com as outras pessoas ou com a comunidade. A virtude da justiça aristotélica, "*he dikaiosýne*", passou a ser designada pelo seu equivalente latino "*iustitia*" sem perda conceitual. Igualmente, o objeto da justiça aristotélica, o justo: "*tò díkaion*", recebeu a designação de "*ius*". Justiça, assim entendida, permaneceu sendo vista como uma virtude, cujo objeto era atribuir o justo a quem é de direito.

Com as especificações romano-tomistas, o conceito de justiça ganhou clareza e precisão em seus elementos essenciais que permaneceram os mesmos, porém foram dispostos de maneira perfeitamente encadeada. Do que, podemos afirmar que estamos nos referindo à justiça em seu significado central (*simpliciter*), perfeito e mais amplo, envolvendo tanto a virtude do legislador, quanto a do juiz e a do cidadão, quando há pelo menos estes seis elementos: (i) a vontade (razão + querer: querer racional), (ii) a habitualidade (constante e perpétua), (iii) o agir (dar), (iv) a intersubjetividade (a cada um), (v) o dever ou *debitum* (o seu), e (vi) a medida apropriada: legalidade/igualdade (direito [*ius*]).

A (i) vontade (razão + querer: querer racional) é um elemento da justiça enquanto a pessoa virtuosa quer o que é justo, mesmo que uma causa exterior lhe impeça de agir justamente. Evidentemente, nos referimos à vontade orientada pelos objetivos razoáveis e justos, não ao desejo que pode se submeter apenas às inclina-

---

[5] ARISTÓTELES. RETÓRICA, I 9 1366b 10-2.

[6] ULPIANO. DIGESTO, I, I, 10: "Iustitia est constans et perpetua voluntas ius suum cuique tribuendi: 1) iuris praecepta sunt haec: honeste vivere, alterum nom laedere, suum cuique tribuere; [...]."

[7] AQUINO, Tomás de. ST II-II, q. 58, a. 1, r..

[8] FINNIS, John. *Direito Natural em...*, p. 55. Natural Law and Natural Rights (2ª ed.) *Postscript*, p. 459-60: "[...] honeste vivere, neminem laedere, suum cuique tribuere [...] viver honestamente, não ofender ninguém, dar a cada um o que lhe pertence." HÖFFE, Otfried. O que é justiça?, p. 57-61.

[9] AQUINO, Tomás de. ST II-II, q. 58, a. 1, r.. FINNIS, John. *Direito Natural em...*, p. 55.

ções sensíveis ou emocionais que podem ou não serem justas: p.ex., a vontade de querer pagar o devido, e os desejos de subtrair ilicitamente algo ou querer vingar-se. A (ii) habitualidade (constante e perpétua) é uma característica geral das virtudes e da justiça da seguinte forma: (a) a prática reiterada de ações justas é causa da virtude da justiça,[10] (b) ao mesmo tempo, juntamente com o prazer e o desprazer que acompanham as ações justas e injustas,[11] a habitualidade é sinal da instauração da virtude da justiça,[12] e (c) depois que uma pessoa se torna virtuosa, habituando-se a escolher o que é justo, a virtude passa a ser fonte dos julgamentos do que é razoável juntamente com o raciocínio prático.[13] O (iii) agir (dar) é relevante para as virtudes e a justiça porque: (a) através da ação ou omissão nos tornamos virtuosos, (b) através da ação afetamos o bem dos outros na virtude da justiça, pois a ela consiste o seu bem, (c) como afetamos o nosso caráter interiormente e ao mesmo tempo os bens dos outros exteriormente através de nossas ações. A (iv) intersubjetividade (a cada um) diz respeito ao fato de que a justiça é a virtude que opera retificando as nossas ações em relação aos outros, mas deve ser entendida de maneira ampla para incluir inclusive a nós mesmos. O (v) dever ou *debitum* (o seu) é um elemento essencial da justiça,[14] de modo que quem faz o que é de justiça não está fazendo um favor, mas sim adimplindo um dever ou uma dívida. Enfim, a (vi) medida apropriada: legalidade/igualdade (direito [*ius*]) do que pertence a cada um, – o seu direito (direito subjetivo) –, é atribuída pelo Direito e definida pela igualdade.[15] Por isso, os direitos subjetivos são como causados pelo (*participam do*[16]) Direito objetivo, guardando alguma semelhança com ele: a relação que há entre o que mede (a régua) e o que é medido (o objeto). Assim, o conceito de direito subjetivo a partir da teoria da justiça pode ser compreendido como o justo (o objeto da justiça [*díkaion, ius*]) visto pelo beneficiário da ação de outra pessoa em uma relação de justiça.[17]

De sua parte, John Rawls sustentava que "[*a*] justiça é a primeira virtude das instituições sociais, como a verdade o é dos sistemas de pensamento".[18] A justiça passou a ser dita primariamente das instituições sociais, e apenas indiretamente do caráter das pessoas. Os elementos da (i) vontade, da (ii) habitualidade e do (iii) agir perderam sua relevância como criadores, mantenedores e sintoma da retidão do caráter das pessoas. O campo da ética propriamente dito foi banido para outra especialidade teórica, melhor dizendo, para lugar nenhum. Não bastasse isso, o foco da teoria foi deslocado para o objeto da justiça que, então, foi concebido como um ideal social, cujo conteúdo seria os dois princípios de justiça que buscavam equilibrar a

---

[10] ARISTÓTELES. *Ética a Nicômaco*, II 1 1103b 21-2.

[11] ARISTÓTELES. *Ética a Nicômaco*, II 3 1104b 4 – 9.

[12] AQUINO, Tomás de. *Comentário a la Ética...*, II, Lição III, 165.

[13] FINNIS, John. *Direito Natural em...*, p. 52-3.

[14] FINNIS, John. *Direito Natural em...*, p. 55. *Lei Natural e Direitos Naturais*, p. 162. *Natural Law and Natural Rights* (2ª ed.) *Postscript*, p. 465. HERVADA, Javier. O que é o direito?, p. 49-51.

[15] ARISTÓTELES. Ética a Nicômaco, V. 1 1129a 4-10 e 1129a 30 – b1. AQUINO, Tomás de. ST II-II, q. 57, a. 1 e 58, a. 6, a. 7 e a. 8.

[16] AQUINO, Tomás de. ST I-II, q. 90, a. 2, ad. 1º.

[17] FINNIS, John. Lei Natural e Direitos Naturais, p. 202: "Em resumo, o moderno vocabulário e a moderna gramática de direitos são um instrumento multifacetado para descrever e afirmar os requisitos ou outras implicações de uma relação de justiça *do ponto de vista da pessoa que se beneficia dessas relações*".

[18] RAWLS, John. *Uma Teoria da Justiça*, p. 3.

liberdade com a *igualdade*. E a igualdade passou a ser compreendida como os princípios da *diferença* e da *igualdade de oportunidades*:

Primeiro: cada pessoa deve ter um direito igual ao mais abrangente sistema de liberdades básicas iguais que sejam compatíveis com um sistema de liberdade para as outras
Segundo: as desigualdades sociais e econômicas devem ser ordenadas de tal modo que sejam ao mesmo tempo: (a) consideradas como vantajosas para todos dentro dos limites do razoável; (b) vinculadas a posições e cargos acessíveis a todos.[19]

Por isso, enquanto o conceito clássico de justiça entende que ela seja uma qualidade boa de caráter das pessoas. O que poderíamos designar de personalismo ético para os fins desse ensaio. A teoria da justiça de Rawls defende consistentemente com as teorias atuais que a justiça é um atributo das instituições humanas, em especial: o Direito, os direitos, o Estado de Direito, e os arranjos políticos e as funções judiciais. O que designamos de institucionalismo político. Buscaremos demonstrar no desenrolar de nossos argumentos que a tese clássica é melhor por abranger também o institucionalismo político e o sobrepassar em vantagens para os seres humanos e suas comunidades.

2. O que é virtude

Se o caso central de justiça é uma espécie de virtude, o que é virtude? Aristóteles e Tomás de Aquino nos respondem a essa pergunta sustentando que o ser humano escolhe e age de acordo com as próprias capacidades. Inicialmente, temos em nosso poder escolher ou agir de uma forma ou de outra. Entretanto, acabamos adotando o respectivo hábito em razão de nos habituarmos com o passar do tempo a proceder de determinada maneira. Caso o hábito seja bom, por exemplo, fazer o justo, melhoraremos o nosso caráter. Se elevarmos o nosso caráter à potência máxima alcançando a excelência em nossas disposições, teremos, então, desenvolvido uma virtude: a justiça. Mas, caso o hábito seja ruim, implementaremos o contrário, e desenvolveremos um vício: a injustiça etc. A mágica da repetição da ação escondida por detrás da habitualidade é que através dela formamos o nosso caráter. A partir desse momento, não está mais em nosso poder querer ou fazer outra coisa, pois o hábito instaurado passa a governar a nossa vontade e as nossas ações.

Portanto, a ação habitual tem o poder de moldar o nosso caráter. Se ele for constituído de maneira apropriada, nossas ações futuras serão também razoáveis e boas. Mas o contrário será igualmente verdadeiro se o hábito for ruim e não razoável, pois nossas ações serão o fruto de vícios instalados. A virtude é desse modo a excelência da atividade das capacidades [*ergon*] humanas de governar a nossa vontade e o nosso agir,[20] funcionando como uma segunda natureza[21] ao fazer com que sejamos inclinados a querer e a agir de acordo com o hábito bom desenvolvido, não apenas como os animais com quem compartilhamos as inclinações inatas da pri-

---

[19] RAWLS, John. *Uma Teoria da Justiça*, p. 16 e 64.

[20] ARISTÓTELES. *Ética a Nicômaco*, I 7 1098a 12-18

[21] AQUINO, Tomás de. ST I-II, q. 58, a. 1, r..

meira natureza, como por exemplo, quando alguns têm dificuldades em se controlar com os alimentos, e cometem excessos.

A vontade e a ação são apropriadas quando querem ou agem por aquilo que é razoável. Mas o que é o razoável? A tradição aristotélica é famosa por identificar o objeto da virtude com o termo médio [*méson*] razoável, isto é, a mediania [*mesótes*] entre as inclinações sensíveis e emocionais conhecida pela razão. A excelência que consiste no extremo em relação à deficiência é encontrada no meio termo entre excessos e defeitos, pois "[...] do que foi bem feito não se pode retirar nem acrescer nada, sem se perder a perfeição [...]".[22] Essa mediania deve levar em consideração o momento oportuno, a quantidade suficiente, o motivo relevante, o modo apropriado,[23] e, principalmente, se diz em função da própria pessoa e não apenas do que está sendo escolhido: p.ex., determinada quantia de alimento pode ser saudável para um homem adulto temperante, mas se atribuída a uma criança pode causar males e prejudicar a sua saúde. Não basta chegar a um *buffet* e pedir a média ou a metade dos pratos servidos, ou seja, uma mediania absoluta que leva em consideração apenas o que está disponível para saciar a nossa fome, todavia devemos buscar identificar o que seria deficiente ou excessivo em termos de alimentos para a pessoa a ser alimentada, naquele momento, diante dos alimentos disponíveis, e escolher o apropriado. No caso de uma pessoa diabética, a medida razoável seria não comer nenhuma guloseima rica em açúcar. Entretanto, em outra situação, com outro alimento ou outra pessoa, o termo médio seria também diferente: p.ex., um jovem saudável pode comer duas porções de sorvete. Desse modo, enquanto se refere ao que é um bem para a pessoa, a virtude é uma excelência e um extremo oposto ao vício, mas ao mesmo tempo em relação ao que é razoável é um meio termo.

A deficiência, por isso, não alcança o que seria razoável para o virtuoso, e o excesso sobrepassa a medida da virtude. Aquele que habitualmente escolhe, quer e age em função dos extremos, o faz viciosamente. Para agir correta e virtuosamente, deve-se escolher através de nossa razão entre dois vícios. Portanto, acertar ao escolher excelentemente é muito difícil, exigindo esforço das pessoas que se propõe a ser virtuosas e justas, ocorrendo apenas de uma única maneira. De outro lado, é muito fácil errar ao escolher e ao agir viciosa e injustamente, pois isso pode se dar de infinitas maneiras seja por excesso, seja por defeito.[24]

Vale lembrar que existem diversos tipos de excelências como as virtudes do corpo (saúde e beleza[25]) e as virtudes desportivas da velocidade, da força ou da habilidade que também se implementam através da prática habitual que chamamos treino. Equipes de futebol gastam muito tempo treinando para adquirir essas qualidades, e quando seus jogadores alcançam a excelência nelas passam a ser admirados por seus atributos desportivos. Dentre as inúmeras virtudes humanas, nos interessam especificamente as excelências que podemos atribuir à mente [*psiquê*: *anima*] humana[26] que são de dois tipos: (i) as *virtudes éticas* que dizem respeito diretamente ao caráter da

---

[22] ARISTÓTELES. *Ética a Nicômaco*, II 6 1106b 10-4.

[23] ARISTÓTELES. *Ética a Nicômaco*, II 9.

[24] ARISTÓTELES. *Ética a Nicômaco*, II 6 1106b 29-35.

[25] ARISTÓTELES. *Retórica I*, 6 1362b 10-29.

[26] ARISTÓTELES. *Ética a Nicômaco*, I 13 1102a 1-2 e 14-18.

pessoa, moderando-o no que se relaciona com o prazer e a dor[27], e que se desenvolvem pela prática e se aprimoram pelo costume, tornando-se hábitos enraizados em nosso caráter,[28] e (ii) as *virtudes dianoéticas* que são excelências do intelecto e da razão,[29] e se referem principalmente ao ensino-aprendizagem, desenvolvendo-se pelo hábito do estudo e da aprendizagem (literalmente no grego: "ter ensino" [*ek didaskalías ékhei*]) requerendo experiência e tempo. Assim, quanto à aquisição da retidão de caráter, há um elemento moral de equilíbrio sensível-emocional e outro cognitivo-racional que modula a prática dos atos que levam a geração de virtudes: "[e]m primeiro lugar, se o faz com conhecimento, depois, escolhendo-o e escolhendo-o por si mesmo; e em terceiro lugar, se o faz em atitude firme e inquebrantável".[30] Com tais aspectos psíquicos integrais envolvidos, não é fácil desenvolver o próprio caráter.

A boa notícia é que sermos virtuosos e justos está inicialmente em nossas mãos[31] até desenvolvermos a respectiva disposição, de modo que em dado momento não se pode mais deixar de possuir o hábito: "[s]e alguém comete conscientemente ações pelas quais se tornará injusto, será injusto voluntariamente; porém, não por querê-lo deixará de ser injusto e se tornará justo; como também um enfermo, não se torna são apenas por querer".[32] A prescrição aristotélica para começar a se tornar virtuoso é muito simples e parte da noção de termo médio e excelência: afasta-te dos extremos em tuas ações! E dos dois extremos, um por deficiência, outro por excesso, afasta-te daquilo a que sejas mais atraído, isto é, entre prazeres ou afetos que nos atraem e dores e desafetos que nos repulsam devemos nos afastar daquilo a que somos mais naturalmente (primeira natureza) inclinados.[33] O que fará com que nos aproximemos daquilo que é razoável. Nesse ponto, já desenvolvemos os elementos para conseguirmos compreender plenamente o conceito aristotélico de virtude:

> A virtude [*he areté*] é, portanto, um hábito da escolha [*hèxis proairetikê*] que consiste em um termo médio relativo a nós mesmos, determinado pela razão e por aquilo que decidiria o homem prudente [*ho phrónimos*]. É uma mediania entre dois vícios, um por excesso e outro por defeito, e também por não alcançar em um caso e sobrepassar em outro o justo limite nas paixões e ações, enquanto que a virtude encontra e escolhe o termo médio. Por isso, desde o ponto de vista de sua entidade e da definição que enuncia sua essência, a virtude é um termo médio, porém desde o ponto de vista do melhor e do bem, um extremo.[34]

Diante do conceito, resta-nos exemplificar as virtudes éticas com (i.a) a *temperança* [*sophrosúnes*][35] em relação à moderação dos prazeres, pois ela é um meio termo entre o insensível que não se entrega a nenhum prazer e o intemperante que se atira aos prazeres sem se controlar (p.ex., não se controla com a alimentação, ou com os gastos e as compras em uma sociedade de consumo); (i.b) a *fortaleza* [*in latim*: fortitudo][36] e a coragem [*he andreías*][37] que moderam o caráter em relação aos me-

---

[27] ARISTÓTELES. *Ética a Nicômaco*, II 3 1104b 9-11.

[28] ARISTÓTELES. *Ética a Nicômaco*, II 1 1103b 21-2 e V 1.

[29] ARISTÓTELES. *Ética a Nicômaco*, II 1 1103a 14-8 e VI 1 1138b 35 – 1139a. *Política*, VII 13 1332a 30 – 1332b 10.

[30] ARISTÓTELES. *Ética a Nicômaco*, II 4 1105a 28-b.

[31] ARISTÓTELES. *Ética a Nicômaco*, III 4 1113b 15-6.

[32] ARISTÓTELES. *Ética a Nicômaco*, III 4 1114a 12-5.

[33] ARISTÓTELES. *Ética a Nicômaco*, II 9 1109a 29 – 1109b 2.

[34] ARISTÓTELES. *Ética a Nicômaco*, II 6 1106b 35 – 1107a 8.

[35] ARISTÓTELES. *Ética a Nicômaco*, III 10 1117b 23-6.

[36] AQUINO, Tomás de. *Comentário a la Ética...*, III, Lição XIV, 347.

[37] ARISTÓTELES. *Ética a Nicômaco*, III 6 1115a 5-18.

dos e perigos, sendo um meio termo entre a covardia e a temeridade; (i.c) a *genero-sidade* [*eleutheriótetos*][38] que consiste em uma boa disposição de caráter em relação a dar e tomar riquezas, consistindo em um meio termo entre o pródigo que se desfaz de toda a sua riqueza e cai na amargura e o avarento que é mesquinho (i.d) a *man-sidão* [*praótes*][39] ou a serenidade com relação à ira e à inclinação a vingar-se, são o meio-termo entre o irascível que com tudo tem acessos de fúria e a subserviência, que é o atributo daquele que sofre injustiças e insultos e nunca reage; (i.e) a própria *justiça* [*dikaiosýne*][40] que é a principal virtude cujo bem do outro está em questão, e é dita (i.e') como virtude total [*hòlen aretèn* [...] *dikaiosýne*]: a justiça geral ou legal [*iustitia generalis/legalis*],[41] (i.e'') como parte da virtude [*méros dikaiosýnes*]: a justiça particular [*iustitia particularis*],[42] e ainda (i.e) como a *equidade* [*epieikeías: aequitas*][43] que opera como uma virtude retificadora do justo legal mesmo nas exceções imprevistas pelo legislador.

Em razão de sua grande relevância como virtude acessória da justiça, vale nos determos um pouco na equidade e no *equânime* [*ho epieikés*], ou seja, aquele virtuoso que a desenvolve em seu caráter. Por sua vez, o vicioso é chamado em português genericamente de iníquo, enquanto Aristóteles o designava mais precisamente de [*ho*] "*akribodíkaios*"; ou seja, aquele que é minudente [*akribos*] em um sentido pejorativo nas coisas de justiça [*díkaios*], e não abre mão das vantagens conferidas a ele pela lei (os direitos subjetivos), quando isso acarreta em desigualdade: p.ex., receber um favor de um amigo, sofrer algum pequeno prejuízo em função disso, e propor uma ação judicial para reaver tal prejuízo com base na lei (CCB, arts. 186 e 927). Quem age assim, retribui um ato de amizade que consistiu em uma liberalidade do amigo com a propositura de uma ação para pleitear direitos subjetivos baseados na lei. Por isso, a sua demanda judicial gera uma desigualdade entre os sujeitos, apesar de justa no sentido literal da lei. Pois, enquanto o amigo age por amizade, o outro age apenas por justiça legal. Também é viciosa como destaca Tomás de Aquino, a hipótese do juiz que usa a pena como um mal, e não como um remédio para a injustiça praticada ao ser excessivamente severo ao sentenciar nos casos em que deveria atenuar sua incidência em razão das circunstâncias. Tomás ilustra o seu conceito de equidade com o seguinte exemplo:

> [...] [E]m certa cidade foi estabelecido que os viajantes não subissem até os muros sob pena capital para que não pudessem usurpar seu domínio. Porém, a cidade tendo sido invadida por inimigos, eles tiveram que escalá-los para defendê-la. No entanto, nesse caso não merecem pena capital. Iria contra o Direito natural que aos benfeitores se os recompensasse com uma pena.[44]

Já as virtudes dianoéticas que dizem respeito ao intelecto, podem ser exemplificadas com: (ii.a) a virtude científica [*epistéme*], (ii.b) a prudência [*phrónesis: prudentia*], (ii.c) a sabedoria [*sophía*], (ii.d) o intelecto [*noús*] e (ii.e) a arte [*téchne*].[45] Dessas

---

[38] ARISTÓTELES. *Ética a Nicômaco*, IV 1 1119b 22-7.

[39] ARISTÓTELES. *Ética a Nicômaco*, IV 5 1125b 26 – 1126a 19.

[40] ARISTÓTELES. *Ética a Nicômaco*, V 1 1129a 4-10 e 1129b 30-3.

[41] ARISTÓTELES. *Ética a Nicômaco*, V 2 1130b 6 – 7 e 18 – 20. AQUINO, Tomás de. ST I-II, q.58, a. 5, r..

[42] ARISTÓTELES. *Ética a Nicômaco*, V 2 1130a 15 e 1130b 30. AQUINO, Tomás de. ST I-II, q.58, a. 7.

[43] ARISTÓTELES. *Ética a Nicômaco*, V 10 e 1137b 33 – 1138a 4. AQUINO, Tomás de. ST II-II, q.120.

[44] AQUINO, Tomás de. *Comentário a la Ética...*, V, Lição VI, 777.

[45] ARISTÓTELES. *Ética a Nicômaco*, VI 3 1139b 15-18.

excelências do intelecto, (ii.b) a prudência que é o conhecimento das coisas práticas nos importa especialmente. A razoabilidade prática [*practical reasonableness*],[46] como John Finnis prefere designar essa virtude para apartá-la da mera cautela ou do vício da astúcia, é uma das virtudes associadas à justiça com especial relevância para os guardiões da virtude da justiça [*dikaiosýne*] e do bem da comunidade (legisladores, administradores do Estado) e os que operam como se fossem a justiça em vida ao dizerem o que é justo no julgamento dos processos (*staff* jurídico: juízes, advogados e promotores), pois se refere ao bem humano e à ação [*prãxis*] humana.[47] As pessoas adquirem a excelência intelectual da razoabilidade prática ao escolherem e priorizarem com inteligência aquilo que conduz à felicidade e à infelicidade para si próprios ou, se tiverem autoridade, para a comunidade.[48] Para Tomás, o prudente não apenas conhece os fins bons e dignos de serem perseguidos pelo homem, mas também os respectivos modos de alcançá-los nas circunstâncias particulares.[49] Na linguagem jurídica atual, os fins são os princípios jurídicos, e as regras os modos de alcançá-los: o princípio do direito à vida (CF/88, art. 5º, *caput*) é garantido por diversas regras de direito, dentre elas, a regra que penaliza o homicídio (CP, art. 121), por exemplo.

É interessante notar que mesmos os fins absolutamente bons, como salvar a vida de um maior número de pessoas, não justificam a adoção de quaisquer meios para se alcançar os resultados como com a morte de uma única pessoa inocente (p.ex., O Caso dos Exploradores de Cavernas: Lon Fuller). Pois, essa tradição filosófica exclui a falta de escrúpulos por não considerá-la razoável: deve se ter razoabilidade de fins e modos de perseguição para que uma conduta seja realmente apropriada.[50] Como partes da prudência, operam ainda as virtudes intelectuais (ii.b') do *bem aconselhar* [*eubolia*], (ii.b'') do *bom senso* [*synesis*] que é a capacidade de julgar os casos particulares diante da lei geral, e (ii.b''') da *gnóme* algumas vezes traduzida por *intuição* outras por *juízo*, e que consiste na excelência de julgar quando a lei comum é insuficiente em razão de alguma circunstância particular.[51]

3. A virtude da justiça

A justiça [*dikaiosýne: iustitia*] (*simpliciter*), dentre as demais virtudes éticas, é a que o bem do outro está mais em evidência,[52] porque, como vimos, a pessoa justa é aquela que quer o justo e age justamente.[53] Assim, a justiça é uma qualidade de

---

[46] FINNIS, John. *Lei Natural e Direitos Naturais*, Capítulos III, IV e V. CORDIOLI, Leandro. *A Analogicidade da Expressão "Lei Natural" em John Finnis:...*: nesses trabalhos os princípios e as exigências da razoabilidade prática são objeto específico de estudo.

[47] ARISTÓTELES. Ética a Nicômaco, VI 5 1140a 24 – 1140b 29. Retórica I 9 1366b 21-3: "Prudência é a virtude da inteligência mediante a qual se pode resolver acerca dos bens e males que antes [1362 b 10-28] se disse que se encaminham a felicidade." AQUINO, Tomás de. *Comentário a la Ética...*, VI, Lição IV, 835.

[48] ARISTÓTELES. *Ética a Nicômaco*, II 1 1103b 2-6 e V 1 1129a 14-18.

[49] AQUINO, Tomás de. ST I-II, q. 57, a. 5, r.. FINNIS, John. Direito Natural em..., p. 38-9 e 54.

[50] CORDIOLI, Leandro. *A Analogicidade da Expressão "Lei Natural" em John Finnis:...*, p. 123-6.

[51] ARISTÓTELES. *Ética a Nicômaco*, VI 11. AQUINO, Tomás de. ST I-II, q. 58, a. 1, ad. 3º.

[52] ARISTÓTELES. *Ética a Nicômaco*, V 1 1130a 34-5.

[53] ARISTÓTELES. *Ética a Nicômaco*, V 1 1129a 4-10. RETÓRICA, I 9 1366b 10-2. AQUINO, Tomás de. ST II-II, q. 58, a. 1, r..

caráter, enquanto justo é tanto o homem que possui essa virtude, – a pessoa justa que paga o *devido* –, quanto o objeto do querer e a ação de quem possui a virtude: o *devido* (o justo: direito e dever [*díkaion: ius*]). Sabemos que ela é gerada pelas ações e implantada no caráter pelos hábitos até se tornar a vontade racional consistente e firme de querer e agir justamente. Resta-nos, portanto, descrever o meio-termo da justiça, o modo de proceder da pessoa justa em razão dele e as condições acessórias para se desenvolver a excelência em questão.

Vimos na seção anterior que a virtude visa a um meio-termo entre deficiência e excesso de acordo com a reta razão [*ho orthòs lógos*] ou o seu equivalente tomista: a regra da razão [*regulam rationis*]. Quem possui o vício da injustiça age em função dos extremos com excesso ou deficiência, pegando para si mais dos bens exteriores ou menos dos encargos e dos males, já que menos dos encargos também tem razão de benefício. Por exemplo, age injustamente tanto aquele que quer para si mais do que o dinheiro que ficou ajustado como preço em um contrato de compra e venda, quanto o que pretende entregar algo com valor menor do que foi vendido no mesmo contrato. No caso da justiça, a pessoa justa é aquela que escolhe o termo médio tomando para si ou atribuindo para outrem o apropriado, isto é, o justo: entrega o bem vendido e recebe o preço ajustado, nem mais e nem menos.[54] O justo também é um termo médio no sentido de se situar entre a vantagem e o prejuízo indevidos, ou seja, entre cometer uma injustiça e sofrer uma injustiça, pois quem comete uma injustiça pega mais dos benefícios ou menos dos encargos, e ocorre o contrário com quem padece. Logo, quem toma o apropriado nem pratica e nem sofre uma injustiça: tem, portanto, o justo. No nosso exemplo da compra e venda, o justo assim entendido como meio-termo é não receber mais do que o valor ajustado e nem entregar menos do que foi vendido, pois dessas formas seriam feitas injustiças. Mas também não é receber menos e ter que entregar mais do que o contratado, o que seria padecer uma injustiça.[55]

A pessoa que realmente possui a virtude da justiça procede de acordo com o modo próprio da virtude. Assim, justo é aquele que satisfaz, recebe, ou se omite de fazer em relação ao outro, considerando o quanto é devido, a pessoa a que é devido, – incluindo a si próprio –, e no momento devido. Não pega mais dos bens ou menos dos encargos, não priva de bens ou atribui encargos a quem não é de direito, e não retém o pagamento ou adianta a cobrança. Como as demais características do gênero igualmente se aplicam à espécie, a pessoa justa não é aquela que pratica atos de justiça esporádica ou involuntariamente, mas que o faz habitual, consciente e prazerosamente. O injusto, por sua vez, quer e pratica da mesma forma, entretanto, em razão dos extremos e sentindo prazer em levar vantagem em relação aos outros, e frustração quando não consegue.

Aristóteles propôs e Tomás desenvolveu uma tese que ficou conhecida como a "conexão das virtudes" ou o seu equivalente em latim *connexio virtutem*.[56] Por ela, entende-se "[...] que não é possível ser bom em sentido estrito sem prudência, nem

---

[54] ARISTÓTELES. *Ética a Nicômaco*, V 1 1129b -8.

[55] ARISTÓTELES. *Ética a Nicômaco*, V 5 1133b 30 – 1134a 14.

[56] ARISTÓTELES. *Ética a Nicômaco*, VI 13 e VII. Retórica, I 9 1366b 1-3. AQUINO, Tomás de. ST II-II, q. 58. FINNIS, John. *Aquinas...*, p. 108: N.R. 18. *Direito Natural em...*, p. 53-7.

prudente sem a virtude moral".[57] Assim, a tese aristotélica difere dos filósofos contemporâneos que sustentam concepções de razoabilidade prática ou de justiça nos moldes socráticos, para quem as virtudes eram uma espécie de ciência. E aquele que sabe o que é correto, necessariamente o tem como objeto da vontade e da ação.[58] A tradição tem mais a oferecer em realismo, na medida em que propõe que não basta o conhecimento prático e muito menos teórico para a retidão da vontade e das ações humanas, ou seja, tomar a ética como algo meramente dianoético. Nem basta também pensar a ética privada de seu elemento cognoscitivo racional, ou seja, sem a virtude dianoética da prudência. Querer e agir corretamente exigem do ser humano pelo menos duas excelências: o desenvolvimento (i) do caráter através das virtudes éticas e (ii) da razão prática pela virtude dianoética da razoabilidade prática (prudência).

A conexão das virtudes fica evidente se pensarmos nas virtudes morais da *generosidade*, da *mansidão* e da *equidade* vistas no ponto anterior, pois uma pessoa generosa dificilmente pegaria mais dos bens para si, assim como o manso não se vingaria fazendo uma injustiça por algum mal recebido, e certamente o equânime não praticaria qualquer uma dessas duas formas de injustiça por sobreabundância de virtude. Da mesma forma, as virtudes dianoéticas do bom senso e *gnomé* são necessárias para que se julguem apropriadamente os casos singulares diante das normas jurídicas gerais, assim como se identificarem corretamente as exceções às mesmas regras. Porém, outras virtudes éticas e dianoéticas também são relevantes para se produzir os resultados que pretendemos: a justiça como um atributo do caráter e das ações, a retidão das instituições e a consequente produção de um estado de coisas justo em sociedade. Nesse sentido, os clássicos sustentavam validamente que existem quatro virtudes cardeais, melhor dizendo, quatro excelências de caráter que são mais fundamentais por estarem presentes em todas as ações boas[59] e mais gerais por suas retidões envolverem todas as ações das demais virtudes:[60] (i) a prudência que é a mais estratégica delas por ser arquitetônica, (ii) a justiça, (iii) a temperança e (iv) a coragem (fortaleza).

A justiça socorre-se especialmente da virtude da prudência (ver "2": ii.b) que como qualquer outra excelência da razão deve ser alimentada com estudo.[61] Pois, ao passo que praticando atos de coragem nos tornamos corajosos, alguém se torna (i.a) um conhecedor de ética e Direito através do estudo e da aplicação de seus princípios e suas regras. Por exemplo, mesmo que alguém tenha o caráter justo não saberá quais são as suas obrigações se não conhecer teórica e praticamente os direitos e os deveres previstos nos arts. 22 e 23 da Lei 8.245/90, que regulam as relações de inquilinato. Aliás, o erro de Direito (CP, art. 21) nada mais é do que a falta ou má interpretação do que seja justo de acordo com a lei. Mas também é válido (i.b) estudar a pessoa humana pela antropologia e psicologia, a sociedade em que se vive através do estudo da história, sociologia e ciências políticas, entre outras matérias,

---

[57] ARISTÓTELES. *Ética a Nicômaco*, VI 13 1144b 30 – 32.

[58] ARISTÓTELES. *Ética a Nicômaco*, III 8 1116b 4-5, VI 13 1144b 17-21 e 28-30, VII 2 1145b 21-28 e 3 1147b 9-17.

[59] AQUINO, Tomás de. ST I-II, q. 61, a. 2.

[60] AQUINO, Tomás de. ST I-II, q. 61, a. 3.

[61] ARISTÓTELES. *Ética a Nicômaco*, II 1 1103a 14 – 17. Política, VII 13 1332a 30 – 1332b 10.

para conhecer quem, onde e porque as regras sociais irão operar. Ainda, (i.c) ao se inteirar das questões que são alegadas em um litígio, o juiz deve buscar conhecer o que de fato ocorreu, quem praticou ou se omitiu de praticar, como as questões se desenrolaram, porque as pessoas envolvidas agiram ou se omitiram, e em que circunstâncias foram praticadas as ações levadas a seu julgamento. O que é outro nível de conhecimento voltado não ao geral, mas às particularidades em que incidirão as regras; já que o conhecimento é ainda mais exigido para a resolução dos casos não corriqueiros em que mesmo um leigo saberia como decidir. Evidência disso é que muitas vezes homens razoáveis julgam determinado assunto de uma maneira, porém depois de *estudarem* ainda mais os fatos e o que seja correto na situação, mudam sua opinião a respeito.

Porém, não basta o estudo teórico para desenvolvermos a razoabilidade prática como uma excelência útil à virtude da justiça, já que são necessárias duas condições teórico-práticas: (i.a') conhecimento jurídico-prático profundo adquirido com o estudo nos livros e bancos de universidades, e (i.a'') a aplicação prática desse conhecimento na resolução de problemas políticos ou jurídicos adquirido através do estudo de casuística jurídica (jurisprudência) e exercício como aprendiz junto aos profissionais de destaque nas respectivas atividades (i.e., legislativo, magistratura, advocacia etc.). Isso porque não são necessários apenas os conceitos, mas a compreensão de sua aplicação prática nas resoluções dos casos em que forem chamados a intervir em suas vidas profissionais. O Direito é como a música em que não basta apenas ler o manual de instruções para aprender a tocar bem o instrumento. Aquele que almeja se tornar membro de uma orquestra deve se dedicar à sua prática, e se quiser alcançar a excelência para integrar a Orquestra Filarmônica de Berlim, deve praticá-lo diuturnamente como os atletas para se preparem para a competição. Pois, um músico que sabe tocar o instrumento e não conhece a teoria musical tem mais serventia para a orquestra do que um que conhece a teoria, mas não o sabe tocar. Porém, apenas aquele que conhece a teoria e sabe tocar excelentemente o instrumento é perfeito: o *virtuose*, cuja performance é boa e bela. Igualmente, o mesmo pode ser dito para o Direito.

Eventualmente, alguém pode ter a sorte de ter nascido com as inclinações de retidão de caráter, mesmo que não provenientes das escolhas racionais, ou melhor, aquilo que ficou conhecido na Ética Eudemia como sorte moral.[62] Da mesma forma, um animal ou uma criança que ainda não alcançaram a idade da razão podem agir virtuosamente com atos de coragem, justiça e temperança sem que sua escolha tenha sido racional.[63] De modo que, as ações virtuosas podem ser também produzidas pela primeira natureza referida na seção anterior. Porém, esses são casos secundários [*secundum quid*] de retidão de caráter em razão da perfeição da virtude ocorrer com a participação das nossas capacidades cognitivas, pois sem a razão: "são o mesmo que um corpo forte movendo-se às cegas [...]".[64] Assim, a vontade de uma pessoa quando está privada da razoabilidade prática não possui clareza de objeto e de modos razoáveis de alcançá-lo, contando apenas com o acaso. Ao mesmo tempo, no outro extremo, a vontade não é identificada exclusivamente com a própria razão, pois a

---

[62] ARISTÓTELES. *Ética a Eudemo*, VIII 2. Política, VII 1 1323b 25-29.

[63] ARISTÓTELES. *Ética a Nicômaco*, VI 13 1144b 4 – 17.

[64] ARISTÓTELES. *Ética a Nicômaco*, VI 13 1144b 10 – 11. AQUINO, Tomás de. ST I-II, q. 58, a. 4.

retidão ao ter sua causa eficiente no caráter da pessoa ocorre *acompanhada* da (*com a*) razão e pode ser desviada pelas demais inclinações. Caso a causa fosse exterior, como alguém que segue um conselho de outra pessoa, outro que obedece ao Direito apenas para evitar a punição ou para aproveitar algum beneficio, ou a criança que acata a orientação dos pais, a ação estaria apenas de acordo com (*segundo*) a reta razão e seria virtuosa em um sentido secundário. Assim, enquanto Sócrates se excedia ao sustentar a virtude como ciência e os platônicos eram deficientes ao aduzir que a virtude se dava *segundo* a reta razão, Aristóteles tomou a via média acertamente ao defender que as virtudes ocorrem em conexão e se dão acompanhadas de uma operação da razoabilidade prática.[65]

Por isso, o meio-termo da virtude e, por conseguinte, da justiça deve ser identificado pela razão, e as escolhas da virtude vão acompanhadas de uma operação razão [*dè metà lògou*].[66] Entretanto, as demais inclinações como ao prazer ou à dor, à compaixão e à identificação com uma das partes, ou ao ódio e ao preconceito contra a outra parte, exercem também atração e resistência em qualquer escolha ou julgamento. Os seguintes casos podem ser elucidativos da teoria aristotélica: um juiz deve ser corajoso para (ii.a) enfrentar o poder midiático que muitas vezes condena as pessoas mesmo antes de serem ouvidas ou produzidas as provas em processo judicial, (ii.b) também para enfrentar o poder institucionalizado em casos corrupção, (ii.c) ou até para julgar um integrante de facção criminosa violenta mediante ameaças à sua pessoa ou aos seus entes queridos. Caso possuísse o vício da covardia, o medo instalar-se-ia em sua vontade e ocasionaria uma decisão desviada seja condenando injustamente (ii.a) um inocente, seja absolvendo (ii.b e ii.c) os sabidamente culpados. A mesma coisa pode ocorrer com o juiz intemperante, isto é, que não guarda o justo meio em função dos prazeres. Nesse caso, se enquadram as situações em que o julgamento é desviado em favor de uma das partes tendo em vista alguma vantagem indevida recebida pelo juiz. O grego Hesíodo (800? a.C.) padeceu desse mal por ocasião da disputa pela herança de seu pai com o irmão Perses, e pediu inspiração às musas para compor "Os Trabalhos e os Dias": "[...] ó reis comedores-de-presentes, esquecei de vez as tortas sentenças"![67] Assim sendo, a retidão integral do caráter contribui para elaboração da lei, administração do bem comum, julgamentos das demandas judiciais e ações justas, pois muitas vezes se sabe o que é certo, mas as inclinações sensíveis ou emocionais podem desviar o nosso juízo.[68]

Em resumo, o ganho que se tem em termos de racionalidade prática com a retidão moral obtida com as virtudes éticas e dianoéticas é que a pessoa desenvolve o que poderíamos chamar de "*inteligência prática emocional*" através do aprimoramento do próprio caráter. Pois, os sentidos e as emoções passam a trabalhar a favor da vontade e da identificação do que seja razoável em termos de fins e modos de perseguição deles. Os desvios no processo decisório que poderiam se seguir como o exemplificado em função da intemperança ou da covardia são excluídos. O conhecimento e a identificação dos princípios, das regras e de suas exceções são elevados à enésima potência. Além disso, a vontade e o agir razoáveis ganham um reforço

---

[65] AQUINO, Tomás de. *Comentário a la Ética...*, VI, Lição XI, 909.

[66] ARISTÓTELES. *Ética a Nicômaco*, VI 13 1144b 28 – 30.

[67] HESÍODO. *Os Trabalhos e os Dias*, 263 – 4.

[68] AQUINO, Tomás de. ST I-II, q. 58, a. 2, r..

positivo que os impele a serem adotados além do hábito inerente à justiça, pois a pessoa justa passa a sentir prazer e amar as obras da justiça, mais do que os próprios interesses particulares (riqueza, honras, preferências particulares etc.), avistando claramente a sua bondade e a sua nobreza. O contrário se sucede com a injustiça, cujos atos passam a ser dirigidos egoisticamente pela vontade orientada também pela totalidade das inclinações humanas.

4. O caso central: por que virtude?

A pergunta "Por que o caso central de justiça é uma virtude?" pode ser respondida em diversas ordens do conhecimento, mas como temos objetivos práticos que envolvem demonstrar quais as vantagens de nossa hipótese para os seres humanos e para as suas comunidades devemos formulá-la para se alinhar mais estrategicamente na direção de nossos esforços. Empreender essa tarefa é ao mesmo tempo encontrar os benefícios do conceito de justiça em diversas circunstâncias nas quais as coisas podem ser muito diferentes, e aquilo que primeiramente seria benéfico poderia se tornar um malefício. Por isso, Aristóteles adotava a metodologia dialética em ciência prática desenvolvimento desta modalidade de conhecimento, isto é, pesando os pontos favoráveis e desfavoráveis das hipóteses e das teses em análise para cada tipo de cidadãos e circunstância política. Assim, objetivando este alvo devemos reformular o questionamento nos seguintes termos: Qual a principal vantagem do caso central da definição da justiça em termos de atributo de caráter, além da autoridade da tradição aristotélico-tomista? A resposta fundamental é simples e já foi considerada por Platão, Aristóteles, Tomás de Aquino, John Finnis, entre outros: A justiça (*secundum quid*) vista como um atributo das instituições é uma condição essencial ao bem humano e à prosperidade da comunidade humana, porém não é condição suficiente. Sem a virtude e a justiça dita do caráter das próprias pessoas de carne-e-osso (*simpliciter*), que por ser uma perfeição de suas capacidades constitui-se em sua própria felicidade, não há instituição humana que nos preserve dos perigos de uma tirania. Passemos a explicação:

Primeiro, é imprescindível destacar que podemos ter três pontos de vista distintos em função da medida apropriada objeto da justiça (os direitos, o justo): (i) o do "*legislador*" que elabora o Direito como uma medida geral para regular as ações futuras na comunidade com a definição de direitos e deveres, (ii) o do "*cidadão*" justo que age no presente ou assume compromissos para o futuro de acordo com o Direito, (iii) o do "*juiz*" que julga os dissídios em razão das injustiças praticadas no passado para atribuir o que foi injustamente tomado a quem é de direito, igualando novamente os sujeitos envolvidos em uma relação de justiça. Nos três pontos de vista, para alcançarmos a situação ótima em termos de justiça (*secundum quid*) em sociedade é melhor que as disposições dos políticos, dos cidadãos e dos juízes sejam retas e prudentes, ou pelo menos, mais se aproximem desse objetivo, pois como já afirmava Aristóteles:

> A cidade equilibrada [*spoudaían*] não é obra do acaso, mas do conhecimento [*epistémes*] e da vontade [*proairéseos*]. Uma cidade é equilibrada quando os cidadãos que participam no seu governo também são equilibrados [*spoudaíous*]. Temos, por conseguinte, de investigar como um homem torna-se bom. Na ver-

dade, sendo possível que todos sejam bons coletivamente sem que seja bom individualmente, o melhor é que cada cidadão individual seja bom já que a bondade de todos depende de cada um. Existem três fatores para os homens se tornarem bons e íntegros: natureza [*phýsis*], hábito [*éthos*] e razão [*lógos*].[69]

Sustentamos, até aqui, que a justiça em seu sentido principal (*simpliciter*) é uma virtude dita do caráter das pessoas, porém como vimos ao longo da primeira parte de nosso estudo alguns aduzem que justiça é um atributo de instituições humanas, como John Rawls no ponto "1". É evidente que esses teóricos observaram algum valor na instituição justa. Com o que concordamos, pois em um sentido secundário (*secundum quid*) a justiça efetivamente pode ser dita das instituições humanas com benefício prático: o Estado de Direto, o Direito, as leis, a distribuição de funções políticas ou judiciais, as entidades públicas (governamentais, religiosas ou civis), os direitos e os deveres do Estado e do cidadão, entre outros, cumprem um papel fundamental para a justiça e o justo. Por meio dessas instituições, nos resguardamos dos riscos da tirania que consiste exatamente no governante que não respeita a medida reta da justiça atribuindo-se mais dos bens e menos dos encargos em seu interesse próprio e em detrimento da justiça, por necessitar de riquezas abundantes para a obtenção de prazeres, por exemplo.[70] Outras vezes, as pessoas individualmente consideradas podem ser tomadas pela cólera ou distintas inclinações emocionais, o que lhe obscurece a medida da justiça e faz com que ajam injustamente.[71] Ainda não é difícil que os seres humanos sejam arbitrários favorecendo os seus amigos ou desfavorecendo os seus desafetos ao ponto de praticarem injustiças com terceiros.[72] Aliás, o próprio Direito processual leva em conta esta inclinação natural do ser humano para elencar as hipóteses de impedimento e suspeição do juiz (CPC, arts. 134 e segs.): p.ex., CPC, "Art. 135. Reputa-se fundada a suspeição de parcialidade do juiz, quando: I – amigo íntimo ou inimigo capital de qualquer das partes; [...]."

Das instituições referidas, o Direito e os direitos têm um papel estratégico em impedir que a vontade e as ações das pessoas sejam desviadas em função de suas inclinações sensíveis ou afetos e desafetos inapropriados. Uma vez que, parafraseando Aristóteles, socorrer-se da lei é o mesmo que apelar para a razão como regra das ações humanas, na medida em que a lei é para ser isenta de paixões e propor em todos os assuntos aquilo que é para o bem comum.[73] Tal valor benéfico das instituições foi cristalizado em sua proposição do Estado de Direito: "[...] é melhor o governo das leis ao governo dos homens".[74] Nossa divergência com a ciência prática pós-iluminista e pós-revoluções burguesas setecentistas se foca em outro plano, tendo em vista que sustentamos serem as instituições necessárias para se obter justiça em sociedade, mas não condições suficientes. Com o que Aristóteles também concordaria,[75] pois concomitante à proposição do Estado de Direito, também aduzia: "[c]aso se encontrasse um só homem bom, melhor que todos os outros que formam

---

[69] ARISTÓTELES. *Política*, VII 13 1332a 31 – 41.

[70] ARISTÓTELES. *Ética a Nicômaco*, V 6 1134a 28 – b 8. *Política*, V 10 1311a – 8.

[71] ARISTÓTELES. *Política*, III 15 1286b 32 – 35.

[72] ARISTÓTELES. *Política*, III 16 1287a 36 – 37.

[73] ARISTÓTELES. *Ética a Nicômaco*, V 1 1129b 11 – 25. *Política*, III 15 1286a 16 – 19, 16 1287a 24 – 32.

[74] ARISTÓTELES. *Política*, III 10 1281a 33 – 38, 11 1282b 4, 15 1286a 16 – 20, 16 1287a 19-20 e 32, 1287b 25 – 26 etc.

[75] ARISTÓTELES. *Ética a Nicômaco*, V 7 1135a 3 – 5, VIII 10 1160a 30 – b 11. *Política*, III 13 1283b 18 – 24, 1284a 4 – 14, b 22 – 34, 15 1286a 8 – 23, 17 1288a 16 – 28, IV 2 1289a 31 – b 2, VII 14 1332b 13 – 22.

o corpo político, ainda que fossem todos nobres, ele deveria exercer a supremacia segundo o mesmo direito".[76]

Mas por que somos obrigados a apostar na incerteza dos homens, e não confiar na certeza das instituições? Em termos (i) legislativos, apesar das leis e das disposições políticas nos garantirem algum grau de justiça, as mesmas são elaboradas, modificadas e operadas por seres humanos que as manipulam diante de seus objetivos perversos e injustos se igualmente não possuírem disposições de caráter retas. De tal modo, pessoas inescrupulosas fazem com que as instituições também se tornem inescrupulosas. E mesmo as pessoas bem intencionadas, diante de suas boas intenções podem se tornar fanáticas se não possuírem os ânimos temperados e se socorrerem da razão. A história já forneceu exemplos suficientes de ambas as situações tanto em regimes políticos de direita quanto de esquerda. Nos casos mais graves em perversidade e tragédia temos o Terceiro Reich (Alemanha: 1933-1945), Joseph Stalin (União Soviética: 1924-1953), Pol Pot (Camboja: 1975-1979), Idi Amin Dada também conhecido como o Açougueiro da África (Uganda: 1971-1974), entre outros tantos governos genocidas. Quanto às pessoas com objetivos razoáveis que têm o seu juízo obscurecido em função da ira, Sófocles em "Antígona" apresenta-nos Creonte, o tirano de Tebas, que diante de uma pretensão justa de premiar com honras o defensor do regime (Etéocles) e punir o agressor (Polinice) ultrapassa o razoável determinando por lei que o morto não receba o rito funerário, sob pena de apedrejar até a morte quem se atrevesse a desobedecê-lo.[77]

Na história, a própria Revolução Francesa (1789) com a implementação de políticas públicas de imposição de medo aos inimigos do regime: o terror, o grande terror com a invenção da guilhotina e as execuções em massa, culminando na execução até mesmo dos líderes revolucionários, dentre eles o guilhotinamento do próprio Robespierre pela Convenção Nacional em 1794, também demonstram que bons ideais como a resistência à tirania e os direitos humanos, bem como as respectivas instituições e arranjos políticos para lhes assegurarem, podem ser dominados pela perversidade quando o fanatismo toma conta dos corações humanos. Para tudo isso, vale a advertência de John Finnis:

> Em qualquer época na qual o ideal de Direito, legalidade e Estado de Direito goza de popularidade ideológica (i.e., o prestígio que não está enraizado em um entendimento firmemente razoável de princípio práticos), aqueles que conspiram contra o bem comum irão geralmente tentar chegar ao poder e se manter lá por meios fiéis e formas constitucionais e legais que não são menos "escrupulosos" só por serem taticamente motivados, insinceros e transitórios. Por tanto, o Estado de Direito não garante todos os aspectos do bem comum, e às vezes não garante sequer a substância do bem comum.[78]

De outro lado, temos (iii) o ponto de vista do juiz cuja atribuição essencial é aplicar as leis justas para corrigir as injustiças praticadas pelos cidadãos ou pelo Estado. Mesmo nestes casos podem ocorrer graves injustiças que levam um juiz a tiranizar as partes, ainda que busque julgar com o coração pleno de boas intenções. O que pode ocorrer de dois modos: uma primeira forma possível (iii.a) de o juiz desviar seu juízo do razoável é pela subserviência de sua razão às inclinações sensíveis ou emocionais desviadas, como vimos na seção antecedente. Creonte, ao julgar

---

[76] ARISTÓTELES. *Política*, III 13 1283b 21 – 23.

[77] SÓFOCLES. *Antígona*, 21 – 38.

[78] FINNIS, John. *Lei Natural e Direitos Naturais*, p. 268.

INQUIETAÇÕES JURÍDICAS CONTEMPORÂNEAS

Antígona, é outro bom exemplo daquele juiz que tomado de ira em razão do sentimento de afronta em sua dignidade gerado pelas ações da própria jovem sobrinha em desrespeito público e desavergonhado de sua lei, aplica-lhe outra pena que não era cominada inicialmente em sua lei: a de ser sepultada viva.[79] A cólera de Creonte fica aparente quando assevera que: "– O inimigo, nem morto, será considerado justo". Enquanto, a nobreza de Antígona transborda em sua resposta: "– Não fui gerada para odiar, mas para amar".[80]

O segundo modo (iii.b) decorre da própria natureza do Direito, porque a lei é uma regra da ação elaborada a partir de uma generalização daquilo que ocorre mais comumente, sendo impossível prever todas as circunstâncias onde vai ser evocada para regular, pois esta é a natureza das ações humanas: dar-se de infinitos modos. Quando surgem as exceções, a mera aplicação literal do texto legal faz com que a decisão judicial afaste-se dos fins colimados pelo legislador e seja injusta.[81] Por isso, Aristóteles diz que: "[...] tratando-se do indefinido, a regra é também indefinida, como a régua de chumbo dos arquitetos de Lesbos [...]".[82] Nesse sentido, já vimos o caso do castelo que propôs a pena capital aos viajantes que subissem em suas muralhas e sua exceção como um caso de equidade.

Tomás pode ainda nos fornecer outro exemplo interessante: a moral e o Direito (CCB, Arts. 579 e segs.) determinam que aqueles objetos que você recebeu emprestado sejam devolvidos ao seu legítimo possuidor, porém se o que foi emprestado tratava-se de uma espada e quem emprestou enlouqueceu pretendendo reaver o empréstimo para atentar contra o governo ou contra outras pessoas inocentes não se deve restituir o empréstimo, e erraria quem fizesse o preceituado pela lei causando inclusive uma tragédia.[83] Assim, em que se pese a não intencionalidade do juiz na adoção de modos injustos de perseguição de fins injustos, caso sua decisão siga a literalidade da lei nessas hipóteses causaria uma grave injustiça por não reconhecer as exceções implícitas na generalização da regra.

Alguns poderiam se formular a seguinte pergunta: O juiz ao fazer o que é da virtude da equidade estaria substituindo a lei do julgador? Tanto Aristóteles como Tomás sustentam que o juiz que decide por equidade não *julga* a lei estabelecida pelo legislador como se tivesse uma regra melhor para resolver a situação, muito antes pelo contrário deve identificar a finalidade intencionada pelo legislador com a regra, e readequá-la para que a alcance na mesma medida pretendida quando de sua elaboração.[84] Portanto, não fazer o que é equidade é excepcionalmente não aplicar a medida de justiça e de direitos que o legislador havia proposto na lei: uma perversão da justiça. E em todos esses casos, a lei não é mais um guia seguro para a decisão judicial podendo ser causa de iniquidade ou tragédia nas vidas das pessoas. O recurso à racionalidade isenta de paixões da lei não tem mais razão de ser, porque a mera aplicação literal da norma gera consequências irracionais que não são produzidas como objetivos legislativos, e nem eram mesmo previsíveis no momento da elabo-

---

[79] SÓFOCLES. *Antígona*, 441 – 496 e 773 – 780.

[80] SÓFOCLES. *Antígona*, 522 – 523.

[81] ARISTÓTELES. *Ética a Nicômaco*, V 10. *Retórica*, I 13 1374a 27 – b 24.

[82] ARISTÓTELES. *Ética a Nicômaco*, V 10 1137b 29 – 33.

[83] AQUINO, Tomás de. ST II-II, q. 120, a. 1 r..

[84] ARISTÓTELES. *Ética a Nicômaco*, V 10 1137b 20 – 25. AQUINO, Tomás de. ST II-II, q. 120, a. 1 ad. 1° e ad. 2°.

ração da regra. Desse modo, apelar à letra da lei nas hipóteses elencadas é decidir com iniquidade, restando-nos atribuir a supremacia [*kuríous*] da decisão aos seres humanos e não à instituição.[85]

Enfim, o ponto de vista (ii) do cidadão deve ser levado também em consideração, pois o aperfeiçoamento das instituições em termos de justiça tem a finalidade de beneficiar o ser humano, e não contrário; isto é, não faz sentido querer que o ser humano seja aperfeiçoado para servi-las. As pessoas de carne-e-osso obtêm bens últimos através do desenvolvimento de seu caráter, as instituições apenas enquanto estão a serviço da felicidade humana. Algumas vezes, parece que se sucede o contrário quando um grupo hegemônico emprega a expressão "as instituições são maiores que os homens" para dizer em realidade que "estamos no poder, você não conta mais como parte de nosso grupo e nos dispomos a praticar uma injustiça contra a minoria". Assim, Aristóteles sustentava que: "os legisladores fazem bons os cidadãos fazendo-lhes adquirirem costumes, e essa é a vontade de todo o legislador, todos os que não o fazem bem erram, e nisso se distingue um regime bom de um mal".[86] O que sustentamos, portanto, é que o ser humano deve estar no começo como sua causa eficiente, no meio como operador e causa material da instituição (p.ex., o *legislador* como guardião da justiça e o *juiz* como a justiça viva) e no fim como causa final da ciência prática. As instituições, tomadas por elas mesmas, são pura forma e carecem de quem lhes crie e opere, bem como defina as suas finalidades. E o ser humano como sua causa final também limita a sua forma, pois exclui o seu uso perverso e utilitarista.

Conclusão

É pedir muito propor que além das instituições nos preocupemos também com a cultura e a honestidade dos políticos, dos cidadãos e dos juízes como condição do justo em sociedade? A resposta a essa pergunta é apropriada e mais completa dentro das limitações do objeto de estudo se for apresentada nos moldes aristotélicos, com as respectivas gradações de benefícios e desvantagens levando em conta as pessoas e as sociedades distintas, bem como as diversas circunstâncias tendo em vista que a matéria da ciência prática não ser do tipo que se presta a respostas únicas e absolutamente precisas. Podemos explicar isso com a seguinte analogia: (i) é benéfico ler a obra aristotélica em português já que nos enriquece cultural e pessoalmente apesar de não se encontrarem comumente boas traduções no vernáculo, (ii) por isso mesmo, é melhor lê-la em espanhol ou inglês bilíngue apesar de nos ser exigido um maior esforço para importar o livro e compreendê-lo em outro idioma que não a nossa língua mãe, (iii) no entanto, o ótimo seria lê-la diretamente em grego clássico. O que nos ajudaria a evitar a intromissão criativa dos tradutores ou os erros de tradução.

Caso se tenha os meios e a capacidade de alcançar o ótimo ([iii]: ler em grego) devemos fazê-lo, sob pena de displicência e conformismo. Porém, entregar um texto em seu original grego para um aluno de graduação em Direito pode ser mais preju-

---

[85] ARISTÓTELES. *Política*, III 11 1282b – 6, 15 1286a 8 – 15 e 21 – 24, 16 1287 25 – 29.

[86] ARISTÓTELES. *Ética a Nicômaco*, II 1 1103a 2-6. AQUINO, Tomás de. ST II-II, q. 91.

dicial do que benéfico, na medida em que lhe afaste da beleza da teoria aristotélica por falta de compreensão das palavras escritas. Assim, o caso central é a melhor hipótese realizável que possui todas as vantagens dos casos deficientes e nenhuma das desvantagens em termos de bens, ao mesmo tempo em que se presta apenas para as pessoas e as circunstâncias apropriadas. Há ainda aqueles casos em que as coisas podem ser melhoradas com algum esforço apesar de apresentarem também alguma pequena desvantagem, ou não gozarem de todos os benefícios. Enfim, dependendo da situação, conhecendo-se o que é melhor, devemos aprimorar em sua direção ao menos o que não nos exige muito esforço e é bom na maioria das circunstâncias; assim como ler Ética a Nicômaco em português traz ainda muitos benefícios.

Levando isso em conta, podemos responder a pergunta no sentido de que ao identificarmos o valor de ordem prática de tais questões já nos conscientizamos que entender a justiça como uma virtude dita das pessoas exclui a posição que pensa as instituições como suficientes para a garantia de uma vida boa aos seus cidadãos, pois se demonstra que o elemento humano é fator preponderante de sua criação, sua modificação, sua operação e ainda o seu objeto apropriado. Em sociedades que os governantes, os juízes e os cidadãos sejam menos confiáveis apenas é viável contar com as instituições e apelar à lei como quem apela à razão, pois qualquer aposta no caráter das pessoas pode ser mais danosa. Mesmo assim, nestes casos deve-se ter em mente que um juiz não julgaria justamente sem constituir bem o seu caráter e sem o conhecimento prático ético e jurídico, em razão dos casos de equidade. Porém, algumas vezes havendo melhores condições sociais e um virtuoso que sobrepasse realmente os demais em bondade e inteligência pode ser conveniente confiar nele em um caso especialíssimo no qual nossa salvação ou felicidade dependa de sua boa deliberação. Já que a mera quantidade numérica de opiniões não é garantia absoluta de sabedoria ao se julgar o que é bom ou ruim. O que conta é o que é o melhor: o que apresenta mais benefícios principalmente em relação aos bens, não apenas aos interesses. Ao mesmo tempo, existe uma presunção de que a hegemonia de um só acaba normalmente em tirania, podendo ser ainda mais vantajosa a opção de buscar a decisão dos cidadãos reunidos em assembleia, pois juntos são normalmente mais virtuosos e mais difíceis de corromper.[87] Nesses termos, existe uma infinitude de arranjos possíveis para as diversas situações, cidadãos e governantes, ao mesmo tempo em que há um que é melhor em absoluto (*simpliciter*) e perfeito, de quem devemos buscar aproximar os demais na medida do possível.

Com isso, fica demonstrado que Aristóteles tinha razão em sustentar que devemos levar em consideração para tudo que diz respeito ao bem humano (i) o que é viável e não nocivo diante das contingências particulares, (ii) o que é melhor e nem sempre se alcança em razão de exigir algum esforço e circunstâncias apropriadas, (iii) e o que é absolutamente o melhor, mas que exige muito esforço e condições perfeitamente apropriadas para ser benéfico. Em cada uma dessas possibilidades, a justiça dita como um atributo de caráter das pessoas ou uma qualidade das institui-ções sociais deverá jogar papéis distintos dependendo dos recursos disponíveis. Já que o que é bom para comunidade dependerá (i) do que é simplesmente *conveniente* [*prépon*] a um tipo de cidadãos e *viável* de ser implementado, (ii) do que é melhor e

---

[87] ARISTÓTELES. *Política*, III 15 1286a 23 – b 3.

possível [*dynatòn*] de se alcançar, ou ainda (iii) do que é absolutamente [*haplôs*] *o melhor* para as melhores pessoas e na melhor comunidade, segundo um termo médio [*méson*].[88] Assim há uma tensão que se resolve apenas diante das circunstâncias concretas entre virtude do ser humano e virtude da instituição através da escolha de um meio-termo em razão de nós mesmos e de nossa comunidade como o visto acima. Vale ressaltar, que em todos esses planos o que sustentamos é realizável, em que se pese a grande dificuldade para o caso ótimo [*haplôs*].

Enfim, alguém ainda poderia se perguntar: Aceito essas colocações quanto aos cidadãos e aos juízes, mas não seria utopia exigir virtude dos políticos? Como dissemos na seção anterior, a política só não se perverte completamente com alguma retidão de caráter de seus agentes. Porém, mesmo Aristóteles via-se coagido pelas evidências a assumir que a virtude é algo raro em sociedade, mas não é impossível de ocorrer em alguns poucos casos. Em nossa analogia de leitura da obra aristotélica, o melhor impossível seria ter vontade de conversar com o próprio Aristóteles, que é algo não realizável e, mesmo que seja um objeto de vontade, seríamos insensatos ao dispor nossas vidas com o intuito de alcançá-lo concretamente. Contudo, ter consciência das vantagens apresentadas por uma conversa particular com o Filósofo ainda assim poderia funcionar, orientando-nos como uma meta inatingível, mas que nos fornece uma referência e um azimute de aproximação, como ocorre com a estrela guia empregada pelos marinheiros quando perdem contato visual com a terra e partem para a segunda navegação. Com tal consideração, ainda aqueles que entendessem impossível a concreção na situação ótima da hipótese sustentada poderiam encontrar valor em uma ética, uma política e um Direito constituídos com o conceito clássico de justiça tida como um atributo de caráter, não apenas como um conceito institucional. Assim, concluímos que, diante de uma ética personalista que apele à virtude das pessoas ou de uma política institucionalista que se garanta através do justo nas instituições somente a partir das circunstâncias pode-se definir um meio-termo que seja mais adequado para preservar a vida boa e a felicidade em comunidade. Uma vez que, via de regra, as instituições, dentre elas o Estado de Direito, são condições necessárias, mas não suficientes para preservá-las de modo duradouro em sociedade.

Bibliografia

AQUINO, Tomás de. CORPUS THOMISTICUM. Disponível em <http://www.corpusthomisticum.org>. (Acesso: 20/03/2013.)

———. *Suma Teológica IV*. Tradução bilíngue de Aldo Vannucchi [*et al.*]. São Paulo: Edições Loyola, 2005.

———. *Suma Teológica VI*. Tradução bilíngue de Aldo Vannucchi [*et al.*]. São Paulo: Edições Loyola, 2005.

———. *Comentario a la Ética a Nicômaco de Aristóteles*. Tradução de Ana Mallea. Pamplona: Editora Eunsa, 2001. 2ª ed.

ARISTÓTELES. *Ética a Nicómaco*. Tradução bilíngue de Maria Araujo e Julián Marias. Madrid: 1999. 7ª ed.

———. *Ética a Nicômaco*. Tradução de António de Castro Caeiro. São Paulo: Editora Atlas, 2009.

———. *Ética Nicomáquea / Ética Eudemia*. Tradução de Julio Pallí Bonet. Madrid: Editorial Gredos, 2003.

———. *Política*. Tradução bilíngue de Antonio Campelo Amaral e Carlos de Carvalho Gomes. Lisboa: Veja, sem data.

———. *Retorica*. Tradução bilíngue de Antonio Tovar. Madrid: CEPC, 1999.

---

[88] ARISTÓTELES. *Política*, IV 1 1288b 7 – 1289a 7, 1296b 13 – 15, VIII 7 1342b 33 – 34. *Retórica* I 5 1360a 18 – 39.

——. *The Athenian Constitution*. The Eudemian Ethics. On Virtues and Vices. Tradução bilíngue de H. Rackham. Cambridge: Harvard University Press, 1935. Tiragem 1981.

BARZOTTO, Luis Fernando. *Filosofia do Direito*: os conceitos fundamentais e a tradição jusnaturalista. Porto Alegre: Livraria do Advogado, 2010.

BOBBIO, Norberto. *A Era dos Direitos*. Tradução de Carlos Nelson Coutinho. Rio de Janeiro: Campus, 1992.

CORDIOLI, Leandro. *A Analogicidade da Expressão "Lei Natural" em John Finnis*: existência, descoberta e aplicação de primeiros princípios pré-morais e princípios intermediários da moral. Dissertação de Mestrado defendida no PPGDIR: UFRGS, 2011.

——. A *Defeasibility* no pensamento de Neil MacCormick: Redescobrindo a equidade na gramática dos direitos. In: *VII Colóquio Sul-Americano de Realismo Jurídico e IV Congresso Sul-Americano de Filosofia do Direito*, 2008, Porto Alegre. Anais... Porto Alegre: PUCRS, 2008. 1 CD-ROM.

EDMUNDSON, Wiliam A. *Uma Introdução aos Direitos*. Tradução de Evandro Ferreira e Silva. Revisão de Newton Roberval Eichemberg. São Paulo: Martins Fontes, 2006.

FINNIS, John Mitchell. *Aquinas Moral, Political, and Legal Theory*. Oxford: Oxford University Press, 1980. Tiragem de 2004.

——. *Direito Natural em Tomás de Aquino*: sua reinserção no contexto do juspositivismo analítico. Tradução de Leandro Cordioli. Revisão de Elton Somensi de Oliveira. Porto Alegre: Sergio Antonio Fabris Ed., 2007.

——. *Fundamentos de Ética*. Tradução de Arthur Maria Ferreira Neto. Revisão de Elton Somensi de Oliveira. Rio de Janeiro: Elsevier Editora, 2012.

——. *Lei Natural e Direitos Naturais*. Tradução de Leila Lopes. São Leopoldo: Editora Unisinos, 2007.

——. *Moral Absolutes*. CUA Press: Washington, 1991.

——. *Natural Law and Natural Rights*. Oxford: Oxford University Press, 2011. 2ª ed..

FULLER, Lon. *O Caso dos Exploradores de Cavernas*. Tradução de Plauto Faraco de Azevedo. Porto Alegre: Safe, 2008.

——. *The Morality of Law*. Londres: Yale University Press, 1969. Edição revisada.

HESÍODO. *Os Trabalhos e os Dias*. Tradução bilíngue de Mary de Camargo Neves Lafer. São Paulo: Iluminuras, 1989. 4ª ed..

HÖFFE, Otfried. *O que é justiça?* Traducao de Peter Naumann. Porto Alegre: Edipucrs, 2003.

KRAUT, Richard. *Aristóteles*: a Ética a Nicômaco. Tradução de Alfredo Storck [*et al.*]. Porto Alegre: Artmed, 2009.

MACCORMICK, Neil. *Retórica e o Estado de Direito*. Tradução de Conrado Hübner Mendes e Marcos Paulo Veríssimo. Revisão de Cláudio Michelon Jr.. Rio de Janeiro: Elsevier, 2008.

PLATÃO. *Apologia de Sócrates*. Êutifron. Críton. Tradução de André Malta. Porto Alegre: L&PM, 2011.

——. *Euthyphro. Apology. Crito. Phaedo. Phaedrus*. Tradução bilíngue de Harold North Fowler. Cambridge: Harvard University Press, 1914. Tiragem 1995.

RAWLS, John. *Uma Teoria da Justiça*. Tradução de Almiro Pisetta e Lenita Maria Rímoli Esteves. São Paulo: Martins Fontes, 2002.

SÓFOCLES. Antígona. *Tradução de Donaldo Schüler*. Porto Alegre: L&PM, 2006.

——. ——. *Tradução Bilíngue de Trajano Vieira*. São Paulo: Editora Perspectiva, 2009.

— 9 —

As fases metodológicas do processo[1]

MARCO FÉLIX JOBIM[2]

Sumário: Introdução; 1. A primeira fase: o praxismo; 2. A segunda fase: a processualista; 3. A terceira fase: o instrumentalismo; 3.1. O instrumentalismo constitucional, o pós-instrumentalismo ou o neoinstrumentalismo?; 4. A quarta fase: o Formalismo-valorativo?; 5. A quarta fase: o neo-processualismo?; 6. A quarta fase: o neo-institucionalismo?; 7. Qual fase metodológica abarca o momento cultural atual?; Considerações finais.

Introdução

Pode-se afirmar que o direito e o processo devem estar umbilicalmente ligados ao momento cultural da sociedade. Mesmo diante dessa afirmação, há de restar claro que existem, também, momentos de rupturas, que devem ser tratados de formas diferenciadas.[3] Assim, o estudo se dispõe a analisar, ao longo da história, qual fase metodológica do processo foi adotada em determinada época e como se confirmava o pensamento preponderante nela, assim como em que consistia ou consiste ela para o estudo do direito processual.

Por certo que não há, como sói acontecer em quase toda extensão dos institutos jurídicos que se queira tratar, homogeneidade no pensamento emanado pelos pensadores brasileiros na matéria. Para Daniel Mitidiero,[4] por exemplo, existe o que se pode chamar de quatro grandes fases metodológicas do direito processual, quais sejam: (i) o praxismo; (ii) o processualismo, (iii) o instrumentalismo e (iv) o formalismo-valorativo. Contudo, se examinarmos outras obras,[5] encontram-se lista-

---

[1] O artigo corresponde, com algumas modificações, ao capítulo terceiro da obra de minha autoria: JOBIM, Marco Felix. *Cultura, escolas e fases metodológicas do processo.* Porto Alegre: Livraria do Advogado, 2011.

[2] Advogado e professor universitário. Especialista, mestre e doutor em direito.

[3] Trabalhei o tema na tese de doutorado: JOBIM, Marco Félix. *Medidas estruturantes:* Da Suprema Corte estadunidense ao Supremo Tribunal Federal. Porto Alegre: Livraria do Advogado, 2013.

[4] MITIDIERO, Daniel. *Colaboração no processo civil:* pressupostos sociais, lógicos e éticos. 2. ed. São Paulo: Revista dos Tribunais, 2011, p. 32. "Em termos de fases metodológicas, alinham-se quatro grandes linhas atinentes ao direito processual civil: o praxismo, o processualismo, o instrumentalismo e o formalismo-valorativo. A existência dessas diferentes formas de pensar o processo civil, aliás, já indica o alto grau de comprometimento existente entre cultura e processo, autorizando a impostação deste como um fenômeno eminentemente cultural".

[5] BONICIO, Marcelo José Magalhães. *Introdução ao processo civil moderno.* São Paulo: Lex Editora, 2010, p. 22. As palavras do autor são claras ao expor em que fase se está e que imperará ainda por um bom tempo: "Em resumo,

das três: (i) a sincretista ou praxista,[6] (ii) a processualista[7] ou conceitualista e (iii) a instrumentalista[8], o que pode ser confirmado com a leitura da obra *Teoria Geral do Processo,* de Antônio Carlos de Araújo Cintra, Ada Pellegrini Grinover e Cândido Rangel Dinamarco, obra esta que já se encontra na 29ª edição[9] e corresponde à leitura obrigatória em quase todos os currículos das faculdades de direito brasileiras, tendo em vista ser a obra o espelho da escola paulista[10] de direito processual.

Aliado a este fator que demonstra a força do livro, Cândido Rangel Dinamarco, um de seus autores, admite, em obra também de grande densidade de conteúdo para o estudo do direito processual brasileiro, estar-se em plena fase instrumentalista, sendo ele próprio o grande idealizador da fase na obra *A Instrumentalidade do Processo*, na qual delineia o que vem a ser a fase metodológica da instrumentalidade do processo.

Então se vê nota uma diferença entre as escolas: a primeira, chamada de escola gaúcha, representada por um de seus principais integrantes, Daniel Mitidiero, defende que já se confere ao processo uma quarta fase que chama de formalismo--valorativo; e a denominada de escola paulista, representada por, talvez, seu prin-

---

a principal característica da atual fase metodológica do processo civil moderno, chamada de 'instrumentalista', está na importância dada aos resultados que o processo produz na vida das pessoas e na sociedade em geral, a partir de uma 'visão crítica' de todo o sistema", e finaliza: "Tal diretriz tem norteado boa parte dos estudos elaborados pela doutrina processual dos últimos 20 anos, e não há, por sorte, sinais de enfraquecimento desse modo de pensar o sistema processual". GÓES, Gisele Santos Fernandes. *Direito processual civil*: processo de conhecimento. São Paulo: Revista dos Tribunais, 2006, p. 27. Relata a autora sobre a fase atual do processo: "A terceira fase é a da instrumentalidade, na qual o processo é um instrumento bem dimensionado, com conotação deontológica, voltado para a sociedade, e os valores se condensam no processo e passam a irradiar para todo o sistema". CÂMARA, Alexandre Freitas. *Lições de direito processual civil*. vol. I. 16 ed. Rio de Janeiro: Lúmen Júris, 2007, p. 8. Aduz que: "O Direito Processual tem sua evolução científica dividida em três fases muito nítidas: a fase imanentista, a fase científica e a fase intrumentalista".

[6] CINTRA, Antonio Carlos de Araújo; GRINOVER, Ada Pellegrini; DINAMARCO, Cândido Rangel. *Teoria geral do processo*. 27. ed. São Paulo: Malheiros, 2011, p. 48. A história do direito processual inclui três fases metodológicas fundamentais. Até meados do século passado, o processo era considerado simples meio de exercício dos direitos (daí, direito adjetivo, expressão incompatível com a hoje reconhecida independência do direito processual). A ação era entendida como sendo o próprio direito subjetivo material que, uma vez lesado, adquiria forças para obter em juízo a reparação da lesão sofrida. Não se tinha consciência da autonomia da relação jurídica processual em face da relação jurídica de natureza substancial eventualmente ligando os sujeitos do processo. Nem se tinha noção do próprio direito processual como ramo autônomo do direito e, muito menos, elementos para a sua autonomia científica. Foi o longo período do sincretismo, que prevaleceu das origens até quando os alemães começaram a especular a natureza jurídica do processo.

[7] CINTRA, Antonio Carlos de Araújo; GRINOVER, Ada Pellegrini; DINAMARCO, Cândido Rangel. *Teoria geral do processo*. 27. ed. São Paulo: Malheiros, 2011, p. 48: A segunda fase foi autonomista ou conceitual, marcada pelas grandes construções científicas do direito processual. Foi durante esse período de praticamente um século que tiveram lugar as grandes teorias processuais, especialmente sobre a natureza jurídica da ação e do processo, as condições daquela e os pressupostos processuais, erigindo-se definitivamente uma ciência processual. A afirmação da autonomia científica do direito processual foi uma grande preocupação desse período, em que as grandes estruturas do sistema foram traçadas e os conceitos largamente discutidos e amadurecidos.

[8] CINTRA, Antonio Carlos de Araújo; GRINOVER, Ada Pellegrini; DINAMARCO, Cândido Rangel. *Teoria geral do processo*. 27. ed. São Paulo: Malheiros, 2011, p. 49. A fase instrumentalista, ora em curso, é eminentemente crítica. O processualista moderno sabe que, pelo aspecto técnico-dogmático, a sua ciência já atingiu níveis muito expressivos de desenvolvimento, mas o sistema continua falho na sua missão de produzir justiça entre os membros da sociedade. É preciso agora deslocar o ponto-de-vista e passar a ver o processo a partir de um ângulo externo, isto é, examiná-lo nos seus resultados práticos. Como tem sido, já não basta encarar o sistema do ponto-de-vista dos produtores de serviço processual (juízes, advogados, promotores de justiça): é preciso levar em conta o modo como os seus resultados chegam aos consumidores desse serviço, ou seja, à população destinatária.

[9] O articulista trabalhou com a 27ª edição, embora, no realizar do artigo, já publicada a 29ª edição.

[10] Para conhecer um pouco mais das escolas que são tratadas neste estudo, recomenda-se: JOBIM, Marco Felix. *Cultura, escolas e fases metodológicas do processo*. Porto Alegre: Livraria do Advogado, 2011.

cipal integrante, Cândido Rangel Dinamarco, que defende estar em plena fase instrumentalista. Contudo, agregam-se a estes entendimentos outras escolas, como a baiana ou Norte/Nordeste, que entende estar também numa quarta fase que denomina de neoprocessualista, ou ainda aquela pensada pela escola mineira, denominada de neoinstitucionalista.

Cabe neste momento saber se existem três ou quatro fases metodológicas do processo, ou ainda, pelo menos, cogitar da existência de uma quinta, ou mais[11] fases (escola primitiva[12] e escola judicialista[13]), o que acaba por ser o cerne deste estudo, assim como conceituá-las uma a uma para que, ao final, se conclua que fase realmente responde aos anseios culturais que se vivencia hoje no Brasil.

1. A primeira fase: o praxismo

A primeira das fases metodológicas do processo é aquela na qual não existe diferenciação entre direito material e direito processual, sendo este um mero subproduto daquele, podendo ser ela conhecida de diferentes formas, entre elas a de praxista,[14] sincretista,[15] imanentista,[16] ou procedimentalista, embora esta última possa

---

[11] LAMY, Eduardo de Abelar; RODRIGUES, Horácio Wanderlei. *Curso de processo civil*: teoria geral do processo. Florianópolis: Conceito Editorial, 2010, p. 49-50. Referem os autores que na doutrina do jurispa espanhol Niceto Alcalá-Zamora Y Castillo, este defendia cinco fasses, embora discordassem da divisão criada pelo autor. Assim expõe eles em sua obra: Pode-se afirmar que a história do direito processual inclui três fases metodológicas fundamentais: sincretista, autonomista e instrumentalista. Para Niceto Alcalá-Zamora Y Castillo, no entanto, a evolução da doutrina processual possui cinco etapas: período primitivo, escola judicialista, praxismo, procedimentalismo e processualismo científico.

[12] LAMY, Eduardo de Abelar; RODRIGUES, Horácio Wanderlei. *Curso de processo civil*: teoria geral do processo. Florianópolis: Conceito Editorial, 2010, p. 52. Os autores conceituando a fase e rejeitando-a afirmam: O denominado período primitivo inicia-se com a própria história da humanidade e atinge o século XI d.C. Nesse período não havia propriamente obras de direito processual: apenas análises esparsas acerca da justiça e seu funcionamento. Alguns autores, como Edson Prata, preferem destcar desse período o Período Romano (direito romano e direito romano-barbárico), dando-lhe tratamente em separado. Todavia, tratando-se de história da doutrina processual, ele não se justifica, tendo em vista que a evolução ocorrida em Roma refere-se às instituições dogmáticas e à sua prática, não ao estudo sistemático e reflexivo destas.

[13] LAMY, Eduardo de Abelar; RODRIGUES, Horácio Wanderlei. *Curso de processo civil*: teoria geral do processo. Florianópolis: Conceito Editorial, 2010, p. 52. Depois se referem a fase posterior pensada por Niceto Alcalá-Zamora Y Castillo assim: Nasceu com a criação da Universidade de Bolonha, em 1088 d.C., tendo assim se denominado por ser o juízo (judicio, iudicium) um termo tão enraizado na linguagem processual da época, que o mesmo se destaca nos trabalhos aí produzidos. Esse termo significava então: (a) sentença ou julgamento; e (b) processo. É nesse segundo sentido que é ele utilizado pelos judicialista, que trabalharam sobre o direito comum, de fundo romano-canônico, e também medieval italiano e ítalo-canônico.

[14] LAMY, Eduardo de Abelar; RODRIGUES, Horácio Wanderlei. *Curso de processo civil*: teoria geral do processo. Florianópolis: Conceito Editorial, 2010, p. 54. Sobre a razão de ser chamada a fase de praxismo, os autores relatam: "A denominação praxismo vem de praxe, que significa rotina, uso, aquilo que se pratica habitualmente. Nesse período, o direito processual era considerado pelos juristas como um conjunto de regras práticas sobre a forma de proceder em juízo. A preocupação central era com a forma de realizar o processo. Não havia preocupação com seu estudo teórico. Os estudos desse período estavam repletos de marcante preocupação forense".

[15] BOTELHO, Guilherme. *Direito ao processo qualificado*: o processo civil na perspectiva do Estado constitucional. Porto Alegre: Livraria do Advogado, 2010, p. 21. Relata o autor sobre as nomenclaturas da fase: O primeiro destes estágios pode ser denominado de praxismo. Também, por vezes, nominado como fase sincrética ou procedimentalista e que pode ser examinado como a fase pré-processual. É momento marcado pela ausência de autonomia do direito processual.

[16] CÂMARA, Alexandre Freitas. *Lições de direito processual civil*. vol. I. 16 ed. Rio de Janeiro: Lúmen Júris, 2007, p. 8-9. Refere o processualista sobre a fase: "A primeira fase, chamada de imanentista, é a anterior à afirmação da

também ser conhecida como fase autônoma conforme se analisará posteriormente. Ao discorrer sobre esta fase Daniel Mitidiero[17] assim esclarece sobre o conceito acima exposto.

E é em razão da existência dessa fase que ainda hoje o direito processual civil é, equivocadamente, denominado, por alguns, de direito adjetivo, como se apenas fosse um anexo do direito material, o que somente se confirmaria por duas razões: a primeira se acaso esta fase metodológica ainda estivesse em vigor, o que não se sustenta há mais de século; a segunda se alguém defendesse que nunca se saiu desta primeira fase ou que se retornou a ela.[18]

Sobre o alcance desta fase, Guilherme Botelho[19] explana entender que os períodos existentes no direito romano, assim como a história brasileira durante a égide da coroa portuguesa são momentos que se enquadram nesta fase. Embora a afirmação seja de peso ao atribuir o período romano como parte integrante da fase sincretista do processo, deixa de explicar o processualista as primeiras civilizações, o que, para uma linha mais voltada a filosofia do processo, este sempre existiu desde os primeiros grupos, conforme expõe Willian Couto Gonçalves:[20] Fica evidenciado que se formos adeptos a filosofia do processo estaríamos acreditando que este sempre existiu por meio da fase praxista, pois sempre que a ação de alguém contra determinada pessoa fosse resolvida, mesmo que por força ou astúcia, estaria a concretizar o direito material violado.

---

autonomia científica do Direito Processual. Durante esta fase do desenvolvimento do Direito Processual (na verdade, nesta fase não se pode falar propriamente em Direito Processual, o que se faz por mera comodidade), o processo era verdadeiro direito substantivo, enquanto o processo, mero conjunto de formalidades para a atuação prática daquele, era um direito adjetivo. Essas denominações, hoje inteiramente ultrapassadas, e equivocadas do ponto de vista científica, devendo ser repudiadas diante do grau de desenvolvimento alcançado pelos estudos processuais, continuam – infelizmente – a ser empregados por alguns autores e, principalmente, por muitos operadores do Direito, como advogados e magistrados. Tal linguagem, porém, deve ser banida, por ser absolutamente divorciada da precisão cinetífica já alcançada".

[17] MITIDIERO, Daniel. *Colaboração no processo civil*: pressupostos sociais, lógicos e éticos. 2. ed. São Paulo: Revista dos Tribunais, 2011, p. 32. "O praxismo corresponde à pré-história do direito processual civil, tempo em que se aludia ao processo como 'procedura' e não ainda como 'diritto processual civile'. Época, com efeito, em que não se vislumbrava o processo como um ramo autônomo do direito, mas como mero apêndice do direito material. Direito adjetivo, pois, que só ostentava existência útil se ligado ao direito substantivo".

[18] ALVARO DE OLIVEIRA, Carlos Alberto. *Teoria e prática da tutela jurisdicional*. Rio de Janeiro: Forense, 2008, p. 7. O autor já no capítulo primeiro de sua obra inicia fazendo a diferenciação entre a teoria monista e a dualista do ordenamento jurídico, referindo ainda existir quem defenda a primeira ao dizer: "Força é convir, ademais, ter caído em total descrédito, salvo honrosas exceções, a tese monista do ordenamento".

[19] BOTELHO, Guilherme. *Direito ao processo qualificado*: o processo civil na perspectiva do Estado constitucional. Porto Alegre: Livraria do Advogado, 2010, p. 22.

[20] GONÇALVES, Willian Couto. *Uma introdução à Filosofia do direito processual*: estudos sobre a jurisdição e o processo fundamentando uma compreensão histórica, ontológica e teleológica. Rio de Janeiro: Lumen Juris, 2005, pags. 6 e 9. Inicia: Não se pode, então, a partir de estudos mais comprometidos com a busca da natureza das coisas e também da natureza das causas, ignorar o período dito primitivo, embrionário, da jurisdição e do processo, que tem como termo inicial o homem-em-relação desde os primeiros grupos formais, ainda quando se movia por condutas reveladoras de uma cultura sabidamente rudimentar". E depois conclui: "A existência de um *modus operandi* de solução de conflitos nos primeiros tempos da civilização e no curso de toda sua história até a modernidade equivale ao reconhecimento da defesa de um direito natural à vida, à sua preservação, à integridade física de outros valores humanos, fazendo transudar condutas que repercutiram, efetivamente, na formação de uma concepção jusnaturalista fundada nos direitos da pessoa humana e delimitadora de um período que se pode denominar de 'pré-história' dos direitos fundamentais, daí não ser possível negar vigência a um sistema de leis não escritas que precederam as leis estadualizadas, nem a um sistema de aplicação dessas leis que, mesmo rudimentarmente, equivaliam à jurisdição e ao processo".

Carlos Alberto Alvaro de Oliveira[21] subdivide a fase praxista em duas partes, diferentemente de outros autores, criando subespécies – praxista e procedimentalista –, cada qual com suas características e com seu momento próprio, o que é de ser considerado, caso não como uma nova fase, como um novo olhar do embrionário, mas tímido, surgimento da independência do processo dentro da fase praxista ainda. Segmentando melhor o acima defendido, ao referir o processualista da Universidade Federal do Rio Grande do Sul que a "*segunda fase era ainda sincrética*" acaba criando uma interrogação de que se existem duas fases dentro da mesma, cada uma correspondente a certa etapa da história mundial,[22] denominadas, a primeira, de praxista e a segunda de procedimentalista, o que traria o campo de entendimento para cinco grandes fases metodológicas do processo. Contudo, esta fase procedimentalista era ainda sincrética, confirmando apenas a existência de fase única neste momento da história, embora sendo o procedimentalismo o início da derrocada da fase praxista do processo. Note-se que é esta divisão é também realizada por Eduardo de Avelar Lamy e Horácio Wanderley Rodrigues,[23] e acabam por explicar o que acreditam ser a fase procedimentalista.[24]

---

[21] ALVARO DE OLIVEIRA, Carlos Alberto. *Do formalismo no processo civil*: proposta de um formalismo-valorativo. 4. ed. São Paulo: saraiva, 2010, p. 18-19. Refere: "Entre 1250 e 1667, aproximadamente, a aplicação judicial do direito baseava-se na lógica da argumentação cunhada por Aristóteles e reclamava a igualdade entre o juiz e as partes (ordem simétrica ou isonômica). O que interessava era o iudicium e não o processo. O direito processual civil era tratado como algo eminentemente prático, sem qualquer teorização maior. Constituía assunto e interesse da praxe judiciária, não havia ainda regulamentação estatal". E depois finaliza: "A segunda fase era ainda sincrética, de modo a caracterizar o direito processual como direito adjetivo, sem existência autônoma. Começa aí a intervenção do Príncipe (Code Louis de 1667) na esfera processual e uma mudança de perspectiva quanto à lógica mais formalizada (Petrus Ramus ou Pierre de La Ramée) e a ter, em certo momento, um papel completamente passivo (processo liberal do século XIX), em que predomina o positivismo como método de pensamento. O processo é, então, considerado mera sucessão de formalidades, simples forma de resolução de conflitos, mera sequência ordenada de atos. Confundia-se processo com procedimento. A jurisdição tinha por função a realização de direitos subjetivos, com nítida matriz privatista. A ação era confundida com a actio, compreendida como inflamação do próprio direito subjetivo quando violado. O procedimentalismo dominava o horizonte do processo civil, visto como simples apêndice do direito material. Em semelhante ambiente, não estranha que a doutrina tenha lhe dedicado atenção não raro ao final de exposições sobre o direito material".

[22] GAIO JÚNIOR, Antônio Pereira. *Direito processual civil*: teoria geral do processo, processo de conhecimento e recursos – v. 1, 2. ed. Belo Horizonte: Del Rey, 2008, p. 6. Diverge o autor do marco referencial utilizado por Carlos Alberto Alvaro de Oliveira, apontando, pois, outro referencial e outra data para o surgimento da fase procedimentalista, assim realizando a referência: É a publicação, em 1807, do '*Code de Procédure Civile*' francês que marca o início da fase propriamente dita 'procedimentalista' do processo civil.

[23] LAMY, Eduardo de Abelar; RODRIGUES, Horácio Wanderlei. *Curso de processo civil*: teoria geral do processo. Florianópolis: Conceito Editorial, 2010, p. 54. "Também denominado de Tendência dos Práticos, teve início na Espanha, no começo do século XVI, espalhando-se posteriormente por toda a Europa e suas colônias, tendo sido mais forte na Península Ibérica. Sua influência foi marcante, estendendo-se até o começo do século XIX. Algumas de suas marcas ainda estão presentes contemporaneamente na doutrina e na técnica processual de diversos países". E concluem: "A denominação praxismo vem de praxe, que significa rotina, uso, aquilo que se pratica habitualmente. Nesse período, o direito processual era considerado pelos juristas como um conjunto de regras práticas sobre a forma de proceder em juízo. A preocupação central era com a forma de realizar o processo. Não havia preocupação com seu estudo teórico. Os estudos desse período estavam repletos de marcante preocupação forense".

[24] LAMY, Eduardo de Abelar; RODRIGUES, Horácio Wanderlei. *Curso de processo civil*: teoria geral do processo. Florianópolis: Conceito Editorial, 2010, p. 55-56. Iniciam dizendo: "Seus precursores já existiam em meados do século XVII, em especial no que se refere ao processo penal. As transformações que se operavam no mundo das idéias gerou um espírito de reforma que procurou harmonizar a legislação criminal com os princípios de justiça e humanismo. Passou-se a observar o processo penal inglês, no qual o procedimento romano-canônico, de tipo inquisitorial, não havia penetrado. Era a preparação para a renovação estrutural dos princípios políticos informadores da justiça penal". E finalizam: "Nasce assim o procedimentalismo, no início do século XIX, na França, espalhando-se rapidamente por toda a Europa. Segundo Castillo, a causa política do seu surgimento foi a Revolução Francesa, em razão de seus ideais de liberdade, igualdade e fraternidade; e a sua causa jurídica, a codificação napoleônica, ao separar, com êxito e ressonância histórica, as legislações processuais dos respectivos corpos legais de direito

Contudo, mesmo assim, não responde esta fase qual a data de seu real início, tendo em vista que o direito processual era parte do direito material e sempre que uma tutela de direito fosse conseguida, mesmo nos tempos mais antigos, haveria ali embutida à ação processual, razão pela qual é de se concluir, que numa linha mais voltada a filosofia do direito processual, sempre que o homem buscou seu direito frente a outro, até que a autonomia do processo fosse devidamente reconhecida, a fase sincretista perdurou numa única fase, abarcando a subfase procedimentalista do processo.[25] A grande derrocada desta fase deu-se pelo simples fato de não pensar o processo como ciência autônoma do direito material, o que viria a ser a grande bandeira levantada pela fase seguinte chamada de processualista.[26]

2. A segunda fase: a processualista

Toda ciência evolui quando seus conceitos são superados por outros, ou seja, quando paradigmas[27] são rompidos. E foi assim que evoluiu a fase metodológica do processo, transformando aquilo que ainda não era ciência, na primeira fase praxista, para aquilo que iniciou a ser estudado como ciência.[28] Este rito de passagem é o que deu força para que, então, se instaurasse uma segunda fase metodológica do processo, na qual conceitos iniciaram a ser desvelados, denominando-se de processualista.

---

material. O procedimentalismo pode ser considerado, de certa forma, como a fase de transição do período de sincretismo metodológico para o período autonomista, estando caracterizada por estudos descritivos e fragmentários de institutos processuais particulares".

[25] GAIO JÚNIOR, Antônio Pereira. *Direito processual civil*: teoria geral do processo, processo de conhecimento e recursos. 2. ed. Vol. I. Belo Horizonte: Del Rey, 2008, p. 6-7. O que parece ser, de igual forma, o entendimento do autor: Inicia: "Em 1667, surgiu o primeiro Código de Processo Civil Francês, tratando-se da 'Ordonnance', do Rei Luís XIV, sobre a justiça civil", e continua "É a publicação, em 1807, do 'Code de Procédure Civile' francês que marca o início da fase propriamente dita 'procedimentalista' do processo civil. Segundo ressalta René Morel, citado por José Frederico Marques, tal publicação não é mais do que uma edição um pouco melhorada da grande ordenança processual de Luís XIV", e alerta que "o 'Code de Procédure Civile' inaugurou os princípios da oralidade, da publicidade e do dispositivo, com atuação mais acentuada do juiz no processo, reduzindo, assim, o formalismo e a morosidade do processo comum", para, após, finalizar: "Apesar de a escola procedimentalista ter promovido uma importantíssima renovação no processo civil, na realidade ela limitou sua elaboração doutrinária ao procedimento, à competência e à organização judiciária. O Direito Processual Civil, somente na fase seguinte, é que ascende à categoria de ciência autônoma, repudiando o epíteto de "adjetivo" que acentua sua posição de mero complemento do Direito Civil, dito "substantivo".

[26] GAIO JÚNIOR, Antônio Pereira. *Direito processual civil*: teoria geral do processo, processo de conhecimento e recursos. 2. ed. Vol. I. Belo Horizonte: Del Rey, 2008, p. 7: Apesar de a escola procedimentalista ter promovido uma importantíssima renovação no processo civil, na realidade ela limitou sua elaboração doutrinária ao procedimento, à competência e à organização judiciária. O Direito Processual Civil, somente na fase seguinte, é que ascende à categoria de ciência autônoma, repudiando o epíteto de 'adjetivo' que acentuava sua posição de mero complemento do Direito Civil, dito 'substantivo'.

[27] KUHN, Thomas S. *A estrutura das revoluções científicas*. Tradução de Beatriz Vianna Boeira e Nelson Boeira. São Paulo: Perspectiva, 2005. Sobre o que se entende por paradigma, a lição de Kuhn é soberana ao referir: "Considero 'paradigmas' as realizações científicas universalmente reconhecidas que, durante algum tempo, fornecem problemas e soluções modelares para uma comunidade de praticantes de uma ciência".

[28] GRECO FILHO, Vicente. *Direito processual civil brasileiro*, volume 1: (teoria geral do processo e auxiliares da justiça). 21. ed. São Paulo: Saraiva, 2009, p. 8. Para o autor o processo só se torna autentico quando o Estado: "[...] proibindo a justiça privada, avocou para si a aplicação do direito como algo de interesse público em si mesmo e, alem disso, estruturando o sistema de direitos e garantias individuais, interpôs os órgãos jurisdicionais entre a Administração e os direitos dos cidadãos, tornando-se, então, o Poder Judiciário um poder político, indispensável ao equilíbrio social e democrático, e o processo um instrumento dotado de garantias para assegurá-lo [...]".

Esta fase é explicada por algumas canetas, como a de Carlos Alberto Alvaro de Oliveira[29] ou a de Daniel Mitidiero.[30]

A frase inicial da citação de Daniel Mitidiero de que o processualismo nasce na Alemanha[31] a partir da conceituação do que vem a ser a relação jurídica processual ganhou vida na obra de Oskar Von Bülow[32] denominada de *teoria das exceções e dos pressupostos processuais*, quando o jurista alemão conseguiu sistematizar referidos pressupostos, diferenciando o direito material do processual,[33] dando-lhes autonomia, o que poderia não ter acontecido sem a importante polêmica criada anteriormente por dois juristas também de nacionalidade alemã (Windscheid e Muther),[34] acerca da *actio* romana.[35]

---

[29] ALVARO DE OLIVEIRA, Carlos Alberto. *Do formalismo no processo civil*: proposta de um formalismo-valorativo. 4. ed. São Paulo: saraiva, 2010, p. 19. Esse quadro só começa a mudar com a obra de Oskar Bülow (1868), jurista que por primeiro estabeleceu de forma sistemática os fundamentos da autonomia do direito processual, embora algumas observações de passagens anteriores da doutrina alemã. Para ele, a relação jurídico-processual não se confundiria com o direito material afirmado em juízo, com a relação jurídica de direito material posta no processo, uma vez que poderia existir esta sem aquela e vice-versa, tudo dependendo do atendimento aos pressupostos inerentes a cada uma dessas específicas situações jurídicas (atendimento aos chamados pressupostos processuais, no que diz respeito ao processo). Com a obra de Bülow e a autonomia do direito processual, inicia-se outra fase metodológica, o conceitualismo ou processualismo, em que predomina a técnica e a construção dogmática das bases científicas dos institutos processuais. Lança-se a processualística à construção da nova ciência (Wach, na Alemanha; Chiovenda e Carnelutti, na Itália, para só citar alguns dos mais expressivos juristas daqueles países). A nova empresa volta-se para a acentuação da separação entre direito material e processo e para construção e aperfeiçoamento conceitual do processo. O processo definitivamente se separa do direito material.

[30] MITIDIERO, Daniel. *Colaboração no processo civil*: pressupostos sociais, lógicos e éticos. 2. ed. São Paulo: Revista dos Tribunais, 2011, p. 35. O processualismo, deveras, nasce com o conceito de relação jurídica processual, sendo esse o objeto da ciência processual. A partir daí, a tarefa da doutrina cifra-se à racional construção do arcabouço dos conceitos do direito processual civil. Não por acaso, pois, aponta-se como marco inicial do processo civil o direito racional, presidido pelas altas e abstratas ideias inerentes ao clima científico da modernidade, nem pode surpreender que já se tenha identificado na produção intelectual de Chiovenda um mentalismo conceitual exacerbado, já que o "doutrinarismo" dominou mesmo os primeiros tempos da história do direito processual civil (o que se deu, vale frisar, por absoluta necessidade, porque se tratava de fundar uma nova ciência, surgindo então a necessidade de se forjarem todos os instrumentos conceituais necessários a tal intento).

[31] MITIDIERO, Daniel. O processualismo e a formação do Código Buzaid. *in Tempestividade e efetividade processual*: novos rumos do processo civil brasileiro. Geraldo Cordeiro Jobim; Denise Estrela Tellini e Marco Félix Jobim (organizadores). Caxias do Sul: Plenum, 2010, p. 109. Aduz: "Como ninguém ignora, o Direito processual civil nasceu como ciência, como um ramo autônomo do Direito, na Alemanha, no final do século XIX, com a publicação da clássica obra de Oskar Bülow sobre exceções e pressupostos processuais (*Die lehre von den processeinreden und die processvoraussetzungen*, 1968)".

[32] BÜLOW, Oskar Von. *Teoria das exceções e dos pressupostos processuais*. Tradução de Ricardo Rodrigues Gama. Campinas – SP: LZN, 2005.

[33] MITIDIERO, Daniel. O processualismo e a formação do Código Buzaid. *in Tempestividade e efetividade processual*: novos rumos do processo civil brasileiro. Geraldo Cordeiro Jobim; Denise Estrela Tellini e Marco Félix Jobim (organizadores). Caxias do Sul: Plenum, 2010, p. 109-110. Defende: "Embora tenha se tornado célebre pela caracterização do processo como relação jurídica processual, tema que ocupa pouco mais de três páginas ao longo de toda a obra, o trabalho de Bülow busca fundamentar a separação entre Direito material e processo a partir da existência de requisitos próprios de formação e desenvolvimento válido do processo (s chamados pressupostos processuais). Daí retira a máxima; pode existir o processo ainda que não exista o Direito material posto em juízo; pode existir o Direito material posto em juízo ainda que não exista o processo. Finca-se aí a independência do Direito processual com relação ao Direito material, que deixa de ser considerado seu simples apêndice".

[34] Recomenda-se a leitura da obra: WINDSCHEID, Bernhard; MUTHER, Theodor. *Polemica sobre La "'actio"*. Tradução de Tomás A. Banzhaf. Buenos Aires: Ediciones Jurídicas Europa-Amércia, 1976, p. XXXIX. Um pouco da importância da obra pode ser vista na intrução de G. Pugliese ao dizer: "En sustancia, solo dónde discuten en torno al concepto de actio ya sea Windscheid, ya sea su crítico Muther, hablan todavia al espíritu del jurista moderno, en cuanto agitan problemas vivos y proponen tesis todavia discutidas. Las demás investigaciones, si bien en si mesmas muy meritorias, interesan sobre todo por La contrabución que aportan al entendimiento preciso de las ideas relativas a aquel tema central. No carece de significado al respecto que ya Muther haya cambiado La perspectiva originaria de Windscheid, consagrando al concepto de actio SUS buenas cincuenta y siete páginas de las en total

A fase também pode ser conhecida do público por outras nomenclaturas, sendo as mais conhecidas a própria do processualismo, e as: (i) cientificismo; (ii) conceitualista ou (iii) autonomista, o que é alertado por Guilherme Botelho.[36] Resta evidenciado que as inúmeras nomenclaturas determinam o mesmo objeto (cientificismo, processualismo, conceitualismo ou autonomismo), qual seja a de que se buscava, nesta fase, a independência do direito processual do direito material pelo fortalecimento de seus conceitos, ganhando, assim, sua própria autonomia.

Assim, esta fase se destinou, praticamente, a conceituar os institutos processuais, tendo sido sistematizada por inúmeros pensadores, conforme expõe Antônio Pereira Gaio Júnior,[37] aliado ao fato de que não existia uma preocupação maior do que o processo pode trazer de benesses ao jurisdicionado ou a sociedade. Isso fez com que o processo começasse a ser visto como mera técnica, pois somente pensados conceitos sobre ele, fazendo com que, após a fase de conceituação, houvesse uma estagnação em sua leitura, o que é destacado por Cândido Rangel Dinamarco[38] ao referir sobre a primeira passagem de Liebman no Brasil. Assim, com a chegada de Liebman ao Brasil e com as ideias trazidas pelos seus estudos realizados na Europa, iniciou-se a pensar um novo modelo de processo para o Brasil, o que culmina na próxima fase metodológica denominada de instrumentalista.

---

ciento noventa y ocho, y profundizando, entro los temas particulares, solo el de La transferencia de las acciones (ciento seis páginas), el cual revestia entonces un específico interes intrínseco; y que Windscheid mismo lo haya seguido en su réplica, an La cual no menos de treinta y una páginas de las ochenta y ocho conciernen al concepto de actio, mientras solo veintidós de las actiones. En lo curso de la polémica también nuestros autores han advertido que el tema al cual convenia dedicarse por razón de un interes teórico no contingente, era el de La posición de La actio en el sistema jurídico".

[35] CINTRA, Antonio Carlos de Araújo; GRINOVER, Ada Pellegrini; DINAMARCO, Cândido Rangel. *Teoria geral do processo*. 27. ed. São Paulo: Malheiros, 2011, p. 139. Relatam os processualistas: "Ali, entre 1856 e 1858, travara-se histórica polêmica entre dois romanistas alemães, Windscheid e Muther, acerca da actio romana e do sentido que devia ser emprestado modernamente à ação. Ali, e sempre na Alemanha, escrevera-se uma obra verdadeiramente revolucionária, que haveria de tornar clara aos olhos de todos os juristas a existência de uma relação jurídico processual distinta da relação de direito material que as partes trazem para ser apreciada pelo juiz (trata-se de famoso livro de Oskar von Bulow, do ano de 1868). Ali, a partir desses trabalhos pioneiros, houvera uma efervescência de ideias e de doutrinas, especialmente sobre a natureza da ação, que veio a colocar o direito processual definitivamente como verdadeira ciência, com objeto e método próprios, libertando-a da condição de mero apêndice do direito privado".

[36] BOTELHO, Guilherme. *Direito ao processo qualificado*: o processo civil na perspectiva do Estado constitucional. Porto Alegre: Livraria do Advogado, 2010, p. 22-23. A autonomia do direito processual como ciência tem o marco em conformidade com a doutrina remansosa, na obra de Oskar Büllow em 1868. Inicia-se o cientificismo, ou processualismo ou, como também, por vezes é lembrada, a fase conceitualista ou autonomista do direito processual. É justamente nesse estágio que o direito processual passa, pouco a pouco, a ser reconhecido como remo do direito, deixando de ser mera técnica para se constituir em ciência.

[37] GAIO JÚNIOR, Antônio Pereira. *Direito processual civil*: teoria geral do processo, processo de conhecimento e recursos. 2. ed. Vol. I. Belo Horizonte: Del Rey, 2008, p. 7. Refere: "Na elaboração doutrinária do Direito Processual Civil científico, alguns nomes se destacam no período científico", e finaliza: "Na Itália: Chiovenda, Carnelutti, Calamandrei, Redenti e Alfredo Rocco; em Portugal: José Alberto dos Reis; na Espanha: Prieto Castro e Jaime Guasp; na Alemanha: Köhler, Wach, Bülow, Degenkolb, Stein e Hellwig; na Hungria: Plósz; na Áustria: Franz Klein e Wolf; na Argentina: Hugo Alsina e Davi Lascano; no Uruguai: Eduardo Courture; na França: René Morel, Henri Solus e Roger Perrot; na Venezuela: Luiz Loreto; na Colômbia: Hernando Devis Echandia e os europeus exilados em terras americanas: Liebman, Alcalá-Zamora, Rafael de Pina e Sentis Melendo".

[38] DINAMARCO, Cândido Rangel. *Fundamentos do processo civil moderno*. Vol. I. 6. ed. São Paulo: Malheiros, 2010, p. 33. Quando chegou ao Brasil no ano de 1939, Liebman aqui encontrou uma cultura processualística muito diferente da sua – e estranhou. Em escrito elaborado alguns anos depois da volta à Itália chegou a dizer que, observando o funcionamento do processo civil brasileiro, "tem-se a impressão de estar-se encostado a uma janela e assistir, surpreso e interessado, ao desenrolar em plena vida de institutos e relações das quais tínhamos tido até então um conhecimento indireto a partir dos empoeirados volumes de Durante e Bártolo". Teve a impressão de estar de volta ao direito comum da Itália medieval, ao seu formalismo mais acentuado e a certos institutos ou técnicas que ali foram superados pelos séculos ou que em terras italianas jamais chegaram a impor-se.

3. A terceira fase: o instrumentalismo

Criados os conceitos, ou seja, as bases teóricas para a aplicação do processo civil brasileiro, não poderia mais ele se conformar em ser mera técnica, baseado unicamente em formas, como outrora havido sido o direito romano. Outras preocupações vieram com a sistematização do direito processual, o que começou a ser respondido pela criação de uma terceira fase metodológica denominada de instrumentalismo, a qual foi a alavancadora das propostas para a realização do Código de Processo Civil de 1973,[39] assim como, ainda hoje, tem sido a mais difundida em solo brasileiro.[40]

A terceira fase é sistematizada no Brasil pela escola paulista de processo, conforme anuncia Jônatas Luiz Moreira de Paula[41] e é melhor que seja conceituada pela pena de seu maior sistematizador, que a define como um sistema que se apoia emescopos sociais, políticos e jurídicos, cada qual com uma função específica,[42] conceito este já trabalhado, também, por Kazuo Watanabe.[43]

---

[39] BUZAID, Alfredo. *Estudos e pareceres de direito processual civil*. São Paulo: Revista dos Tribunais, 2002, p. 32-33. No trecho a seguir ressalta o processualista as linhas que adotou para a elaboração do anteprojeto que se tornou o Código de Processo Civil atual, nas quais estava o pensamento de que o processo é instrumento que Estado dispõe aos litigantes, ao afirmar: "Antes de determinarmos as linhas fundamentais do sistema do Código de Processo Civil brasileiro, parece-nos de toda conveniência definir a orientação da política legislativa que presidiu a elaboração do anteprojeto, os princípios que o inspiraram e a metodologia que foi adotada. Desde os meados do século XIX vem passando o direito processual civil por intensa revisão dos seus conceitos fundamentais, podendo assinalar-se desde logo seus ideias que nele repercutiram profundamente. Uma delas foi a noção do *Estado moderno*, que monopolizou a administração da justiça e elevou o Poder Judiciário à eminência de órgão da soberania nacional. Foram suprimidas as antigas justiças municipais, eclesiásticas, universitárias e feudais; em seu lugar se implantou a justiça do Estado como atividade exercida por órgãos próprios do Poder. Outra ideia foi a de *relação jurídica* que, aplicada ao processo civil, permitiu entendê-lo como o instrumento que o Estado põe à disposição dos litigantes para dirimir conflitos de interesses. Nasceu daí o conceito de relação jurídica processual, que se forma entre os contendores e o Estado, ora representado por um *ângulo*, ora por um *triângulo*, ora por suas *paralelas*. O processo civil que, por largo tempo, foi havido como um apêndice do direito civil, liberta-se desse vínculo e adquire plena autonomia, elevando-se à categoria de ciência no quadro geral do direito".

[40] MACEDO, Elaine Harzheim; MACEDO, Fernanda dos Santos. *O direito processual civil e a pós-modernidade*. No prelo. Em artigo recente, ainda não publicado, mas selecionado para disputar o prêmio do Conpedi, as autoras ilustram a afirmativa ao afirmarem: "Diante da evolução metodológica do processo civil, torna-se também indispensável abordar a ideia central do chamado instrumentalismo, pois não só corresponde à majoritária aceitação na doutrina pátria, vigorando no cenário jurídico brasileiro, mas, cedico, vem exercendo forte influência sobre a hemorrágica produção legislativa que os últimos anos o processo civil recebeu. Em apertada síntese, pode-se afirmar que o instrumentalismo consiste na fase em que o processualista investe esforços para desenvolver meios de aperfeiçoar o exercício da prestação jurisdicional, tornando tal prestação mais segura e, na medida do possível, mais célere, já que objetiva aproximar a tutela jurisdicional do valor justiça. O processo é instrumento que serve ao fim – essencialmente estatal – de alcançar os escopos sociais, jurídicos e políticos, na distribuição dos bens da vida e na composição dos conflitos".

[41] PAULA, Jônatas Luiz Moreira de. *História do direito processual brasileiro*: das origens lusas à escola crítica do processo. Barueri: Manole, 2002, p. 356. Modernamente, percebe-se que a Escola Paulista apresenta uma nova tendência, a instrumental, que se apresenta ao lado da tendência técnica, ainda vinculada com as origens da escola. A tendência instrumental, que especula as reformulações do processo por escopos políticos, sociais e jurídicos, tem entre seus integrantes nomes de escol, como Cândido Rangel Dinamarco e Ada Pellegrini Grinover, ambos vinculados à Universidade de São Paulo.

[42] DINAMARCO, Cândido Rangel. *A instrumentalidade do processo*. 12. ed. São Paulo: Malheiros, 2005. Recomenda-se, para a compreensão dos escopos, o capítulo IV (escopos da jurisdição e instrumentalidade), entre as páginas 181-203.

[43] WATANABE, Kazuo. *Da cognição no processo civil*. Campinas: Bookseller, 2000, p. 20-21. O conceito do processualista de instrumentalismo também é de ser conferida, tendo em vista que vai um pouco além daquele instrumentalismo meramente formal, ao expor: "Do conceptualismo e das abstrações dogmáticas que caracterizam a ciência processual e que lhe deram foros de ciência autônoma, partem hoje os processualistas para a busca de um

INQUIETAÇÕES JURÍDICAS CONTEMPORÂNEAS

O processo deixa de preocupar-se somente com seus pressupostos internos e ganha contornos sociais, políticos e jurídicos na fase instrumentalista, o que se denomina de escopos que devem ser alcançados pelo processo. Para cada escopo, Cândido Rangel Dinamarco atribui fins que o processo deve perseguir, como: (i) a paz social e a educação do povo naquele que chama de social; (ii) a afirmação da autoridade do Estado naquele que chama de político e finalmente (iii) na busca da vontade concreta do direito naquilo de denomina de escopo jurídico, o que pode ser lido, inclusive, por autores da escola gaúcha como Carlos Alberto Alvaro de Oliveira.[44]

Então, para a escola paulista, o processo encontra-se estagnado nesta fase[45] ou ainda, dizem Antonio Carlos de Araújo Cintra, Ada Pellegrini Grinover e Cândido Rangel Dinamarco que "a terceira fase está longe de exaurir o seu papel reformista".[46] Note-se que os autores chegam a afirmar que a doutrina identifica a nova fase como a instrumentalista, sem sequer fazer referências as outras escolas de processo e suas fases, como é o caso, também, da pena de José Roberto dos Santos Bedaque.[47] Ao abrir sua conceituação para os escopos do processo, facilmente qualquer

---

instrumentalismo mais efetivo do processo, dentro de uma ótica mais abrangente e mais penetrante de toda a problemática sociojurídica. Não se trata de negar os resultados alcançados pela ciência processual até esta data. O que se pretende é fazer dessas conquistas doutrinárias e de seus melhores resultados um sólido patamar para, com uma visão crítica e mais ampla da utilidade do processo, proceder ao melhor estudo dos institutos processuais – prestigiando ou adaptando ou reformulando os institutos tradicionais, ou concebendo institutos novos –, sempre com a preocupação de fazer com que o processo tenha plena e total aderência à realidade sociojurídica a que se destina, cumprindo sua primordial vocação que é a de servir de instrumento à efetiva realização dos direitos. É a tendência ao instrumentalismo que se denominaria substancial em contraposição ao instrumentalismo meramente nominal ou formal".

[44] ALVARO DE OLIVEIRA, Carlos Alberto. *Do formalismo no processo civil*: proposta de um formalismo-valorativo. 4. ed. São Paulo: saraiva, 2010, p. 20. O próximo passo deu-se com o surgimento da ideia de que o processo deve ser sempre encarado em conjunto com a sua finalidade primacial de realização do direito material. Chega-se, assim, ao instrumentalismo: o processo passa a ser visto como instrumento de realização do direito material, cabendo à jurisdição o papel de declarar a vontade concreta do direito. Ainda se verifica o predomínio do positivismo, embora outras concepções do mundo jurídico comecem a surgir aqui e ali. O juiz passa a ser ativo. A jurisdição vem a ocupar o papel central na teoria do processo, sendo ressaltada como verdadeiro pólo metodológico. Prepondera o enfoque técnico e o único valor destacado pelos processualistas, mesmo assim apenas a partir dos anos 1970 do século XX, é o da efetividade. O direito constitucional, embora já objeto de alguma elaboração doutrinária, não é colocado em lugar de destaque e geralmente é compreendido tão somente na ótica das garantias, vale dizer, como noção fechada, de pouco mobilidade, visualizada mais como salvaguarda do cidadão contra o arbítrio estatal.

[45] DINAMARCO, Cândido Rangel. *A instrumentalidade do processo*. 13. ed. São Paulo: Malheiros, 2008, p. 22-23. Com tudo isso, chegou o *terceiro momento metodológico* do direito processual, caracterizado pela consciência da instrumentalidade como importantíssimo polo de irradiações de ideias e coordenador dos diversos institutos, princípios e soluções. O processualista sensível aos grandes problemas jurídicos sociais e políticos do seu tempo e interessado em obter soluções adequadas sabe que agora os conceitos inerentes à sua ciência já chegaram a níveis mais do que satisfatórios e não se justifica mais a clássica postura metafísica consistente nas investigações conceituais destituídas de endereçamento teleológico. Insistir na autonomia do direito processual constitui, hoje, como que preocupar-se o físico com a demonstração da divisibilidade do átomo. Nem se justifica, nessa quadra da ciência processual, pôr ao centro das investigações a polêmica em torno da natureza privada, concreta ou abstrata da ação; ou as sutis diferenças entre a jurisdição e as demais funções estatais, ou ainda a precisa configuração conceitual do *jus excepcionis* e sua suposta assimilação à ideia de ação. O que conceitualmente sabemos dos institutos fundamentais deste ramo jurídico já constitui suporte suficiente para o que queremos, ou seja, para a construção de um sistema jurídico-processual apto a conduzir resultados práticos desejados. Assoma, nesse contexto, o chamado aspecto ético do processo, a sua conotação *deontológica*.

[46] CINTRA, Antonio Carlos de Araújo; GRINOVER, Ada Pellegrini; DINAMARCO, Cândido Rangel. *Teoria geral do processo*. 27. ed. São Paulo: Malheiros, 2011, p. 49.

[47] BEDAQUE, José Roberto dos Santos. *Direito e processo*: influência do direito material sobre o processo. 5. ed. São Paulo: Malheiros, 2009, p. 17. Afirma o processualista: A ciência processual no Brasil encontra-se na fase de sua evolução que autorizada doutrina doutrina identifica como instrumentalista. É a conscientização de que a importância do processo está em seus resultados.

fase nova a ser criada poderá se enquadrar num dos escopos da fase instrumentalista – (i) social, (ii) político ou (iii) jurídico – estando aí a grande sacada criada para que nenhuma outra fase seja admitida por esta escola, pois estará eternamente jovem com a releitura de seus institutos pela evolução, quer seja ela social, jurídica ou política.

Contudo, a fase instrumentalista acaba ela mesma caindo no mesmo defeito que a fase processualista caiu, sendo pensado o processo como mera aplicação, mera técnica,[48] dos escopos idealizados por Cândido Rangel Dinamarco. A crítica é fundamentada por Guilherme Rizzo Amaral[49] ao explicar que o processo continua preso à técnica quando o juiz vira refém do escopo social, ou seja, dos valores elencados pela sociedade, crítica esta que pode ser alargada ao escopo político, o que não pode ser chancelado, haja vista a existência de um extenso rol de ações para o controle de constitucionalidade das leis o que interfere, direta e indiretamente, na política.

Assim, a crítica faz com que o instrumentalismo esvazie o próprio escopo processual de valores, pois concede, ao alargar o campo para outros dois escopos – social e político – força igual ou maior para estes, o que denota um enfraquecimento da própria acepção do que vem a ser processo e da jurisdição, concedendo um amplo poder discricionário a cada juiz que poderá julgar, no mais das vezes, conforme o entendimento que ele próprio tem de determinado fato social,[50] trazendo insegurança ao jurisdicionado e, consequentemente, ao Estado Constitucional.[51]

---

[48] KEPPEN, Luiz Fernando Tomasi; MARTINS, Nadia Bevilaqua. *Introdução à resolução alternativa de conflitos*: negociação, mediação, levantamento de fatos, avaliação técnica independente. Curitiba: JM Livraria Jurídica, 2009, p. 14. Também é de ser apontada a crítica realizada pelos autores: "O Direito Processual Civil tem que ser repensado como parte do campo da resolução de conflitos sociais, no qual ele tem um papel institucional preponderante, mas não como um fim em si mesmo. Tem sido estudado como disciplina autônoma e cultivado há mais de um século, encontrando grande estabilidade conceitual pelo mecanicismo, o positivismo e o especialismo, que geraram o tecnicismo. O seu foco é o conhecimento técnico, pela perspectiva da ação em juízo. Os manuais de processo civil, inúmeros e em sua maioria tecnicamente bem estruturados, preocupam-se em programá-lo para redigir a petição inicial, a contestação, participar em contraditório, avaliar a sentença, recorrer, executar...Essa mentalidade caducou ao final do século passado".

[49] AMARAL, Guilherme Rizzo. *Cumprimento e execução de sentença sob a ótica do formalismo-valorativo*. Porto Alegre: Livraria do Advogado, 2008, p. 30. A ciência processual em si, dentro dessa ótica, nada tem a oferecer em termos axiológicos. Não é ela, a ciência, que traz em si mesma premissas para a aplicação da norma processual. Toda a carga axiológica está adstrita ao campo social, e a ciência processual, não obstante o argumento contrário, continua restrita à mera técnica, cuja eleição depende da apreensão, pelo juiz, dos valores reconhecidos pela sociedade.

[50] AMARAL, Guilherme Rizzo. *Cumprimento e execução de sentença sob a ótica do formalismo-valorativo*. Porto Alegre: Livraria do Advogado, 2008, p. 34. O autor também alerta para o fato, ao referir: O instrumentalismo não reconhece nas formas, ou no formalismo, a presença de qualquer valor. Ele prega um método de pensamento por meio do qual o intérprete é encarregado de apreender tais valores (e, para tanto, sua fontes são ilimitadas, partindo da Constituição Federal, mas estendendo-se para o próprio campo social em que vive) e com isso pacificar, com a maior efetividade possível, o conflito que lhe é apresentado. Sua tarefa é 'pacificar segundo critérios de justiça', mas tais critérios não estão definidos nas formas processuais, e sim no seu raciocínio particular.

[51] MITIDIERO, Daniel. *Processo civil e Estado constitucional*. Porto Alegre: Livraria do Advogado, 2007, p. 15-30. Talvez a nomenclatura que melhor se amolde à tese seria a de Estado Constitucional, trabalhada pelo autor na parte I da obra, na qual o diferença dos modelos do *Rule of Law*, codificado e não codificado, o *État Légal* e o *Rechtsstaat*, até mesmo em razão do que se falará posteriormente sobre cultura constitucional. Também faz parte do estudo de seu doutorado. Id. *Colaboração no processo civil*: pressupostos sociais, lógicos e éticos. 2. ed. São Paulo: Revista dos Tribunais, 2011, p. 55-68.

*3.1. O instrumentalismo constitucional,
o pós-instrumentalismo ou o neo-instrumentalismo?*

Quando se trabalhar sob a ótica das demais escolas de processo brasileiras, será colocada em xeque a fase metodológica da instrumentalidade do processo, o que não parece abalar sua estrutura, bastando, para isso, circular sobre as notas conclusivas da obra de Cândido Rangel Dinamarco[52] para ver que ele defende o repúdio a uma visão meramente instrumental do processo vista, exclusivamente, sob o ângulo interno, até mesmo por ser uma lógica a partir dos escopos com que se deve preocupar, aliado ao fato de que entende o processualista que o direito processual constitucional traz uma imensa utilidade ao processo em, pelo menos, dois sentidos: (i) quando a Constituição regra o andamento do processo e (ii) quando o processo é instrumento de concretização do texto constitucional.

A tese da instrumentalidade do processo foi produzida ainda antes da Constituição Federal de 1988, o que, aparentaria, caso não observada as ressalvas acima, que seu conteúdo não estivesse amoldado aos ditames constitucionais, o que parece não ser, nem de perto, a intenção do seu autor. Com isso, caso figure uma estranheza quanto à nomenclatura e o conteúdo inicial da tese, o que impediria que se relesse a mesma, quem sabe até mesmo com um nome, como um pós-instrumentalismo ou neoinstrumentalismo? Tudo isso em virtude de outra pergunta que antecede a nomenclatura: o processo, no Estado Constitucional, deixa de ser instrumento?

Parece que a resposta encontra guarida na leitura de Sérgio Gilberto Porto e Guilherme Athayde Porto,[53] ao denominarem esta nova concepção instrumentalista de instrumentalidade constitucional, o que parece fazer mais sentido se a fase metodológica do instrumentalismo sobreviver pelos novos ventos que sopram para uma nova fase, o que se passa a expor.

4. A quarta fase: o Formalismo-valorativo?

Já referido acima que a escola paulista de processo sequer menciona existir uma tentativa de quarta fase metodológica do processo civil, consubstanciada no que a escola gaúcha denomina ser de formalismo-valorativo. Tal tese tem como escopo inicial o trabalho de doutorado desenvolvida pelo Professor Titular aposentado da Universidade Federal do Rio Grande do Sul Carlos Alberto Alvaro de Oliveira, defendida na Universidade de São Paulo, premiada com a medalha Pontes de Miranda, hoje já em obra editada em sua quarta edição. Sobre o que vem a ser esta nova fase, nada mais justo que as palavras de seu próprio criador[54] que a define como

---

[52] DINAMARCO, Cândido Rangel. *A instrumentalidade do processo.* 12. ed. São Paulo: Malheiros, 2005, p. 382.

[53] PORTO, Sérgio Gilberto; PORTO, Guilherme Athayde. *Lições sobre teorias do processo* – civil e constitucional. Porto Alegre: Livraria do Advogado, 2013, p. 20-22.

[54] ALVARO DE OLIVEIRA, Carlos Alberto. *Do formalismo no processo civil*: proposta de um formalismo-valorativo. 4. ed. São Paulo: saraiva, 2010, p. 22-23. "Muito mais consentâneo ao nosso ambiente cultural revela-se colocar o processo no centro da teoria do processo. Valoriza-se aí, em maior escala, o papel de todos que nele tomam parte, o modelo cooperativo de processo civil e o valor participação inerente à nossa democracia constitucional". "Tudo conflui, pois, à compreensão do processo civil a partir de uma nova fase metodológica – o formalismo-valorativo. Além de equacionar de maneira adequada as relações entre direito e processo, entre processo e Constituição

sendo aquela que aloca o processo para o centro da teoria geral, equacionando de maneira adequada direito e processo e processo e Constituição.

A transição é referida por Daniel Mitidiero[55] fazendo alusão de que se trata de uma fase que supera o olhar instrumentalista, tendo em vista que é chegado o momento da evolução cultural para pensar o processo sob determinados valores constitucionalmente assegurados. Assim, nota-se que no âmbito acadêmico, em especial no Rio Grande do Sul,[56] já existem autores que defendem que o formalismo-valorativo já é consagrado como uma nova fase metodológica do processo civil brasileiro, fase agarrada em um processo que não destoe de seu compromisso com os direitos fundamentais e com o estado constitucional de direito.

Contudo, o que dificulta o ingresso desta quarta fase na doutrina nacional é, nas palavras de Guilherme Botelho,[57] a sua falta de publicização, o que já ocorre em demasia na escola paulista, sendo que elenca algumas sugestões para o surgimento e fortalecimento de uma escola, que são: existência de mestres, de estudantes interessados e uma linha de pensamento que norteie a escola.[58] Parece que a escola gaúcha

---

e colocar o processo no centro da teoria do processo, o formalismo-valorativo mostra que o formalismo do processo é formado a partir de valores – justiça, igualdade, participação, efetividade, segurança –, base axiológica a partir da qual ressaem princípios, regras e postulados para sua elaboração dogmática, organização, interpretação e aplicação". "Nessa perspectiva, o processo é visto, para além da técnica, como fenômeno cultural, produto do homem e não da natureza. Nele os valores constitucionais, principalmente o da efetividade e o da segurança, dão lugar a direitos fundamentais, com características de normas principais. A técnica passa a segundo plano, consistindo em mero meio de atingir o valor. O fim último do processo já não é mais apenas a realização do direito material, mas a concretização da justiça material, segundo as peculiaridades do caso. A lógica é argumentativa, problemática, da racionalidade prática. O juiz, mais do que ativo, deve ser cooperativo, como exigido por um modelo de democracia participativa e a nova lógica que informa a discussão judicial, ideias essas inseridas em um novo conceito, o de cidadania processual".

[55] MITIDIERO, Daniel. *Colaboração no processo civil*: pressupostos sociais, lógicos e éticos. 2. ed. São Paulo: Revista dos Tribunais, 2011, p. 50-51. "Como o novo se perfaz afirmando-se contrariamente ao estabelecido, confrontando-o, parece-nos, haja vista o exposto, que o processo civil brasileiro já está a passar por uma quarta fase metodológica, superada a fase instrumentalista. Com efeito, da instrumentalidade passa-se ao formalismo-valorativo, que ora se assume como um verdadeiro método de pensamento e programa de reforma de nosso processo. Trata-se de uma nova visão metodológica, uma nova maneira de pensar o direito processual civil, fruto de nossa evolução cultural". "O processo vai hoje informado pelo formalismo-valorativo porque, antes de tudo, encerra um formalismo cuja estruturação responde a valores, notadamente aos valores encartados em nossa Constituição. Com efeito, o processo vai dominado pelos valores justiça, participação leal, segurança e efetividade, base axiológica da qual ressaem princípios, regras, postulados para sua elaboração dogmática, organização, interpretação e aplicação. Vale dizer: do plano axiológico ao plano deontológico".

[56] GÓES, Gisele Santos Fernandes. Quais as bases científicas para um renovado direito processual. In CARNEIRO, Athos Gusmão; CALMON, Petrônio. *Bases científicas para um renovado direito processual*. 2. ed. Salvador: JusPODIVM, 2009, p. 863. Em que pese já existir autores de outros Estados defendendo a nova fase como a professora da Universidade do Pará que assim expõe: "Se a ideologia, aqui não como falsa consciência, como defendida por Marilena Chauí, for a do novo ou renovado Direito Processual, instaurando-se o que se poderia chamar de nova fase, sem sombra de dúvida, ela PE a da tutela constitucional focada no formalismo valorativo (Picardi; Alvaro de Oliveira; Daniel Mitidiero)".

[57] BOTELHO, Guilherme. *Direito ao processo qualificado*: o processo civil na perspectiva do Estado constitucional. Porto Alegre: Livraria do Advogado, 2010, p. 32. Aparentemente, apenas não são notadas as referências doutrinárias quanto a uma Escola gaúcha de processo, como se vê em São Paulo, pela ausência de um interesse comum ou de um método comum de pensamento.

[58] BOTELHO, Guilherme. *Direito ao processo qualificado*: o processo civil na perspectiva do Estado constitucional. Porto Alegre: Livraria do Advogado, 2010, p. 32, nota de rodapé 89. Uma escola precisa de três fatores para formação: Exige grandes mestres capazes de articular seus alunos em torno de um interesse comum. Exige, obviamente, alunos; mas não apenas alunos e sim estudantes interessados e abdicados, isto é, dispostos a receber esse método de pensamento, incorporando-o a sua formação. E, por fim, um método de pensamento, um interesse comum que dê vazão à formação da Escola, tornando possível enxergá-la pelos que de fora analisam os textos de seus integrantes. Em suma, uma bandeira. Acredita-se que apenas lhes faltou este último fator.

tem trabalhado, sobremaneira, para o reconhecimento nacional e internacional, não só dela, mas da fase do formalismo-valorativo que, adianta-se, não se sabe se será aquela na qual todos os anseios do fenômeno processo serão, definitivamente, respondidos.

5. A quarta fase: o neoprocessualismo?

A expressão neoprocessualismo[59] é uma fase metodológica pensada por Fredie Didier Jr, no qual se defende um processo civil voltado para o processo descrito na Constituição Federal de 1988. Antes de adentrar na conceituação da fase, cumpre esclarecer o entendimento do processualista baiano[60] acerca das fases metodológicas do processo, o qual não foge do que já é, praticamente, consenso, ao afirmar a existência do: (i) praxismo; (ii) processualismo e (iii) instrumentalismo. Contudo, avança nelas para denominar outra fase que se está vivenciando nos dias atuais, afirmando que o neoprocessualismo abarca este novo modelo teórico que trabalha sob a ótica da Constituição Federal.[61]

Após discorrer sobre esta que seria uma nova fase metodológica com os olhos voltados à Constituição Federal, aponta que ela e a fase metodológica denominada de formalismo-valorativo são as mesmas, embora de nomenclaturas diferenciadas.[62]

---

[59] Embora a expressão já tenha sido trabalhada, também na obra: CAMBI, Eduardo. *Neoconstitucionalismo e neoprocessualismo*: direitos fundamentais, políticas públicas e protagonismo judiciário. São Paulo: Revista dos Tribunais, 2009.

[60] DIDIER JR, Fredie. Teoria do processo e teoria do direito. In TELLINI, Denise Estrella; JOBIM, Geraldo Cordeiro; JOBIM, Marco Félix. *Tempestividade e efetividade processual: novos rumos do processo civil brasileiro*. Caxias do Sul: Plenum, 2010, p. 199. A evolução histórica do direito processual costuma ser dividida em três fases: a) praxismo ou sincretismo, em que não havia a distinção entre o processo e o direito material: o processo era estudado apenas em seus aspectos práticos, sem preocupações científicas; b) processualismo, em que se demarcam as fronteiras entre o direito processual e o direito material, com o desenvolvimento científico das categorias processuais; c) instrumentalismo, em que, não obstante se reconheçam as diferenças funcionais entre o direito processual e o direito material, se estabelece entre eles uma relação circular de interdependência: o direito processual concretiza e efetiva o direito material, que confere ao primeiro o seu sentido.

[61] DIDIER JR, Fredie. Teoria do processo e teoria do direito. In TELLINI, Denise Estrella; JOBIM, Geraldo Cordeiro; JOBIM, Marco Félix. *Tempestividade e efetividade processual: novos rumos do processo civil brasileiro*. Caxias do Sul: Plenum, 2010, p. 200. "Parece mais adequado, porém, considerar a fase atual como uma quarta fase da evolução do direito processual. Não obstante mantidas as conquistas do processualismo e do instrumentalismo, a ciência teve de avançar, e avançou". "Fala-se, então, de um Neoprocessualismo: o estudo e a aplicação do Direito Processual de acordo com esse novo modelo de repertório teórico. Já há significativa bibliografia nacional que adota essa linha". "O termo Neoprocessualismo tem uma interessante função didática, pois remete rapidamente ao Neoconstitucionalismo, que, não obstante a sua polissemia, traz a reboque todas as premissas metodológicas apontadas, além de toda a produção doutrinária a respeito do tema, já bastante difundida". "Demais disso, o termo Neoprocessualismo também pode ser útil por bem caracterizar um dos principais aspectos deste estágio metodológico dos estudos sobre o direito processual: a revisão das categorias processuais (cuja definição é a marca do processualismo do final do século XIX e meados do século XX), a partir de novas premissas teóricas, o que justifica o prefixo 'neo'".

[62] DIDIER JR, Fredie. Teoria do processo e teoria do direito. In TELLINI, Denise Estrella; JOBIM, Geraldo Cordeiro; JOBIM, Marco Félix. *Tempestividade e efetividade processual: novos rumos do processo civil brasileiro*. Caxias do Sul: Plenum, 2010, p. 200-201. Na Universidade Federal do Rio Grande do Sul (Brasil), sob a liderança de Carlos Alberto Alvaro de Oliveira, costuma-se denominar esta fase do desenvolvimento do direito processual de formalismo-valorativo, exatamente para destacar a importância que se deve dar aos valores constitucionalmente protegidos na pauta de direitos fundamentais na construção e aplicação do formalismo processual. As premissas deste pensamento são exatamente as mesmas do chamado Neoprocessualismo, que, aliás, já foi considerado um formalismo ético, na feliz expressão de Rodrigo Uribes. Embora seja correto afirmar que se trate de uma construção teórica que nasce no contexto histórico do Neoconstitucionalismo, o formalismo-valorativo pauta-se, também, no

Em que pese o referido por Fredie Didier Jr., não nos pareça que ambas sejam a mesma fase, embora tenham seu marco teórico no respeito aos direitos fundamentais dispostos na Constituição Federal. A fase do formalismo-valorativo, claramente, elenca dois paradigmas de interpretação que deverão balizar o processo civil brasileiro, quais sejam: (i) o da efetividade e (ii) da segurança jurídica. Salvo melhor juízo, a fase neoprocessualista não elenca princípios que darão releitura aos demais, sendo todos iguais na busca de um processo mais justo.[63]

6. A quarta fase: o neo-institucionalismo?

A escola mineira de processo, que tem como um de seus pontos estruturais de apoio às teses lá desenvolvidas o marco teórico habermasiano,[64] também acredita estar o processo civil brasileiro vivenciando uma nova fase metodológica que denomina de neoinstitucionalista. Refere Rosemiro Pereira Leal[65] que o neoinstitucionalismo é uma conquista da pós-modernidade, na qual o processo ganha contornos discursivos constitucionalizados, sendo, pois, uma conquista da própria cidadania.

Note-se que, conforme leitura do texto foi o próprio Rosemiro Pereira Leal que criou a fase denominada de neo-institucionalista.[66] Claramente existe uma preocupação nesta fase com a consonância do processo com texto constitucional, o que

---

reforço dos aspectos éticos do processo, com especial destaque para a afirmação do princípio da cooperação [...], que é decorrência dos princípios do devido processo legal e da boa-fé processual. Agrega-se, aqui, o aspecto da moralidade, tão caro a boa parte dos pensadores 'neconstitucionalistas'.

[63] Cumpre referir que o articulista entende que não se pode trabalhar sob a ótica de um processo justo sem falar, antes, num procedimento (rito) justo.

[64] LEAL, André Cordeiro. *Instrumentalidade do processo em crise*. Belo Horizonte: Mandamentos, 2008, p. 146. Sobre o marco teórico de Habbermas refere o autor: "A forma de tornar possível a legitimidade permanente do direito se dará mediante a institucionalização jurídica das condições para a ação comunicativa (ou, como quer Habermas, as condições pragmáticas do discurso), ou seja, através do estabelecimento de normas jurídicas por via das quais se permita uma constante participação dos destinatários das normas na produção normativa, afastando, assim, a contingência de decisões arbitrárias ou que determinem o retorno continuado à *autopoiesis*".

[65] LEAL, Rosemiro Pereira. *Teoria geral do processo*: primeiros estudos. 9. ed. Rio de Janeiro: Forense, 2010, p.35-36. Na presente etapa histórica, que é a do pós-modernismo, isto é: um pós-mundo posto pelo homem sem pressupostos históricos condicionadores, falar em *processo* como instituição jurídica que ao lado do Estado, do povo, da cidadania, da soberania popular, contém princípios próprios definidos nas garantias do contraditório, da ampla defesa, da isonomia, reunidos pelo instituto do *devido processo*, não é mais uma nomenclatura de incontornável imprecisão como acreditara Couture ao se desfiliar da teoria institucional do Processo pela visão do processualista espanhol Jaime Guasp. Diga-se o mesmo das ligeiras anotações do Prof. Aroldo Plínio Gonçalves que põe a teoria do processo como instituição, no bloco das 'construções frágeis' e no mesmo perfil anacrônico das teorias do processo como contrato, quase contrato e serviço público. Na *pós-modernidade*, o conceito de *Processo*, como *instituição*, não se infere pelas lições de Maurice Hauriou ou dos administrativistas franceses do século XIX ou dos processualistas e juristas dos primeiros quatéis do século XX, sequer pelas posições sociológicas de Guasp e Morel, mas pelo grau de autonomia jurídica constitucionalizada a exemplo do que se desponta no discurso do nosso texto constitucional, como conquista teórica da cidadania juridicamente fundamentalizada em princípios e institutos de proposição discursiva e ampliativa em réplica ao colonialismo dos padrões repressores de 'centração psicológica e política' dos chamados Estados-nações hegemônicos. Essas seriam as diretrizes da teoria neo-institucionalista do processo que elaborei.

[66] LEAL, André Cordeiro. *Instrumentalidade do processo em crise*. Belo Horizonte: Mandamentos, 2008, p. 148. Refere o processualista mineiro: "No plano do Direito Processual, em sua matriz neo-institucionalista, encontra-se uma proposta teórica consistente que explica como a principiologia constitucional do processo (contraditório, ampla defesa e isonomia) pode ser entendida como asseguratória dessas condições de legitimidade decisória, explicando como o princípio do discurso pode ser institucionalizado (princípio de democracia)".

também é abarcado pelas duas fases anteriores apontadas (formalismo-valorativo e neoprocessualismo). Aliado a isso, a fase neo-institucionalista aponta ser o processo uma conquista da cidadania que a fundamenta por meio dos princípios e institutos, com o marco da teoria discursiva[67] em seu bojo.

A fase, embora interessante para estudo, não se mostra propensa a pensar o processo brasileiro. Isso, pois, a complexidade da teoria habermasiana traz dificuldades não só ao seu entendimento, com magistrados tendo que compreender uma teoria filosófica altamente complexa, quando são treinados desde os bancos acadêmicos para um pensamento mais dogmático, quanto a sua aplicação num Poder Judiciário obsoleto e com juízes, no mais das vezes, tendo que lidar com dezenas de milhares de processo sob sua jurisdição.[68] Pedir que seja aplicada uma teoria discursiva altamente complexa[69] durante o tramitar do processo, na atualidade, é desconhecer a realidade forense.

7. Qual fase metodológica abarca o momento cultural atual?

Podem existir, dependendo da ótica a ser adotada, uma série de fases metodológicas do processo, sendo que, para fins de complementação deste estudo, cingiremos a classificação mais comum, na qual se atribui três fases bem delimitadas, quais sejam: (i) o praxismo; (ii) o processualismo e (iii) o instrumentalismo, realizando um esforço para saber se existe uma quarta fase que pode ser denominada de três formas distintas: (i) formalismo-valorativo; (ii) neoprocessualismo ou (iii) neoinstitucionalista.

Para que se chegue às conclusões desejadas, é imperioso ressaltar as palavras de José Maria Rosa Tesheiner no prefácio de sua obra *Medidas Cautelares*, na qual

---

[67] DUTRA, Delamar José Volpato. Teoria discursiva do direito (verbete). In *Dicionário de teoria e filosofia do direito*. Alexandre Travessoni (organizador). São Paulo: LTr, 2011, p. 400. Sobre o verbete teoria discursiva do direito entende o autor: "O que caracteriza a mencionada relação é a interdependência entre os conceitos referidos, de tal forma que o direito tornará plausível sob o ponto de vista da eficácia uma sociedade pautada na ação comunicativa, uma sociedade democrática, assim como a racionalidade comunicativa poderá suprir o déficit de legitimidade ou de justiça do direito. Nascem, assim, os termos propriamente ditos da teoria discursiva do direito, a qual, portanto, será exposta em três momentos: (1) o conceito de racionalidade comunicativa e ação comunicativa; (2) o papel do direito em uma sociedade que se determina comunicativamente; (3) o papel da racionalidade comunicativa na justificação do direito, sendo esta última parte, certamente, a contribuição mais importante de Habermas".

[68] Em matéria recente publicada no jornal *Zero Hora* de 11 de junho de 2011, p. 37, a reportagem traz o título "*Processos até no banheiro*: Muita demanda e falta de servidores provocam acúmulo de ações na Justiça de Passo Fundo" para após ser relatado: "Nos outros cartórios, servidores ficam quase escondidos em mesas abarrotadas de processos, dividindo a atenção entre a papelada e o público. Diante da falta de espaço, estantes repletas de ações foram parar nos corredores e até no banheiro" e a matéria finaliza com o estrondoso número de processos por servidor: "O Fórum de Passo Fundo tem 132 servidores, 70 deles nos cartórios. Com uma demanda de 77 mil processos, a média é de mais de 1 mil ações por servidor, índice considerado o dobro do tolerável pelo Sindicato dos Servidores da Justiça do Rio Grande do Sul (Sindjus/RS)".

[69] LEAL, Rosemiro Pereira. *Teoria geral do processo*: primeiros estudos. 9. ed. Rio de Janeiro: Forense, 2010. Em sua nota à 9ª edição, traz o processualista mineiro o que entende que deva ser o estudo do processo, que passa, inevitavelmente, por um forte controle argumentativo, assim discorrendo: "Entretanto, o *Processo* não adquire em nosso trabalho a finalidade mítica ou metajurídica de salvação dos valores culturais ou veículo de uma 'jurisdição' inatamente talentosa que pudesse resgatar a humanidade de suas aflições. Estudamos aqui o *processo*, não como um mero instrumento da *jurisdição* judicacional, mas como *paradigma jurídico* e eixo sistêmico da atividade jurisdicional do Direito que, por sua vez, só se legitima juridicamente pelo *controle* argumentativo, amplo, irrestrito e participativo do *advogado* na estruturação dos procedimentos".

afirma que a "teoria e prática estão, nesta obra, indissociavelmente ligadas, porque, como bem sabem os bacharéis em Direito, uma boa teoria serve à prática e a prática, sozinha, serve ao caos".[70]

Com toda razão a afirmativa acima, apenas devendo ser acrescentado que apenas se pensar em teorias sem ligá-las com a prática, igualmente o caos se instalará. As teorias que têm tomado forma hoje nas academias estão sendo criadas em laboratórios, sem o olhar no alcance que deveria nortear seus próprios estudos, ou seja, o dia a dia forense. Lá, as coisas estão chegando a algo que se pode igualar ao caos. Ricardo Aronne[71] aponta o norte de como as coisas estão postas[72] hoje no Poder Judiciário.

Então, qualquer teoria que não leve em conta como as coisas realmente estão acontecendo no Poder Judiciário, por mais interessante que seja, é uma teoria fadada à incompletude do que ela realmente deseja modificar. A fase metodológica que pretende sobreviver hoje nos estudos processuais deve unir a teoria e a prática. Qualquer fase que não esteja visando tal fato deve ser repensada para que se torne útil naquilo que ela pretende ser.

Aliado a isso se vive a cultura do decisionismo. Lenio Streck[73] aborda o tema[74] na obra *O que é isto – decido conforme minha consciência?* ao se preocupar com o

---

[70] TESHEINER, José Maria Rosa. *Medidas cautelares*. São Paulo: Saraiva, 1973, p. 10.

[71] ARONNE, Ricardo. *Direito civil-constitucional e teoria do caos*: estudos preliminares. Porto Alegre: Livraria do Advogado, 2006, p. 24. "Complexidade que faz com que os operadores tenham de conhecer minúcias de áreas inesperadas do conhecimento, em função do conteúdo dos processos, não obstante e até mesmo em razão do comparecimento de peritos e assistentes técnicos especializados, em apoio aos mesmos. A palavra final, sobre a sanidade ou paternidade de alguém, pode não vir de um médico nem de um geneticista. Pode vir de um juiz. Pode contrariar integralmente a conclusão de um laudo. Seu preço? Um bom fundamento. Razão. Racionalidade. Seu meio? Indeterminação. Instabilidade. Alguém gostaria que fosse diferente? A história responde". "Não obstante, o Direito pode ser chamado a responder se o plano de orçamento da União Federal está adequado. A responder se a técnica empregada por um neurocirurgião ao proceder uma intervenção, foi a mais adequada ou não. Até mesmo se um indivíduo é ou não um bom pai, merecedor da guarda de seus filhos. Se o projeto de um veículo foi corretamente desenvolvido ou não e, se não bastasse, se os responsáveis pela empresa tinham ou não consciência disso antes do lançamento do produto no mercado! Observe-se que todas as questões apontadas são, ao menos em tese, cotidianas ao operador do Direito. E sempre têm de ser respondidas. Certo ou não, o *non liquet*, não é possível ao Direito. Pode-se-lhe perguntar da razoabilidade do que evoco. E ele terá de responder. Conforme sua inafastabilidade (art. 5º, XXXV, CF/88). Medo? Vertigem? Não, caos".

[72] TESHEINER, José Maria Rosa. *Elementos para uma teoria geral do processo*. São Paulo: Saraiva, 1993, p. 33. Há mais de 15 anos atrás o processualista já alertava sobre o tipo de caso que estava sendo decidido pelo Poder Judiciário ao referir: "Curiosamente, a formalização do princípio levou a uma invasão ainda maior da esfera do indivíduo pelo Estado, representado, agora, pelo Poder Judiciário. O princípio da inafastabilidade do Judiciário se converteu no princípio da onipresença do Judiciário. Vemos, então, juízes a substituir professores, na aprovação ou reprovação de alunos. Vemos juízes a se imiscuir na vida de associações, para manter ou excluir associados. Vemos juízes a interferir nas disputas esportivas, para apronar o campeão. O Juiz da 6ª Vara Cível de Sorocaba concedeu liminar suspendendo a realização de partida futebolística e determinando a paralisação do Campeonato Varzeano da 2ª Divisão da cidade de Sorocaba. A decisão a ser tardiamente reformada pelo Tribunal de Justiça do Estado de São Paulo que, como lhe impunha o art. 217, §1º, da Constituição, não deixou de examinar o mérito, assentando que 'não implica em anulação da partida de futebol a atuação de árbitro suspenso" (RT, 633:95)".

[73] STRECK, Lenio Luiz. *O que é isto* – decido conforme minha consciência. 2. ed. Porto Alegre: Livraria do Advogado, 2010, p. 25-26. Estar comprometido apenas com a sua consciência passa a ser o elemento que sustenta o imaginário de parcela considerável dos magistrados brasileiros, o que se pode perceber em pronunciamento do então Presidente do Superior Tribunal de Justiça Min. Costa Leite, respondendo a uma indagação sobre o racionamento de energia elétrica que atingia o país, no sentido de que no momento de proferir a decisão (caso concreto), 'o juiz não se subordina a ninguém, senão à Lei e a sua consciência', assim como em importante decisão no mesmo Tribunal em sede de Habeas Corpus: 'Em face do princípio do livre convencimento motivado ou da persuasão racional, o Magistrado, no exercício de sua função judicante, não está adstrito a qualquer critério de apreciação das provas carreadas aos autos, podendo valorá-las como sua consciência indicar, uma vez que é soberano dos elementos probatórios apontados.

INQUIETAÇÕES JURÍDICAS CONTEMPORÂNEAS

155

rumo que estão tendo certos julgamentos nos Tribunais Superiores. Esta obra serve de alerta para o que vem acontecendo no Poder Judiciário na atualidade. Não se pode largar tudo na consciência do juiz. O processo legislativo, no mais das vezes, deve ser respeitado. Decidir conforme sua consciência é estar a um passo de modificação, a bel-prazer, da lei,[75] o que não pode e não deve ser feito pela consciência de um homem só.

Por fim, temos ainda que pensar nos novos horizontes sociais que apontam como: (i) a pós-modernidade; (ii) a globalização; (iii) o hiperconsumismo; (iv) a sociedade da pressa e (v) a compra e venda de tudo. Conhecendo esses novos paradigmas sociais é que se pode responder qual momento cultural se vivencia na atualidade no Brasil e no mundo e se há fase metodológica processual que as abarque. Ficamos então com quatro fases principais para estudar e ver qual delas deve vigorar no estudo do processo hoje no Brasil, quais sejam: (i) a instrumentalista; (ii) a do formalismo-valorativo; (iii) a neoprocessualista e (iv) a neoinstitucionalista, tendo em vista que tanto a praxista como a processualista já foram deixadas de lado, embora ainda restem evidenciais suas na legislação processual em vigor.

As três últimas fases, inegavelmente, têm seu foco direcionado para o neoconstitucionalismo,[76] momento atual que vivencia o direito não só no Brasil, mas em grande parte dos países que contém uma Constituição mais jovem e cujos ideais se sobressaem pela Democracia como regime de poder. Não se pode negar que a fase instrumentalista também defende respeito à Constituição Federal, sendo que a brasileira é posterior à criação da fase, podendo ela moldar-se, pois, estruturada para tal fim ao pensar nos seus escopos: (i) social; (ii) político e (iii) jurídico.

Contudo, nenhuma das fases, embora reflitam o momento cultural preponderante do direito – o neoconstitucionalismo –, responde sobre o momento que se vivencia hoje nas relações sociais, políticas e econômicas, no mundo,[77] que são aquelas já mencionadas anteriormente.

---

[74] Claro que o jurista não o fez somente na obra citada, pois tem sido sua preocupação em obras já mais conhecidas do público brasileiro, como *verdade e consenso* ou *hermenêutica jurídica em crise*. Também, semanalmente, aborda o tema e outros tantos em sua polêmica coluna no site www.conjur.com.br, sendo que, recentemente, lançou obra contendo todas as colunas passadas: STRECK, Lenio. *Compreender direito*: desvelando as obviedades do discurso jurídico. São Paulo: Revista dos Tribunais, 2013.

[75] TESHEINER, José Maria Rosa. *Elementos para uma teoria geral do processo*. São Paulo: Saraiva, 1993, p. 22. Refere o processualista que mesmo tendo a possibilidade de o Poder Judiciário modificar a lei, deve-se obediência a esta: "Em nosso sistema jurídico, o Judiciário é relativamente autônomo. Apresenta-se, por um lado, como um super-Poder, pois tem competência para julgar e tornar sem efeito os atos da administração e até julgar e declarar inconstitucionais as próprias leis que é chamado a aplicar. Apresenta-se, por outro lado, como um sub-Poder, pois é organizado pelo Legislativo e deve obediência à lei. É sobretudo através do poder de reforma a Constituição que afirma a primazia do Congresso Nacional".

[76] Sobre o tema recomenda-se: ÁVILA, Humberto. *"Neoconstitucionalismo"*: entre a "ciência do direito" e o "direito da ciência", disponível em: http://www.direitodoestado.com/revista/rede-17-janeiro-2009-humberto%20avila. pdf, acesso em 27/06/2013.

[77] BERMUDES, Sergio. *Introdução ao processo civil*. 5. ed. Forense: Rio de Janeiro: 2010, p. 226. Refere o processualista que se pode começar a pensar, inclusive, num direito único mundial, ao afirmar: "Aliás, o estudo isolado de um sistema de direito processual é pouco produtivo. Devem-se estudar as instituições de uma determinada legislação processual, dentro de uma perspectiva histórica em cotejo com outras instituições, pois todo o sistema de adaptação do homem na sociedade caminha, lenta mais inevitavelmente, na direção de um sonho dos que, de olhos voltados para o alto, se empenham na criação da realidade resumida neste dístico: um só direito, num mundo único, convertido na pátria sem fronteiras do homem, finalmente digno da imagem e da semelhança de Deus". Em sentido contrário: GRECO, Leonardo. *Instituições de processo civil*: introdução ao direito processual civil. vol. I, 3. ed. Rio de Janeiro: Forense, 2011, p. 4. Refere o processualista da Universidade Federal do Rio de Janeiro: "Essa

Interessante posicionamento tem Júlio Cesar Goulart Lanes[78] sobre a gênese desta onda reformista do Processo Civil brasileiro que acaba sendo por motivos alheios ao próprio ordenamento jurídico, encontrando em outras áreas sua vertente.

Qualquer fase que não abarque a velocidade com que os acontecimentos ocorrem em nosso dia, que esteja vendada aos anseios e preocupações trazidos pelos problemas globalizados de uma pós-modernidade hiperconsumista que hoje compra e vende de tudo, numa velocidade jamais pensada, não responderá como o processo deve estar voltado a resolver os problemas dos jurisdicionados e da sociedade em geral, o que não é mais respondido pelo atual legislação datada de 1973,[79] em que pese já existir projeto para sua modificação.

O vetor principal de uma nova fase metodológica passa, inegavelmente, pelo ouro do século XXI que é a questão relacionada ao tempo,[80] pois este é vida, este é dignidade. Sem um modelo de processo que vislumbre o tempo como marco referencial teórico para a releitura de certos institutos processuais obsoletos, que ainda continuam em vigor por um apego exagerado e mal lido do que vem a ser o princípio

---

abordagem da ciência jurídica e da Teoria Geral do Processo, em função desses diferentes paradigmas, é muito importante para livrar-nos da falsa ideia de que o nosso modelo de justiça seja universal e de que as suas características tradicionais devam ser aceitas como absolutas e imutáveis. A própria ideia de direitos humanos é tipicamente ocidental. Embora os países do Extremo Oriente, como o Japão, por exemplo, tenham ratificado todos os tratados internacionais de direitos humanos, têm eles dificuldade de assimilá-los e respeitá-los como nós os concebemos. A ideologia dos direitos humanos foi imposta aos vencidos na Segunda Guerra, mas esses culturalmente têm dificuldade em incorporá-la ao seu modo de ser e de viver". E existe quem entenda poder existir uma cultura latino-americana ao menos. BARBOSA MOREIRA, José Carlos. *Temas de direito processual*: (nona séria). São Paulo: Saraiva, 2007, p. 125-126. "Sin embargo, aquí nos estamos ocupando de la cultura jurídica, más específicamente de la cultura procesal; y en este sentido creo posible concebir una cultura latinoamericana, sin perjuicio de las diversidades particulares, perfectamente comprensibles, entre los ordenamientos de un conjunto de países cuyo número alcanza aproximadamente dos docenas, por no hablar del Estado norteamericano de Lousiana ni da la provincia canadiense de Québec".

[78] LANES, Júlio Cesar Goulart. *Audiências*: conciliação, saneamento, prova e julgamento. Rio de Janeiro: Forense, 2009, p. 1. Incerteza alguma, por sua vez, existe quanto à motivação dessa cruzada reformista, aliás, essa é assaz clara: uma crise na administração da justiça, provocada há muito por vetores de ordem política, econômica, social e cultural. Essa, contudo, não é uma realidade exclusivamente nacional. Aliás, seria acrítico não se mencionar o fato de que acolá de nossas fronteiras, muitas têm sido as pátrias que buscam o ajuste de suas legislações processuais, exatamente para atacar o problema aqui ventilado

[79] MIDITIERO, Daniel Francisco; ZANETI JÚNIOR, Hermes. *Introdução ao estudo do processo civil*: primeiras linhas de um paradigma emergente. Porto Alegre: Sergio Antonio Fabris, 2004, p. 13-14. Apontam os autores: "Não é mais possível a ilusão de um processo infenso à ideologia, distante do direito material e da realidade da vida. Agindo como a velha senhora que usa as vestes de menina, o processo moderno aparece inútil, imprestável, muitas vezes carrasco dos nobres interesses aos quais deveria responder. A vertente tecnicista do Direito Processual Civil pode muito bem ser encarada como a coroação de um longo processo de evolução da ciência do processo".

[80] ZIMBARDO, Philip; BOYD, John. *O paradoxo do tempo*: você vive preso ao passado, viciado no presente ou refém do futuro? Tradução de Saulo Adriano. Rio de Janeiro: Objetiva, 2009, p. 16. Após longo e exaustante estudo sobre o tempo, apontam os autores sobre a sua importância: "O tempo é nosso bem mais valioso. Na economia clássica, quanto mais escasso for um recurso maior será a quantidade de usos que se pode fazer dele e maior o seu valor. O ouro, por exemplo, não tem nenhum valor intrínseco e não passa de um metal amarelo. Entretanto, os veios de ouro são raros no planeta, e esse metal tem muitas aplicações. Primeiramente o ouro era usado na confecção se joias, e mais recentemente passou a ser usado como condutor em componentes eletrônicos. A relação entre escassez e valor é bem conhecida, e por isso o preço exorbitante do ouro não é nenhuma surpresa", concluindo eles: "A maioria das coisas que podem ser possuídas – diamantes, ouro, notas de cem dólares – consegue ser reposta. Novas reservas de ouro e diamante são descobertas, e novas notas são impressas. O mesmo não acontece com o tempo. Não há nada que qualquer um de nós possa fazer nesta vida para acrescentar um momento a mais no tempo, e nada permitirá que possamos reaver o tempo mal-empregado. Quando o tempo passa, se vai para sempre. Então, embora Benjamin Franklin estivesse certo a respeito de muitas coisas, ele errou ao dizer que tempo é dinheiro. Na verdade o tempo – nosso recurso mais escasso – é muito mais valioso que o dinheiro".

da ampla defesa,[81] não se estará pensando uma fase processual para enfrentar o século em questão e tampouco os outros que virão. O processo deveria ser o meio de reestruturação[82] de tudo aquilo que está em desconformidade com os anseios sociais.

As quatro fases que buscam espaço para explicar os fenômenos processuais, a do instrumentalismo que ainda seria a terceira fase metodológica, e as do formalismo-valorativo, do neoprocessualismo e a do neoinstitucionalismo que seriam uma delas uma quarta fase metodológica, apesar de estarem voltadas à esta visão neoconstitucionalista, não conseguem distinguir entre os princípios processuais constitucionais àquele que dialoga com a pós-modernidade, a globalização, o hiperconsumismo, a era da velocidade e a possibilidade de comprar e vender o que bem se entende, que se encontra catalogado no inciso LXXVIII[83] do artigo 5º da Constuição Federal consubstanciado na duração razoável do processo. É somente por meio da leitura deste princípio que serão relidos todos os institutos que não estão em conformidade com as relações sociais, políticas, econômicas e jurídicas da sociedade brasileira que são diuturnamente modificados pela globalização, pela chegada da pós-modernidade, pela desenfreada onda de hiperconsumismo, pela nova velocidade que aponta ser cada vez mais instantâneo nossos anseios e nossa invulgar vontade de vender o que temos, tudo direcionando para cada vez mais sermos uma sociedade doente por viver numa era da velocidade.[84]

---

[81] Aqui duas obras nascidas no programa de pós-graduação lato sensu da Unisinos podem servir de base para o entendimento de onde se quer chegar. HOMMERDING, Adalberto Narciso. *Fundamentos para uma compreensão hermenêutica do processo civil*. Porto Alegre: Livraria do Advogado, 2007. Tese de doutorado defendida sob a orientação de Lenio Streck, recomendando-se a leitura do subcapítulo 4.2 denominado de "A (ampla) defesa do processo civil é condição de possibilidade para a efetivação do processo? (ou: de como é possível sumarizar ações e defesas sem prejuízo do Devido processo legal)". Também se recomenda: SANTOS FILHO, Orlando Venâncio dos. *A dogmatização da ampla defesa*: óbice à efetividade do processo. Rio de Janeiro: Lumen Juris, 2005. Dissertação defendida na Unisinos, sob orientação de Ovídio A. Baptista da Silva.

[82] KEPPEN, Luiz Fernando Tomasi; MARTINS, Nadia Bevilaqua. *Introdução à resolução alternativa de conflitos*: negociação, mediação, levantamento de fatos, avaliação técnica independente. Curitiba: JM Livraria Jurídica, 2009, p. 29-30. Os autores apontam para o falecimento de certas acepções que deveriam impingir determinado comportamento mas não mais o fazem, escolhendo o processo como fator de reerguimento destes valores, ao dizerem: "Importa frisar que o Direito compõe o pé mais visível do tripé estruturante do comportamento humano civilizado. O primeiro é a religião, com seus valores universais, com seus imperativos dogmáticos, formado o círculo mais amplo, fazendo o homem buscar a excelsitude de agir com base o exemplo religioso. A sanção é social-religiosa, no catolicismo a excomunhão. O segundo é a moral, que contempla a ética, círculo esse interno ao anterior, a definir comportamento conforme ideias filosóficas. Havendo transgressão a sanção é social, o que implicaria em possibilidade de exclusão do convívio social. O círculo menor é o do Direito, que exatamente haure regras da religião e da moral e as estratifica na lei. A transgressão importa em possibilidade de uma sanção patrimonial e pessoal, inclusive com a prisão do infrator", sendo que, após a exposição daquilo que seriam os cânones estruturantes do comportamento humano, referem suas problemáticas: "Ocorre que o círculo religioso, proeminente ao longo de toda a Idade Média, com seus juízos de fé, ordálias e fogueiras aos hereges, atualmente oferece uma reprimenda pouco eficiente em termos pedagógico-comportamentais. O mesmo se diga do julgamento moral. Hoje, a imoralidade campeia. Então é o Direito que tem a hercúlea função de estruturar o comportamento humano, pois atua de modo coercitivo, com possibilidade de utilizar mais força. O Direito assume novos papéis na sociedade, ocupando os espaços perdidos da religião e da moral. Mas como o Direito é o menor círculo, deve estar em harmonia com os demais. Ele religa sentimento religioso, ética e moral, fazendo com que no conflito individual possa ser observado o influxo de uma ordem (pois tudo no universo tende à ordem)", e finalizam apontando: "E o Direito se concretiza por meio de um mecanismo civilizado: o processo".

[83] "A todos, no âmbito judicial e administrativo, são assegurados a razoável duração do processo e os meios que garantam a celeridade de sua tramitação".

[84] POSCENTE, Vince. *A era da velocidade*: aprendendo a prosperar em um universo mais-rápido-já. Tradução de Suely Cuccio. São Paulo: DVS, 2008. Em parágrafo elucidativo de como ansiamos por uma resposta rápida às coisas do dia a dia, afirma o autor: "Imploramos a velocidade, e não ficamos satisfeitos até conseguir. Nossa tolerância à lentidão tem diminuído com a mesma intensidade que a ânsia pela velocidade tem aumentado. Hoje, tempo de

E era o momento disso ser realizado! O projeto de Código de Processo Civil brasileiro que tramita no Congresso Nacional rumo a sua aprovação, fica abaixo das expectativas de pensar as relações entre tempo e processo (tempo do processo e tempo no processo),[85] embora seja uma das bandeiras principais levantadas pela comissão de juristas nomeada para sua elaboração.

Não se pode esquecer que Pontes de Miranda[86] sempre pensou um processo para o Brasil, que abarcasse uma solução diligente ao litígio, com a aplicação judicial da lei. Relembram Daniel Mitidiero e Hermes Zaneti Jr.[87] que uma escola essencialmente brasileira é algo a ser perseguido ainda. Também é fato que dois grandes expoentes do pensamento pontiano[88] (Ovídio Araújo Baptista da Silva[89] e Carlos Alberto Alvaro de Oliveira) pensaram o processo em solo Rio-grandense, cada qual seguindo uma linha de pensamento próprio,[90] embora ambos baseados num mesmo pensador.

---

espera e tempo ocioso são considerados inaceitáveis. A tolerância anda tão reduzida que 23% dos norte-americanos afirmam perder a paciência em cinco minutos quando esperam na fila. Embora essa atitude vagamente possa parecer imatura ou mimada, a base da intolerância pode estar enraizada em algo bem razoável: cinco minutos esperando na fila equivalem a abrir mão de cinco unidades do nosso bem mais valioso: o tempo. Exploramos o potencial de cada minuto e sabemos exatamente o que conseguimos realizar em cinco minutos. Quando somos forçados a diminuir o ritmo por algum agente externo, estamos sendo roubados de atividades que poderíamos realizar nesse tempo".

[85] JOBIM, Marco Félix. *Direito à duração razoável do processo*: responsabilidade civil do Estado em decorrência da intempestividade processual. São Paulo: Conceito, 2011. Para saber a distinção do que se entende por tempo no processo e tempo do processo, recomenda-se a leitura do capítulo 1 da obra indicada.

[86] LAMY, Eduardo de Abelar; RODRIGUES, Horácio Wanderlei. *Curso de processo civil*: teoria geral do processo. Florianópolis: Conceito Editorial, 2010, p. 76. Segundo os autores o pensamento de Pontes se contrapõe ao de Liebman, formando dois grandes focos de pensamento do processo no Brasil, ao referirem: "Essa ampliação de nomes de grandes processualistas induz, contemporaneamente, a existência de uma escola Brasileira de Direito Processual. A discordância que se pode ter com relação a essa afirmação prende-se à afirmativa de que a doutrina de todos remonta necessariamente ao pensamento de Liebman, o que não procede. Há, no Brasil, significativo número de processualistas que possui base teórica preponderante para a sua produção a obra de Pontes de Miranda. Nesse sentido, Liebman e Pontes de Miranda constituem os dois grandes marcos teóricos do Processo Civil brasileiro".

[87] MIDITIERO, Daniel Francisco; ZANETI JÚNIOR, Hermes. *Introdução ao estudo do processo civil*: primeiras linhas de um paradigma emergente. Porto Alegre: Sergio Antonio Fabris, 2004, p. 15. Repensando o processo, os autores pretendem chamar a atenção para uma escola processual autenticamente brasileira, com luminares como Pontes de Miranda, que pretendiam traçar os rumos de um processo civil independente. Um processo nacional, com uma filosofia nacional, é essencial para compreender o nobre papel reservado ao direito brasileiro.

[88] MIRANDA, Pontes de. *Tratado da ação rescisória*. Atualizado por Vilson Rodrigues Alves. 2. ed. Campinas, SP: Bookseller, 2003, p. 68. Aqui tem-se uma ideia do que pensava Pontes sobre o processo: "Fim do processo. O processo não defende só direitos subjetivos ou pretesõs. Se bem que muitas vezes o suponha, o destino do processo é a atuação da lei, a realização do direito objetivo. Hoje, só secundariamente é que protege os direitos subjetivos. Por isso mesmo, o direito, a pretensão e o dever existem, a despeito da existência ou não, dos remédios jurídicos processuais. Quando deles lança mão alguém, crendo-se, ou não, com direito, não lhos nega o Estado. Se só os que tem a pretensão tivessem direito ao uso dos remédios, ter-se-ia que começar do fim para o princípio: quem tem ação tem remédio jurídico processual. Ora, só se sabe quem tem 'razão' depois que se instaurou o processo (remédio jurídico processual), que se verificou ser procedente a ação (isto é, existir) por se terem produzido as provas e se pronunciou a sentença, contendo o direito objetivo. Daí ser intimamente ligado ao foro o processo: nele, vários atos são coordenados, regulados, com o intuito de realizar, em determinado lugar e tempo, a justiça.Em consequência disso, os primeiros que o governam, no direito intertemporal e no direito internacional privado, são diferentes daqueles que decidem em assuntos de direito material".

[89] SILVA, Ovídio Araújo Baptista da. *Jurisdição, direito material e processo*. Rio de Janeiro: Forense, 2008, p. 165. Nesta passagem, demonstra o saudoso processualista que o direito está nos bastidores da vida, sob pena de ser somente uma abstração, ao referir: "A separação entre 'fato' e 'direito', entre vida e a norma, que emerge dessa conduta metodológica, exerce importante influência quando buscamos separar os dois campos do fenômeno jurídico, o 'direito material', do 'direito processual'. Na verdade, a radical separação entre 'norma' e 'fato' determina a redução do Direito apenas ao mundo normativo, concebendo-o, conseqüentemente, como entidade abstrata".

[90] MIDITIERO, Daniel Francisco; ZANETI JÚNIOR, Hermes. *Introdução ao estudo do processo civil*: primeiras linhas de um paradigma emergente. Porto Alegre: Sergio Antonio Fabris, 2004, p. 16-17. Referem os autores: "Segui-

Mas enquanto o Brasil não tem uma escola de processo totalmente voltada aos problemas brasileiros, em especial quando não se tem a real e verdadeira noção do que vem a ser a importância do tempo na vida do ser humano, o que se pode ter é a esperança de que dias melhores virão, e como afirma Elaine Harzheim Macedo, sabe-se que não se quer um processo "marcado este pela cognição plenária e passividade judicial", e ao que parece, para a processualista gaúcha, este modelo "no alvorecer deste terceiro milênio" está fadado ao "seu total exaurimento".[91]

Considerações finais

O direito nos leva a pensá-lo de diferentes maneiras, sendo uma delas por meio da cultura, esta entendida, num primeiro momento, como o conjunto de informações agregadas pelo ser humano em determinada época ou em determinado local, ou ainda, num conceito mais amplo e objetivo, no conjunto de informações de determinada sociedade que ultrapassa suas fronteiras para chegar ao homem. O que a cultura tem a ver com o direito? O que a cultura tem a ver com o processo? Absolutamente tudo.

Não se pode pensar no direito ou no processo sem pensar no momento cultural, tanto geograficamente quanto temporalmente, que determinada sociedade vivencia. As duas concepções lugar/tempo estão intimamente ligadas ao fenômeno cultural. No Brasil, por exemplo, temos, num mesmo tempo, início do século XXI, uma variedade de escolas que pensam, cada qual com suas características, o processo. Isso só pode dar-se por uma simples razão: cada uma das escolas está imbricada com determinada manifestação cultural de sua localidade, apesar de todas viverem no mesmo tempo. Por isso é que escola pensará num modelo estandardizado de processo, nominando-o e sistematizando de acordo com o paradigma cultural que vivenciou ou vivencia. A escola paulista nominando a fase atual do estudo do processo de instrumentalista, a gaúcha de formalismo-valorativo, a mineira de neo-institucionalista e a baiana ou Norte/Nordeste de neoprocessualista.

Mas qual das fases é hoje a que responde o momento cultural que se vive? Se ficarmos somente numa época de neoconstitucionalismo, com certeza estaremos olhando para qualquer das fases estudadas, pois todas pensam o processo com a ótica voltada aos valores constitucionais. Contudo, se entrarmos numa outra linha de pensamento, qual seja, a de que o processo deve acompanhar as grandes modifica-

---

ram os passos de Pontes de Miranda nos rincões do pampa gaúcho dois processualistas da melhor cepa (apenas para citar os mais próximos aos autores, sem esquecer contudo de tantos outros – uma escola é feita de muitos mestres): Ovídio Araújo Baptista da Silva, professor de raro tirocínio, aguda percepção da vida e sólida formação filosófica, cujas proposições teóricas em muitos pontos podem ser havidas como uma continuação-evolutiva da obra do Velho Mestre, podendo ser considerado mesmo o processualista contemporâneo mais estreitamente ligado a Pontes e Carlos Alberto Alvaro de Oliveira, cuja formação científica em grande parte fora bebida em Pontes, mas que o estudo cotidiano e o esforço destacado, aliados a uma excelente e perspicácia só superáveis pelo senso de rigor científico, formaram o professor exemplar e inexcedível, de notável zelo com os temas do processo mais contemporâneo. Seguir um caminho em ciência é aliar-se a um ideal: prender-se a um bloco sólido, consubstanciado, mais que tudo, na vontade irrefreável do conhecimento e na busca perene de objetivos comuns fundada nas mesmas diretrizes".

[91] MACEDO, Elaine Harzheim. *Jurisdição e processo*: crítica histórica e perspectivas para o terceiro milênio. Porto Alegre: Livraria do Advogado, 2005, p. 286.

ções sociais que o mundo passa, como a globalização, a pós-modernidade, o hiperconsumismo, a sociedade da pressa e a compra e venda de tudo, aprendendo com os estudos de outrora,[92] nenhuma das fases está apta a abarcar, na integralidade, essa nova concepção.

Mas o que é apaixonante é que cada qual defende o processo como de sua maneira e ambas, ou melhor, todas as escolas estudam o processo com o intuito de melhorá-lo a fim de prestar a melhor jurisdição possível ao jurisdicionado que, angustiado, bate às portas do Poder Judiciário para a concretização de seu direito.

---

[92] PORTO, Sérgio Gilberto; PORTO, Guilherme Athayde. *Lições sobre teorias do processo* – civil e constitucional. Porto Alegre: Livraria do Advogado, 2013, p. 22. Interessante o posicionamento dos autores ao alertarem que todas as fases metodológicas estão presentes na legislação em vigor, ao exporem: "Portanto, não se pode dizer que este ou aquele código é puramente abstrativista, praxista ou instrumental, na medida em que o sistema processual conta em sua gênese com os métodos já identificados, pois existem soluções que reclamam posições praxistas, outras posições abstrativistas e outras ainda instrumentais", finalizando: "Dessa forma, correto afirmar que o processo – simultaneamente – dispõe de conteúdo procedimental e instrumental e, por esta razão, contém desdobramentos das fases evolutivo-metdológicas antes expressadas".

— 10 —

A transparência na gestão pública e a efetivação do controle social por meio das redes de relacionamento

MARIA APARECIDA CARDOSO DA SILVEIRA[1]

Sumário: 1. Considerações introdutórias; 2. Da transparência, controle e fiscalização; 3. A participação popular na gestão pública e a efetivação do controle social por meio das redes de relacionamento; 4. A transparência na gestão e a confiança dos administrados na administração pública; Considerações conclusivas; Referências.

> "[...] o homem pode enxergar mais longe se subir aos ombros dos que vieram antes."
> (Chesterton)

1. Considerações introdutórias

A transformação pela qual vem passando o Estado brasileiro é inegável, especialmente na busca de uma postura capaz de afastar a desconfiança em sua capacidade de gestão eficiente e de honrar com seus compromissos sociais. A credibilidade externa também alvo de busca com a edição da Lei Complementar 101, de 4 de maio de 2000, conhecida como Lei de Responsabilidade Fiscal, sendo possível, hoje, afirmar que já foi alcançada quase que em sua totalidade. Contudo, resta distante do alcance pleno o deficit social.

---

[1] Coordenadora do Curso de Direito da Ulbra/Canoas. Diretora do Instituto de Gerência de Cidades – IGECI. Advogada; integrante da banca Décio Itiberê Advogados Associados. Formada em Ciências Jurídicas e Sociais pela UNISINOS com Pós-Graduação em Preparação à Magistratura pela Escola Superior da Magistratura, AJURIS. Mestre em Direito pela Pontifícia Universidade Católica do Rio Grande do Sul, PUC/RS. Atuou como Consultora Jurídica da FAMURS – Federação das Associações de Municípios do Rio Grande do Sul, onde também atuou como Professora em cursos de curta duração na Escola de Gestão Pública – EGP/FAMURS. Integrante de diversas Bancas Examinadoras de trabalhos de conclusão em cursos de especialização e graduação. Prestadora de serviços como professora colaboradora da Fundação para o Desenvolvimento de Recursos Humanos – FDRH – e da Escola Nacional de Administração Pública – ENAP. Atou como Professora da Graduação da Fundação Educacional Encosta Inferior do Nordeste – FACCAT – e das Faculdades Riograndenses – FARGS. Foi integrante da Banca do Exame de Ordem da OAB/RS. Possui experiência de atuação na área de Direito Público, com ênfase em Direito Administrativo, Constitucional e Tributário, atuando principalmente nos seguintes temas: licitações, servidor público, consórcios municipais, tributos, serviços públicos, improbidade administrativa, responsabilidade civil do Estado. Atua como palestrante em eventos, nas matérias relacionadas à Administração Pública. Possui livro e artigos publicados.

O agir planejado e transparente de gestores é, por certo, condição para que tal propósito seja alcançado. Nesse sentido, o planejamento fiscal na gestão pública muito evoluiu após a edição da Lei de Responsabilidade Fiscal, bem como o controle feito pelos órgãos instituídos para tal fim, como Tribunais de Contas, Ministério Público e Controladorias Internas, dentre outros. Contudo, há muito ainda para se percorrer para a evolução do controle social, aquele feito diretamente pelo cidadão de forma imparcial, zelando pelo interesse público e não apenas pelo interesse individual.

A evolução do controle social depende de uma política pública voltada para si, especialmente por meio da educação. Hodiernamente, as redes sociais de relacionamentos têm contribuído fortemente para a efetivação do controle social sobre a gestão pública. Ocorre que, ainda, falta aprimorarmos a cultura da consciência social na população para que sua participação efetivamente possa contribuir para a evolução do estado.

2. Da transparência, controle e fiscalização

O gestor público, ao assumir o comando do Estado, deve ter presente que o Estado é maior que o governo, pois possui uma continuidade que ultrapassa suas gestões. No seu agir, o governante deve ter presente a necessidade de vislumbrar as consequências de seus atos para além do período de seu mandato, buscando sempre o bem comum, o que é permanente, constituindo, como bem observa Bacellar (1998), "princípio geral de toda a atividade estatal, exercida através da administração pública" (p. 22),[2] sendo princípio norteador e fim ou objetivo a ser alcançado, ao mesmo tempo.

É de destacar que comando constitucional consubstanciado no art. 37 *caput* da Constituição de 1988, enuncia o Princípio da Publicidade como norteador da Administração Pública direta, indireta ou fundacional, o que o torna requisito essencial à plena validade e eficácia dos atos dela decorrentes. Por imposição constitucional, o salutar Princípio da Publicidade ou Transparência[3] é efetivamente norteador da gestão pública, tornando todo ato ou fato, desta decorrente, necessariamente públicos, salvo raras exceções de necessidade de sigilo para proteger o próprio interesse público ou mesmo direitos fundamentais individuais.

O princípio da publicidade deve ser compreendido como dever de transparência, ou seja, em uma visão mais abrangente do que a publicidade oficial como condição de validade de determinados atos administrativos, mas como dever estatal

---

[2] BACELLAR FILHO, Romeu Felipe. *Princípios constitucionais do processo administrativo disciplinar*. São Paulo: Max Limonad, 1998.

[3] A transparência, em nível internacional, possui uma regulamentação de princípios, o que não há no Brasil. Hélio Saul Mileski adota-os, adequando seu sentido à realidade nacional, visando dar uma real compreensão do significado da transparência e a adequada aplicabilidade. Assim, define tais princípios como: princípio da definição clara das funções e responsabilidades; princípio do acesso público à informação estatal; princípio do acesso aos procedimentos de elaboração, execução e prestação de contas; princípio das garantias de integridade das informações fiscais. Cfr. Mileski, Hélio Saul. "Transparência no Poder Público e sua Fiscalização", in Revista Interesse Público, edição especial, 2003.

gerador de um direito fundamental do cidadão. Nesta direção, preciosas são as lições de Freitas (2007), que ao escrever sobre o direito fundamental à boa Administração Pública propõe um conceito-síntese desse direito, como uma ideia-guia de aplicação no Direito Administrativo, e afirma que isto pode ser compreendido como:

> O direito à administração pública eficiente e eficaz, proporcional cumpridora de seus deveres, com transparência, motivação, imparcialidade e respeito à moralidade, à participação social e à plena responsabilidade por suas condutas omissivas e comissivas.[4]

Em igual direção tem se manifestado o Pode Judiciário, no exercício de sua função primeira, o que se pode expressar na fundamentação do voto do Desembargador Carlos Eduardo Zietlow Duro, ao manifestar-se em decisão monocrática no Processo 70053434528, que tramitou na Vigésima Segunda Câmara Cível do Tribunal de Justiça do RS, quando afirmou:

> Com efeito, direito à informação está elencado entre aqueles considerados pela Constituição Federal como direitos fundamentais, sendo assegurado a qualquer pessoa, física ou jurídica, a obtenção dos órgãos públicos informações de seu interesse particular, ou de interesse coletivo ou geral, que deverão ser prestadas pela autoridade no prazo legal, norma esta inserida no artigo 5º, XXXIII, da CF, de interesse geral, direito fundamental e também considerado como cláusula pétrea, com cominação de pena de responsabilidade, em caso de não fornecimento, apenas admitindo a recusa quando o sigilo for imprescindível à segurança da sociedade e do Estado, atribuído a todos indistintamente, conforme dispõe o art. 5.º, XXXIII, da CF [...] O direito à informação é tão essencial à democracia porque no momento em que há a ruptura do processo democrático o Governo ditatorial impõe logo censura à imprensa e pratica inúmeros atos reservados que não são levados ao conhecimento da população, visando à manutenção do regime político adotado. Em um regime democrático, quando há a publicidade dos atos administrativos e é assegurada a liberdade à informação, a possibilidade de se criar um regime de força é mais difícil, ficando claro que o constituinte assegurou o direito de informação a qualquer pessoa, visando a manutenção do atual sistema democrático.[5]

Moreira Neto (1988) ressalta que o princípio da publicidade assoma como o mais importante princípio instrumental, indispensável para a sindicabilidade da legalidade, da legitimidade e da moralidade da ação do poder público, pois será pela transparência dos seus atos, ou, como mais adequadamente expressado, por sua visibilidade, que se tornará possível constatar a sua conformidade ou desconformidade com a ordem jurídica e, em consequência, serem exercidas as várias modalidades de controle nela previstos, para promover a desejada responsabilidade.[6]

O princípio da publicidade, conjugado com o da participação popular, foram, de modo nítido e expresso, prestigiados na Lei de Responsabilidade Fiscal, que destinou desde a sua origem um capítulo específico para a transparência, controle e fiscalização, o que veio a ser novamente fomentado em 2009, por meio da edição da Lei Complementar 131, de 27 de maio de 2009, com o fim especial de determinar a disponibilização, em tempo real, de informações pormenorizadas sobre a execução orçamentária e financeira da União, dos Estados, do Distrito Federal e dos Municípios.

---

[4] FREITAS, Juarez. *Discricionariedade Administrativa e o Direito Fundamental à Boa Administração Pública*. São Paulo: Malheiros, 2007, p.20.

[5] RIO GRANDE DO SUL. Tribunal de Justiça. Decisão monocrática no processo 70053434528. *Reexame Necessário* n.º 70053434528, Vigésima Segunda Câmara Cível, Tribunal de Justiça do RS, Relator: Carlos Eduardo Zietlow Duro, Julgado em 5 mar. 2013. Disponível em: <http://www.tjrs.jus.br>. Acesso em: 16 maio 2013.

[6] MOREIRA NETO, Diogo de Figueiredo. Globalização, regionalização, reforma do Estado e da Constituição. *Revista de Direito Administrativo*, Vol. 211, jan./mar., 1998, p. 02.

INQUIETAÇÕES JURÍDICAS CONTEMPORÂNEAS

Objetivando alcançar suas metas, estabeleceu prazos para os entes federados cumprirem suas determinações e mais, determinou que a transparência será assegurada também mediante o incentivo à participação popular e realização de audiências públicas, durante os processos de elaboração e discussão das peças orçamentárias; a liberação ao pleno conhecimento e acompanhamento da sociedade, em tempo real, de informações pormenorizadas sobre a execução orçamentária e financeira, em meios eletrônicos de acesso público e a adoção de sistema integrado de administração financeira e controle, que atenda a padrão mínimo de qualidade estabelecido pelo Poder Executivo da União.

Ao assim dispor, prestigiou a Lei as formas eletrônicas de divulgação das informações sobre a gestão pública e a participação popular por meio das redes de relacionamentos sociais, sem nenhuma sombra de dúvida.

Conforme oportunamente refere Figueiredo (2008) :

> A atividade que é publicada é passível de controle com maior efetividade. Daí a célebre frase bradada na fase de terror da Revolução Francesa: "Dêem-me o juiz que vocês quiserem: parcial, corrupto, meu inimigo mesmo,mas façam em público". A mesma frase poderia ser utilizada relativa à escolha do administrador, na medida em que, ao se impor a publicação de suas atividades e, conseqüentemente, transparência na sua gestão, se viabiliza o controle social e se inibem tendências de afronta ao ordenamento jurídico que o sigilo poderia esconder. (p. 13-14)[7]

Não resta dúvida de que a transparência está, também, atrelada à ideia de eficiência, pois a divulgação dos atos possibilita fiscalização pela sociedade, a qual, por certo, fará com que seja a eficiência buscada e alcançada na gestão pública.

3. A participação popular na gestão pública e a efetivação do controle social por meio das redes de relacionamento

O pleno atendimento à transparência por certo não é efetivado meramente pela divulgação da informação. Em entendimento expresso na obra de nossa autoria, manifestamo-nos no sentido de que para o atendimento pleno deste dever de transparência não é suficiente que seja oportunizado, a todo cidadão, o acesso às informações relacionadas à gestão pública que possa lhes interessar, mas que estas lhes cheguem de forma que seja capaz de compreendê-las, tornando possível a efetivação da participação popular nas decisões de gestão e na fiscalização da respectiva execução.

Nesse raciocínio ressaltou-se na obra em referência que as informações divulgadas devem ser, realmente, possíveis de compreensão pelo mais comum dos cidadãos, pois, ao ter ele o dever de controlar, terá, em contrapartida, o direito de receber uma informação acessível. Não basta ser transparente, no mero sentido de publicar, pois podem-se divulgar informações técnicas, onde apenas especialistas são capazes de compreender.

---

[7] FIGUEIREDO, Pedro Henrique Poli de. Princípio da Publicidade da Administração Pública. *Revista do Tribunal de Contas do Rio Grande do Sul*. Porto Alegre, Ano 1, n. 1, v. 40, p. 9-22, 2008. Disponível em: < http://www1.tce.rs.gov.br/portal/page/portal/tcers/publicacoes/revista_tce/Revista%20TCE%20-%2040.pdf>. Acesso em: 16 maio 2013.

Ocorre que o dever de controle e fiscalização é de qualquer cidadão, de modo que seria desproporcional exigir que alguém controle o que não compreendeu. O alcance desse objetivo faz com que seja necessário que cada ente da federação considere a sua realidade local ao divulgar as informações públicas, pois, neste país de realidades tão díspares, casos haverá em que os meios de comunicação disponíveis são precários ou, até mesmo, inexistentes. O Poder Público deverá constatar, em cada caso, qual a forma mais eficaz para que as informações cheguem aos cidadãos e que sejam compreendidas, para que estes possam ser ouvidos e, ainda, possam expressar suas opiniões a fim de participar das decisões a serem tomadas.

Não resta dúvida de que é dever do Estado implementar formas de comunicação, relacionadas tanto aos meios quanto à linguagem, a fim de atender ao princípio da transparência em sua plenitude, inclusive por meio de políticas públicas que visem a desenvolver, na população, uma cultura capaz de conscientizá-la da relevância e do fim a que se destina sua participação na gestão pública.

Homercher (2011), ao escrever sobre a Lei de acesso às informações públicas, assim leciona:

> Há leis que, mais que direitos e deveres, induzem a uma nova cultura. Um exemplo de agente de transformação é a Lei de Responsabilidade Fiscal, não só por suas regras firmes para gestão dos recursos públicos, mas pelo fomento da transparência das finanças estatais. Neste ano, com a publicação da Lei nº 12.527, de 18 de novembro de 2011, vigorando dentro de 180 dias, já conhecida como Lei de Acesso às Informações Públicas, um novo modelo de administração pública se anuncia à sociedade. Uma lei que assegura aos cidadãos o exercício do seu direito fundamental de acesso às informações públicas.
>
> A Lei de Acesso fomenta, não uma administração voltada para dentro, mas sim, uma administração aberta. (p.1)[8]

Assim, é necessário despertar nos cidadãos o interesse de participar das decisões na gestão pública e, para tanto, não há dúvidas de que as redes de relacionamentos sociais são importantes instrumentos a serem utilizados, especialmente em uma época como a atual, em que se tem a maioria absoluta da população conectada em tempo quase que integral às referidas redes de relacionamento.

A inserção dos meios eletrônicos na divulgação das informações relativas à gestão pública é a cada dia mais intensa, conforme preconiza Figueiredo (2008):

> A divulgação tradicional por meio da publicação em papel do Diário Oficial cede espaço à divulgação por meios eletrônicos, que cada vez mais se popularizam como meio de obtenção de informações. Hoje, inclusive, a visita a portais eletrônicos oficiais é incomensuravelmente maior do que as assinaturas de Diário Oficiais em papel, que tendem ao desuso.[9]

A Lei de Responsabilidade Fiscal, em seu art. art. 55, § 2°, deixa clara a preocupação do legislador quanto à eficácia da publicidade objetivadora da transparência, ao determinar que o relatório de gestão fiscal seja publicado até trinta dias após o encerramento do período a que corresponder, com amplo acesso ao público, inclusive por meio eletrônico; e no § 3°, em relação à atuação dos Tribunais de Contas,

---

[8] HOMERCHER, Evandro. *A Lei de Acesso às Informações Públicas*. Porto Alegre, 27 nov. 2011, p.1. Disponível em: < http://www1.tce.rs.gov.br/portal/page/portal/tcers/publicacoes/artigos>. Acesso em: 16 maio 2013.

[9] FIGUEIREDO, Pedro Henrique Poli de. Princípio da Publicidade da Administração Pública. *Revista do Tribunal de Contas do Rio Grande do Sul*. Porto Alegre, Ano 1, n. 1, v. 40, p. 9-22, 2008. Disponível em: < http://www1.tce.rs.gov.br/portal/page/portal/tcers/publicacoes/revista_tce/Revista%20TCE%20-%2040.pdf>. Acesso em: 16 maio 2013, p.17.

INQUIETAÇÕES JURÍDICAS CONTEMPORÂNEAS

ao estatuir o dever de que seja dada ampla divulgação dos resultados da apreciação das contas, julgadas ou tomadas.

Resta evidente que os referidos meios eletrônicos devem possibilitar um amplo acesso ao público, ou seja, serem possíveis de acesso a qualquer pessoa. Originalmente isso significava, por certo, a mera divulgação na *internet*, por meio de *site* oficial ou Diário Oficial Eletrônico, porém a cada dia surgem novas formas de divulgação eletrônica, tão ou mais eficazes, e por certo novas surgirão a cada dia, são exemplos hoje o *twitter, blogs e facebook.*

Mendes (2001), ao manifestar-se quanto à questão de representar, ou não, a *internet* uma ameaça à soberania do Estado, referindo que há duas correntes, uma entendendo que traz tal ameaça, e a outra, com a qual se compartilha o posicionamento, acredita que a *internet* pode mesmo fortalecer a soberania, no sentido de que contribuiria para ampliar o acesso dos cidadãos aos processos decisórios, fortalecendo a democracia e o Estado de Direito.[10]

Em nosso País, muitos feitos casos de denúncias de irregularidades na gestão pública feitas foram por meio das redes de relacionamento sociais.

Em razão de ter um papel fundamental, por fazer com que a sociedade e o direito evoluam, o controle feito pelos administrados, por meio da participação popular direta, está sendo incentivado e fomentado a cada dia com mais fervor. Fernandes (2001) assevera que o novo objetivo para a ação do controle "é influenciar o processo decisório, aprimorando-o em prol da sociedade [...] sem influenciar o processo decisório o controle não tem finalidade útil".[11] Cappelletti (2001), com precisão, ensina que:

> Quando o poder político não sofre controle, mesmo os instrumentos da nova tecnologia, da comunicação de massa, da assim chamada 'educação popular', tudo pode perverter-se numa grande máquina da corrupção. A corrupção das mentes é obtida através da desinformação maciça e da proibição de todo a crítica.[12]

Hodiernamente, o ideal de democracia está centrado na transparência capaz de tornar o cidadão bem informado e atuante na gestão pública. Não resta dúvida de que publicização da informação, em meio eletrônico, facilitada em grande monta pelas redes de relacionamentos sociais, fortalece os laços entre o Poder Público e os cidadãos.

Paulo Ricardo Ceni Barreto, Auditor Público do TCE-RS, ao escrever sobre o controle via tecnologia da informação, com vistas o orientar a gestão de seus controlados, assim leciona:

> A evolução das telecomunicações e da tecnologia da informação, entendida como combinação de recursos de processamento (hardware, software, bancos de dados etc.), comunicações, pessoas e procedimentos, aumentou exponencialmente a capacidade de análise de processamento de dados e, por consequência, permitiu melhoria na qualidade das informações disponibilizadas à tomada de decisão. Nas organizações como o TCE-RS (Tribunal de Contas do Estado), esse desenvolvimento tem implicado

---

[10] MENDES, Gilmar Ferreira, in MARTINS, Ives Granda da Silva; NASCIMENTO, Carlos Valder do (org.). *Comentários à Lei de Responsabilidade Fiscal.* São Paulo: Saraiva, 2001.

[11] FERNANDES, Jorge Ulisses Jacoby. Responsabilidade fiscal na função do ordenador de despesa; na tercerização da mão de obra; na função do controle administrativo. Brasília, DF: Brasília Jurídica, 2001, p.86.

[12] CAPPELLETTI, Mauro. Repudiando Montesquieu? A expansão e a legitimidade da justiça constitucional. *Revista do Tribunal Regional Federal da 4.ª Região*, Porto Alegre, ano 12, nº 40, p. 13 – 110, 2001, p.18.

na racionalização das auditorias a partir da análise prévia das informações. Dessa forma, tem sido possível direcionar o trabalho a finalidades específicas, observando-se aspectos como a materialidade e a criticidade das matérias em exame, o que aumentou notalvemente a eficiência do trabalho. [...]

Além das remessas de dados regulamentados, o TCE-RS, desde 2010, vem desenvolvendo o Pad/Plus – Informações Complementares, que recebe, via *internet* ou mídia eletrônica, de dados que subsidiam as auditorias. Temos utilizado, ainda, outras formas de obtenção de dados ou troca de informações com os jurisdicionados que simplificam a fiscalização, como o Siscop (Sistema de Controle de Obras Públicas), a BLM (Base de Legislação Municipal) e o canal direto com a UCCI (Unidade Central de Controle Interno), que promove o acompanhamento diário da gestão dos jurisdicionados.

Em dezembro de 2010, buscando a evolução na racionalidade da ação do controle externo, o TCE-RS criou o CGEX (Centro de Gestão Estratégica de Informação para o Controle Externo), para utilização da tecnologia da informação como elemento auxiliar aos serviços de auditoria. [...][13]

Percebe-se, ao avaliar os ensinamentos do Auditor Público, que os próprios órgãos oficiais de controle da gestão pública, têm-se valido das tecnologias de informações para ampliar a efetividade de suas ações, bem como tem feito à divulgação de suas ações e das informações que recebe de seus fiscalizados aos cidadãos por tais meios, viabilizando que estes de igual forma se manifestem por meio de tais tecnologias e mesmo por meio das redes sociais.

A paulatina evolução social em suas ações diretas de controle da gestão pública resta evidenciada pela busca de informações, especialmente junto aos órgãos de controle, como demonstram as notícias relativas aos 120 dias de vigência da lei de acesso à informação, divulgadas pelo Tribunal de Contas de nosso Estado, ao assim, informar:

A Lei de Acesso à Informação completou 120 dias de vigência. Todos tiveram a oportunidade de avaliar, na prática, a execução desse ideário tão longamente amadurecido no Parlamento.

A norma, que nasceu orientada a fomentar uma cultura de transparência, que viabilize e estimule o controle social, já disse a que veio logo nos primeiros dias. Apenas nesse interregno, ingressaram no TCE-RS (Tribunal de Contas do Estado) 149 pedidos de acesso a dados, incluídas as pretensões feitas verbalmente (52) e as formuladas por escrito (97).[14]

Ocorre que não só a sociedade como controladora tem que evoluir nesta cultura, como também a gestão pública, no sentido de qualificar a publicidade que dá a seus atos, nesta direção o Conselheiro e Presidente do Tribunal de Contas do Estado do Rio Grande do Sul, Cezar Miola, ao falar sobre a internet e o acesso à informação, expressa seu entendimento nos seguintes termos:

Recente estudo realizado pelo Tribunal de Contas do Estado (TCE-RS) sobre as informações disponibilizadas pelos Legislativos e Executivos municipais do Rio Grande do Sul na internet demonstrou que temos, ainda, muito o que aperfeiçoar no que tange às exigências de transparência para o objetivo de, no dizer de Norberto Bobbio, "colocar-se a administração pública em público". Dos 992 órgãos jurisdicionados, 990 responderam ao questionário proposto pelo TCE, informando sobre a existência de portais e sobre o conteúdo das informações disponibilizadas. Pelos resultados apurados, sabe-se que 75,9% das prefeituras e Câmaras disponibilizam o acesso a informações (embora, em diversos casos, esses dados sejam escassos e insuficientes). Tem-se, assim, que cerca de um quarto dos órgãos consultados ainda não oferece informações na web. A execução orçamentária é o tema de maior divulgação nos portais municipais, indicando a presença de demanda social por informações necessárias ao controle sobre os gastos públicos. A disseminação do conhecimento sobre a gestão concreta dos interesses coletivos

---

[13] BARRETO, Paulo Ricardo Ceni. *O controle via tecnologia da informação*. Porto Alegre, 27 jan. 2013, p.1. Disponível em: < http://www1.tce.rs.gov.br/portal/page/portal/tcers/publicacoes/artigos>. Acesso em: 16 maio 2013.

[14] RICCARDI, Aline de Lima. A Lei de Acesso à Informação completou 120 dias de vigência. Porto Alegre, 30 set. 2012, p. 1 Disponível em: <http://www1.tce.rs.gov.br/portal/page/portal/tcers/publicacoes/artigos>. Acesso em: 16 maio 2013.

– desdobramento do direito de saber assegurado aos cidadãos nas democracias consolidadas – pressupõe, além da realização de investimentos em tecnologia e em treinamento de pessoal, a adoção de variadas medidas transformadoras da própria cultura do serviço estatal, estabelecendo-se a prevalência da publicidade sobre o sigilo da ação administrativa, admitido apenas em termos excepcionais. Nesse sentido, salienta-se a recente edição da lei que objetiva "garantir o acesso a informações previsto no inciso XXXIII do art. 5º, no inciso II do § 3º do art. 37 e no § 2º do art. 216 da Constituição Federal", que deverá produzir significativo impacto em todos os níveis da administração pública, demandando iniciativas capazes de assegurar o atendimento ao direito fundamental de acesso à informação ali previsto, inclusive pelos meios de comunicação da moderna revolução tecnológica. Diante das amplas e inovadoras possibilidades de interação com o público, todos os esforços do aparelho estatal para conferir transparência governamental merecem ser reconhecidos e incentivados como sinal de aperfeiçoamento das relações mantidas entre o Estado e a sociedade, e de promissora assimilação do princípio republicano do controle social sobre a ação administrativa. Tudo em devida consonância com os valores e princípios estabelecidos pela Constituição de 1988.[15]

É oportuno lembrar que a capacidade de disseminação da informação por meio das redes de relacionamentos sociais é inquestionável, ficando evidenciada, em nível mundial, quando o mundo viu, em diversos países,[16] grupos opositores a regimes de exceção utilizarem tais redes como meio de denunciar abusos cometidos e mesmo fazer articulações, a ponto de levar a queda de muitos ditadores do poder. Foi a chamada primavera árabe.[17]

Hoje no Brasil enfrentamos um momento de comoção social, com milhares de pessoas nas ruas, cuja articulação deu-se por meio das redes sociais, com uma pauta genérica de reivindicações, mas, sobretudo, demonstrando uma insatisfação com a gestão estatal, especialmente no que se refere às políticas públicas destinadas a efetivar direitos fundamentais como saúde, educação, segurança, bem como em relação à postura ética dos agentes públicos representada pela pauta "menos corrupção". Não temos dúvida de que estamos vivendo um novo marco na história do Brasil, estabelecido pelo poder de comunicação e articulação das redes sociais, a partir do qual a população terá consciência do poder que tem quando mobilizada em prol de uma causa de interesse público.

O fortalecimento do controle social visa a assegurar os direitos fundamentais regulamentados na nova legislação, competindo aos órgãos de controle uma importante parcela, especialmente na aferição do cumprimento do dever de informar pelos gestores públicos e de promoverem políticas públicas de fomento à participação e controle social.

A exigência cada vez maior de publicidade e controle social, especialmente, com a contribuição das redes de relacionamentos, certamente produzirão impactos significativos em todos os níveis da administração pública, demandando dia a dia novas iniciativas capazes de assegurar a efetividade do direito fundamental de acesso à informação garantido legalmente.

---

[15] MIOLA, Cezar. *A internet e o acesso à informação*. Porto Alegre, 23 nov. 2011, p. 1 Disponível em: <http://www1.tce.rs.gov.br/portal/page/portal/tcers/publicacoes/artigos>. Acesso em: 16 maio 2013.

[16] Tunísia, Egito, Líbia, Síria e Iêmenn, são exemplos destes países.

[17] Primavera árabe corresponde ao conjunto de manifestações contra os regimes ditatoriais e autoritários dos países do Norte da África e Oriente Médio. Egito, Líbia, Bahrein, Tunísia, Marrocos, onde a população vem sofrendo desde muitas décadas, violência, falta de liberdade leitoral, sem direito a voto, inclusive com o poder sucessivos de uma única família.Em 2011, com a utilização da internet, pela redes sociais a população vem buscando mudar essa tradicional situação, em busca do liberalismo e dos direitos humanos, em alguns desses países, já ocorreu a queda dos presidentes, como no Egito e na Líbia. Disponível em: <http://pt.shvoong.com/social-sciences/education/2216005-primavera árabe.>. Acesso em 16 maio 2013.

4. A transparência na gestão e a confiança dos administrados na administração pública

Considera-se pressuposto de um Estado democrático de direito, a confiança dos administrados na Administração Pública. É público que em nosso Estado esta confiança foi ao longo dos anos sendo mitigada em razão de comportamentos incompatíveis com a moralidade administrativa.

A democracia representativa, vigente em nosso Estado, em que pese ser a expressão da vontade da maioria, tem, no decorrer da evolução histórica, se mostrado insuficiente, fazendo surgir a participação popular – democracia participativa direta – como elemento essencial na gestão do Estado.[18]

O controle social ou participação popular na gestão decorre do fato de estar o conceito de democracia baseado na soberania popular e na dignidade da pessoa humana, estando expresso na disposição constitucional, constante no art. 1º, parágrafo único, da Carta Magna: "Todo poder emana do povo, que o exerce por meio de representantes eleitos, ou diretamente, nos termos desta Constituição".[19]

A Lei de Responsabilidade Fiscal pressupõe a participação popular e controle nas decisões políticas, indo ao encontro dos princípios democráticos previstos na Carta Maior, por meio das audiências públicas. Porém, para que ocorra o adequado entendimento por parte dos maiores interessados, que são os cidadãos, a comunicação deverá ocorrer por meio de uma linguagem clara, de modo a atingir o maior número possível de interessados. O inciso I do parágrafo único do artigo 48 da aludida lei prevê o "incentivo à participação popular e realização de audiências públicas, durante os processos de elaboração e discussão dos planos, lei de diretrizes orçamentárias e orçamentos".[20]

Por sua vez, a Lei nº 12.527, de 18 de novembro de 2011, assegura o direito fundamental de acesso à informação, por meio da publicidade, divulgação de informações de interesse público, utilizando meios de comunicação e de tecnologias da informação, visando a desenvolver o controle social da administração pública.[21]

Neste novo contexto, o indivíduo deixa de ser um dado estatístico das democracias formais, aquele eleitor periódico, esquecido e abandonado nos interregnos eleitorais, para tornar-se o centro do processo político, como seu autor, ator, espec-

---

[18] SILVEIRA, Maria Aparecida Cardoso da; VICHINKESKI, Anderson. *A Responsabilidade Fiscal do Administrador Público*: transparência, controle e fiscalização. Florianópolis: Conceito, 2009, p. 89 e segs.

[19] BRASIL. Constituição da República Federativa do Brasil de 1988. *Diário Oficial da União*, de 5 de outubro de 1988. Disponível em <http://www.planalto.gov.br/ccivil_03/Constituicao/Constituicao.htm>. Acesso em: 16 maio 2013.

[20] BRASIL. Lei Complementar 101, de 4 de maio de 2000. Estabelece normas de finanças públicas voltadas para a responsabilidade na gestão fiscal e dá outras providências. Disponível em: <http://www.planalto.gov.br/ccivil_03/leis/lcp/lcp101.htm>. Acesso em: 16 maio 2013.

[21] BRASIL. Lei nº 12.527, de 18 de novembro de 2011. Regula o acesso a informações previsto no inciso XXXIII do art. 5º, no inciso II do § 3º do art. 37 e no § 2º do art. 216 da Constituição Federal; altera a Lei nº 8.112, de 11 de dezembro de 1990; revoga a Lei nº 11.111, de 5 de maio de 2005, e dispositivos da Lei nº 8.159, de 8 de janeiro de 1991; e dá outras providências. Disponível em <http://www.planalto.gov.br/ccivil_03/_ato2011-2014/2011/lei/l12527.htm>. Acesso em: 16 maio 2013.

tador e destinatário, permanentemente valorizado em todas as suas etapas, e não apenas nas épocas de campanha política.[22]

Hodiernamente, a tecnologia e a consequente facilidade de comunicação, mesmo à distância, muito têm colaborado para a efetivação e expansão da participação popular. A partir da edição da Lei de Acesso à Informação e dos portais da transparência, receitas e despesas, por exemplo, são disponibilizadas aos cidadãos em tempo real, o que lhes permite um acompanhamento detalhado da aplicação dos recursos públicos, podendo, assim, avaliar se estão sendo aplicados da melhor forma, havendo um maior controle social.

Assim sendo, garantida a participação democrática, bem como o acesso às diversas informações públicas, o cidadão terá condições de acompanhar e avaliar a atuação dos gestores, o que poderá levar a confiança nestes, ao perceberem que as ações por eles praticadas estejam em conformidade com os princípios éticos norteadores da administração pública.

No momento em que as pessoas exercem o direito ao voto, elegendo seus representantes, elegem o gestor do seu próprio dinheiro, ou seja, dos recursos públicos. Assim, cabe aos gestores escolhidos mediante a confiança neles depositada, bem gerir em prol da comunidade e dar ampla publicidade a todos os seus atos, permitindo a fiscalização e participação, tanto pelo cidadão, quanto pelos órgãos constituídos para essa finalidade.

A confiança está estreitamente associada à transparência, pois só se confia naquilo que se conhece. Assim, quanto maior for o conhecimento que a população tiver sobre as contas públicas, maior será sua confiança nos gestores, já que se saberá, de antemão, que o gestor age de modo claro e público, não tendo nada a esconder, o que por si só é merecedor de confiança. A proteção da confiança exige: fiabilidade, clareza, racionalidade e transparência dos atos do poder, de forma que, em relação a eles, o cidadão veja garantida a segurança nas suas disposições pessoais e nos efeitos jurídicos dos seus próprios atos praticados em relacionamentos com o Poder Público. Nesse sentido, Juarez Freitas ressalta que:

> O controle da sociedade emerge, pois, como um imperativo de estatura constitucional, partícipe do esforço mais ou menos universalizado de democratizar o poder, tornando-o visível e, por assim dizer, mais confiável e limitado em suas tentações de arbítrio ou de conformista omissão.[23]

O princípio da confiança significa autorizar, confiar num direito fundado em bases objetivas e seguras. Canotilho (1995), a esse respeito, ensina que:

> O homem necessita de uma certa segurança para conduzir, planificar e conformar autônoma e responsavelmente sua vida. Por isso, desde cedo, considerou-se, como elementos constitutivos do Estado de Direito, o princípio da segurança jurídica e o princípio da proteção da confiança do cidadão.[24]

A proteção da confiança pode ser abordada em diferentes aspectos da vida social. No direito moderno, apresenta-se como princípio, como supridora de nulidades, sanadora de vícios, norteadora da conduta das partes na celebração dos con-

---

[22] MOREIRA NETO, Diogo de Figueiredo. Globalização, regionalização, reforma do Estado e da Constituição. *Revista de Direito Administrativo*, Vol. 211, jan./mar., 1998, p. 02.

[23] FREITAS, Juarez. O controle social do Orçamento Público. *Revista de Interesse Público*, n° 11, p. 13-26, 2001, p.15.

[24] CANOTILHO, José Joaquim Gomes. *Direito Constitucional*. 6ª ed. Coimbra: Almedina, 1995, p. 371.

tratos e no cumprimento das obrigações, também, como princípios na interpretação dos textos legais e da vontade das partes. No que concerne à confiança nas relações do Estado, parece inequívoco que o princípio da confiança estatui o poder-dever de o administrador público zelar pela estabilidade decorrente de uma relação timbrada de autêntica fidúcia mútua, no plano institucional.[25]

Não pode o gestor esquecer de suas promessas de "campanha política", em razão das quais foi eleito, e dos deveres de direcionar suas ações ao atendimento do interesse comum dos seus governados, para agir segundo seus próprios interesses. Está, sem dúvida, o gestor público comprometido com a sociedade que representa em razão de uma clara relação de confiança. O princípio da confiança visa, portanto, a resgatar a confiabilidade jurídico-administrativa nos atos provenientes dos entes públicos e suas recíprocas relações com os administrados, como condição para a estabilidade institucional.

Nesse sentido, faz-se necessário que após depositar o voto, o eleitor possa fiscalizar, acompanhando o agir de seus governantes e que, também, seja ouvido por estes, diretamente, pois só assim é que poderá participar com efetividade em uma gestão pública transparente e confiável.

O desrespeito ao princípio da transparência e de suas normas correlatas acarreta a responsabilização dos gestores públicos que deram causa à transgressão, pois tal princípio se traduz em um preceito básico e inerente ao Estado Democrático de Direito, de essencial relevância para assegurar o cumprimento das normas vigentes. Resta evidente o fato de que a Lei de Responsabilidade Fiscal exige uma nova postura dos gestores públicos, atingindo todas as esferas de governo e, para assegurar o seu cumprimento no que se refere à transparência da gestão das finanças públicas, faz uso de uma série de normas que possibilitam a responsabilização pelo seu desrespeito.

Considerações conclusivas

O presente estudo nos leva à conclusão de que o conceito de democracia, baseado na soberania popular e na dignidade da pessoa humana, tem por fundamental pressuposto a transparência na gestão pública, que por sua vez conduz ao controle social.

A efetivação do controle social sobre a gestão pública fica na dependência do cumprimento do dever de informar pelos gestores públicos e de promoverem políticas públicas de fomento à participação e controle social. Este dever de informar para ser plenamente atendido exige informação com qualidade, assim compreendida aquela possível de entendimento ao mais comum dos cidadãos.

Nos dias atuais, a forma de dar publicidade à gestão pública se ampliou expressivamente, sendo facilitada e otimizada pelo auxílio da tecnologia de informação. Sendo expressiva, neste contexto, a contribuição das redes de relacionamentos. É inegável, como já dito, que esta potencialização da publicidade produzirá impactos significativos em todos os níveis da administração pública, demandando dia a dia

---

[25] FREITAS, Juarez. *Estudos de Direito Administrativo*. São Paulo: Malheiros, 1997, p. 29-30.

novas iniciativas capazes de assegurar a efetividade do direito fundamental de acesso à informação, garantido legalmente, em sua plenitude.

A transparência está atrelada à ideia de eficiência, pois a divulgação dos atos possibilita fiscalização pela sociedade, a qual, por certo, fará com que seja a eficiência buscada e alcançada na gestão pública.

O princípio da transparência se traduz em um preceito básico e inerente ao Estado Democrático de Direito, de essencial relevância para assegurar o cumprimento das normas vigentes, de modo que responderá o Gestor, a luz do sistema normativo vigente, se não o promover plenamente, ao que significa dizer que deverá promover e incentivar à participação e controle social. O que nos demonstra que estamos diante da exigência de uma nova postura dos gestores públicos a fim de qualificar, a cada dia mais, a democracia.

Referências

BACELLAR FILHO, Romeu Felipe. *Princípios constitucionais do processo administrativo disciplinar.* São Paulo: Max Limonad, 1998.

BARRETO, Paulo Ricardo Ceni. *O controle via tecnologia da informação.* Porto Alegre, 27 jan. 2013, p. 1 Disponível em: <http://www1.tce.rs.gov.br/portal/page/portal/tcers/publicacoes/artigos>. Acesso em: 16 maio 2013.

BRASIL. Constituição da República Federativa do Brasil de 1988. Disponível em <http://www.planalto.gov.br/ccivil_03/Constituicao/Constituicao.htm>. Acesso em: 16 maio 2013.

——. Lei Complementar 101, de 4 de maio de 2000. Estabelece normas de finanças públicas voltadas para a responsabilidade na gestão fiscal e dá outras providências. Disponível em: <http://www.planalto.gov.br/ccivil_03/leis/lcp/lcp101.htm>. Acesso em: 16 maio 2013.

——. Lei nº 12.527, de 18 de novembro de 2011. Regula o acesso a informações previsto no inciso XXXIII do art. 5º, no inciso II do § 3º do art. 37 e no § 2º do art. 216 da Constituição Federal; altera a Lei nº 8.112, de 11 de dezembro de 1990; revoga a Lei nº 11.111, de 5 de maio de 2005, e dispositivos da Lei nº 8.159, de 8 de janeiro de 1991; e dá outras providências. Disponível em <http://www.planalto.gov.br/ccivil_03/_ato2011-2014/2011/lei/l12527.htm>. Acesso em: 16 maio 2013.

CANOTILHO, José Joaquim Gomes. *Direito Constitucional.* 6ª ed. Coimbra: Almedina, 1995.

FERNANDES, Jorge Ulisses Jacoby. *Responsabilidade fiscal na função do ordenador de despesa*; na terceirização da mão de obra; na função do controle administrativo. Brasília, DF: Brasília Jurídica, 2001.

FIGUEIREDO, Pedro Henrique Poli de. Princípio da Publicidade da Administração Pública. *Revista do Tribunal de Contas do Rio Grande do Sul.* Porto Alegre, Ano 1, n. 1, v. 40, p. 9-22, 2008. Disponível em: <http://www1.tce.rs.gov.br/portal/page/portal/tcers/publicacoes/revista_tce/Revista%20TCE%20-%2040.pdf>. Acesso em: 16 maio 2013.

FREITAS, Juarez. *Discricionariedade Administrativa e o Direito Fundamental à Boa Administração Pública.* São Paulo: Malheiros, 2007.

——. *Estudos de Direito Administrativo.* São Paulo: Malheiros, 1997.

——. O controle social do Orçamento Público. *Revista de Interesse Público*, n.º 11, p. 13-26, 2001.

HOMERCHER, Evandro. *A Lei de Acesso às Informações Públicas.* Porto Alegre, p. 1, 27 nov. 2011. Disponível em: <http://www1.tce.rs.gov.br/portal/page/portal/tcers/publicacoes/artigos>. Acesso em: 16 maio 2013.

MENDES, Gilmar Ferreira, in MARTINS, Ives Granda da Silva; NASCIMENTO, Carlos Valder do (org.). *Comentários à Lei de Responsabilidade Fiscal.* São Paulo: Saraiva, 2001.

MOREIRA NETO, Diogo de Figueiredo. Globalização, regionalização, reforma do Estado e da Constituição. *Revista de Direito Administrativo*, Vol. 211, jan./mar., 1998, p. 02.

RICCARDI, Aline de Lima. A Lei de Acesso à Informação completou 120 dias de vigência. Porto Alegre, 30 set. 2012, p. 1 Disponível em: <http://www1.tce.rs.gov.br/portal/page/portal/tcers/publicacoes/artigos>. Acesso em: 16 maio 2013.

RIO GRANDE DO SUL. Tribunal de Justiça. Decisão monocrática no Processo 70053434528. *Reexame Necessário* nº 70053434528, Vigésima Segunda Câmara Cível, Tribunal de Justiça do RS, Relator: Carlos Eduardo Zietlow Duro, Julgado em 5 mar. 2013. Disponível em: <http://www.tjrs.jus.br>. Acesso em: 16 maio 2013.

SILVEIRA, Maria Aparecida Cardoso da; VICHINKESKI, Anderson. *A Responsabilidade Fiscal do Administrador Público*: transparência, controle e fiscalização. Florianópolis: Conceito, 2009.

— 11 —

A necessária fundamentação a legitimar a violação do sigilo das comunicações telefônicas: uma leitura constitucional do instituto da interceptação telefônica

RAFAEL ARIZA[1]

Sumário: Considerações iniciais; I. Preceitos constitucionais e legais; II. A interceptação de comunicações telefônicas e o Projeto de Lei do Senado nº 156 de 2009; III. A necessária fundamentação a legitimar a violação do sigilo das comunicações telefônicas; Considerações finais; Referências bibliográficas.

Considerações iniciais

As relações sociais, na atualidade, trazem consigo possibilidades inimagináveis em um passado não muito distante. A rápida e constante evolução tecnológica com eliminação virtual de distâncias e imediata difusão das comunicações proporciona efetivo desenvolvimento pessoal e profissional.

No mesmo compasso, verifica-se a expansão das atividades humanas que, apropriando-se da tecnologia, alcançam os resultados desejados despendendo de menos energia. É evidente que a prática delituosa não ficou dissociada desta tendência com aprimoramento das condutas e resultados surpreendentes. Todavia, tal evolução implicou o desenvolvimento de um modo de agir complexo, onde a tradicional sistemática de investigação não mais alcançava.

Por esta ótica, cabe primeiramente abordar, de forma sistemática, a previsão constitucional de proteção ao direito fundamental da intimidade, adentrando, necessariamente, na norma infraconstitucional que regulamenta a interceptação de comunicações telefônicas.

Não se pretende aqui adentrar na discussão acerca da constitucionalidade do instituto das interceptações telefônica mas verificar os requisitos à sua implementação nos termos da legislação vigente, bem como aqueles previstos no Projeto de

---

[1] Advogado Criminalista. Especialista em Direito Penal e Processual Penal. Professor de Direito Penal, Direito Processual Penal e Prática Jurídica Penal na ULBRA – Universidade Luterana do Brasil, campus Canoas.

Lei do Senado n° 156 de 2009 com a proposta de reforma do Código de Processo Penal.

Ao final, como ponto central deste estudo, adentrar-se-á na necessária fundamentação a legitimar a violação do direito fundamental à intimidade através da implementação da interceptação das comunicações telefônicas com prevalência do interesse público. Por este aspecto, a fundamentação da decisão judicial deve ser vista como instrumento de realização do sistema acusatório constitucional e preservação das garantias fundamentais, sobretudo, da dignidade da pessoa humana, pelo que se justifica os fundamentos a seguir expostos.

I. Preceitos constitucionais e legais

A Constituição Federal de 1988, em seu artigo 5°, XII, trouxe no rol dos direitos fundamentais, garantia relativa de inviolabilidade das comunicações telefônicas, admitindo, apenas, através da referida norma constitucional de eficácia limitada, violação a tal direito individual para "fins de investigação criminal ou instrução processual penal".[2]

O constituinte originário ao garantir, ainda que relativamente, proteção à privacidade, incluindo assim a intimidade no rol dos direitos fundamentais, determinou, desde a promulgação da Carta Magna, possibilidade restrita de violação a tal direito atendendo indiretamente aos anseios pelo reconheciomento de um direito penal e direito processual penal mínimos, com intervenção estatal – em razão da gravidade de suas sanções – apenas quando efetivamente necessário.

Da promulgação da Constituição Federal, oito anos se passaram quando foi decretada pelo Congresso Nacional e sancionada pelo então Presidente da República norma infraconstitucional a fim de regulamentar as hipóteses e requisitos para implementação da interceptação das comunicações telefônicas. O texto legal vigente, traz, a contrário senso, como requisitos à implementação da medida, a existência de indícios razoáveis de autoria ou participação na conduta delitiva em investigação, além de o crime ser apenado com reclusão e a prova não puder ser realizada por outros meios.

Do texto legal se extrai, de forma cristalina, que somente será admissível a violação do sigilo das comunicações telefônicas quando efetivamente imprescindível a medida, devendo ser considerada, a interceptação, como instrumento de *ultima ratio* na produção probatória, dada a necessidade de preservação do direito fundamental por ela lesionado.

Tal determinação possui claro objetivo de compelir os agentes da persecução penal a utilizarem meios menos envazivos sendo a interceptação das comunicações telefônicas medida extrema a ser implementada quando a prova efetivamente não puder ser constituída de outro modo.

Importa aqui ressaltar que a interferência estatal visando à aplicação do direito penal somente quando os demais ramos do direito não forem capazes de proporcio-

---

[2] BRASIL. *Constituição Federal de 1988*. Brasilia. 5 de outubro de 1988

nar resposta eficaz à prática delitiva, não pode ser dissociada da noção do devido processo penal constitucional, pois, ainda que a conduta imponha ofensividade e esta ofensa lesione de forma significativa o bem jurídico tutelado, ao suposto autor do fato, durante a persecução criminal, deve ser garantida observância às garantias constitucionais com observância estrita aos princípios da legalidade e proporcionalidade.

No âmbito processual penal, inclusive no que se refere à produção probatória, enquanto fundamento do Estado Democrático de Direito, como bem leciona Nereu José Giacomolli, "se veda a instrumentalização do ser humano, ou seja, de seu tratamento como objeto, como coisa",[3] abandonando assim a utópica busca da verdade.

Há de se entender a prova no processo penal como o instrumento capaz de formar o convencimento do magistrado acerca das pretensões das partes. Assim, há instituição de uma verdade processual que, para sua formação, não pode ignorar os preceitos constitucionais e infraconstitucionais, ferindo a dignidade da pessoa humana.

Assim, a interceptação das comunicações telefônicas para fins de investigação criminal ou instrução processual penal, constitucionalmente reconhecida e regulamentada através da Lei nº 9.296 de 1996, há de ser entendida como medida extrema – em razão do nível de interferência estatal no direito fundamental da privacidade – determinando observância aos já referidos princípios da legalidade e proporcionalidade.

Todavia, o instrumento que deveria ser utilizado quando ineficazes outros meios de prova, atendendo ao requisito da imprescindibilidade, possui, atualmente ampla implementação, inclusive, como primeira diligência da polícia investigativa ou do Ministério Público sob a justificativa da complexidade do *modus operandi* dos protagonistas dos fatos investigados. Tal argumento, ainda que respeitável, não há de ser reconhecido como suficiente a determinar lesão a direito fundamental, sendo ponto nevrálgico do tema em estudo a necessária fundamentação convincente a legitimar tamanha interferência estatal.

Cumpre salientar que, do acervo de informações colhidas através da implementação da interceptação telefônica, uma pequena parte tornar-se-á prova no contexto processual, pois, através do trabalho de investigação, tão somente os diálogos com referência a fatos sob investigação serão transcritos e comporão o acervo probatório.

Todavia, todos os diálogos travados pelo interceptado durante o período da medida serão, em tese, analisados e, fatos não criminosos de sua intimidade tornar-se-ão do conhecimento de terceiros ferindo, de forma direta, o direito à privacidade. Dentre outros, este é ponto relevante para a implementação tão somente em casos de efetiva imprescindibilidade da medida sob pena de causar,m o Estado, dano desproporcional ao objeto da investigação.

A interpretação da Lei nº 9.296 de 1996, à luz do texto constitucional, não determina apenas a existência de motivos relevantes a implementação da interceptação telefônica, pois, embora o magistrado conheça situações fáticas que direcionem seu

---

[3] GIACOMOLLI, Nereu José. *Reformas(?) Do Processo Penal: Considerações Críticas*. Rio de Janeiro: Editora Lúmen Júris, 2008, p. 11.

INQUIETAÇÕES JURÍDICAS CONTEMPORÂNEAS

convencimento pela necessidade da medida e, ainda, que inexistam outros meios de prova hábeis a demonstrar autoria e materialidade delitiva, impositivo que a motivação seja descrita na decisão de forma convincente, garantindo-se não apenas observância ao disposto no artigo 2°, II, da referida norma infraconstitucional e ao artigo 93, IX, da Constituição Federal, mas ainda, ao princípio constitucional da ampla defesa, proporcionando ao indivíduo, quando houver ilegalidade ou abuso de poder, buscar a revogação da medida, atacando os fundamentos de sua implementação.

O artigo 4° da lei em comento traz determinação expressa quanto ao pedido de interceptação, impondo seja demonstrada a imprescindibilidade da medida à apuração da infração penal, e, no que se refere à decisão judicial, no artigo 5°, traz somente a necessidade de fundamentação, o que apenas corrobora o comando constitucional.

Do texto infraconstitucional vigente, depreende-se ainda que a medida poderá ser implementada pelo prazo máximo de 15 (quinze) dias, podendo ser renovada quando "comprovada a indispensabilidade do meio de prova",[4] ou seja, não só para a implementação mas, também para a renovação, exige-se demonstração de necessidade através da efetiva fundamentação convincente, não determinando, porém, requisitos objetivos à decisão.

Tramita no Congresso Nacional o Projeto de Lei do Senado n° 156 de 2009, visando à reforma do Código de Processo Penal. Alguns dispositos do referido projeto já encontraram aprovação legislativa e sanção presidencial, surtindo efeitos no ordenamento jurídico pátrio. No que se refere à disciplina da interceptação de comunicações telefônicas, a proposta legislativa continua em tramitação, devendo ser vista, ainda, como mera pretensão legislativa, todavia, merece relevo a timidez do texto acerca da proteção ao direito fundamental da privacidade com o alargamento das hipóteses para implementação do instituto da interceptação.

II. A interceptação de comunicações telefônicas e o
Projeto de Lei do Senado n° 156 de 2009

Enquanto a Lei n° 9.296 de 1996 veda a interceptação das comunicações telefônicas para crimes apenados no máximo com pena de detenção, o Projeto de Lei do Senado n° 156 de 2009, na perspectiva de disciplinar a matéria, estende ainda mais as hipóteses de cabimento da medida em razão da gravidade da infração.

Ao passo que na legislação vigente, somente infrações punidas com pena de reclusão comportariam a interceptação das comunicações telefônicas, com o projeto de lei pretende o Poder Legislativo impôr restrição relativa tão somente às infrações penais de menor potencial ofensivo,[5] admitindo tal medida em crimes inexpressivos a determinar a movimentação do aparelhamento estatal quando a conduta for exclusivamente praticada através de comunicações telefônicas.

---

[4] BRASIL. *Lei n° 9.296 de 1996*. Brasília. 24 de julho de 1996.

[5] São infrações penais de menor potencial ofensivo, nos termos do artigo 61 da Lei n° 9.099 de 1995, as contravenções penais e os crimes que a lei comine pena máxima não superior a 2 (dois) anos, cumulada ou não com multa. O projeto de reforma do Código de Processo Penal, não modifica tal conceito.

Crítica há de ser feita ao alargamento das possibilidades quando o legislador não exige à implementação da medida a existência de indícios razoáveis de autoria, sendo determinante, apenas, a demonstração de indícios da materialidade delitiva. Tal disposição torna o projeto de lei contraditório, pois, ao passo que mantém substancialmente a sistemática vigente através da Lei nº 9.296 de 1996, reconhecendo a excepcionalidade da medida, requerendo *"a demonstração da estrita necessidade da interceptação e de que informações essenciais à investigação ou instrução processual não poderiam ser obtidos por outros meios"*, afasta a necessidade de demonstração de indícios suficientes de autoria enquanto requisito à implementação da medida.

Concordar com tal proposta legislativa seria admitir a implementação da interceptação já no início das investigações, sem a realização de qualquer ato investigativo e, desta forma, estar-se-ia a ignorar o caráter extremo e excepcional da medida.

Já no que se refere à atividade jurisdicional, o Projeto de Lei do Senado nº 156 de 2009 representa avanço ao determinar que o magistrado *"atentará para o preenchimento, ou não, de cada um dos requisitos"*. A pretensa determinação legislativa imporia à legalidade da decisão, necessariamente, fundamentação razoável com análise individualizada do cabimento da medida diante de cada requisito legal, trazendo aos autos as razões de seu convencimento alicerçado em elementos fáticos.

Inova ainda o projeto de lei no que se refere ao prazo de duração da interceptação. Pretende o Poder Legislativo o estabelecimento do prazo máximo de 60 (sessenta) dias, admitindo-se, todavia, prorrogações, desde que presentes os requisitos, não podendo exceder 360 (trezentos e sessenta) dias com exceção dos crimes permanentes.

Assim, tanto a legislação vigente quanto a proposta legislativa em tramitação no Congresso Nacional, embora exponham requisitos à implementação da interceptação das comunicações telefônicas, é do Poder Judiciário o exame da realidade fática e a decisão acerca da decretação, estando a legalidade da medida diretamente vinculada a fundamentação exposta pelo magistrado. Desta forma, importa adentrar na análise dos instrumentos hábeis a proporcionar a justa aplicação da medida.

III. A necessária fundamentação a legitimar a violação do sigilo das comunicações telefônicas

Entendemos que não há problemas quanto à legislação vigente e, inclusive, poucas divergências sobre sua aplicabilidade e prazo persistem na atualidade. Por outro lado, acreditando na necessidade de um outro olhar sobre a implementação das interceptações telefônicas, que passa necessariamente pela fundamentação da decisão que determina a implementação da medida, adentra-se am alguns aspectos pouco debatidos que, evidentemente, merecem amadurecimento e evolução.

Desta forma, não se pretende esgotar a abordagem da temática proposta, mas estimular o debate sobre o papel preponderante que possui a convincente fundamentação judicial em matéria processual penal, principalmente quando se pondera direitos e garantias individuais diante do interesse público.

INQUIETAÇÕES JURÍDICAS CONTEMPORÂNEAS

Importa salientar que não se está a defender o uso ou sua proibição, mas de abordagem que discute a forma como se aplica medida drástica que causa profunda lesão ao direito fundamental da intimidade.

A ponderação entre o direito individual e o interesse público se dá através da análise dos requisitos legais, tendo por parâmetro o fato em tese praticado que se pretende provar, com aplicação inafastável do princípio da proporcionalidade. E neste contexto, imperioso o reconhecimento das duas faces do princípio da proporcionalidade: a proibição de excesso e a proibição de proteção deficiente.

Para implementação da interceptação das comunicações telefônicas diante do caso concreto, imperioso verificar se a medida é efetivamente necessária e proporcional ao fato em tese praticado. Nos casos em que não se verificar necessidade real de implementação, quando a prova poderia ser alcançada por outros meios, necessariamente deve ser indeferido o pedido e preservado o direito individual do investigado.

Não obstante, quando verificar o magistrado que a medida é efetivamente necessária, sob pena de proteger de forma insuficiente o interesse público, há de ser implementada a medida devendo, porém, ser traduzidas na decisão, de forma convincente, as razões que fundamentam o sentido da decisão.

Em outras palavras, a fundamentação da decisão que decreta a violação do sigilo das comunicações, através da implementação do instituto da interceptação, deve demonstrar a presença dos requisitos legalmente exigidos e, principalmente, que a medida, diante da análise da realidade fática trazida nos autos, é imprescindível, não podendo a prova ser constituída por outros meios.

Decretar a quebra do sigilo das comunicações sem a efetiva demonstração de necessidade, antes de ser considerada desproporcional, é ilegal, pois, afasta-se da imposição legislativa concernente ao referido meio de prova. Da mesma forma, deve o magistrado, de acordo com o texto infraconstitucional vigente, realizar verdadeiro exame acerca da existência de indícios suficientes de autoria e materialidade do delito.

No que se refere à prova da materialidade do delito em investigação, esta deve ser concreta e demonstrada pelos agentes da persecução quando do pedido em juízo para implementação da medida. Já em relação aos indícios suficientes de autoria, a discussão repousa sobre o que é suficiente para determinar tamanha interferência estatal através da implementação da medida.

É evidente que, em alguns casos, alcançar indícios inequívocos de autoria somente seria possível através da implementação das interceptações telefônicas, e sua degravação representaria a prova requerida para deflagração da ação penal. Todavia, inadmissível ignorar tal requisito e determinar a implementação da medida sem qualquer indício que ligue o interceptado à prática do ilícito típico em investigação.

Assim, na fundamentação, deve o magistrado demonstrar em suas razões de decidir, além da necessidade da medida, a prova da materialidade e os indícios razoáveis de autoria.

Em que pese inexistir determinação expressa da análise individulizada pelo magistrado do cumprimento ou não dos requisitos legais, o deferimento ou o indeferimento do pedido não está na esfera de discricionariedade do Poder Judiciário. A decisão deve observar, diante do texto legal vigente, se cabível a interceptação com estrita obediência ao princípio da legalidade.

Conforme já referido, a ponderação de interesses através do princípio da proporcionalidade, visto em sua dupla face, exige proporcionaliade entre o fato praticado e a medida imposta, que não pode estar aquém ou além, devendo ser a justa medida diante do caso concreto, e tal ponderação há de estar expressamente descrita de forma convincente na fundamentação da decisão judicial.

Há, neste momento, verdadeira ponderação entre o direito individual da privacidade e a segurança pública, não podendo ser atribuído às liberdades públicas caráter absoluto em decorrência do princípio da convivência das liberdades, pelo qual, conforme observa Ada Pellegrini Grinover, "nenhuma delas pode ser exercida de modo danoso à ordem pública e às liberdades alheias".[6]

O limite entre o interesse público e o direito individual somente poderá ser determinado através da análise do caso concreto, estando o princípio da proporcionalidade no centro do convencimento do julgador e exposto na fundamentação de sua decisão através da ponderação dos direitos, deixando de ser apenas um exame intelectual de adequação da realidade fática ao texto legal.

Para Rosa Vieira Neves, "a decisão judicial é o culminar de um processo encetado pelo julgador, devendo encerrar o iter lógico seguido, apresentando-se como a manifestação articulada e coerente, pelo menos assim se almeja, da convicção".[7]

Natural assim, que a objetividade da prova até então produzida – uma vez que outros atos de investigação devem preceder o pedido de implementação da medida – seja submetida à subjetividade do julgador para, em sua decisão, fundamentadamente expôr sua convicção.

Raciocínio idêntico deve ser aplicado quando do indeferimento da medida. O representante do Ministério Público, bem como a autoridade policial que preside as investigações, ao invocar, mesmo que subjetivamente, o interesse da segurança pública como causa de alcançar o deferimento e implementação das interceptações telefônicas, possui direito à tutela jurisdicional e, o agir do Poder Judiciário deverá estar apoiado na legalidade, sendo impositivo o dever de fundamentação mesmo em caso de indeferimento do pleito, proporcionando ao requerente, no mímino, conhecer as razões de assim decidir, podendo, desta forma, impugnar tal decisão caso não se convença da dispensabilidade da medida.

Não pode a decisão ser entendida como mera declaração que reproduza as palavras existentes no texto legal, uma vez que a atividade jurisdicional não se reduz à prática de meros atos de concretização da intencionalidade normativa. Confere-se à decisão "intencionalidade específica, com densidade própria e dotada de autonomia em face da actividade legislativa".[8]

---

[6] GRINOVER, Ada Pellegrini. O regime brasileiro das interceptações telefônicas. *Revista Brasileira de Ciências Criminais*, São Paulo, ano 5, n. 17, janeiro – março/1997.

[7] NEVES, Rosa Vieira. *A Livre Apreciação da Prova e a Obrigação de Fundamentação da Convicção (na decisão final penal)*. Coimbra: Coimbra Editora, 2011, p. 18.

[8] NEVES, Rosa Vieira. *A Livre Apreciação da Prova e a Obrigação de Fundamentação da Convicção (na decisão final penal)*. Coimbra: Coimbra Editora, 2011, p. 131.

A opção legislativa pelo sistema acusatório determina observância extrema aos preceitos e princípios constitucionais e, conforme leciona Nereu José Giacomolli, "é na gestão da prova que se revela a essência da opção pelos modelos processuais".[9] Assim, o magistrado, ao decretar a interceptação de comunicações telefônicas, deverá, além da adequação normativa da medida, de forma convincente, fundamentar sua decisão observando a efetiva necessidade da medida, garantindo sua excepcionalidade sob pena de ferir os pressupostos do próprio sistema acusatório constitucional.

Desta forma, exige-se ao deferimento ou indeferimento do pedido de violação do sigilo das comunicações telefônicas, decisão judicial com fundamentação idônea alicerçada em elementos fáticos, afastando-se, necessariamente, alegações baseadas em meras presunções.

Considerando a possibilidade de implementação da medida pelo prazo máximo de quinze dias, prazo este prorrogável por igual período comprovada a necessidade, imodificável é a necessidade de fundamentação para prorrogação impondo-se ao magistrado, inclusive, exame mais aprofundado da necessidade de manutenção da medida. Ademais, a existência de indícios de autoria e prova da materialidade demonstrados, quando do pedido inicial de implementação, podem ser desconstruídos apartir do primeiro material produzido.

Assim, embora não seja possível a degravação total, dentro do prazo de 15 (quinze) dias, principalmente nos casos em que há excessiva quantidade de horas de comunicação interceptada, imperioso quando do pedido de renovação, seja posto à disposição do magistrado o áudio interceptado para que este, conhecendo a prova já produzida, decida sobre a prorrogação da medida.

Na prática, o que se verificam são algumas degravações, por vezes inclusive parciais, com recorte de diálogos seguido de informações apostas pelo executor da interceptação. Assim, o material remetido ao Poder Judiciário como fundamento para prorrogação do prazo, limita-se à convicção do agente policial que pode estar dissociado da realidade da prova produzida.

Assim, deve ser vista com ressalvas a decisão que defere a prorrogação do prazo da medida quando esta apenas se reporta à decisão inicial, afirmando que os motivos autorizadores permanecem inalterados. Com a realização de quinze dias de interceptação, a prova produzida há de determinar a necessidade de prosseguimento ante a presença de outros indícios de autoria, demonstrando a eficácia da medida, ou, ainda, que inexiste qualquer relação do investigado com o objeto da investigação e a decisão assim necessita enfrentar a modificação do contexto probatório.

Neste ponto, conforme já referido, não se exige a formação completa da prova no termo do prazo inicial, mas, que com o primeiro periodo de interceptação, seja possível reforçar os indícios de autoria, o que justificaria a continuidade da medida demonstrando faticamente sua necessidade. Desta forma, os requisitos legais devem estar presentes tanto na decretação da medida quanto na prorrogação do prazo e, neste último, ainda, há de se verificar a eficácia do meio de prova adotado, atendendo aos pressupostos do Estado Democrático de Direito e observância estrita à dignidade da pessoa humana.

---

[9] GIACOMOLLI, Nereu José. *Reformas (?) Do Processo Penal: Considerações Críticas*. Rio de Janeiro: Lumen Juris, 2008, p. 05.

Considerações finais

O instituto da interceptação telefônica, previsto na Constituição Federal e regulamentado através da Lei nº 9.296 de 1996, é medida de *ultima ratio* no Direito Processual brasileiro em virtude do bem jurídico atingido pela implementação do referido meio de prova.

É a privacidade e consequentemente a intimidade, direitos relativamente protegidos pelo texto constitucional, enquanto garantia fundamental. Assim, decretar a quebra do sigilo das comunicações telefônicas sem a necessária análise dos requisitos legais, frente às situações fáticas, impõe lesão à dignidade da pessoa humana.

A análise da medida, diante do princípio da proporcionalidade, considerando efetivamente sua excepcionalidade, é requisito essencial à legalidade da implementação da interceptação, uma vez que devem estar presentes na fundamentação da decisão que decreta ou prorroga o prazo da medida, elementos fáticos a determinar sua necessidade, sob pena de violação ao próprio sistema acusatório constitucional.

De qualquer sorte, conforme referido inicialmente, não se discutiriam aqui os requisitos ou a própria aplicabilidade determinados pela legislação infraconstitucional mas a responsabilidade do Poder Judiciário ao determinar violação a direito individual.

A decisão que autoriza ou nega a implementação da interceptação das comunicações telefônicas deve estar apoiada em elementos empíricos e idôneos acerca da imprescindibilidade da medida, sendo capaz de reproduzir convincentemente a existência de prova da materialidade e indícios suficientes ou razoáveis de autoria do ilícito típico penal objeto da persecução, demonstrando que a prova que se busca não poderia, em qualquer hipótese, ser alcançada por outros meios menos lesivos.

Referências bibliográficas

GIACOMOLLI, Nereu José. *Reformas (?) Do Processo Penal: Considerações Críticas*. Rio de Janeiro: Lumen Juris, 2008.

GRINOVER, Ada Pellegrini. O regime brasileiro das interceptações telefônicas. *Revista Brasileira de Ciências Criminais*, São Paulo, ano 5, n. 17, jan. – março, 1997.

MORAES, Alexandre de. *Direito Constitucional*. 27. ed. São Paulo: Atlas, 2011.

NEVES, Rosa Vieira. *A Livre Apreciação da Prova e a Obrigação de Fundamentação da Convicção* (na decisão final penal). Coimbra Editora. Coimbra: 2011.

SARLET, Ingo Wolfgang. Constituição e proporcionalidade: o direito penal e os direitos fundamentais entre a proibição de excesso e de insuficiência. *Revista brasileira de ciências criminais*, São Paulo: RT, nº47, março – abril/2004.

STRECK, Lenio Luiz. *As interceptações telefônicas e os Direitos Fundamentais*: Constituição, Cidadania e Violência: a lei 9.296/96 e seus reflexos penais e processuais. Porto Alegre: Livraria do Advogado, 1997.

— 12 —

A redefinição do ordenamento jurídico internacional e as organizações internacionais: base para a construção do direito internacional dos direitos humanos

SÉRGIO ROBERTO DE ABREU[1]

Sumário: 1. Organizações internacionais no pós-guerra – nascimento do sistema internacional de proteção dos direitos humanos; 2. Natureza jurídica das obrigações decorrentes das normas internacionais de direitos humanos; 2.1. O caráter imperativo das normas internacionais de direitos humanos – "jus cogens"; 2.2. A dimensão das obrigações decorrentes das normas internacionais de direitos humanos – obrigações "erga omnes"; Referências.

O Século XX traz para a humanidade um acréscimo importante no avanço das ciências, da tecnologia e, em especial, da Ciência do Direito. Especificamente no campo do Direito Internacional, vem promovendo sua alavancagem e sua abertura para uma nova concepção do ordenamento jurídico internacional.

Surgem novos atores, rompendo a clássica bilateralidade das relações entre Estados. A visão multilateral destas relações e a assunção das organizações internacionais no cenário das relações internacionais oportunizam uma mudança de paradigma e a adoção de novos princípios e fundamentos no sistema normativo internacional.

Da tradição internacionalista, a consensualidade e reciprocidade nas relações jurídicas entre Estados ampliam-se, hodiernamente, com a afirmação dos fundamentos da cooperação e da coexistência. São evoluções importantes, pois induzem e alicerceiam a busca da paz mundial, do respeito aos direitos humanos e o desenvolvimento dos Estados, de forma solidária, respeitosa e protetora da dignidade humana.

Neste texto, estuda-se o papel do surgimento das Organizações Internacionais, em especial o surgimento da ONU, e seu impacto na construção do sistema internacional de proteção dos direitos humanos. E, em seguida, a natureza jurídica da normatização internacional, de direitos humanos, mormente seu caráter de imperatividade e de seu efeito *erga omnes*, cada vez mais ampliada no ordenamento jurídico internacional.

---

[1] Prof. Ms. Direito Internacional ULBRA/Canoas.

INQUIETAÇÕES JURÍDICAS CONTEMPORÂNEAS

1. Organizações internacionais no pós-guerra – nascimento do sistema internacional de proteção dos direitos humanos

A elevação do debate acerca da imperatividade das normas internacionais de direitos humanos toma impulso com a guinada histórica presenciada pela humanidade no século XX, devido aos graves e, de difícil cicatrização, efeitos das guerras mundiais, mormente, do holocausto.

A proporção dos fatos acontecidos, que evidenciam o alto poder de destruição, além dos próprios atos de guerra, com a assumpção ao poder de Hitler e, aliado à ameaça do potencial de destruição em massa, exemplificado concretamente e mortalmente com o uso de bombas atômicas no Japão, faz surgir uma nova reflexão sobre os destinos da humanidade.

Conjugar os interesses da soberania e interesses egoísticos[2] dos Estados, frente aos rumos da dominação mundial,[3] depois demonstrados pela imprevisível denominada Guerra Fria, na qual se descortinou uma corrida pela dominação política e de mercado das nações, foi o ponto inevitável para a construção de um sistema internacional, que desse conta em reunir os Estados na busca de soluções pacíficas para os inevitáveis conflitos futuros, fruto da própria independência do homem e, por assim dizer, dos Estados.

Franklin Delano Roosevelt, memorável presidente dos Estados Unidos, que liderou não somente a alavancagem econômica americana através de seu projeto *New Deal,* mas foi o primoroso arquiteto da condução da política estadunidense durante a segunda guerra mundial,[4] transformou-se num dos principais articuladores da construção de uma nova ordem pós-guerra. Desde a campanha eleitoral à Presidência, no qual foi reeleito em 1944, já demonstrava sua preocupação com o futuro. Conforme relata Jenkins, ele "ansiava (realmente ansiava) por ver as instituições do mundo de pós-guerra criadas, instaladas e funcionando antes do fim da guerra, e não depois". Isto em vista de que, embora não tenha conquistado na eleição uma composição no Congresso americano muito favorável, sendo constituído por grupo conservador em assuntos internos, possuía, por outro lado, ventos mais favoráveis para assuntos em

---

[2] Consideramos aqui como interesses egoísticos o foco determinado pelo Estado a seus interesses próprios e subjugadores dos Estados, nações, raças etc., onde a sua supremacia sobre os outros é o objetivo final das suas relações.

[3] Passado o período da segunda década do século XX, os três grandes países líderes da Segunda Guerra Mundial – Estados Unidos, Inglaterra e Rússia – figuram, hoje, de forma diferenciada na história, como anota Jenkins, ao realizar a biografia de Roosevelt: "O mundo em que vivemos hoje não é o mundo de Churchill, desfeito seu Império Britânico, e não é o de Stalin, com sua União Soviética nada mais que uma lembrança, sua tirania totalmente exposta e os partidos comunistas destronados, salvo em Cuba, ou imensamente reformados, como na China. O mundo em que vivemos [...] embora mais fragmentado, com o dobro da população, com armas e comunicações em profunda revolução, um mundo perigoso em novos aspectos, mas reconhecível na sua essência. Para o bem ou para o mal, os Estados Unidos estão em seu centro [...]". Ver em JENKINS, Lord Roy. *Roosevelt.* Tradução: Gleuber Vieira. Rio de Janeiro: Nova Fronteira, 2003, p. 197-198.

[4] Ainda segundo a biografia de Roosevelt, redigida por Jenkins, quando Roosevelt sancionou a realização de embargo de petróleo para os japoneses, em decorrência da guerra que empreendiam contra à China e a ocupação do Indochina Francesa, ele não tinha a intenção deliberada de provocar a guerra com o Japão. Embora em plena negociação diplomática para solucionar os desalinhos políticos entre as duas nações, imprevisivelmente, em 07 de dezembro de 1941, Pearl Harbor foi atacada pelos japoneses. Sentindo-se traído pelos japoneses, Roosevelt em 08 de dezembro de 1941, perante o Congresso pediu a declaração de guerra ao Japão. Note-se que a declaração de guerra e o consequente ingresso no litígio armado em andamento se restringiu ao Japão. A Alemanha de Hitler, alguns dias após é que fez declaração de guerra contra os Estados Unidos, o que foi seguido pela Itália. JENKINS, 2003, p. 149-150.

matéria de relações exteriores, com o Senado disposto a aprovar acordos internacionais.[5]

Diante disso, priorizou a constituição de um Conselho de Segurança no tratado sobre as Nações Unidas com cinco membros permanentes e com poder de veto, tendo, também, o direito de ordenar o uso da força. Fato diferenciador e mais avançado que a experiência anterior da Sociedade de Nações.[6]

Após o período de preparação, que se estendeu a partir da constituição da aliança de países que lutavam contra o Eixo (Alemanha e Itália), consolidou-se a ideia da criação de uma organização internacional durante a Conferência de Moscou, em 1943, tomando novo impulso na Conferência de Teerã, em dezembro de 1943. O encontro de Dumbarton Oaks (mansão situada em um bairro de Washington), em 1944, foi dedicado à constituição da nova organização, reunindo os principais chefes de Estados: Roosevelt, Churchill e Stalin,[7] tendo como ênfase a ideia de segurança, expressa pela ação dominante das grandes potências. De fato, esse encontro foi realizado em duas fases, sendo a primeira, de 21 de agosto a 28 de setembro de 1944, e reunindo os Estados Unidos, a Inglaterra e a U.R.S.S; a segunda, de 29 de setembro a 07 de outubro de 1944, teve a participação da China, dos Estados Unidos e da Inglaterra.

A Carta das Nações Unidas, para Roosevelt, deveria ser assinada em abril de 1945, em São Francisco, Califórnia, no entanto, ele veio a falecer no dia 12 desse mesmo mês. Seu projeto, contudo, tem continuidade com seu sucessor Harry Truman. A Conferência de São Francisco realiza-se, então, no período de 25 de abril a 26 de junho de 1945. Da Conferência das Nações Unidas para a Organização Internacional, denominação oficial do evento, frutificou a Carta da ONU, aprovada em 26 de junho, veio a entrar em vigor no dia 24 de outubro do mesmo ano. A carta, então resultante, não foi uma mera reprodução dos debates e ideias decididas em Dumbarton Oaks. Com a participação e esforço de inúmeros outros Estados, de menor ou mediana expressão no contexto político internacional, introduziram-se modificações que ultrapassaram o forte eixo da segurança e manutenção da paz, até então presentes. Não se alterou a decisão dos Grandes Países sobre o Conselho de Segurança, mas foi possível, noutra vertente, tonalizar a Carta com maior ênfase na cooperação internacional em matérias econômicas e sociais e, especialmente, na proclamação do respeito universal aos direitos humanos e às liberdades fundamentais, sem qualquer distinção por motivos de raça, sexo, idioma ou religião (Preâmbulo e arts. 1.3,

---

[5] Ibid., p. 184.

[6] A sociedade de Nações surge com o Tratado de Paz de Versalhes, de 28 de junho de 1919, após o término da primeira guerra mundial (1914-1918), firmado entre os países vencedores e a Alemanha. Seu objetivo foi o fomento a cooperação entre as nações e a garantia da paz e segurança. Na época foi prevista a criação do Tribunal Permanente de Justiça Internacional, posteriormente instalado, contudo como órgão separado da Sociedade de Nações. Embora com vocação para a solução pacífica das controvérsias entre países, através da trilogia arbitragem-segurança-desarme, a Sociedade das Nações não conseguiu atingir seu intento por completo, pois inúmeras beligerâncias regionais foram se instalando, até chegar na eclosão da segunda guerra mundial. De qualquer forma, o malogro sentido, não desfaz inteiramente a validade da experiência obtida com este organismo. Nos campos econômico e financeiro, na saúde pública e trabalho, e a abertura para uma nova concepção política acerca das colônias, até então existentes, apenas para citar, são pontos importantes para a agenda futura e como repertório de experiência para a nascente Organização das Nações Unidas. Ver, ainda, em RIDRUEJO, José A. Pastor. *Curso de derecho Internacional Público y Organizaciones Internacionales*. 6. ed. Madri: Tecnos, 1996, p. 725-726.

[7] Cf. MELLO, Celso D. de Albuquerque. *Curso de Direito Internacional Público*. 14. ed. Rio de Janeiro: Renovar, 2002. v. I, p. 623-624.

13.1, 55, *c*, 56, 62.2, 68 e 76). Também, firmou a Carta, o princípio da igualdade e livre determinação dos povos (Preâmbulo e arts. 1, 2 e 55), e a internacionalização do regime político de todos os territórios coloniais (arts. 73 e 74).[8]

O Brasil foi signatário fundador e a ratificou nesta mesma data. Inicialmente, 51 países foram os signatários originais, tendo hoje a participação de 192 países. Integra a Carta das Nações Unidas o Estatuto da Corte Internacional de Justiça.

Embora, a inspiração de Roosevelt, que desde 1941 já demonstrava ser um defensor da causa dos direitos humanos internacionais, quando em mensagem ao Congresso americano, proclamou as "Quatro Liberdades" – liberdade de culto a Deus, liberdade de privações, liberdade de opinião e expressão e liberdade dos temores[9] – a Carta inaugural das Nações Unidas não gerou nenhum sistema efetivo de proteção dos direitos humanos. A própria vulnerabilidade,[10] no tocante aos direitos humanos de cada um dos três países – Estados Unidos, Rússia e Inglaterra – foi um fator para que não se avançasse, desde o início, neste sentido. Não obstante, a Carta tem o mérito de, já em seu artigo 1º, estabelecer a cooperação internacional para a promoção e estímulo ao respeito aos direitos humanos e, em seu artigo 68, prever o estabelecimento de comissão para a promoção dos direitos humanos, criando, desta forma, a base jurídica e conceitual para a construção da nova legislação internacional de direitos humanos. O surgimento da Declaração Universal de Direitos Humanos de 1948 seria o passo seguinte de maior concretude.

A Carta das Nações Unidas trouxe o fortalecimento, no cenário político internacional, de um novo ator, ainda em processo de amadurecimento: as organizações internacionais. Em breve análise, mas sedimentada em Carrillo Salcedo, constata-se que as organizações internacionais têm sua base embrionária no século XIX, com a periodicidade das Conferências Diplomáticas, chegando na formação da Sociedade das Nações, após primeira guerra mundial. Esta, certamente, constitui-se na primeira tentativa de estabelecer-se uma organização internacional geral, dotada de órgãos permanentes e procedimentos preestabelecidos.[11]

É a partir de 1945 que as organizações internacionais passam a consolidar-se como entidades distintas dos Estados. Ao analisar o conceito de organização internacional, Ridruejo[12] faz um amplo percurso, sob três pontos de abordagem: a teórico-jurídica, a histórica-sociológica e a política.

Sob a perspectiva técnico-jurídica, ensina que não há um conceito geral, comumente aceito por definitivo, porém o que se tem por consenso é a existência de elementos que podem ser incluídos na sua contextualização e aponta seis deles: caráter interestadual, base voluntária, órgãos permanentes, vontade autônoma, competência própria e cooperação entre seus membros. Como paralelo deste consenso doutriná-

---

[8] CARRILLO SALCEDO, Juan Antonio. *El Derecho Internacional en Perspectiva Histórica*. Madri: Tecnos, 1991, p. 77;93.

[9] BUERGENTHAL, Thomas. *Derechos Humanos Internacionales*. 2. ed. México, DF: Gernika, 2002, p. 52.

[10] Buergenthal reporta os seguintes problemas atinentes aos direitos humanos existentes nos grandes líderes aliados: os Estados Unidos sua discriminação racial *de* jure; a União Soviética teria seu *Gulag*; e a França e Inglaterra, seus impérios coloniais. Ibid., p. 52.

[11] CARRILLO SALCEDO, 1991, p. 131.

[12] RIDRUEJO, 1996, p. 691-699.

rio, encontram-se em Carrillo Salcedo,[13] elementos similares: adotam organização e secretariado permanentes e independentes dos Governos; são regidas por regramentos próprios e possuem procedimentos previamente estabelecidos; possuem competências e poderes próprios, decorrentes de Tratados; têm expressão jurídica da vontade própria, separada dos Estados membros; e seus atos, adotados por maioria simples ou qualificada, ultrapassam a regra da unanimidade. Todos esses elementos, identificados por Ridruejo e Carrillo Salcedo, estão indissoluvelmente relacionados em prol da satisfação de interesses comuns.

Sob o ponto de vista histórico-sociológico, as organizações internacionais têm evoluído num processo lento e empírico, em que se descortinam duas exigências determinantes para seu aparecimento: a aspiração geral das nações para a paz e o progresso das relações pacíficas, por um lado; e, por outro, uma série de necessidades precisas e limitadas a questões particulares. Para a primeira, dirige-se a instituição de organização internacional de caráter universal, em essência quanto ao seu objeto e abrangência territorial. A segunda constitui-se de organizações múltiplas, com caráter definido e particular, centradas a temas determinados como, por exemplo, a União Internacional do Açúcar, em 1902.

Quanto à perspectiva política, evidenciam-se três posições: a dos Estados ocidentais, a dos Estados do antigo grupo socialista e a atinente aos Estados em desenvolvimento. Os Estados ocidentais, em decorrência da descolonização e introdução de novos países, o que resulta em maior participação e peso nas decisões, em regras adotadas por maioria, passaram a primar pela adoção de consenso, pela limitação na expansão das funções e poderes da reorganização e, ainda, a tratarem questões importantes fora da organização, ou em órgãos restritos, onde têm predomínio ou poder de veto. Caso tipicamente ocorrido com os Estados Unidos na recente Guerra do Iraque, iniciada em 2003. Já, o antigo grupo de Estados socialistas tinha, nas organizações internacionais, uma concepção restrita quanto ao mandato e suas funções, vendo no espaço internacional, oportunizado por elas, um campo de ampliação de desenvolvimento da dita luta de classe internacional. Hoje, a partir da derrocada do grupo socialista, os Estados tendem a inserir-se no bloco dos países ocidentais. Na outra ponta, os Estados em desenvolvimento têm, nas organizações internacionais, uma forma de mudar as estruturas hierarquizadas e estratificadas do sistema internacional, propugnado pela evolução e expansão da função e do poder, em vista da maioria que pode obter na sua constituição. Como se pode observar, é amplo e complexo o tratamento deste tema, no entanto, seu estudo em profundidade não é o objetivo do presente estudo, sendo mais oportuno numa monografia específica.

No entanto, esta breve visualização é importante, pois se destaca o papel fundamental das organizações internacionais em nossos dias: o de orientarem-se para seus objetivos intrínsecos de consolidação do Direito Internacional Contemporâneo, tornando-se espaço de efetivação das relações de coexistência e de cooperação. Neste sentido, as organizações internacionais constituem-se no alicerce do sistema de proteção internacional dos direitos humanos, em especial, a Organização das Nações Unidas (ONU). O Brasil integra este sistema internacional complexo e comprometese, consequentemente, a estar aliado aos objetivos definidos e, principalmente, à

---

[13] RIDRUEJO, 1996, p. 130-132.

INQUIETAÇÕES JURÍDICAS CONTEMPORÂNEAS

implantação no seu ordenamento jurídico interno nas ações da Administração Pública, das deliberações e objetivos ali desenhados. O Brasil, nesta esteira, vem seguindo, nos últimos anos, um processo de democratização que resulta dos compromissos assumidos perante a comunidade internacional. Em evidência, a ratificação de inúmeros tratados de direitos humanos, desentravados após o nebuloso período ditatorial, conforme será visto adiante.

Como corolário deste processo, tendo os direitos humanos como objetivo de promoção da convivência humana, é fundamental, para o desenvolvimento do sistema internacional de sua proteção, a consolidação das organizações internacionais. Visualiza-se, assim, na esteira de seu desenvolvimento, a construção de dois sistemas de proteção. Um, no plano universal, através da criação da Organização das Nações Unidas, com aplicação a todo o planeta; e outro, dirigido às questões regionais, com jurisdição a determinados continentes, como, por exemplo, o Sistema Europeu de Direitos Humanos, o Sistema Interamericano e o Sistema Africano.

O sistema de proteção internacional assim erigido passa a edificar um ordenamento jurídico voltado para a proteção dos direitos humanos. Portanto, é preciso analisar de pronto a natureza jurídica das normas oriundas das organizações internacionais quanto seu caráter de obrigatoriedade, se constitui um *jus cogens* e a natureza das obrigações daí decorrentes.

2. Natureza jurídica das obrigações decorrentes das normas internacionais de direitos humanos

Um ponto inolvidável para a construção do Direito Internacional dos Direitos Humanos diz respeito à natureza jurídica das normas de direito internacional, neste campo, especialmente, quanto à sua obrigatoriedade perante os Estados.

Alçado como objetivo fundamental das Nações Unidas, o respeito e proteção aos direitos humanos está sendo implementado através de um conjunto normativo que tem como cerne a prevalência da dignidade da pessoa humana, sob quaisquer circunstâncias. Este *corpus* normativo, que vem estruturando o Direito Internacional dos Direitos Humanos, está exigindo uma revisão dos conceitos clássicos do Direito Internacional sobre a natureza das normas e das obrigações estatuídas pelos tratados em matéria de direitos humanos.

Reporta-se aqui, inicialmente, ao princípio da reciprocidade.[14] Este princípio é aplicado integralmente aos tratados de direitos humanos? Em matéria de direitos humanos apresenta a mesma importância? Pela emergência dos tratados dirigidos à proteção da pessoa humana, incluídos os tratados sobre direito humanitário e sobre direitos humanos, coloca em caráter secundário a aplicação deste princípio. Am-

---

[14] "A reciprocidade é um princípio fundamental das relações internacionais e, portanto, das obrigações derivadas da celebração dos tratados internacionais, tanto é assim, que a ausência da mesma pode dar lugar a *exceptio non adimpleti contractus*. [...] A reciprocidade como princípio fundante das relações internacionais supõe um intercâmbio de prestações da mesma natureza entre os Estados". (tradução livre do autor) Ver em: RODRIGUEZ H. Gabriela. Normas de Responsabilidad Internacional de los Estados. In: GUEVARA B, José A; MARTIN, Claudia; RODRÍGUES-PINZÓN, Diego (Compiladores). *Derecho Internacional de los Derechos Humanos*. México, DF: Universidad Iberoamericana, 2004, p. 60.

bos incluem obrigações impostas aos Estados, independentemente do princípio da reciprocidade. Diante destes tratados, por sua natureza, os Estados encontram-se obrigados frente a dois sujeitos: os Estados partes e os particulares. Os Estados comprometem-se a proteger os direitos fundamentais destes. Todas as pessoas, nacionais ou estrangeiros sob sua jurisdição são abrangidos. São obrigações objetivas que dirigem-se à proteção dos seus direitos. Decorrente do convecionado surge uma rede de compromissos que são beneficiados por uma garantia coletiva, proporcionada pelos Países ratificantes.

A Convenção de Viena sobre o Direito dos Tratados entre Estados, de 1969, no artigo 60.5, que trata da extinção ou suspensão da execução de um tratado em consequência de sua violação por parte de um Estado, excepciona a aplicação do princípio da reciprocidade em prol da proteção da pessoa humana, preceituando que não se aplica, em especial, às disposições que proíbem qualquer forma de represália contra as pessoas protegidas por tais tratados. É a pessoa humana a destinatária da norma, independentemente de sua nacionalidade, raça, religião, sexo, ou outra forma de individualização.[15]

Eis, então, o toque particularizador dos tratados respeitantes aos direitos humanos, destacado por Pedro Nikken, quando ensina que os tratados de direitos humanos

> Debe considerarse no como um médio para equilibrar reciprocamente interesse entre los Estados, sino para el estabelecimiento de una orden público común, cuyos destinatários no son los Estados, sino los seres humanos que pueblan sus territórios.[16]

No âmbito dos direitos humanos, as convenções não se definem por meio de interesses recíprocos das partes contratantes, mas sim, pelo compromisso assumido de não violarem esses direitos das pessoas sob sua jurisdição.

Tendo como ponto de partida esta singularidade dos tratados de direitos humanos, inicia-se a análise sobre os aspectos jurídicos que caracterizam essas normas, quanto à sua obrigatoriedade perante os Estados, especificamente neste estudo, o Estado brasileiro, sob o ponto de vista da sua imperatividade (natureza de norma cogente) e o consequente efeito *erga omnes*, relativo à obrigação de proteção dos direitos humanos, embasando-se nos principais doutrinadores que aprofundaram este tema.

2.1.O caráter imperativo das normas internacionais de direitos humanos – "jus cogens"

A existência de normas que possuem caráter imperativo no direito internacional foi consagrada na Convenção de Viena sobre Direito dos Tratados – CVDT –, de 23 de maio de 1969, dispondo nos arts. 53 e 64 sobre a existência de normas de *jus cogens*, provocando a nulidade e extinção dos tratados contrários a elas. Embora não utilizando literalmente a expressão *jus cogens*, a Convenção define que:

---

[15] GUEVARA B, José A; MARTIN, Claudia; RODRÍGUES-PINZÓN, Diego (Compiladores). *Derecho Internacional de los Derechos Humanos*. México, DF: Universidad Iberoamericana, 2004, p. 63.

[16] NIKKEN, Pedro. *La Proteccion Internacional de los Derechos Humanos*. Su Desarrollo Progresivo. Madri: Civitas, 1987, p. 90.

Uma norma imperativa de Direito Internacional Geral é uma norma aceita e reconhecida pela comunidade internacional dos Estados como um todo, como norma da qual nenhuma derrogação é permitida e que só pode ser modificada por norma ulterior de Direito Internacional geral da mesma natureza.[17]

O art. 53, assim, traz em seu bojo dois pressupostos essenciais para o reconhecimento da imperatividade de uma norma internacional, conforme destaca Antonio Blanc Altemir:[18] primeiro, são normas assim qualificadas pela comunidade internacional em seu conjunto, aceitando-as e reconhecendo-as como *ius cogentes*; segundo, decorrem do consenso geral dos Estados quanto a determinados valores jurídicos que são essenciais ao ordenamento jurídico internacional, fruto da, assim constituída, consciência jurídica universal (que para Cançado Trindade corresponde à fonte material por excelência do Direito Internacional). Trazem, ainda, conforme a definição legal acima a força de somente serem derrogadas ou modificadas por posterior norma internacional de mesma natureza.

Para Eduardo Correia Baptista, as normas *juris cogentis* "são normas costumeiras que, tutelando um interesse público internacional, impõe obrigações *erga omnes*, isto é, obrigações que vinculam todos os destinatários da norma em relação a todos os outros", salientando que as normas destinadas a protegerem os indivíduos são normas *juris cogentis* por excelência.[19]

A determinação de qual norma classifica-se como *jus cogens* é o principal problema neste campo de estudo. A Comissão de Direito Internacional e a Conferência de Viena, que preparou a referida Convenção de 1969, optou por não incluir exemplos no seu texto, repassando tal análise para a prática e jurisprudências futuras.[20]

Tatiana Scheilla Friedrich, após exaustivo estudo, chega à conclusão de que não há na doutrina uma unanimidade quanto ao conteúdo do *jus cogens*, identificando, no entanto, que há dois grandes grupos de regras, como assim classifica: um relacionado mais diretamente aos Estados, inclusos em previsões contida na Carta da ONU, como a paz e segurança mundiais, interesses essenciais da comunidade internacional, prescrições quanto ao uso ou ameaça da força, direitos espaciais (terrestre, aéreo, do mar, soberania sobre recursos naturais), direitos vitais dos Estados (direito diplomático, liberdade dos contratos, inviolabilidade dos tratados); e outro grupo

---

[17] Nesta dissertação, o texto da Convenção de Viena de 1969 estudado é a versão adotada por DALLARI, Pedro B. A. *Constituição e Tratados Internacionais*. São Paulo: Saraiva, 2003, p. 177. Como adverte o citado autor, o Tratado de Viena, foi aberto para recebimento de assinaturas em 23 de maio de 1969 e passou a vigir em 27 de janeiro de 1980. No Brasil, a ratificação foi efetivada pelo Decreto nº 7030, de 14 de dezembro de 2009. Embora tardiamente ratificado a doutrina já havia se manifestado sobre a necessidade de seu cumprimento. Cumpre ressaltar a advertência e esclarecimento de Tatyana Scheila Friedrich, para a qual: "Uma vez que o Brasil está vinculado à CVDT por força do direito consuetudinário, parece-nos injustificada a demora das discussões sobre os temas passíveis de sofrerem reservas" e conclui, "Ocorre, porém, que o país já ratificou outros tratados multilaterais que preveem a jurisdição da CIJ e, em sua prática internacional, também já colocou em vigor provisoriamente um tratado. O correto, portanto, seria seguir as palavras de Amado e aderir imediatamente a essa CVDT, mostrando aos mais de 120 países do mundo que já a ratificaram que o Brasil está comprometido com o direito internacional". FRIEDRICH, Tatyana Scheila. *As Normas Imperativas de Direito Internacional Público*: Jus Cogens. Belo Horizonte: Fórum, 2004, p. 67.

[18] ALTERMIR, Antonio Blanc. *La Violación de los Derechos Humanos Fundamentales como Crimen Internacional*. Barcelona: Bosch, 1990, p. 83.

[19] BAPTISTA, Eduardo Correia. *Ius Cogens em Direito Internacional*. Lisboa: Lex, 1997, p. 395.

[20] RIDRUEJO, 1996, p. 67.

dirigido às regras relacionadas à dignidade dos indivíduos, aos direitos inerentes à pessoa humana, individualmente, e aos povos, coletivamente.[21]

No entanto, o fato de não ter se pronunciado, num primeiro momento quanto ao rol de normas que tomariam a veste de imperatividade, a previsão convencional de Viena oportuniza que nasçam novas normas *ius cogens* supervenientes, sempre que se apresentem os pressupostos necessários previstos neste artigo. A interpretação dos órgãos internacionais, tais como a Corte Internacional de Justiça e os Tribunais Regionais (CEDH e Corte IDH), são importantes neste processo, como será visto na continuidade deste capítulo. Não obstante, com o avanço que vem sento alcançado pelo DIDH, como ressalta Remón, "a ideia e conceito jurídico de interesse jurídico coletivo, ao invés da característica meramente bilateral ou recíproca, tem aberto o caminho para um maior desenvolvimento da idea de *ius cogens*".[22]

De se destacar, ainda conforme a autora, que nem todos os direitos humanos convencionais se constituem em uma norma de *ius cogens*. Por outro viés, não se cogita de dúvida que há uma estreita relação entre o *ius cogens* e os direitos humanos. A proibição de tortura ou da escravidão, por exemplo, fazem parte do *ius cogens*. Este elenco vai se expandindo, na medida em que se ampliam os direitos humanos reconhecidos pelos Estados e sua afirmação como um conceito jurídico de interesse coletivo. Advirta-se, entretanto, que este é um campo em construção.

As normas de *ius cogens*, assumem assim, pela própria definição estampada no art. 64 da CV, um caráter dinâmico onde é possível sua modificação por norma que tenha idêntico caráter imperativo e sobre o mesmo objeto. Não é imutável, neutra e impassível diante da evolução do comportamento humano e das relações estabelecidas em ter os Estado. Como aponta RAIGÓN, o conceito de *ius cogens* é aberto e de conteúdo cambiante, pois "as necessidades e aspirações da comunidade internacional evoluem, e o que hoje se permite, amanhã pode ser que não".

A natureza de *jus cogens* das normas internacionais de direitos humanos sobressai-se do interesse coletivo tutelado, decorrente da luta do homem pela sua preservação diante da sua própria evolução, ou seja, a tutela da dignidade do ser humano, assegurando-lhe os direitos individuais, sociais e coletivos que lhe são afetos para este fim.

Pela expressiva contribuição ao desenvolvimento do direito internacional dos direitos humanos, com incansável denodo à construção dos novos conceitos atinentes a esta área, destaca-se, algumas reflexões extraídas da obra de Antônio Augusto Cançado Trindade. Doutrinador que tem defendido corajosamente sua posição sobre esta questão, ou seja, sobre a natureza imperativa das normas de direitos humanos. Em seus votos, proferidos durante o exercício na judicatura da Corte Interamericana de Direitos Humanos, período de 1991 a 2006, demonstra claramente sua posição doutrinária. Entre estes, destacam-se os seguintes votos:[23] a Opinião Consultiva n°

---

[21] FRIEDRICH, 2004, p. 102.

[22] REMÓN, Florabel Quispe. *El Debido Proceso en el Derecho Internacional y en el Sistema Interamericano*. Valencia: Tirant lo Blanch, 2010, p. 451-483.

[23] A referência a estes votos em separado do então Juiz da Corte Interamericana de Direitos Humanos Antônio Augusto Cançado Trindade deve-se a razão de que tais casos enfrentados por aquela Corte aconteceram no Brasil, e expressa o pensamento de um dos mais ilustres doutrinadores da atualidade brasileira, com o condão de estender à reflexão interna o aprofundamento de seus conceitos.

18/03, de 17.09.2003 sobre "Condición Jurídica Y Derechos de los Migrantes Indocumentados"; a Sentença de 04.07.2006, caso "Ximenes Lopes *versus* Brasil; a Resolução de 29.11.2005, caso "Crianças e Adolescentes Privados de Liberdade no 'Complexo do Tatuapé' da FEBEM *versus* Brasil"; e a medida provisória de proteção, Resolução de 30.09.2006, caso "Penitenciária de Araraquara *versus* Brasil".

Em seu voto: na Opinião Consultiva nº 18/03, de 17.09.2003, sobre "Condición Jurídica Y Derechos de los Migrantes Indocumentados", Cançado Trindade assevera que:

> Si es cierto que el drama de los numerosos refugiados, desplazados y migrantes indocumentados presenta hoy un enorme desafío a la labor de protección internacional de los derechos de la persona humana, también es cierto que las reacciones a las violaciones de sus derechos fundamentales son hoy inmediatas y contundentes, en razón precisamente del despertar de la conciencia jurídica universal para la necesidad de prevalencia de la dignidad de la persona humana en cualesquiera circunstancias. La emergencia y consagración de *jus cogens* en el Derecho Internacional contemporáneo constituyen, a mi modo de ver, una manifestación inequívoca de este despertar de la conciencia jurídica universal.[24]

Sustenta, ainda, que é uma consequência ineludível da afirmação da existência de normas imperativas de Direito Internacional, que estas não se limitem às normas convencionais – ao direito dos tratados, mas sim, estendam-se a qualquer ato jurídico. O domínio das normas *jus cogentis* alcança o direito internacional geral, pois consiste numa categoria aberta, expandindo-se na medida em que é despertada a consciência jurídica universal, voltada para a necessidade de proteção dos direitos inerentes a todo ser humano em toda e qualquer situação. Destaca-se o caráter absoluto dos direitos fundamentais inderrogáveis, já consagrados e plenamente integrados na evolução do direito internacional dos direitos humanos, tais como: a proibição das práticas de tortura, do genocídio, da agressão, o desaparecimento forçado de pessoas, das execuções sumárias e extralegais, do tráfico de pessoas, da escravidão, da igualdade e da não discriminação racial, entre outros.[25]

Em voto separado à Sentença de 04.07.2006, caso "Ximenes Lopes *versus* Brasil", Cançado Trindade, reafirma a necessidade de ampliação do conteúdo material do *jus cogens*. Na sentença, foi destacado que o respeito à integridade pessoal tem por finalidade, conforme definido na Convenção Americana de Direitos Humanos, a proibição da tortura e penas ou tratamentos desumanos ou degradantes, sendo que tal proibição encontra-se no domínio do *jus cogens*, portanto é uma norma imperativa. *In casu*, a vítima de violação era portadora de deficiência mental, por conseguinte, em situação de alta vulnerabilidade. O Estado, diante disto, por disposição normativa internacional, tem o dever de garantir-lhe os princípios básicos da igualdade e da não discriminação. "A saúde pública é um bem público, não uma mercadoria", assevera Cançado Trindade, aduzindo que a II Conferência Mundial dos Direitos Humanos (Viena, 1993), reconheceu a legitimidade da preocupação de toda a comunidade internacional com as condições de vida da população e, em especial, de seus segmentos mais vulneráveis.[26]

---

[24] CANÇADO TRINDADE, Antônio Augusto. *Derecho Internacional de los Derechos Humanos*: esencia y transcendencia. México: Editorial Porrúa (Universidad Iberoamericana), 2007, p. 62.

[25] Ibid., p. 79.

[26] CANÇADO TRINDADE, 2007, p. 762-763.

Citando aqui, mais uma inovação em relação ao Direito Internacional clássico, Cançado Trindade ressalta que a emergência da noção e aceitação de normas imperativas de Direito Internacional, precisamente no campo dos direitos humanos, através do conceito de *jus cogens,* é incompatível com a concepção voluntarista do direito internacional. O positivismo voluntarista tornou-se o critério predominante no Direito Internacional, mormente, a partir do séc. XIX, quando o Estado passou a ser personificado e dotado de vontade própria, reduzindo-se a um direito interestatal.[27] Atualmente, esta incompatibilidade decorre do fato de que o voluntarismo

se mostra incapaz de explicar sequer a formação de regras do direito internacional geral e a incidência no processo de formação e evolução do direito internacional contemporâneo de elementos independentes do livre arbítrio dos Estados.[28]

Corroboram com este entendimento Accioly e Silva para quem o reconhecimento pela CVDT da existência de normas internacionais com conteúdo cogente, veio a limitar a escolha dos Estados e sua esfera de atuação voluntarista, destacando que:

Além e acima da vontade dos Estados existem normas cogentes, não passíveis de derrogação por ação positivista unilateral do Estado, basilares para a ordem internacional, e a convivência organizada entre Estados e demais atores da ordem internacional.[29]

Na mesma linha de pensamento, vem à colação Carrillo Salcedo para quem o Direito Internacional contemporâneo requer um outro entendimento "pela simples razão de que os direitos humanos implicam a existência de uma ordem internacional menos voluntarista que o Direito Internacional tradicional". Assim, o Direito Internacional atual passa a ser menos voluntarista, menos neutro e menos formalista em relação ao Direito Internacional clássico. Menos voluntarista como consequência da aceitação da existência de regras imperativas que podem inquinar de nulidade os atos unilaterais e, também, os tratados quando as contrariarem. Menos neutro, pois o Direito Internacional torna-se sensível aos valores legitimados pela coletividade internacional. E, menos formalista, porque está mais aberto às exigências éticas e à dimensão finalística do direito.[30]

Carrillo Salcedo ensina que os princípios de direito internacional, que têm caráter de *jus cogens*, por responderem ao mínimo jurídico essencial que a comunidade internacional precisa, enquanto aliados às exigências morais de nosso tempo são os seguintes: 1) os princípios e normas relativas aos direitos fundamentais da pessoa que todo Estado tem o dever de proteger e respeitar; 2) o princípio da livre determinação dos povos; 3) a proibição do recurso ao uso da força nas relações internacionais, 4) a igualdade soberana dos Estados e o princípio da não intervenção nos assuntos internos dos Estados.[31]

---

[27] Ibid., p. 55-56.

[28] CANÇADO TRINDADE, Antônio Augusto. *Tratado de Direito Internacional dos Direitos Humanos*. Porto Alegre: Fabris, 1999. v. II., p. 416.

[29] ACCIOLY, Hildebrando; SILVA, G. E. do Nascimento e. *Manual de Direito Internacional Público*. 15. ed. São Paulo: Saraiva, 2002, p. 22.

[30] CARRILLO SALCEDO, Juan Antonio. *Soberania de los Estados y Derechos Humanos en Derecho Internacional Contemporáneo*. Madrid: Editorial Tecnos, 1995, p. 108.

[31] Ibid.

Em defesa da ampliação do leque até aqui reconhecido de normas *ius congentis*, em ampla análise doutrinária e jurisprudencial, Remón aponta para o reconhecimento do direito ao devido processo legal como uma norma de *ius cogens*, pois o considera pedra angular do sistema internacional dos direitos humanos, necessário para o efetivo exercício da proteção dos direitos humanos.[32]

Percebe-se que há princípios de direito que não dependem da vontade, de acordo nem de consentimento, tendo caráter objetivo que impõe a observância de todos os Estados. Têm como centro o ser humano, titular de direitos inalienáveis, independentemente de seu estado de cidadania. São princípios estruturantes do sistema jurídico, tais como: a dignidade do ser humano e a inalienabilidade dos direitos inerentes a esta condição natural.[33]

Assim, conclui-se, parcialmente, que os tratados de direitos humanos contêm normas de natureza imperativa que devem ser cumpridas porque defendem um interesse comum e de toda a comunidade internacional, independentemente do princípio da reciprocidade. Isto leva a uma nova repercussão jurídica para as normas internacionais de direitos humanos, impondo-lhes, sejam convencionais ou costumeiras, obrigações *erga omnes* imediatas aos seus destinatários, o que será analisado a seguir.

2.2. A dimensão das obrigações decorrentes das normas internacionais de direitos humanos – obrigações "erga omnes"

As normas dirigidas à proteção dos direitos humanos carregam em si o condão da imperatividade de seu cumprimento, gerando, desta forma, obrigações *erga omnes*. As normas de direitos humanos são, assim, no marco do Direito Internacional contemporâneo, dotadas de obrigações *erga omnes*, ou seja, obrigações que se constituem frente a todos (Estados e particulares),[34] gerando a necessidade de

---

[32] REMÓN, 2010, p. 588.

[33] Por exemplo, verifica-se na decisão da Corte Interamericana de Direitos Humanos, caso Opinião Consultiva nº 18/03, de 17.09.2003 sobre Condición Jurídica Y Derechos de los Migrantes Indocumentados, a noção ampliada dos direitos inerentes a pessoa humana. "[...] 157. En el caso de los trabajadores migrantes, hay ciertos derechos que asumen una importancia fundamental y sin embargo son frecuentemente violados, a saber: la prohibición del trabajo forzoso u obligatorio, la prohibición y abolición del trabajo infantil, las atenciones especiales para la mujer trabajadora, y los derechos correspondientes a: asociación y libertad sindical, negociación colectiva, salario justo por trabajo realizado, seguridad social, garantías judiciales y administrativas, duración de jornada razonable y en condiciones laborales adecuadas (seguridad e higiene), descanso e indemnización. Reviste gran relevancia la salvaguardia de estos derechos de los trabajadores migrantes, teniendo presentes el principio de la inalienabilidad de tales derechos, de los cuales son titulares todos los trabajadores, independientemente de su estatus migratorio, así como el principio fundamental de la dignidad humana consagrado en el artículo 1 de la Declaración Universal, según el cual "[t]odos los seres humanos nacen libres e iguales en dignidad y derechos y, dotados como están de razón y conciencia, deben comportarse fraternalmente los unos con los otros". CORTE INTERAMERICANA DE DIREITOS HUMANOS. Opinião Consultiva nº 18/03, de 17.09.2003 sobre "Condición Jurídica Y Derechos de los Migrantes Indocumentados. Disponível em: <http://www.cortedh.or.cr/docs/ opiniones/seriea_18_esp.doc>. Acesso em: 08 jan. 2008.

[34] Neste sentido, Cançado Trindade, utilizando a terminologia alemã "Drittwirkung", refere-se a necessidade de se examinar com mais atenção a questão da prevenção e punição das violações de obrigações de direitos humanos por parte dos Estados, mas também, por simples particulares, por grupos ou por autores não identificados. Faz ampla análise do rol de tratados e da jurisprudência da Corte Europeia de Direitos Humanos, destacando que certos direitos humanos têm validade e/ou são reconhecidos em relação aos Estados, e aos particulares, sejam pessoas, grupos ou instituições. Assim, o Estado tem o dever de adotar medidas, não somente de caráter negativo, mas, com maior envergadura, de medidas positivas, mesmo na esfera das relações entre indivíduos. CANÇADO TRINDADE, Antônio Augusto. *Tratado de Direito Internacional de Direitos Humanos*. Porto Alegre: Sergio Fabris,1997. v. I, p. 297-302.

sua proteção contra quaisquer ingerência ou violação que possam vir a ocorrer. Portanto, "as normas internacionais, sejam costumeiras, sejam convencionais, que tutelem direitos humanos, impõem obrigações *erga omnes* mediatas aos seus destinatários".[35]

A referência às obrigações *erga omnes*, nas normas internacionais, tem como orientação mais expressiva[36] a decisão cunhada pelo Tribunal Internacional de Justiça (TIJ), no caso Barcelona Traction.[37] Nesta decisão, o *dictum* do TIJ reporta-se à necessária "distinção entre obrigações de um Estado *vis-a-vi* de outro Estado e as obrigações para a comunidade internacional como um todo".[38] Em vista da natureza dos direitos em questão, todos os Estados têm interesse em sua proteção, constituindo-se, assim, as obrigações *erga omnes*. Ressaltando que são obrigações derivadas do direito internacional contemporâneo, a decisão proferida é exemplificada com a proibição de atos de agressão e de genocídio e, em especial, os princípios e regras relativas aos direitos fundamentais da pessoa humana, incluindo-se a escravidão e a discriminação racial.[39]

Alicia Cebada Romero identifica, nesta decisão, dois traços essenciais que, ao seu sentir, caracterizam as obrigações *erga omnes*: primeiro, são contraídas perante toda a comunidade internacional; segundo, incorporam valores essenciais para a comunidade internacional, ou seja, protegem direitos fundamentais, sendo esta razão a justificativa para que todos os Estados tenham um interesse jurídico em seu cumprimento.[40]

---

[35] BAPTISTA, 1997, p. 397.

[36] PEREIRA, André Gonçalves; QUADROS, Fausto. *Manual de Direito Internacional Público*. 3.ed. Coimbra: Almedina, 1997, p. 279. Apontam, além do Acórdão citado, as decisões proferidas Pelo Tribunal de Nuremberg (caso Krupp); parecer do Tribunal Internacional de Justiça, em 28 de maio de 1951 (caso das reserva à Convenção do Genocídio); e na decisão sobre o pessoal diplomático e consular dos Estados Unidos, em Teerã.

[37] "Sentencia TIJ, Reports 1970, p. 32, parágrafos 33-34: '(...) In particular, an essential distinction should be drawn between the obligations of a State towards the international community as a whole, and thosearising vis-à--vis another State in the field of diplomatic protection. By their very nature the former are the concern of all States. In view of the importance of the rights involved, all States can be held to have a legal interest in their protection; they are obligations *erga omnes*. Such obligations derive, for example, in contemporary international law, from the outlawing of acts of aggression, and of genocide, as also from the principles and rules concerning the basic rights of the human person, including protection from slavery and racial discrimination. Some of the corresponding rights of protection have entered into the body of general international law; others are conferred by international instruments of a universal or quasi-universal character". ROMERO, Alicia Cabada. Los Conceptos de *Obligación Erga Omnes,Ius Cogen y Violación Grave* a La Luz Del Nuevo Proyecto de La CDI Sobre Responsabilidade de Los Estados por Hechos Ilícitos. *Revista Electrónica de Estudios Internacionales*. Madrid: Asociación Española de Profesores de Derecho Internacional y Relaciones Internacionales, n. 4, 2002, p. 3. Disponível em: <www.reei. org>. Acesso em: 29 jun. 2011.

[38] BROWNLIE, Ian. *Princípios de Direito Internacional Público*. Lisboa: Fundação Calouste Gulbenkian, 1997, p. 537.

[39] Reporta-se aqui, ao estudo de André de Carvalho Ramos que aponta para uma postura, ainda, receosa da Corte Internacional de Justiça quanto às consequências do reconhecimento das obrigações *erga omnes*. Refere-se, de forma exemplificativa, ao caso Timor Oriental (1995), onde, diante de violações de obrigações *erga omnes* um Estado não poderia ser processado perante a Corte, se não houvesse reconhecida sua jurisdição, equiparando-se, dessa forma, com a violação de normas internacionais comuns. Analisa, também, que, embora a própria Corte tenha no citado caso *Barcelona Traction* diferenciado direitos humanos fundamentais e direitos humanos em geral, tal afirmativa já está superada pelo reconhecimento do caráter indivisível das normas de direitos humanos, consagrada na Conferência Mundial de Direitos Humanos de Viena (1993). Ver em RAMOS, André de Carvalho. *Teoria Geral dos Direitos Humanos na Ordem Internacional*. Rio de Janeiro: Renovar, 2005, p. 71-77.

[40] ROMERO, 2002, p. 3.

Por sua vez, Cançado Trindade seguindo sua construção doutrinária quanto ao alcance das obrigações *erga omnes,* pondera que podem ser consideradas sob duas dimensões: uma horizontal e outra vertical que são complementares.

Sob a dimensão horizontal, constitui-se em obrigações devidas pela comunidade internacional como um todo e direcionadas à proteção de todos os seres humanos. Vinculam, por um lado, todos os Estados Partes nos tratados de direitos humanos (obrigações *erga omnes partes*), no marco do direito internacional convencional. Por outro, agora no âmbito do direito internacional geral, vinculam todos os Estados que integram a comunidade internacional organizada, independentemente de serem partes ou não de tratados (denomina obrigações *erga omnes lato sensu*).[41]

Quanto à dimensão vertical, assim se expressa:

[...] Em sua *dimensão vertical*, as obrigações *erga omnes* de proteção vinculam tanto os órgãos e agentes do poder público (estatal), como os simples particulares (nas relações interindividuais).
[...] No tocante à dimensão vertical, a obrigação geral, consagrada no artigo 1(1) da Convenção Americana, de respeitar e garantir o livre exercício dos direitos por ela protegidos gera efeitos *erga omnes*, alcançando as relações do indivíduo tanto com o poder público (estatal) quanto com outros particulares (p. 77-78).[42]

Importante salientar que a dimensão vertical assume especial relevo no âmbito da proteção dos direitos humanos, pois possibilita evidenciar as diversificadas formas de violações que tanto podem ser protagonizadas pelo Estado como por agentes não estatais. É sabido, e comumente noticiado pela imprensa em geral, a ação de chamados esquadrões da morte, grupos clandestinos, agentes não identificados, paramilitares, entre outras formas de organização de cunho criminoso. As ações de particulares perpetuadores de violações de direitos fundamentais são alcançadas enquanto obrigação geral dos Estados em adotarem medidas de prevenção e repressão a essas condutas.

Analisando a Carta Constitutiva das Nações Unidas de 1945, Carrillo Salcedo destaca o seguinte questionamento desvelador: "derivan de las disposiciones de la Carta em matéria de derechos humanos obligaciones jurídicas para los Estados miembros de las Naciones Unidas?".[43] A resposta do doutrinador espanhol é afirmativa, pois a carta das Nações Unidas gera obrigações explícitas, tanto para a própria Organização, como para os Estados, aduzindo, ainda, que:

Impone obligaciones jurídicas en matéria de derechos humanos tanto a la *Organización* – en orden a la promoción de los derechos y libertades fundamentales y a la efectividad de tales derechos y libertades, en los términos del artículo 55.c) de la Carta –, *como a los Estados miembros* (que para la realización de los propósitos anteriores se comprometen a tomar medidas, conjuntas o separadamente, en cooperación con la Organización de las naciones unidas, en los términos del art. 56 de la Carta).[44]

Reside, aqui, a origem das obrigações *erga omnes.*

O caráter das obrigações *erga omnes*, no tocante aos Estados, toma um matiz diferenciado diante de outro conceito do Direito Internacional tradicional. Vale dizer que o princípio da soberania, até então, indiscutível e absoluto nas relações internacionais, em todas a matérias, passa a ser redefinido aqui em função da evolução

---

[41] CANÇADO TRINDADE, 2007, p. 83.

[42] Ibid., p. 1009.

[43] CARRILLO SALCEDO, 1995, p. 29.

[44] Ibid., p. 30. (grifos do autor).

do Direito Internacional contemporâneo, face ao princípio constitucional dos direitos humanos. Não foi derrogado o princípio da soberania, no entanto, como ensina Carrillo Salcedo:[45] "Este princípio tradicional pervive, sin embargo *y no há sido desplazado ni eliminado aunque sí há resultado erosinado y relativizado*". Pois bem, o conceito de soberania e sua extensão, diante das obrigações *erga omnes,* toma novo significado face aos valores direcionados à proteção do ser humano.

Continuando na esteira do pensamento de Carrillo Salcedo, verifica-se que as disposições contidas na Carta das Nações Unidas, no tocante ao princípio dos direitos humanos, desencadearam o processo de humanização que vem experimentando a ordem internacional, proporcionando, assim, a referida relativização do princípio da soberania.[46] O que transmuta neste conceito é a noção inicial de que os direitos humanos pertencem a uma categoria essencialmente de jurisdição interna dos Estados, passando, no entanto, com o reconhecimento na carta das Nações Unidas, a um princípio de observância universal, pois, diante de uma violação dessas obrigações, nenhum Estado "poderá subtrair-se de sua responsabilidade internacional sob pretexto de que esta matéria é essencialmente de sua jurisdição interna".[47]

Desta forma, verifica-se que as obrigações *erga omnes* possuem por esteios a noção de garantia coletiva e de considerações de ordem pública (*ordre public*). Daí resulta a especificidade dos tratados de direitos humanos: a de incorporarem obrigações de caráter objetivo, com vista à salvaguarda dos direitos dos seres humanos, e não dos Estados, tendo por base o interesse público geral (como referido *ordre public*).[48]

As obrigações *erga omnes*, portanto, em se tratando de proteção da pessoa humana, representam a superação da estabelecida autonomia da vontade dos Estados; decursiva, como retratado anteriormente, do fortalecimento do conceito e progressiva aceitação internacional das normas dotadas de imperatividade, *jus cogente*. Estas, necessariamente, geram obrigações *erga omnes*. Contudo, as normas de *jus cogens* estão no conceito de direito material, enquanto aquelas obrigações se referem a estrutura de seu desempenho por parte das entidades (Estados e Organizações Internacionais) e dos indivíduos obrigados por elas. Se as normas de *jus cogens* acarretam

---

[45] Ibid., p. 29.

[46] Na ótica desta pesquisa um dos fatores fundamentais da relativização do conceito de soberania tradicional está adstrita ao avanço da consciência jurídica universal, mencionada por Cançado Trindade, anteriormente citado, quanto aos direito humanos e sua efetiva proteção pelos Estados. De outra forma, a relativização da soberania advém do processo de globalização que estamos presenciando nas últimas décadas. "O declínio da soberania dos Estados nacionais parece, talvez, irreversível. O processo de globalização em praticamente todas as áreas do conhecimento humano definitivamente gerou uma crise no tradicional sistema de Estados nacionais soberanos, estes que não são mais capazes de enfrentar problemas de escala global, como os de ordem ambiental, os relativos ao desenvolvimento econômico, à paz, à repressão ao crime internacional e ao terrorismo", comenta Teixeira. TEIXEIRA, Anderson Vichinkeski. *Estado de Nações*: hobbes e as relações internacionais no século XXI. Porto Alegre: Sérgio Fabris, 2007, p. 146. E, dentro deste contexto, assinala, ainda, que "A compreensão teórica de soberania como indivisível, inalienável e ilimitada, desenvolvida, sobretudo, por Hobbes, Locke e Rousseau, gozou de alguma correspondência com a realizada material até o momento em que a história da humanidade ainda não havia presenciado o atual estágio de globalização". Ibid., p.161.

[47] CARRILLO SALCEDO, 1995, p. 32.

[48] CANÇADO TRINDADE, Antônio Augusto. *Direitos Humanos e Meio-Ambiente*: paralelo dos sistemas de proteção internacional. Porto Alegre: Sérgio Fabris, 1993, p. 45.

obrigações *erga omnes*, no sentido contrário, nem todas as obrigações *erga omnes* referem-se necessariamente a normas *jus cogens*.[49]

Assim, as normas de direito internacional de direitos humanos, pela sua natureza intrínseca, vem-se constituindo em normas imperativas, sob o aspecto material, de natureza *iuris cogentis* e, consequentemente, geradoras de obrigações *erga omnes*, reafirmadas na Carta das Nações Unidas de 1945, que assegura o respeito aos direitos humanos, como expressão jurídica direta e imediata da dignidade humana.

A partir desta categorização, começa a tomar consistência um novo ordenamento jurídico internacional, tendo como objeto os direitos da pessoa humana, sendo fundamental para sua concretização a sua solidificação através da formação de um corpo normativo internacional *ius congentis* com sua inserção imediata no ordenamento jurídico pátrio, e o fortalecimento do Sistema Universal, com a ONU, e Sistemas Regionais, como a OEA, especialmente com a Comissão Interamericana e a Corte Interamericana de Direitos Humanos.

Como já advertia Sérgio Vieira de Mello "não podemos ocultar as violações flagrantes dos direitos humanos, onde quer que ocorram, com o verniz da soberania ou as astúcias dos procedimentos diplomáticos". Com o ordenamento jurídico internacional de proteção dos direitos humanos, dotado com normas imperativas e de efeitos *erga omnes*, certamente teremos uma comunidade internacional mais harmoniosa e consciente de seus deveres com a preservação e proteção da dignidade humana.

Referências

ACCIOLY, Hildebrando; SILVA, G. E. do Nascimento e. *Manual de Direito Internacional Público*. 15. ed. rev. e atual. por Paulo Borba Casella. São Paulo: Saraiva, 2002.

ALTERMIR, Antonio Blanc. *La Violación de los Derechos Humanos Fundamentales como Crimen Internacional*. Barcelona: Bosch, 1990.

ARRIGUI, Jean Michel. *OEA Organização dos Estados Americanos*. Tradução de Sérgio Bath. São Paulo: Manole, 2004.

ASSEMBLÉIA GERAL DA ONU. Disponível em: <http://www.un.org/spanish/aboutun/organs/ ga/62/>. Acesso em: 01 mar. 2010.

BAPTISTA, Eduardo Correia. *Ius Cogens em Direito Internacional*. Lisboa: Lex, 1997.

BUERGENTHAL, Thomas. *Derechos Humanos Internacionales*. 2. ed. México, DF: Gernika, 2002.

BROWNLIE, Ian. *Princípios de Direito Internacional Público*. Lisboa: Fundação Calouste Gulbenkian, 1997.

CANÇADO TRINDADE, Antônio Augusto. A Interação entre o Direito Internacional e o Direito Interno na proteção dos Direitos Humanos. In: CANÇADO TRINDADE, Antônio Augusto (Editor). *A Incorporação das Normas Internacionais de Proteção dos Direitos Humanos no Direito Brasileiro*. 2.ed. San José: Instituto Interamericano de Direitos Humanos, 1996.

——. *Derecho Internacional de los Derechos Humanos*: esencia y transcendencia. México: Editorial Porrúa (Universidad Iberoamericana), 2007.

——. *Direitos Humanos e Meio-Ambiente*: paralelo dos sistemas de proteção internacional. Porto Alegre: Sergio Fabris, 1993.

——. *Tratado de Direito Internacional dos Direitos Humanos*. Porto Alegre: Fabris, 1997. v.I.

——. *Tratado de Direito Internacional de Direitos Humanos*. Porto Alegre: Sergio Antonio Fabris, 1999. v. II.

CANÇADO TRINDADE, Antônio Augusto. *Tratado de Direito Internacional de Direitos Humanos*. Porto Alegre: Sergio Antonio Fabris, 2003. v. III.

——. *A Humanização do Direito Internacional*. Belo Horizonte: Del Rey, 2006.

——. *O Direito Internacional em um Mundo em Transformação*: ensaios (1976-2001). Rio de Janeiro: Renovar, 2002.

---

[49] CANÇADO TRINDADE, 1993, p. 84.

——. *O Esgotamento de Recursos Internos no Direito Internacional*. 2.ed. atual. Brasília: UNB, 1997.

CARRILLO SALCEDO, Juan Antonio. *El Derecho Internacional en Perspectiva Histórica*. Madri: Tecnos, 1991.

——. *Soberanía de los Estados y Derechos Humanos en Derecho Internacional Contemporáneo*. Madrid: Editorial Tecnos, 1995.

CORTE INTERAMERICANA DE DIREITOS HUMANOS. Caso Ximenes Lopes *versus* Brasil. Sentença de 04 de julho de 2006. Disponível em: <http://www.corteidh.or.cr/docs/casos/articulos/seriec_149_por.pdf>. Acesso em: 09 jul. 2011.

——. *Opinião Consultiva nº 18/03, de 17.09.2003 sobre "Condición Jurídica Y Derechos de los Migrantes Indocumentados*. Disponível em: <http://www. cortedh.or.cr/docs/opiniones/seriea_18_esp.doc>. Acesso em: 08 jan. 2008.

DALLARI, Pedro B. A. *Constituição e Tratados Internacionais*. São Paulo: Saraiva, 2003.

DECLARAÇÃO UNIVERSAL DOS DIREITOS HUMANOS. Disponível: <http://www.unhchr.ch/udhr/lang/por.htm>. Acesso em: 20 fev. 2008.

DEPARTAMENTO DE ASSUNTOS JURÍDICOS INTERNACIONAIS. *Carta da Organização dos Estados Americanos*. Disponível em: <http://www.oas.org/juridico/portuguese/carta.htm>. Acesso em: 14 mar. 2008

FRIEDRICH, Tatyana Scheila. *As Normas Imperativas de Direito Internacional Público*: Jus Cogens. Belo Horizonte: Fórum, 2004.

GALINDO, George Rodrigo Bandeira. *Tratados Internacionais de Direitos Humanos e Constituição Brasileira*. Belo Horizonte: Del Rey, 2002.

GARCÍA, Luis M. (Coord.) *et al. Los Derechos Humanos em el Processo Penal*. Buenos Aires: Ábaco de Rodolfo Depalma, 2002.

GUEVARA B, José A; MARTIN, Claudia; RODRÍGUES-PINZÓN, Diego (Compiladores). *Derecho Internacional de los Derechos Humanos*. México, DF: Universidad Iberoamericana, 2004.

HANASHIRO, Olaya Sílvia Machado Portella. *O Sistema Interamericano de Proteção aos Direitos Humanos*. São Paulo: EDUSP, 2001.

JENKINS, Lord Roy. *Roosevelt*. Tradução: Gleuber Vieira. Rio de Janeiro: Nova Fronteira, 2003.

MELLO, Celso D. de Albuquerque. *Curso de Direito Internacional Público*. 14.ed. Rio de Janeiro: Renovar, 2002. v. I.

MELLO, Sérgio Vieira de. Informe do Alto Comissariado das Nações Unidas para os Direitos Humanos e Seguimento da Conferência Mundial de Direitos Humanos. In: MARCOVITCH, Jacques (Org.). *Sérgio Vieira de Mello Pensamento e Memória*. São Paulo: Saraiva/EDUSP, 2004.

NIKKEN, Pedro. *La Proteccion Internacional de los Derechos Humanos*. Su Desarrollo Progresivo. Madri: Civitas, 1987.

PEREIRA, André Gonçalves e QUADROS, Fausto. *Manual de Direito Internacional Público*. 3. ed. Coimbra: Almedina, 1997.

RAIGÓN, Rafael Casado. Notas Sobre El *Ius Cogens* Internacional. Córdoba: Servicio de Publicaciones de la Universidade de Córdoba, 1999.

RAMOS, André de Carvalho. *Processo Internacional de Direitos Humanos*. Rio de Janeiro: Renovar, 2002.

——. *Teoria Geral dos Direitos Humanos na Ordem Internacional*. Rio de Janeiro: Renovar, 2005.

REMÓN, Florabel Quispe. *El Debido Proceso en el Derecho Internacional y en el Sistema Interamericano*. Valencia: Tirant lo Blanch, 2010.

RIDRUEJO José A. Pastor. Curso de derecho Internacional Público y Organizaciones Internacionales. 6. ed. Madri: Tecnos, 1996.

RODRIGUEZ H. Gabriela. Normas de Responsabilidad Internacional de los Estados. In: GUEVARA B, José A; MARTIN, Claudia; RODRÍGUES-PINZÓN, Diego (Compiladores). *Derecho Internacional de los Derechos Humanos*. México, DF: Universidad Iberoamericana, 2004.

ROMERO, Alicia Cabada. Los Conceptos de *Obligación Erga Omnes,Ius Cogen y Violación Grave* a La Luz Del Nuevo Proyecto de La CDI Sobre Responsabilidade de Los Estados por Hechos Ilícitos. *Revista Electrónica de Estudios Internacionales*. Madrid: Asociación Española de Profesores de Derecho Internacional y Relaciones Internacionales, n. 04, 2002. Disponível em: <www.reei.org>. Acesso em: 29 jun. 2005.

SARLET, Ingo Wolfgang. *Dignidade da Pessoa Humana e Direitos Humanos na Constituição Federal de 1988*. Porto Alegre: Livraria do Advogado, 2001.

TEIXEIRA, Anderson Vichinkeski. *Estado de Nações*: hobbes e as relações internacionais no século XXI. Porto Alegre: Sergio Antônio Fabris Editor, 2007.

VELASCO, Manuel Diez de. *Las Organizaciones Internacionales*. 10.ed. Madri: Tecnos. 1997.

— 13 —

Alimentos gravídicos – natureza cautelar ou tutela antecipada?

SOLANGE C. IÓRIO GUINTEIRO[1]

Sumário: 1. Introdução; 2. Conceito de alimentos, em especial os gravídicos; 2.1. Natureza jurídica dos alimentos, em especial os gravídicos; 2.2. Requisitos para a concessão dos alimentos gravídicos; 3. Tutelas de urgência; 3.1. Tutela cautelar; 3.2. Antecipação dos efeitos da tutela; 3.2.1. Requerimento da parte; 3.2.2.Verossimilhança das alegações e prova inequívoca; 3.2.3. Receio de dano irreparável e abuso de direito de defesa ou manifesto protelatório; 3.2.4. Distinção entre Tutela Antecipada e Tutela Cautelar; 3.2.5. Fungibilidade entre antecipação dos efeitos da tutela e tutela cautelar; 4. Conclusão; Referências bibliográficas.

1. Introdução

A Lei 11.804/2008[2] trata de verba de caráter alimentar, da qual compreenderão os valores suficientes para cobrir as despesas adicionais do período de gravidez e que sejam dela decorrentes, da concepção ao parto, inclusive as referentes a alimenta-

---

[1] Professora universitária desde o ano de 1995 na Universidade Luterana do Brasil – ULBRA –, nos Cursos de Graduação e Pós-Graduação – Campus Gravataí, Guaíba e Canoas-RS; graduada em Ciências Jurídicas e Sociais pela UNISINOS (1986), Especialista em Direito Público e Direito Processual Civil e Processual Constitucional, pela ULBRA (2000 e 2010. Advogada militante desde 1986, atuando principalmente nas áreas de: direito civil - família,sucessões e responsabilidade civil e na área de direito previdenciário.

[2] *O PRESIDENTE DA REPÚBLICA* Faço saber que o Congresso Nacional decreta e eu sanciono a seguinte Lei: Art. 1º Esta Lei disciplina o direito de alimentos da mulher gestante e a forma como será exercido. Art. 2º Os alimentos de que trata esta Lei compreenderão os valores suficientes para cobrir as despesas adicionais do período de gravidez e que sejam dela decorrentes, da concepção ao parto, inclusive as referentes a alimentação especial, assistência médica e psicológica, exames complementares, internações, parto, medicamentos e demais prescrições preventivas e terapêuticas indispensáveis, a juízo do médico, além de outras que o juiz considere pertinentes. Parágrafo único. Os alimentos de que trata este artigo referem-se à parte das despesas que deverá ser custeada pelo futuro pai, considerando-se a contribuição que também deverá ser dada pela mulher grávida, na proporção dos recursos de ambos. Art. 3º (VETADO); Art. 4º (VETADO); Art. 5º (VETADO); Art. 6º Convencido da existência de indícios da paternidade, o juiz fixará alimentos gravídicos que perdurarão até o nascimento da criança, sopesando as necessidades da parte autora e as possibilidades da parte ré. Parágrafo único. Após o nascimento com vida, os alimentos gravídicos ficam convertidos em pensão alimentícia em favor do menor até que uma das partes solicite a sua revisão. Art. 7º O réu será citado para apresentar resposta em 5 (cinco) dias. Art. 8º (VETADO); Art. 9º VETADO); Art. 10º (VETADO); Art. 11. Aplicam-se supletivamente nos processos regulados por esta Lei as disposições das Leis nos 5.478, de 25 de julho de 1968, e 5.869, de 11 de janeiro de 1973 – Código de Processo Civil. Art. 12. Esta Lei entra em vigor na data de sua publicação. Brasília, 5 de novembro de 2008; 187º da Independência e 120º da República. LUIZ INÁCIO LULA DA SILVA ,*Tarso Genro,José Antonio Dias Toffoli,Dilma Rousseff.*

ção especial, assistência médica, psicológica, exames complementares, internações, parto, medicações e demais prescrições preventivas e terapêuticas indispensáveis, a juízo do médico, além de outras que o juiz considere pertinentes.

E para a concessão dos alimentos gravídicos, de acordo com o art. 6° da referida Lei 11.804/2008, o juiz deverá estar convencido da existência de indícios da paternidade, os quais perdurarão até o nascimento da criança, sopesando as necessidades da genitora sobre os alimentos gravídicos, incidindo assim o princípio constitucional da dignidade humana.

Assim, constata-se que a referida norma legal trouxe grandes inovações quando preceitua que para a sua concessão dos alimentos gravídicos, basta ter indícios da paternidade, para conceder a tutela jurisdicional de forma célere, sendo de grande relevância para a prática processual nas ações em que se busca tal pretensão.

Em consequência, iremos fazer uma análise de direito material sobre a concessão dos alimentos, em especial os gravídicos, buscando no presente trabalho afinal, analisar se a concessão dos alimentos gravídicos tem natureza cautelar ou tutela antecipatória?

2. Conceito de alimentos, em especial os gravídicos

A doutrina[3] costuma diferenciar os alimentos naturais dos alimentos civis, estes também chamados de alimentos côngruos. Enquanto os primeiros compreendem estritamente o indispensável à sobrevivência do indivíduo – saúde, moradia, alimentação, vestuário, os segundos são aqueles destinados à manutenção da condição social do alimentado, envolvendo lazer e suas necessidades de ordem intelectual ou moral.

Os alimentos ainda podem ser classificados como alimentos provisórios e provisionais. Os alimentos provisórios estão disciplinados pela Lei 5.478/68, ou também podem ser aqueles postulados de acordo com o art. 273 do CPC. Os provisionais são os alimentos dispostos em medida cautelar preparatória ou incidental, conforme determinam os arts. 852 a 854 do CPC.

A conceituação de alimentos, conforme Yussef Said Cahali:[4]

Adotada no direito para designar o conteúdo de uma pretensão ou de uma obrigação, a palavra "alimentos" vem a significar tudo o que é necessário para satisfazer os reclamos da vida, são as prestações com as quais podem ser satisfeitas as necessidades vitais de quem não pode provê-las por si; mais amplamente, é a contribuição periódica assegurada a alguém, por um título de direito, para exigi-la de outrem, como necessário à sua manutenção.

Caio Mário da Silva Pereira assevera:

Se a lei põe a salvo os direitos do nascituro desde a concepção, é de se considerar que o seu principal direito consiste no direito à própria vida e esta seria comprometida se à mãe necessitada fossem recusados os recursos primários à sobrevivência do ente em formação em seu ventre.[5]

---

[3] MADALENO, Rolf. Alimentos e sua configuração atual. In: TEXEIRA, Ana Carolina Brochado; RIBEIRO, Gustavo Pereira Leite (org.) *Manual de Direito de Família e das Sucessões*. Belo Horizonte: Del Rey, 2008, p. 426.

[4] YUSSEF Said Cahali. *Dos Alimentos*, 3ª ed. São Paulo: Revista dos Tribunais, 1999.

[5] PEREIRA, Caio Mário da Silva. *Instituições de Direito Civil* – Direito de Família. 16ª ed. Rio de Janeiro: Forense, 2006, p. 517-519.

E de acordo com o art. 2º da Lei 11.804/2008- (LAG), os alimentos gravídicos são aqueles devidos ao nascituro, e percebidos pela gestante no período da gravidez, para assegurar os direitos da criança desde a sua concepção.

Do acima exposto, podemos consignar que os alimentos gravídicos não se confundem com a pensão alimentícia, um a vez que a própria lei, artigo 6º, parágrafo único,[6] determina que após o nascimento com vida, os alimentos gravídicos, serão convertidos em pensão de alimentos em favor da criança até que qualquer das partes postule a revisão.

2.1. Natureza jurídica dos alimentos, em especial os gravídicos

Podemos referir que a natureza jurídica dos alimentos gravídicos é constitucional, por ser uma obrigação alimentar antes do nascimento decorrente do próprio direito da personalidade do nascituro e da gestante, eis que os alimentos são essenciais e imprescindíveis à sobrevivência humana, incidindo assim princípio da dignidade humana.

Por oportuno colaciona sobre o princípio referido, segundo pontifica Paulo Luiz Netto:[7]

[...] dignidade é tudo que não tem preço, segundo conhecida e sempre atual formulação de Immanuel Kant que procurou distinguir aquilo que tem um preço, seja pecuniário seja estimativo, do que é dotado de dignidade, a saber, do que é inestimável, do que é indisponível, do que não pode ser objeto de troca". Diz ele: "no reino dos fins tudo tem ou um preço ou uma dignidade. Quando uma coisa tem um preço, pode-se pôr em vez dela qualquer outra como equivalente; mas quando uma coisa está acima de todo o preço, e portanto, não permite equivalente, então tem ela dignidade.

Esse valor supremo do ser humano deve ser considerado em sua dimensão elevada, insto porque tudo que a pessoa realiza no plano material e espiritual deve ser revestido de valor ético e moral, segundo leciona Eduardo de Oliveira Leite.[8]

Assinala André Gustavo Corrêa de Andrade[9] sobre o princípio:

O respeito à dignidade humana constitui princípio fundamental, porque enraizado na consciência coletiva das sociedades modernas. Exatamente em razão dessa sua "fundamentalidade", o princípio da dignidade independe, para a produção de efeitos jurídicos, de inclusão expressa em texto normativo.

Assim corroborando com a corrente doutrinária concepcionista, afirmam Eduardo Espíndola e Espíndola Filho que a orientação afinal vencedora, na elaboração do Código Civil pátrio, de que resultou consignar o art. 4º da Parte Geral como regra de que a personalidade civil do homem começa do nascimento com vida, corresponde, iniludivelmente, à melhor doutrina, a que o Projeto Coelho Rodrigues" havia dado acolhida e que tem a preferência dos juristas pátrios em sua maioria.[10]

---

[6] Parágrafo único. Após o nascimento com vida, os alimentos gravídicos ficam convertidos em pensão alimentícia em favor do menor até que uma das partes solicite a sua revisão.

[7] LOBO, Paulo Luiz Netto. Danos Morais e Direitos da Personalidade. In: *Grandes Temas da Atualidade* – Dano Moral. Obra Coordenada por Eduardo de Oliveira Leite. Rio de Janeiro: Forense, 2002, p. 354.

[8] LEITE, Eduardo de Oliveira. Reparação do Dano Moral na Ruptura da Sociedade Conjugal. In: *Grandes Temas da Atualidade* – Dano Moral. Obra coordenada pelo próprio autor. Rio de Janeiro. Forense, 2002, p. 160.

[9] ANDRADE, André Gustavo Corrêa de. *Dano Moral e Indenização Punitiva*. Rio de Janeiro: Forense, 2005, p. 15.

[10] Projeto Coelho Rodrigues. Art. 3º: "A capacidade civil da pessoa natural começa do nascimento; mas desde a concepção do feto humano, a lei o considera existindo para conservar-lhe os direitos que há de adquirir, se nascer vivo" (*apud* ESPÍNDOLA, Eduardo, ESPÍNDOLA FILHO, Eduardo. *Op. cit.*, p. 440).

2.2. Requisitos para a concessão dos alimentos gravídicos

De acordo com o art. 6° da Lei 11.848, de 2008, a mesma não postula prova da paternidade, basta apenas existência de indícios, requisito esse que deve ser analisado ou examinado pelo juiz em sede de cognição sumária. A citada lei não explicita e nem conceitua o que seriam "indícios" para a condenação do suposto pai em alimentos.

Vale colacionar decisões proferidas sobre o *instituto dos Alimentos Gravídicos*, os quais referem o que pode ser considerado como indícios de prova, pelo nosso Tribunal de Justiça *litteris:*

EMENTA. AGRAVO DE INSTRUMENTO. AÇÃO DE ALIMENTOS GRAVÍDICOS.NASCIMENTO DOS FILHOS. ILEGITIMIADE ATIVA. AFATAMENTO.POSSIBILIDADE DE DEFERIMENTO DOS ALIMENTOS NO CASO.1. No caso, não é fundada a preliminar de ilegitimidade ativa,posto que após o nascimento com vida, os alimentos gravídicos ficam convertidos em pensão de alimentícia em favor do menor até que uma das partes solicite a revisão. Inteligência do parágrafo único do art. 6° da Lei 11.408/08. 2. O requisito exigido para a concessão dos alimentos gravídicos, qual seja, " indícios de paternidade", nos.... (AI 70047571096-RS, Oitava Câmara Civel Tribunal de Justiça do RS, Relator: Ricardo Moreira Lins Pastl, Julgado 29.03.2012;publicação: 04.04.2012).

EMENTA. AGRAVO DE INSTRUMENTO. ALIMENTOS GRAVÍDICOS. Embora não haja provas da existência do alegado relacionamento, o que poderia levantar indícios acerca da paternidade, mostra-se viável a fixação liminar dos alimentos gravidicos quando comprovada a gravidez. Com efeito, por tratar-se de alimentos gravídicos, é preciso ter em conta a dificuldade de se produzir de imediato os indícios acerca da paternidade que se alega. Nesse passo, em casos como o presente, deve-se dar algum crédito às alegações iniciais a fim de garantir o direito maior valor, que é a vida e o bem estar da alimentanda... (AI 70050691674-RS, Oitava Câmara Cível do Tribunal de Justiça do RS, Relator: Rui Portanova, Julgado: 01.11.2012; publicação: 07.11.2012).

EMENTA: AGRAVO DE INSTRUMENTO. FIXAÇÃO DE *ALIMENTOS GRAVÍDICOS*. POSSIBILIDADE, NO CASO CONCRETO. LEI N° 11.848/08. Considerando a existência de indícios da paternidade do demandado, cabível a fixação de *alimentos gravídicos*. RECURSO PARCIALMENTE PROVIDO. (Agravo de Instrumento N° 70028667988, Oitava Câmara Cível, Tribunal de Justiça do RS, Relator: Claudir Fidelis Faccenda, Julgado em 06/03/2009).

EMENTA: AGRAVO DE INSTRUMENTO. *ALIMENTOS GRAVÍDICOS*. INDÍCIOS DE PATERNIDADE. CABIMENTO. A lei 11.804/08 regulou o direito de alimentos da mulher gestante. Para a fixação dos *alimentos gravídicos* basta que existam indícios de paternidade suficientes para o convencimento do juiz. AGRAVO PROVIDO. EM MONOCRÁTICA. (Agravo de Instrumento N° 70029315488, Oitava Câmara Cível, Tribunal de Justiça do RS, Relator: Rui Portanova, Julgado em 31/03/2009)

Assim, a lei prevê o direito a alimentos gravídicos e não exige prova inequívoca da paternidade, e se porventura ao nascer não for comprovado a paternidade biológica do genitor, este poderá recorrer à Justiça para pedir indenização por danos morais e materiais. Por outro lado, alguns doutrinadores entendem de forma diversa,em razão de uma das características da obrigação alimentar, a irrepetibilidade,[11] pela função que exerce de prover a subsistência daqueles que usufruem.

3. Tutelas de urgência

Há muitos pontos de contato entre a tutela cautelar e a antecipação dos efeitos da tutela os quais serão detidamente elencados para chegarmos ao questionamento

---

[11] Os alimentos provisionais ou definitivos, uma vez prestados, são irrepetíveis. In: Yussef Cahali. *Dos Alimentos*, Rev. Tribunais, p.132.

do presente trabalho., ou seja, a concessão dos alimentos gravídicos é uma tutela cautelar ou antecipação de tutela?

3.1. Tutela cautelar

Para que se alcance,[12] plenamente, a aspiração contida no art. 5°, XXXV, da CF/88, prevê o ordenamento jurídico formas de tutelas de urgência que tenham aptidão de evitar a ocorrência de lesão a direitos merecedores de proteção jurídica.

As tutelas de urgência,[13] em suas várias modalidades, são estabelecidas pelo legislador em *formas típicas* (ou nominadas) *e atípicas* (ou inominadas). Assim, os arts. 273 e 798 do CPC preveem, genericamente, a possibilidade de o juiz, diante do *periculum in mora,* conceder medidas de urgência *antecipatórias* ou *conservativas* (cautelares, neste caso), desde que presentes os requisitos previstos nos referidos dispositivos legais (além do *periculum in mora,* a plausibilidade do direito afirmado pela parte). Está-se, no caso, diante de formas atípicas de tutelas de urgência.

A tutela cautelar[14] pode ser concedida incidentalmente ou em ação autônoma, figurando como uma das modalidades de tutela de urgência, ao lado da antecipação dos efeitos da tutela (também chamada de tutela *satisfativa*[15] *interina).* Conquanto tais fenômenos possam ser analisados separadamente, *deve-se ter presente que em muitos aspectos os mesmos se assemelham,* razão pela qual a própria norma jurídica reconhece poder haver a fungibilidade entre a tutela cautelar e a antecipação dos efeitos da tutela (cfe. § 6° do art. 273 do CPC).

Em suma:[16] a tutela cautelar conserva a situação de fato ou de direito sobre a qual haverá de incidir eficazmente o provimento "principal" (o cria condições para que o pronunciamento futuro seja eficaz). Admitindo-se haver graus de probabilidade de existência do direito, tem-se que é menos intenso para a concessão da tutela cautelar, eis que o requisito exigido é o *fumus boni iuris.*[17]

---

[12] MEDINA, José Miguel. In: *Procedimentos Cautelares e Especiais*: ARAUJO, Fábio Caldas; GAJARDONI, Fernando da Fonseca, 4ª ed. Revista dos Tribunais, p. 42.

[13] Idem, p. 43.

[14] Idem, p. 45.

[15] É importante ter presente que "satisfatividade" é expressão que tem vários sentidos. Pode-ser ,por exemplo, falar em tutela satisfativa: (a) porque suficiente em sim mesma, tornando irrelevante o ajuizamento de ação principal (p. ex. ação de busca e apreensão de filho menor, ajuizada por um dos cônjuges contra o outro, em razão do término do tempo de visista);(b) em razão da irrversibilidade de seus efeitos(p. ex., liminar que autoriza a transfusão de sangue); e (C) quando há coincidência circunstancial entre aquilo que se concede liminarmente e aquilo que se pede *principaliter* (como sucede em liminar de reintegração de posse de imóvel, p. ex.)Observar-se-á, ao longo do presente trabalho, que as hipóteses indicadas em (a) e (B) dão ensejo às denominadas tutelas de urgência *satisfaftivas autônomas*, enquanto a situação mencionada no item (c) corresponde à tutela de urgência *satisfativa interinal,* como no caso da antecipação dos efeitos da tutela.

[16] MEDINA, José Miguel. Op. cit., p. 47.

[17] O STJ já sinalizou que são distintos o conteúdo e o alcance dos requisitos para a concessão das tutelas cautelar e antecipatória:" Ainda que possível, em casos excepcionais, o deferimento liminar da tutela antecipada, não dispensa o preenchimento dos requisitos legais, assim, a "prova inequívoca", a "verosimilhança da alegação", o "fundado receio de dano irreparável", o "abuso do direito de defesa ou o manifesto propósito protelatório", ademais a verificação da existência de "perigo de irreversibilidade do provimento antecipado", tudo em despacho fundamentado, de modo claro e preciso. O despacho que defere liminarmente a antecipação de tutela com apoio, apenas, na demonstração do *fumus boni irui e do periculum in mora,* malfere a disciplina do art. 273 do CPC, à medida que deixa de lado os rigorosos requisitos impostos pelo legislador para salutar inovação trazida pela Lei 9.952/1994 (Resp 131.853/SC, 3ª.T.j. 05.12.1997, rel. Min. Carlos Alberto Menezes Direito.

E conforme decidido no Recurso Especial 131.853/SC, citado em nota de rodapé, o despacho que defere liminarmente a antecipação de tutela com apoio, apenas, na demonstração do *fumus boni irui e do periculum in mora*, malfere a disciplina do art. 273 do CPC, à medida que deixa de lado os rigorosos requisitos impostos pelo legislador para salutar inovação trazida pela Lei 9.952/1994, descaracterizando, assim, o instituto da tutela antecipada conforme prevista na norma adjetiva.

Alguns autores[18] pensam que, para que se esteja diante de medida de natureza cautelar, é necessário que não se pleiteie, através dela, providência *igual* à principal: assim, segundo alguns, o art. 273, I, não seria cautelar porque o que se pleiteia, com fulcro nesse dispositivo, é a própria tutela (antecipada). Essa constatação[19] tem duas decorrências muito importantes. A primeira é a de que se aplicam à tutela antecipada as normas sobre tutela cautelar – e vice-versa –, relativamente a todos os pontos em que as características de uma e de outra são as mesmas.

Assim, mister se faz uma análise dos requisitos referente a tutela antecipada, até para a constatação da diferença dos institutos.

3.2. Antecipação dos efeitos da tutela

Introduzida[20] pela Lei 8.952, de 13 de dezembro de 1994, a tutela antecipada surge como uma resposta à necessidade de dar celeridade aos processo, cumprindo com seu ideal de efetividade, além de normatizar as antecipações dos efeitos das tutelas conferidas, até então por meio de ações cautelares inominadas.

O abuso dessas medidas excepcionais desencadeou a preocupação em regularizar as tutelas antecipatórias, cuja concretização precisa justificar a preterição dos princípios constitucionais do contraditório e da ampla defesa.[21]

Nas palavras de Humberto Theodoro Júnior: "diz-se na espécie que há antecipação de tutela porque o juiz se adianta para, antes do momento reservado ao normal julgamento do mérito, conceder à parte um provimento que, de ordinário, somente deveria ocorrer depois de exaurida a apreciação de toda a controvérsia e prolatada a sentença definitiva".[22]

Segundo Nery Júnior:

> É providência que tem natureza jurídica mandamental, que se efetiva mediante execução *lato sensu*, com o objetivo de entregar ao autor, total ou parcialmente, a própria pretensão deduzida em juízo ou os seus efeitos. É tutela satisfativa no plano dos fatos, já que realiza o direito, dando ao requerente o bem da vida por ele pretendido com a ação de conhecimento.[23]

---

[18] WAMBIER Luiz Rodrigues. (coord.). *Curso Avançado de Processo Civil*. V. 3, Processo Cautelar e Procedimentos Especiais, Eduardo Talamini e Flário Renato Correia de Almeida. Revista dos Tribunais, 2008, p. 41.

[19] Idem, p. 43.

[20] SANTOS, Moacyr Amaral. *Primeiras Linhas de Direito Processual Civil*, Vol. 2. São Paulo: Saraiva, 2011, p. 165.

[21] Aut. e ops. cits., p. 165.

[22] THEODORO JR., Humberto. *Curso de Direito Processual Civil*. 19. ed., vol. 2. Rio de Janeiro: Forense, 1997, p. 606-7

[23] NERY JÚNIOR, Nelson; NERY, Rosa Maria de Andrade. *Código de Processo Civil Comentado e Legislação Processual Civil Extravagante em Vigor*: Atualizado até 01.10.2007. 10 ed. São Paulo: Revista dos Tribunais, 2007, p.523.

A concessão da tutela antecipada, segundo José Ignácio Botelho de Mesquita, depende de requisitos genéricos: prova inequívoca e verossimilhança da alegação (CPC, art. 273, *caput*) e requisitos específicos: *perigo de dano irreparável ou de difícil reparação* (CPC, art. 273, I); ou abuso de direito de defesa ou manifesto propósito protelatório do réu (CPC, art. 273, II).

Os requisitos[24] genéricos devem necessariamente coexistir, ao passo que os específicos autorizam uma ou outra hipótese de tutela antecipada. Através da antecipação[25] dos efeitos da tutela, permite-se a fruição imediata de efeitos que seriam produzidos apenas com a prolação do pronunciamento judicial pleiteado. Uma vez antecipados um ou alguns dos efeitos, estes serão "confirmados" com a prolação da decisão principal, ou, em caso de rejeição do pedido, serão revogados.[26]

Os pressupostos para a concessão da antecipação de tutela estão previstos no art. 273 do Código de Processo Civil, cuja leitura nos demonstra ser necessário: o requerimento da parte legitimada (não pode ser concedida de ofício); a prova inequívoca dos fatos; o fundado receio de dano irreparável ou de difícil reparação, ou o abuso no direito de defesa ou manifesto propósito protelatório. Requisitos esses, que merecem uma análise.

3.2.1. Requerimento da parte

O primeiro requisito, requerimento da parte, decorre do princípio do dispositivo, que veda a concessão *ex officio*, assim como o princípio da inércia, que prevê a prestação de tutela jurisdicional, apenas quando postulada pela parte interessada.

No tocante ao legitimado para requerer tal provimento, Nery Junior leciona:

Somente o autor pode beneficiar-se da tutela antecipatória. É o autor quem deduz pretensão em juízo, de sorte que só ele pode fazer o pedido. [...] A legitimidade para requerer antecipação da tutela é estendida, em tese, a todos aqueles que deduzem pretensão em juízo, como, por exemplo, o denunciante, na denunciação da lide; o opoente, na oposição; ao autor da ação declaratória incidental (CPC 5º e 325). O réu, quando reconvém, é autor da ação de reconvenção, de modo que pode pleitear a antecipação dos efeitos da tutela pretendida na petição inicial de reconvenção (no mesmo sentido: Salvador, Da ação monitória e da tutela jurisdicional antecipada, 52). O assistente simples do autor (CPC 50) pode pedir a tutela antecipada, desde que a isso não se oponha o assistido. O assistente litisconsorcial, quando no pólo ativo, pode requerer a tutela antecipada, independentemente da vontade do assistido. Saliente-se que, neste caso, o assistente não estará fazendo pedido em sentido estrito, mas apenas pleiteando seja concedida a antecipação dos efeitos da sentença: o pedido já foi deduzido pela parte assistida. O réu, quando age contra-atacando, transforma-se em autor e pode, de conseqüência, pedir a antecipação dos efeitos da tutela de mérito deduzida na ação por ele proposta. Isto ocorre, por exemplo, quando o réu ajuíza reconvenção, ação declaratória incidental e quando, na contestação das *ações dúplices*, formula pedido [...].[27]

---

[24] Aut. e op. cit., p. 166.

[25] MEDINA, José Miguel. In: *Procedimentos Cautelares e Especiais*: ARAUJO, Fábio Caldas; GAJARDONI, Fernando da Fonseca, 4. ed. Revista dos Tribunais, p. 55.

[26] Note-se que " o objeto da antecipação *não é o próprio provimento* jurisdicional, mas os efeitos desse provimento" (STJ, Resp 737.047/SC, 3ª. T., j.16.02.2006, rel. Min. Nancy Andrighi, DJ 13.03.2006, p.321).

[27] NERY JUNIOR, Nelson; NERY, Rosa Maria de Andrade. *Código de processo civil comentado e legislação processual civil em vigor*. 10. ed. São Paulo: Revista dos Tribunais, 2007, p. 524/525.

3.2.2. Verossimilhança das alegações e prova inequívoca

O art. 273, *caput,* do CPC, refere que o juiz poderá antecipar a tutela "desde que, *existindo prova inequívoca*, se *convença da verossimilhança da alegação*".

Segundo Marinoni:[28]

O presente artigo, absolutamente inovador em face do processo civil clássico do Código Buziad, introduziu em nosso direito a figura da tutela antecipatória (art. 273, I e II, CPC e da tutela definitiva da parcela incontroversa da demanda (art. 273, § 6°, CPC). A tutela antecipada pode ser concedida com base na urgência (art. 273, I, CPC) ou com base em abuso do direito de defesa ou manifesto propósito protelatório do demandado (art. 273, II, CPC). A tutela definitiva de parcela da demanda pode ser concedida quando um ou mais dos pedidos cumulados, ou parcela deles, mostrar-se incontroverso (art. 273, § 6º, CPC).

Nas palavras de Vaz:

A contradição entre as expressões prova inequívoca e verossimilhança (a prova inequívoca transmite muito mais do que a ideia de verossimilhança) é só aparente. Quis o legislador reforçar a necessidade de se contar com algo mais do que mera fumaça de bom direito.

Dinamarco observa que:

O art. 273 condiciona a antecipação de tutela à existência de prova inequívoca suficiente para que o juiz se convença da verossimilhança da alegação [...]. Aproximadas as duas locuções formalmente contraditórias, [...] chega-se ao conceito de probabilidade, portador de maior segurança de que a mera verossimilhança. Probabilidade é a situação decorrente da preponderância dos motivos convergentes à aceitação de determinada proposição, sobre os motivos divergentes [...]. A probabilidade, assim conceituada, é menos que a certeza, porque lá os motivos divergentes não ficam afastados, mas somente suplantados; e é mais que a credibilidade, ou verossimilhança, pela qual a mente do observador analisa se os motivos convergentes e os divergentes comparecem em situação de equivalência e, se o espírito não se anima a afirmar, também não ousa negar.[29]

Marinoni[30] consigna

A grande dificuldade da doutrina e dos tribunais, diante dessa imprescindível análise, decorre da relação, feita pelo art. 273, entre prova inequívoca e verossimilhança. Melhor explicando: há dificuldade de compreender como uma prova inequívoca pode gerar somente verossimilhança. Essa dificuldade é facilmente explicável, pois decorre de vício que se encontra na base da formação dos doutrinadores e operadores do direito, os quais não distinguem "prova" de "convencimento judicial". Ora, como o art. 273 fala em "prova inequívoca" e "convencimento da verossimilhança", qualquer tentativa de explicar a relação entre as duas expressões será inútil se não se partir da distinção entre prova e convencimento.A prova existe para convencer o juiz, de modo que chega a ser absurdo identificar prova com convencimento, como se pudesse existir prova de verossimilhança ou prova de verdade. A intenção da parte, ao produzir a prova, é sempre a de convencer o juiz.

Assim, torna-se imprescindível compreender o que pretendia o legislador, ao condicionar a antecipação da tutela à existência de uma prova inequívoca apta a convencer o juiz da verossimilhança da alegação, ou seja, a prova inequívoca consiste na representação cabal da situação narrada, seja através de documentos, seja através de outro meio de prova idônea. Já a verossimilhança da alegação decorre da grande

---

[28] MARINONI, Luiz Guilherme e Daniela Mitidiero. In: *Código de Processo civil*, comentado artigo por artigo. São Paulo: Revista dos Tribunais, 2008, p. 268.

[29] DINAMARCO, Cândido Rangel. *A instrumentalidade do processo*. São Paulo: Revista dos Tribunais, 1987, p. 238/239.

[30] Artigo: Prova, convicção e justificativa diante da tutela antecipatória,LUIZ GUILHERME MARINONI, Professor Titular de Direito Processual Civil da Universidade Federal do Paraná – Brasil,Pós-Doutorado na Università Degli Studi di Milano (Itália). Visiting Scholar na Columbia University (EUA).

probabilidade de que o direito reclamado esteja esmo a favorecer o postulante da medida antecipada.[31]

3.2.3. Receio de dano irreparável e abuso de direito de defesa ou manifesto protelatório

O fundado receio de dano irreparável ou de difícil reparação e o abuso de direito de defesa são requisitos alternativos, exigindo o art. 273 do CPC além dos requisitos previstos no *caput*, a presença de um ou de outro (CPC, art. 273, incs. I e II).

Assim, não deve ser entendido apenas como um temor da parte, o fundado receio de dano irreparável deve decorrer de um risco efetivo, em que a não antecipação da tutela importará em um dano irreparável, ou de difícil reparação, observação que nos é trazida por Zavascki, *verbis:*

> O risco de dano irreparável ou de difícil reparação e que enseja antecipação assecuratória é o risco concreto (e não o hipotético ou eventual), atual (ou seja, o que apresenta iminente no curso do processo) e grave (vale dizer, o potencialmente apto a fazer perecer o direito afirmado pela parte). Se o risco, mesmo grave, não é iminente, não se justifica a antecipação de tutela. É conseqüência lógica do princípio da necessidade.[32]

É comum no meio jurídico que o fundado receio de dano irreparável receba no seu conceito um conteúdo do *periculum in mora*, como se sinônimos fossem, no entanto, a verdade é que ambos são distintos.

O saudoso doutrinador Ovídio A. Baptista da Silva,[33] consignou em sua obra que "O *periculum in mora* dá a ideia de aceleração, por causa da mora. Em virtude da morosidade da tutela comum [...]".

Assim, pela leitura do inc. I, do art. 273 do CPC, observa-se que o receio de dano irreparável deve ser fundado; fundado em dados concretos, em provas e argumentos capazes de convencer o magistrado que não há apenas um receio de cunho subjetivo por parte do autor, mas sim, um fato concreto.

No tocante ao abuso de defesa e manifesto propósito protelatório, vislumbra-se que ambos decorrem da ausência de lealdade e boa-fé processual, caracterizando-se o primeiro, quando o réu, nas palavras de Vaz:[34] "sob o manto de virtual legalidade, no uso das faculdades processuais (contestação, especificação e produção de provas, interposição de recursos etc.), mas que, não raras vezes, oculta escopos maliciosos".

Já o manifesto propósito protelatório, apesar de ocorrer durante o processo, se dá fora deste. Vaz refere que "constitui, a exemplo da expressão abuso do direito de defesa, conceito vago, indeterminado, incumbindo ao juiz precisá-lo de consonância com as circunstâncias do caso concreto".[35]

---

[31] STJ, REsp 876.528/RS, 1ª T., j.: 20.11.2007, rel. Min. Luiz Fux, DJ 03.12.2007, p. 280.

[32] ZAVASCKI, Teori Albino. *Antecipação da Tutela*. 3ª ed. rev. e ampl. São Paulo: Saraiva, 2000, p. 77.

[33] *Apud* Paulo Afonso Brum Vaz. *Manual da Tutela Antecipada*: doutrina e jurisprudência, Porto Alegre: Livraria do Advogado, 2002, p. 147

[34] VAZ, Paulo Afonso Brum. *Manual da Tutela Antecipada*: doutrina e jurisprudência, Porto Alegre: Livraria do Advogado, 2002, pág. 149.

[35] Aut. e op. cit., p. 155.

Nery Junior consigna:

[...] é o abuso do direito de defesa ou manifesto protelatório do réu. Quando a contestação for deduzida apenas formalmente, sem consistência, a situação pode subsumir-se à hipótese do CPC 273 II, autorizando a antecipação. Em tese, é admissível o pedido liminar fundado no inciso II, pois não despropositado o abuso do direito de defesa verificado fora do processo, quando há prova suficiente de que o réu fora, por exemplo, notificado várias vezes para cumprir a obrigação, tendo apresentado evasivas e respostas pedindo prazo para o adimplemento.[36]

Assim, verifica-se que antecipação da tutela requer que exista nos autos prova inequívoca, de forma que, num processo de cognição sumária, possa formar o convencimento do juiz acerca da verossimilhança das alegações constantes da petição inicial. Além dos requisitos da prova inequívoca e da verossimilhança, deve ainda restar patente o fundado receio de que a demora no andamento do processo cause ao autor um dano irreparável ou de difícil reparação. Pode ainda, ser proferida a decisão antecipada caso fique manifesto o abuso do direito de defesa que pode ser demonstrado pelo manifesto propósito protelatório do réu na forma com que se comporta no processo.

3.2.4. Distinção entre tutela antecipada e tutela cautelar

Importante consignar que do acima exposto conclui-se que a tutela antecipada e a tutela cautelar, são espécies das tutelas de urgência,[37] apresentam muitas semelhanças, ambas implicam cognição sumária, regem-se pela instrumentalidade, são precárias e fundadas em um juízo de probabilidade, no entanto, não se confundem.

Zavascki ressalta que:

Apesar de suas características comuns e da sua identidade quanto à função constitucional que exercem as medidas cautelares e as antecipatórias são tecnicamente distintas, sendo que a identificação de seus traços distintivos ganha relevo em face da autonomia de regime processual e procedimental que lhes é atribuída pelo legislador.[38]

Marinoni, por sua vez, diferencia os dois institutos, referindo que a tutela que satisfaz antecipadamente o direito não é cautelar porque nada assegura ou acautela, pontuando que:

A tutela antecipada não tem por fim assegurar o resultado útil do processo, já que o único resultado útil que se espera do processo ocorre exatamente no momento em que a tutela antecipatória é prestada. O resultado útil do processo somente pode ser o 'bem da vida' que é devido ao autor, e não a sentença acobertada pela coisa julgada material, que é própria da 'ação principal'. Porém, a tutela antecipatória sempre foi prestada sob o manto da tutela cautelar. Mas é, na verdade, uma espécie de tutela jurisdicional diferenciada.[39]

Por sua vez, Nery Júnior consigna que:

A tutela antecipada dos efeitos da sentença de mérito não é tutela cautelar, porque não se limita a assegurar o resultado prático do processo, nem a assegurar a viabilidade da realização do direito afirmado pelo

---

[36] NERY JUNIOR, Nelson, NERY, Rosa Maria de Andrade. *Código de processo civil comentado e legislação processual civil em vigor.* 10. ed. São Paulo: Revista dos Tribunais, 2007, p. 529.

[37] Vaz consigna que: Qualquer cotejo entre tutela cautelar e tutela antecipatória deve levar em conta que, embora sejam institutos de espécies diferentes, uma e outra se legitimam pela função preventiva do dano – ainda que diversas as naturezas do receio de lesão – compondo ambas o gênero tutelas de urgência, técnica que integra a preocupação com a efetividade do processo, tendo como elemento comum a inaptidão para produzir coisa julgada material. (*Manual da Tutela Antecipada*: doutrina e jurisprudência. Porto Alegre: Livraria do Advogado, 2002, p.88/89)

[38] ZAVASCKI, Teori Albino. *Antecipação da Tutela*.3ª ed. Rev. e ampl. São Paulo: Saraiva, 2000, p.46

[39] MARINONI, Luiz Guilherme. *O processo civil contemporâneo.* Curitiba: Juruá, 1994, p.118.

autor, mas tem por objetivo conceder, de forma antecipada, o próprio provimento jurisdicional pleiteado ou os seus efeitos. Ainda que fundada na urgência (CPC 273I), não tem natureza cautelar, pois sua finalidade precípua é adiantar os efeitos da tutela de mérito, de sorte a propiciar sua imediata execução, objetivo que não se confunde com o da medida cautelar (assegurar o resultado útil do processo de conhecimento ou de execução ou, ainda, a viabilidade do direito afirmado pelo autor). [...][40]

Paulo Vaz observa que:

Os provimentos cautelares destinam-se a garantir o resultado eficaz do processo, assegurando a efetividade (probatória ou executiva) de uma pretensão, sem, no entanto, interferir no plano do direito material; ao revés, os provimentos antecipatórios não se satisfazem em apenas conservar a efetividade do direito, mas dispõem diretamente sobre o direito material contendido, representando, por assim dizer, o atendimento da pretensão, ou de parte dela, antes mesmo de proferida a sentença, não estando, portanto, compreendidos no poder geral de cautela.[41]

A tutela cautelar não pode antecipar a tutela de conhecimento. De fato, como já disse Armelin, uma das formas de distorção do uso da tutela cautelar verifica-se sempre que se dá ao resultado de uma prestação de tutela jurisdicional cautelar uma satisfatividade que não pode ter.[42]

Ovídio Baptista da Silva, em seus *Comentários*, referindo-se à lição de Cristofolini, lembra que este processualista mostrou que as provisionais, ao anteciparem a eficácia do provimento final de acolhimento da demanda, em verdade realizam plenamente o direito posto em causa, ainda que sob forma provisória, ao passo que as medidas propriamente cautelares – enquanto tutela apenas de segurança – limitam-se a "assegurar a possibilidade de realização", para o caso de vir a sentença final a reconhecer a procedência da pretensão assegurada.[43]

A tutela cautelar,[44] como já foi dito, visa a assegurar a viabilidade da realização do direito. Assim, se afirmarmos que a tutela cautelar pode realizar o próprio direito (por exemplo a pretensão aos alimentos), estaremos incidindo em contradição, pois uma vez realizado o direito material nada mais resta para ser assegurado. Ou seja, quando o direito é satisfeito nada é assegurado e nenhuma função cautelar é cumprida.[45]

Com a previsão do art. 273, que generaliza a possibilidade de antecipação dos efeitos executivo e mandamental, viabilizando a antecipação à margem do art. 798, ninguém mais poderá pensar, por exemplo (e o exemplo é bastante significativo), que os alimentos provisionais constituem tutela do tipo cautelar.

---

[40] NERY JÚNIOR, Nelson, NERY, Rosa Maria de Andrade. *Código de Processo Civil Comentado e Legislação Processual Civil Extravagante em Vigor*: Atualizado até 01.10.2007. 10 ed. São Paulo: Revista dos Tribunais, 2007, p.523.

[41] VAZ, Paulo Afonso Brum. *Manual da Tutela Antecipada*: doutrina e jurisprudência. Porto Alegre: Livraria do Advogado, 2002, p. 87.

[42] ARMELIN, Donaldo. "A tutela jurisdicional cautelar", *Revista da Procuradoria-Geral do Estado de São Paulo*, 23/129.

[43] SILVA, Ovídio Baptista da, *Comentários ao Código de Processo Civil*, v. 11, p. 66.

[44] Artigo: Da Tutela Cautelar À Tutela Antecipatória, LUIZ GUILHERME MARINONI, Professor Titular de Direito Processual Civil da Universidade Federal do Paraná – Brasil, Pós-Doutorado na Università Degli Studi di Milano (Itália). Visiting Scholar na Columbia University (EUA).

[45] Nesse sentido, Ovídio Baptista da Silva, "A antecipação da tutela na recente reforma processual", in *Reforma do Código de Processo Civil*, cit., p. 138; Cândido Rangel Dinamarco, *A reforma do Código de Processo Civil*, p. 139-140; J. J. Calmon de Passos, "Da antecipação da tutela", in *Reforma do Código de Processo Civil*, cit., p. 190; Rodolfo de Camargo Mancuso, "Tutela antecipada", in *Reforma do Código de Processo Civil*, cit., p. 183; Nélson Nery Júnior, *Atualidades sobre o processo civil*, p. 57.

3.2.5. Fungibilidade entre antecipação dos
efeitos da tutela e tutela cautelar

Conforme preceitua o § 7º do art. 273 do CPC, e os art. 796 e ss. do CPC, nem sempre é possível definir, com absoluta clareza, se no caso concreto, a medida adequada é cautelar, a ser requerida de acordo com o procedimento descritos nos Livro das Cautelares, ou antecipação da tutela de acordo com o art. 273 do CPC.

Há situações, em, que pode haver dúvida acerca de se saber qual a modalidade de tutela de urgência mais adequada ao caso, e de que procedimento deve se valer a parte, para obter a medida.

Para evitar[46] este inconveniente, estabelece o § 7º do art. 273 do CPC que "se o autor, a título de antecipação de tutela, requerer providências de natureza cautelar, poderá o juiz, quando presentes os respectivos pressupostos, deferir a medida cautelar em caráter incidental do processo ajuizado".

O texto deixa clara a fungibilidade entre a tutela antecipada e a tutela cautelar. A providência de natureza cautelar pode ser postulada ainda que não tenha expressado pleito de antecipação de tutela. Pode ocorrer de o autor não ter pedido antecipação de tutela, mas ter pedido providência de natureza diversa do provimento final almejado, com os requisitos suficientes para a concessão de medida cautelar.[47]

Observou-se que o § 7º do art. 273 do CPC admite, expressamente, a fungibilidade entre tutela cautelar e antecipação dos efeitos da tutela.

Antes do advento[48] do § 7º do art. 273 do CPC, inserido pela Lei 10.444/2002, o Superior Tribunal de Justiça entendia não ser possível cumular a pretensão cautelar com a principal em um mesmo procedimento, exigindo-se o ajuizamento de uma demanda autônoma para tanto, em razão da incompatibilidade entre o procedimento cautelar com o principal.

4. Conclusão

De acordo com o exposto alhures, na verdade concluímos que para a concessão de alimentos gravídicos, de acordo com a Lei 11.804/2008, não poderá ser antecipação de tutela, eis que de acordo com o art. 273 exige a existência de prova inequívoca suficiente para que o juiz se convença da verossimilhança da alegação.

E basta lembrar que na referida Lei dos Alimentos Gravídicos, em especial em seu art. 6º, o Juiz se convencendo da existência de indícios da paternidade, fixará alimentos gravídicos que perdurarão até o nascimento da criança, ou seja, faltam

---

[46] MEDINA, José Miguel. In: *Procedimentos Cautelares e Especiais*: ARAUJO, Fábio Caldas; GAJARDONI, Fernando da Fonseca, 4ª ed, Revista dos Tribunais, p. 51-52.

[47] WAMBIER, Luiz Rodrigues Coord. *Curso Avançado de Processo Civil.* V. 3, Processo Cautelar e Procedimentos Especiais, Eduardo Talamini e Flávio Renato Correia de Almeida. Revista dos Tribunais, 2008, p. 43-44.

[48] MEDINA, José Miguel. Op. cit., p. 51-52

os requisitos necessários e mínimos para a concessão da tutela antecipatória: prova inequívoca e verossimilhança.

Outrossim, para a concessão da tutela cautelar, basta apenas os requisitos do *fumus boni iuri* e o *periculum in mora*. No caso dos alimentos gravídicos, tais requisitos devem ser comprovados, ou sejam: indícios da paternidade, e o nascimento da criança, que certamente ocorrerá no prazo de nove meses.

Mas, conforme referiu Ovídio Baptista da Silva nos alimentos não é o caso de tutela cautelar,[49] "pois visa a assegurar a viabilidade da realização do direito, assim, se afirmarmos que a tutela cautelar pode realizar o próprio direito, por exemplo a pretensão aos alimentos, estaremos incidindo em contradição, pois uma vez realizado o direito material nada mais resta para ser assegurado. Ou seja, quando o direito é satisfeito nada é assegurado e nenhuma função cautelar é cumprida."

Constata-se, assim, que embora seja possível apontar aspectos que distinguem a tutela cautelar da antecipação dos efeitos da tutela, tais figuras são muito semelhantes. Inclusive hpá situações em que é muito difícil, e quase que impossível, dizer se é o caso de antecipação dos efeitos da tutela ou de tutela cautelar, admitindo-se neste caso a fungibilidade entre os institutos, conforme dispõe o art. 273, § 7°, do CPC.

Mas, para que sejam concedidos os alimentos gravídicos, na verdade é indiferente que a tutela de urgência seja concedida a título de antecipação dos efeitos da tutela ou da tutela cautelar, o que é indispensável para a adequada tutela dos direitos é que se defira a tutela, no casos a concessão dos alimentos gravídicos para que a genitora possa cobrir as despesas adicionais do período de gravidez, inclusive as referentes a alimentação especial, assistência médica, psicológica, exames complementares, internações, parto, medicações e demais prescrições preventivas e terapêuticas indispensáveis até o nascimento da criança.

Referências bibliográficas

ANDRADE, André Gustavo Corrêa de. *Dano Moral e Indenização Punitiva*. Rio de Janeiro: Forense, 2005.

ARMELIN, Donaldo. A tutela jurisdicional cautelar, *Revista da Procuradoria-Geral do Estado de São Paulo*.

DINAMARCO, Cândido Rangel. *A instrumentalidade do processo*. São Paulo: Revista dos Tribunais.

LEITE, Eduardo de Oliveira. Reparação do Dano Moral na Ruptura da Sociedade Conjugal. In: *Grandes Temas da Atualidade* – Dano Moral. Obra coordenada pelo próprio autor. Rio de Janeiro. Forense, 2002.

LOBO, Paulo Luiz Netto. Danos Morais e Direitos da Personalidade. In: *Grandes Temas da Atualidade* – Dano Moral. Obra Coordenada por Eduardo de Oliveira Leite. Rio de Janeiro: Forense, 2002.

MADALENO,Rolf. Alimentos e sua configuração atual. In: TEXEIRA, Ana Carolina Brochado; RIBEIRO, Gustavo Pereira Leite (org.) *Manual de Direito de Familia e das Sucessões*. Belo Horizonte: Del Rey, 2008.

MARINONI, Luiz Guilherme. *O processo civil contemporâneo*. Curitiba: Juruá, 1994.

——; Daniela Mitidiero. *Código de Processo civil, comentado artigo por artigo*. São Paulo: Revista dos Tribunais, 2008.

MEDINA, José Miguel. In: *Procedimentos Cautelares e Especiais*: ARAUJO, Fábio Caldas; GAJARDONI, Fernando da Fonseca, 4. ed. São Paulo: Revista dos Tribunais, 2011.

---

[49] Artigo: Da Tutela Cautelar À Tutela Antecipatória ,LUIZ GUILHERME MARINONI,Professor Titular de Direito Processual Civil da Universidade Federal do Paraná – Brasil, Pós-Doutorado na Università Degli Studi di Milano (Itália). Visiting Scholar na Columbia University (EUA).

NERY JÚNIOR, Nelson; NERY, Rosa Maria de Andrade. *Código de Processo Civil Comentado e Legislação Processual Civil Extravagante em Vigor.* Atualizado até 01.10.2007. 10. ed. São Paulo: Revista dos Tribunais, 2007.

PEREIRA, Caio Mário da Silva. *Instituições de Direito Civil* – Direito de Familia. Vol.16ª. Rio de Janeiro: Forense, 2006.

SANTOS, Moacyr Amaral. *Primeiras Linhas de Direito Processual Civil*, Vol 2, Saraiva, 2011.

SILVA, Ovídio Baptista da. *Comentários ao Código de Processo Civil*, v. 11.

THEODORO JR., Humberto. *Curso de Direito Processual Civil*, 19. ed. vol.2. Rio de Janeiro: Forense.

WAMBIER, Luiz Rodrigues Coord. *Curso Avançado de Processo Civil* V. 3, Processo Cautelar e Procedimentos Especiais, Eduardo Talamini e Flávio Renato Correia de Almeida. São Paulo: Revista dos Tribunais, 2008.

VAZ, Paulo Afonso Brum. *Manual da Tutela Antecipada*: doutrina e jurisprudência. Porto Alegre: Livraria do Advogado, 2002.

YUSSEF, Said Cahali. *Dos Alimentos*, 3. ed. São Paulo: Revista dos Tribunais.1999.

ZAVASCKI, Teori Albino. *Antecipação da Tutela*. 3. ed. rev. e ampl. São Paulo: Saraiva 2008.

— 14 —

Desaposentação:
descomplicando sua compreensão

VIVIANE SCHACKER MILITÃO[1]

Sumário: 1. Introdução; 2. O Regime Geral da Previdência Social e seus conceitos; 3. Desaposentação; 4. Conclusão; Referências.

1. Introdução

Estudar o Direito Previdenciário brasileiro é algo extremamente desafiador diante da complexidade de conceitos que envolvem a matéria e, atualmente, está muito em moda o termo "desaposentação" o qual este artigo tem o intuito de descomplicar sua compreensão.

O ponto de partida é entender que a Seguridade Social está prevista no art.194 da Constituição Federal de 1988 e compreende um conjunto integrado de ações de iniciativa dos Poderes Públicos e da sociedade, destinadas a assegurar os direitos relativos à saúde, à previdência e à assistência social. Importante ressaltar que a seguridade social é um direito fundamental social previsto no art. 6º da Constituição Federal de 1988.

A previdência social é uma técnica de proteção na forma de seguro, eis que na medida em que à saúde e à assistência social não possuem caráter contributivo direto, à previdência social possui, isto é, didaticamente para melhor compreensão podemos imaginar que todos que exerçam atividade laborativa remunerada no Brasil, compulsoriamente, irão contribuir para a previdência na proporção de seus ganhos. Com isso, é possível imaginar o orçamento da previdência social como uma grande poupança pública, pois na medida em que muitos estão na ativa contribuindo outros estão na inatividade percebendo benefício.

No Brasil, a Previdência Social está subdividida em três regimes previdenciários, quais sejam: (a) Regime Geral da Previdência Social (RGPS); (b) Regime Próprio da Previdência Social (RPPS); e (c) Regime Complementar de Previdência Privada (RCP ou PP). O Regime Geral de Previdência Social (RGPS) está previsto

---

[1] Professora universitária na ULBRA – Canoas. Mestranda em Educação, ênfase em Estudos Culturais. Advogada militante.

no art. 201 da Constituição Federal de 1988 sendo ele o regime público de previdência, na forma de regime geral que denominamos anteriormente de "seguro" compulsório para todos que exerçam atividade laborativa remunerada. O Regime Próprio da Previdência Social (RPPS) é destinado aos servidores titulares de cargos efetivos da União, dos Estados, do Distrito Federal e dos Municípios, de acordo com o art. 40 da Constituição Federal de 1988. E, por fim, o Regime de Previdência Complementar ou Previdência Privada (RPC ou PP) organizado de forma autônoma é facultativo, nos moldes do art. 202 da Constituição Federal de 1988 e dividida em: (a) Entidade Aberta de Previdência Privada (EAPP), podendo ser destinada a qualquer pessoa (atualmente comercializada por bancos e seguradoras); e (b) Entidade Fechada de Previdência Privada (EFPP), destinada a grupos de empresas, sindicatos etc.

É importante que se esclareça que os membros das Forças Armadas possuem o Regime Previdenciário dos Militares regulado de acordo com o art. 42 da Constituição Federal de 1988.

No presente artigo, atentar-nos-emos tão somente ao Regime Geral da Previdência Social, previsto no art. 201 da Constituição Federal de 1988, considerando que nosso objetivo precípuo é compreender como ocorre a desaposentação, para isso contemplaremos dois capítulos. O primeiro apresentará conceitos importantes do Regime Geral da Previdência Social, e no segundo capítulo será abordada a Desaposentação.

2. O Regime Geral da Previdência Social e seus conceitos

A Previdência Social, como já vimos, é um direito fundamental social previsto no artigo 6º da Constituição Federal e possui três regimes previdenciários, dentre eles o Regime Geral da Previdência Social, previsto no artigo 201 da Constituição Federal de 1988 o qual nos debruçaremos nas próximas linhas.

No Regime Geral da Previdência Social (RGPS) estamos submetidos a um sistema previdenciário contributivo, com regras de custeio previstas em legislação própria, adotando a arrecadação de contribuições sociais. Interessante frisar que a Constituição Federal de 1988 aponta alguns contribuintes do sistema previdenciário do RGPS, como os trabalhadores, empresas e apostadores em concurso de prognósticos, por exemplo, mas existem outros indicados na legislação previdenciária.

Para melhor compreendermos o sistema do RGPS, precisamos entender quem são seus beneficiários. Pois bem, são seus beneficiários os segurados, e estes são divididos em: segurados obrigatórios, segurados facultativos e os dependentes.

Os segurados obrigatórios estão previstos no art. 11 da Lei nº 8.213 de 1991, sendo classificados em cinco classes, quais sejam: empregado (inciso I), empregado doméstico (inciso II), contribuinte individual (inciso V), trabalhador avulso (inciso VI) e segurado especial (inciso VII).

Os segurados facultativos estão previstos no art. 11, § 1º, do Decreto nº 3.048 de 1999, combinado com o art. 13 da Lei nº 8.213 de 1991, sendo qualquer pessoa que apresente documento de identidade e declaração expressa de que não exerce atividade que o enquadre na categoria de segurado obrigatório. Os exemplos mais frequentes de segurados facultativos são: dona de casa; síndico de condomínio, quando não remunerado; o estudante; aquele que deixou de ser segurado obrigatório da previdência social; entre outros.

Os dependentes estão indicados no artigo 16 da Lei nº 8.213 de 1991 e são classificados em três classes, quais sejam: *classe I* – com dependência econômica presumida – são eles: cônjuge, companheiro(a) e filho não emancipado, de qualquer condição, menor de 21 anos e inválido ou que tenha deficiência intelectual ou mental que o torne absoluta ou relativamente incapaz, assim declarado judicialmente; *classe II* – com necessidade de comprovar a dependência econômica – os pais; *classe III* – com necessidade de comprovar a dependência econômica – irmão não emancipado, de qualquer condição, menor de 21 anos ou inválido ou que tenha deficiência intelectual ou mental que o torne absoluta ou relativamente incapaz, assim declarado judicialmente.

O legislador foi taxativo ao indicar que a existência de dependentes em qualquer das classes exclui do direito às prestações os das classes seguintes, de acordo com o teor do § 1º do artigo 16 da Lei 8.213/91.

Importante esclarecer que embora a legislação civil tenha diminuído a maioridade civil para 18 anos, na legislação previdenciária o dependente filho ou irmão menor perceberá o benefício até os 21 anos, exceto nos casos de invalidez que terá direito ao benefício enquanto perdurar sua incapacidade. Aragonés Vianna (2010, p. 415) explica que "o Direito Previdenciário leva em consideração a dependência econômica das pessoas arroladas neste artigo 16 em relação ao segurado".

Quanto à condição de companheira ou companheiro, o § 3º do art. 16 da Lei 8.213 de 1991, assevera que se considerará nesta condição a pessoa que, sem ser casada, mantém união estável com o segurado ou com a segurada, de acordo com o § 3º do art. 226 da Constituição Federal. Ocorre que o Tribunal vem entendendo que é possível reconhecer a união estável entre duas pessoas, sendo uma delas casada, desde que se comprove a separação de fato do ex-cônjuge. Vejamos na ementa que transcrevemos:

AGRAVOS. APELAÇÃO CÍVEL. REEXAME NECESSÁRIO. PENSÃO. HABILITAÇÃO. UNIÃO ESTÁVEL ENTRE A AUTORA E SERVIDOR PÚBLICO MUNICIPAL FALECIDO. COMPROVAÇÃO. SEPARAÇÃO DE FATO DA ESPOSA. REPETIÇÃO DE VALORES. DESCABIMENTO, OBSERVADO O CARÁTER ALIMENTAR E IRREPETÍVEL DA PENSÃO. Havendo comprovação da existência de união estável entre a autora e servidor público municipal falecido, bem como da separação de fato da esposa, preenchidos os requisitos necessários para o reconhecimento de tal relação, cabível a pretensão de recebimento de pensão por morte do ex-servidor. Descabe, contudo, a repetição dos valores da pensão pela ex-esposa. Preservação do caráter alimentar e irrepetível da pensão. Precedentes do TJRS e STJ. Agravos desprovidos. (Agravo Nº 70053113932, Vigésima Segunda Câmara Cível, Tribunal de Justiça do RS, Relator: Carlos Eduardo Zietlow Duro, Julgado em 28/02/2013).

No mesmo sentido, o STJ vem entendendo pela possibilidade de reconhecimento de união estável quando ocorrida a separação de fato por um dos companheiros com seu ex-cônjuge:

ADMINISTRATIVO. SERVIDOR PÚBLICO. PENSÃO POR MORTE. RATEIO PROPORCIONAL ENTRE A ESPOSA LEGÍTIMA E A COMPANHEIRA. POSSIBILIDADE. PRECEDENTES DA CORTE. RECURSO ESPECIAL NÃO CONHECIDO. 1. Não se tem como óbice ao reconhecimento de união estável e ao deferimento de pedido de percepção de pensão, a manutenção por quaisquer dos companheiros de vínculo matrimonial formal, embora separado de fato há vários anos. A Constituição da República, bem como a legislação que rege a matéria, têm como objetivo precípuo a proteção dos frutos provenientes de tal convivência pública e duradoura formada entre homem e mulher – reconhecida como entidade familiar –, de forma que não tem qualquer relevância o estado civil dos companheiros. Precedentes do STJ. (...) (REsp 590.971/PE, Rel. Ministra LAURITA VAZ, QUINTA TURMA, julgado em 25/05/2004, DJ 02/08/2004, p. 528).

Ainda quanto ao direito de família há uma peculiaridade que deve ser alertado ao cidadão que em caso de separação judicial e/ou divórcio, quando fixado alimentos para ex-cônjuge está passa a ser dependente do segurado, por comprovada dependência econômica. Aliás, o Superior Tribunal de Justiça editou a Súmula 336, segundo a qual "a mulher que renunciou aos alimentos na separação judicial tem direito à pensão previdenciária por morte do ex-marido, comprovada a necessidade econômica superveniente".

O segurado, seja ele obrigatório ou facultativo, para fazer jus aos benefícios existentes no RGPS precisam preencher alguns requisitos como possuir qualidade de segurado (art. 15 da Lei nº 8.213/91), carência mínima exigida para o benefício pretendido (arts. 24 e 25 da Lei nº 8.213/91) e o requisito específico do benefício pleiteado.

O RGPS possui benefícios previdenciários programáveis e não programáveis, entre os programáveis existem as aposentadorias que são dividas em: (a) aposentadoria por contribuição – sendo 30 anos para mulher e 35 anos par homem; (b) aposentadoria por idade – sendo 60 anos para mulher e 65 anos para homem; (c) aposentadoria especial – varia entre 15, 20 e 25 anos, dependendo da atividade profissional; entre os não programáveis existem os benefícios por incapacidade: (a) auxílio-doença previdenciário; (b) auxílio-doença acidentário; (c) auxílio-acidente; (d) aposentadoria por incapacidade; os benefícios não programáveis: salário-família e salário-maternidade; e os exclusivos de dependentes: pensão por morte e auxílio-reclusão

Para o segurado obter o direito à aposentação, ele precisa cumprir os requisitos específicos de cada benefício previdenciário e requerer o mesmo na Agência da Previdência Social mais próxima de sua residência. É obrigatório o pedido administrativo. Caso o benefício seja negado na esfera administrativa, o segurado pode ajuizar demanda contra o Instituto Nacional de Seguro Social (INSS), não sendo obrigatório esgotar a via administrativa, de acordo com a Súmula 213 do Tribunal Federal de Recursos (TFR).

Quanto à aposentadoria, seja ela qual for, na medida em que o segurado cumpriu com os requisitos[2] regulamentados pela Lei nº 8.213/91 – Lei de benefícios e pela Lei nº 8.212/91 – Lei de Custeio, passa a ser uma garantia constitucional a sua concessão nos termos dos arts. 7º, inciso XXIV, e 201 da Constituição Federal de 1988.

3. Desaposentação

Como vimos até aqui, o segurado quando preenche todos os requisitos para implementação das condições de deferimento do benefício de aposentadoria, independente de qual modalidade (por contribuição, por idade ou especial), o ato de aposentação passa a integrar o seu patrimônio disponível, ou seja, na medida em que há

---

[2] Carência – vide arts. 25 e 142 da Lei 8.213/91; tempo de acordo com cada benefício de aposentadoria.

manifestação de vontade do segurado ao beneficio de aposentadoria e for deferida pela autarquia ou por decisão judicial se conceda o pretendido benefício, surge o ato de aposentação.

No Brasil, diante de diversos fatores, o segurado, ainda que aposentado, muitas vezes permanece trabalhando após sua aposentação. Não há qualquer impedimento legal, tampouco há extinção automática do contrato de trabalho, entretanto, considerando que somos um país bismarkiano, ou seja, laboral, mediante uma atividade remunerada há compulsoriamente retenção de contribuição social ao Regime Geral de Previdência Social e, portanto, o aposentado trabalhador também contribui para o sistema previdenciário público.

Diante deste fato *in contesti,* surgiu a tese da desaposentação, que podemos conceituar como sendo o ato de "desfazer o nó da aposentação", ou seja, buscar todas as contribuições vertidas ao sistema desde julho de 1994 (ano em que entrou em vigor a moeda atual – o Real), somando com todas as contribuições vertidas após o ato de aposentação até a data do ajuizamento da demanda, nos termos da fórmula de cálculo atual vigente no art. 29 da Lei 8.213/91. Aplicando, inclusive, obrigatoriamente, o fator previdenciário, se a nova aposentadoria pleiteada for por tempo de contribuição e facultativamente, se for aposentadoria por idade (nos casos em que for benéfico ao segurado), nos termos do art. 181-A do Decreto nº 3.048/99. A partir da análise do cálculo, havendo vantagem pecuniária, ao segurado será "desatado o nó da aposentação, refeito o cálculo, atando-se o nó novamente".

O conceito usado por João Batista Lazzari e Carlos Alberto Pereira de Castro (2009, p. 570 e 571) explica que desaposentação "é ato de desfazimento da aposentadoria por vontade do titular, para fins de aproveitamento do tempo de filiação em contagem para nova aposentadoria, no mesmo ou em outro regime previdenciário".

Para Wladimir Novaes Martinez (2010, p. 58), "a desaposentação tem como pressuposto a renúncia do direito de receber as mensalidades de um benefício regularmente deferido. Não carece desconstituir o direito anteriormente deferido".

No âmbito administrativo, a desaposentação não é aceita pela autarquia federal, pois a tese de defesa da autarquia federal por meio da Advocacia-Geral da União é no sentido de que o Decreto nº 3.048/99, em seu art. 181-B do Decreto nº 3.048/99, aduz que as aposentadorias por idade, tempo de contribuição e especial concedidas pela Previdência Social são irreversíveis e irrenunciáveis, além do mito do déficit[3] da Previdência Social que é outra tese de defesa usada pela autarquia. Dessa forma, os advogados ajuízam a demanda sem necessidade de requerer a desaposentação na agência do Instituto Nacional de Seguro Social.

Os critérios legais favoráveis à desaposentação se firmam mediante o entendimento de que o art. 122 da Lei nº 8.213/91 estabelece que fica assegurado o direito à aposentadoria mais vantajosa, bem como cumpre-se a regra de custeio prevista no art. 125 do mesmo diploma legal que taxativamente impõe que nenhum benefício ou serviço da Previdência Social poderá ser criado, majorado ou estendido, sem a cor-

---

[3] "Utilizamos o termo 'mito do déficit' em razão do estudo de Vilson Antônio Romero, no artigo "Previdencia e Seguridade, a consistência dos recursos orçamentários ou o mito do déficit", publicado no livro *Ética e a previdência pública e privada*, org. Maria Isabel Pereira da Costa (coord). Porto Alegre: Livraria do advogado Editora; Associação dos Juízes do Rio Grande do Sul, 2010.

respondente fonte de custeio, já que o segurado aposentado contribui para o sistema previdenciário se continua realizando atividade remunerada.

Outro critério legal favorável é o art. 168 do Decreto nº 3.048/99, que estabelece que a aposentadoria não impede o exercício de atividade remunerada, salvo nos casos de aposentadoria por invalidez e especial na mesma atividade.

Dessa forma, é possível verificar que salvo nas hipóteses de aposentadoria por invalidez e especial – na mesma atividade – não existe óbice legal para pleitear a desaposentação judicialmente.

Assim, para pleitear a desaposentação primeiro é necessário que o segurado aposentado tenha contribuído para o sistema previdenciário após o ato da aposentação, para ser feita uma análise contábil para verificar se a concessão de nova aposentadoria trará vantagem pecuniária, havendo vantagem, buscar judicialmente a renúncia da aposentadoria atual já que está é um direito personalíssimo, portanto, individual de cunho pecuniário e patrimonial, para concessão de benefício mais vantajoso, sem necessidade de qualquer restituição de valores.

Ademais, é importante lembrar que o segurado no ato da aposentação faz jus ao seu benefício, posto que preencheu todos os requisitos legais para tal, por conseguinte seu benefício tem caráter alimentar o que nos permite também lembrar o princípio da irrepetibilidade da verba alimentar, além de que não há ônus aos cofres públicos em razão do beneficiário da desaposentação ter permanecido vertendo contribuições sociais para a Previdência Social.

Wladimir Novaes Martinez (2010, p. 45) lembra que "a rigor, todos os direitos são renunciáveis; [...]" assim, é possível ao segurado aposentado renunciar sua aposentadoria para buscar uma nova aposentadoria mais vantajosa. Outra questão interessante levantada pelo autor é que o direito de desaposentação é imprescritível o que a diferencia da revisão de benefícios. (p. 53)

O Poder Judiciário atualmente possui duas correntes quanto à viabilidade da desaposentação: (a) a primeira corrente entende que todo o valor percebido no período da aposentação deve ser restituído ao orçamento previdenciário, o que torna quase que inviável sua aplicação; e a segunda corrente (b) entende que não há necessidade de devolução dos valores ao orçamento da Previdência Social, considerando que a aposentação já faz parte do patrimônio disponível do segurado.

O entendimento de necessidade de devolução se dá por entender que haverá prejuízo ao erário público, como se verifica na ementa abaixo transcrita de julgamento efetivado no Tribunal Regional Federal da 4ª Região:

PREVIDENCIÁRIO. APOSENTADORIA. REGIME DE FINANCIAMENTO DO SISTEMA. ARTIGO 18, § 2º DA LEI 8.213/91: CONSTITUCIONALIDADE. RENÚNCIA. POSSIBILIDADE. DIREITO DISPONÍVEL. DEVOLUÇÃO DE VALORES. EQUILÍBRIO ATUARIAL. PREJUÍZO AO ERÁRIO E DEMAIS SEGURADOS. 1. Dois são os regimes básicos de financiamento dos sistemas previdenciários: o de capitalização e o de repartição. A teor do que dispõe o artigo 195 da Constituição Federal, optou-se claramente pelo regime de repartição. 2. É constitucional o art. 18, § 2º da Lei nº 8.213/91 (com a redação dada pela Lei nº 9.528/97), ao proibir novos benefícios previdenciários pelo trabalho após a jubilação, mas não impede tal norma a renúncia à aposentadoria, desaparecendo daí a vedação legal. 3. É da natureza do direito patrimonial sua disponibilidade, o que se revela no benefício previdenciário inclusive porque necessário prévio requerimento do interessado. 4. As constitucionais garantias do direito adquirido e do ato jurídico perfeito existem em favor do cidadão, não podendo ser interpretado o direito como obstáculo prejudicial a esse cidadão. 5. *Para utilização em novo benefício, do tempo de serviço e respectivas contribuições levadas a efeito após a jubilação originária, impõe-se a devolução de todos os valores percebidos, pena de manifesto prejuízo ao sistema previdenciário e demais segurados, com rompimento do equilíbrio atuarial que deve existir entre o valor das contribuições pagas pelo segurado e o valor dos benefícios a que ele tem direito.* (TRF4, AC 2000.71.00.001821-5, Sexta Turma, Relator Néfi Cordeiro, DJ 03/09/2003). [Grifo nosso]

Ocorre que a tese de necessidade de devolução não demonstra evidência de vantagem indevida por parte do segurado aposentado, tampouco de prejuízo ao erário, posto que nosso regime previdenciário é de repartição simples, o que não justifica a devolução dos valores percebidos no período de aposentação. Nesse sentido, Fábio Zambitte Ibrahim (2009, p. 67) explica que "o benefício não tem sequer relação direta com a cotização individual, já que o custeio é realizado dentro do sistema de *pacto intergeracional*, com a população atualmente ativa sustentando os benefícios dos hojes inativos."

O Superior Tribunal de Justiça tem firmado entendimento de que é desnecessária a devolução de parcelas percebidas no período de aposentação, vejamos:

AGRAVO INTERNO. RECURSO EXTRAORDINÁRIO. REPERCUSSÃO GERAL. SOBRESTAMENTO DO FEITO. DESCABIMENTO. RENÚNCIA À APOSENTADORIA. POSSIBILIDADE. DEVOLUÇÃO DAS PARCELAS PERCEBIDAS. DESNECESSIDADE. PRECEDENTES. 1. O fato de a matéria ter sido reconhecida como de repercussão geral perante o Supremo Tribunal Federal não impede o julgamento do recurso especial, apenas assegura o sobrestamento do recurso extraordinário interposto. Precedentes do STJ. 2. É assente nesta Corte o entendimento no sentido da possibilidade de desaposentação e de utilização das contribuições vertidas para cálculo de novo benefício previdenciário, sendo desnecessária a devolução de parcelas pretéritas percebidas a título de proventos de aposentadoria. 3. Decisão agravada que se mantém por seus próprios fundamentos. 4. Agravo interno ao qual se nega provimento. (AgRg no REsp 1240362/SC, Rel. Ministro CELSO LIMONGI (DESEMBARGADOR CONVOCADO DO TJ/SP), SEXTA TURMA, julgado em 03/05/2011, DJe 18/05/2011)

Já o Supremo Tribunal Federal está com a matéria em discussão no Recurso Extraordinário nº 381.367, da relatoria do Ministro Marco Aurélio, com presença de repercussão geral da questão constitucional alusiva à desaposentação, conforme se depreende da ementa a seguir transcrita:

CONSTITUCIONAL. PREVIDENCIÁRIO. § 2º do ART. 18 DA LEI 8.213/91. DESAPOSENTAÇÃO. RENÚNCIA A BENEFÍCIO DE APOSENTADORIA. UTILIZAÇÃO DO TEMPO DE SERVIÇO/CONTRIBUIÇÃO QUE FUNDAMENTOU A PRESTAÇÃO PREVIDENCIÁRIA ORIGINÁRIA. OBTENÇÃO DE BENEFÍCIO MAIS VANTAJOSO. MATÉRIA EM DISCUSSÃO NO RE 381.367, DA RELATORIA DO MINISTRO MARCO AURÉLIO. PRESENÇA DA REPERCUSSÃO GERAL DA QUESTÃO CONSTITUCIONAL DISCUTIDA. Possui repercussão geral a questão constitucional alusiva à possibilidade de renúncia a benefício de aposentadoria, com a utilização do tempo se serviço/contribuição que fundamentou a prestação previdenciária originária para a obtenção de benefício mais vantajoso. (RE 661256 RG, Relator(a): Min. AYRES BRITTO, julgado em 17/11/2011, PROCESSO ELETRÔNICO DJe-081 DIVULG 25-04-2012 PUBLIC 26-04-2012)

Nesse sentido, cabe ao STF decidir pela constitucionalidade da desaposentação e definir se o critério de devolução de valores percebidos no período da aposentação é necessário ou não.

4. Conclusão

O presente artigo, de forma clara e objetiva, buscou esclarecer a tese da desaposentação de tal forma que possa ser útil não só a população acadêmica mas principalmente a todo cidadão brasileiro.

A Previdência Social hoje é bem estruturada e possui benefícios e serviços que são direitos fundamentais sociais previstos na Constituição Federal de 1988, devendo ser garantidos pelo Estado e pela sociedade.

O objetivo precípuo da desaposentação é a aquisição de benefício mais vantajoso no mesmo ou em outro regime previdenciário, sendo possibilitado somente pela continuidade laborativa do segurado aposentado que, em virtude das contribuições vertidas após a aposentação, pretende optar por outro benefício em condições melhores em função do novo tempo contributivo.

Para que o segurado tenha ideia de que terá vantagem na desaposentação é preciso que se efetive um cálculo de avaliação, pois existem casos que não haverá vantagem pecuniária o que se desaconselha a desaposentação, considerando que serão aplicadas regras atuais de cálculo que pode gerar inclusive prejuízo ao segurado.

Havendo vantagem pecuniária deverá o segurado constituir advogado especializado na área previdenciária para ajuizar a ação de desaposentação pleiteando benefício mais vantajoso, sempre acompanhado de demonstrativo de cálculo.

Por fim, quanto aos critérios legais é importante que se diga que a Constituição Federal de 1988 não veda e a legislação previdenciária é omissa quanto a desaposentação. O STJ firmou recentemente entendimento que não há necessidade de devolução dos valores percebidos a título de aposentadoria. Já o STF até o presente momento não definiu sua posição.

Referências

BRASIL. Constituição Federal de 1988.

BRASIL. Lei nº 8.212/91.

BRASIL. Lei nº 8.213/91.

CASTRO, Carlos Alberto Pereira de; Lazzari, João Batista. *Manual de Direito Previdenciário*. Florianópolis: Conceito Editorial, 2009.

IBRAHIM, Fábio Zambitte. *Desaposentação*. 3ª ed. Niterói: Impetus, 2009.

MARTINEZ, WLADIMIR NOVAES. *Desaposentação*. 3ª ed. São Paulo: LTr, 2010.

VIANNA, João Ernesto Aragonés. *Curso de direito previdenciário*. 3º ed. São Paulo: Atlas, 2010.

— 15 —

A face prestacional do direito ao ambiente: políticas públicas e gestão ambiental

WILSON STEINMETZ[1]

BRUNO GABRIEL HENZ[2]

Sumário: Introdução; 1. O direito ao ambiente ecologicamente equilibrado como um direito a prestações fáticas e a implementação de políticas públicas; 2. Gestão ambiental e crise ecológica; Considerações finais; Referências.

Introdução

O modelo civilizacional baseado na crença na inesgotabilidade e regenerabilidade das riquezas naturais viabilizou algumas conquistas civilizatórias, mas gerou concomitantemente efeitos adversos que colocam em risco o bem-estar dos seres humanos e permitem até conjecturar sobre o futuro da humanidade no planeta terra.

Nesse cenário, formulam-se as inúmeras críticas em relação às bases sobre as quais se assenta o paradigma de desenvolvimento hegemônico – vocacionado para o crescimento rápido e contínuo – o que indica ser imperioso à humanidade reorientar a sua trajetória, de modo a reconhecer os limites de uma organização econômica que gira em torno da produção de lucro, descuidando da satisfação das necessidades diretas da massa de excluídos socialmente.

De outro lado, a ampliação da tomada de consciência de que não se deve promover o desenvolvimento como um fim em si abre um importante espaço de diálogo e legitimação social para uma agenda jurídico-política voltada para a concretização do direito fundamental ao ambiente ecologicamente equilibrado, o que pressupõe a compatibilização da conservação ambiental com a diminuição da pobreza. Para esse desiderato, afigura-se primordial um engajamento do Estado e da sociedade civil que resulte na definição e implementação de políticas públicas ambientais eficazes à manutenção de um ambiente equilibrado e seguro.

---

[1] Doutor em Direito (UFPR). Professor do Mestrado em Direito da Universidade de Caxias do Sul e do Curso em Direito da Universidade Luterana do Brasil.

[2] Mestrando em Direito pela Universidade de Caxias do Sul (UCS). Graduado em Direito pela Universidade Federal de Pelotas (UFPel). Bolsista CAPES. Analista Judiciário da Justiça Federal do Rio Grande do Sul.

Com efeito, a partir da incorporação dos direitos sociais, econômicos e culturais no constitucionalismo das distintas formas de Estado social, passou-se a reconhecer a imprescindibilidade de uma atuação positiva dos entes públicos com o escopo de corrigir o cenário de desigualdade e degradação humana no tocante às condições mínimas de bem-estar. Nesse contexto, ganha especial relevo a análise da dimensão prestacional do direito ao ambiente. Para tanto, neste estudo adota-se uma acepção ampla de direito a prestações, englobando todos os direitos a uma ação do Estado.[3]

A análise do direito fundamental ao ambiente em sua dimensão prestacional permite identificar uma tensão política que o desafia: a sua satisfação passa forçosamente pela promoção de políticas públicas, as quais frequentemente encontram óbice nas limitações orçamentárias do Estado, na ausência de controle social e participação popular, na alocação de recursos para outras áreas consideradas prioritárias etc. Surge daí, por exemplo, a chamada cláusula da reserva do financeiramente possível, representada por aquilo que o indivíduo pode racionalmente exigir da sociedade, de acordo com as condições socioeconômicas e estruturais do Estado.[4]

Não obstante o presente estudo concentre-se nas ações estatais e suas consequências para a concretização do direito ao ambiente, adota-se, em razão das próprias características do problema analisado, uma abordagem multicêntrica de políticas públicas, que considera como pública uma política que objetive a solução de um *problema público*, não importando que a respectiva ação seja protagonizada por organizações não estatais.[5]

Nesse quadrante, em que medida a análise do direito ao ambiente como um direito a prestações fáticas[6] e o estudo da correlata tensão provocada pelos problemas relacionados à gestão ambiental podem contribuir para a concretização do direito fundamental ao ambiente ecologicamente equilibrado? Esse questionamento norteia o caminho trilhado neste trabalho.

1. O direito ao ambiente ecologicamente equilibrado como um direito a prestações fáticas e a implementação de políticas públicas

Em um mundo mercantilizado, que ainda se notabiliza pela injustiça social, por sistemáticas violações da dignidade humana e pela contaminação permanente da

---

[3] ALEXY, Robert. *Teoria dos direitos fundamentais*. Trad. Virgílio Afonso da Silva. 2. ed. São Paulo: Malheiros, 2011, p. 442. Ver também: BOROWSKI, Martin. *La estructura de los derechos fundamentales*. Trad. de Carlos Bernal Pulido. Bogotá: Universidad Externado de Colombia, 2003, p.143-185.

[4] Sobre a reserva do financeiramente possível, ver: NOVAIS, Jorge Reis. *Direitos sociais: teoria jurídica dos direitos sociais enquanto direitos fundamentais*. Coimbra: Wolters Kluwer, Coimbra Editora, 2010, p. 89-122; e SARLET, Ingo Wolfgang; TIMM, Luciano Benetti (orgs.). *Direitos fundamentais, orçamento e "reserva do possível"*. Porto Alegre: Livraria do Advogado, 2008.

[5] SECCHI, Leonardo. *Políticas Públicas: conceitos, esquemas de análise e casos práticos*. São Paulo: Cengage Learning, 2012, p. 3. A perspectiva multidisciplinar no estudo das políticas públicas recebeu impulso quando em 1951, nos Estados Unidos da América, Harold D. Lasswell e David Lerner relacionaram, para além da ciência política, as "ciências da política pública" (*policy sciences*) o objeto e os métodos de outras disciplinas. Conforme Lasswell e Lerner, "podemos pensar em ciências da política pública como as disciplinas que visam explicar a elaboração da política (*policy-making*) e seu processo de execução (*policy-executing process*), além de fornecer dados e interpretações que são relevantes aos problemas da política pública num dado período" (citados por RODRIGUES, Marta M. Assumpção. *Políticas públicas*. São Paulo: Publifolha, 2010, p. 37.).

[6] Neste estudo, não será objeto o direito ao ambiente como direito a prestações normativas.

biosfera, não se pode pensar a tutela do ambiente a partir da lógica do *laissez faire*. Não basta aos Poderes Públicos que se abstenham de intervir indevidamente no âmbito da integridade ambiental, sendo imperiosa uma postura ativa, compromissada com a máxima eficácia e efetividade do direito fundamental ao ambiente ecologicamente equilibrado, inclusive por conta de uma solidariedade intergeracional, já que é preciso evitar que as futuras gerações herdem um legado ecológico traumático.

Nessa senda, verifica-se que a concretização de uma série de direitos fundamentais historicamente conquistados – tais como o direito à moradia, à saúde e à alimentação – torna-se impossível se não estiver atrelada à proteção da integridade ambiental. Sobre a emergência ecológica, Azevedo alerta para a necessidade de superação do atual paradigma científico, que se revela por meio de um pensamento cindido e compartimentado, a fim de que se possa avançar na compreensão da multiplicidade e interligação de todas as dimensões da vida, algo essencial para o enfrentamento dos problemas em seu conjunto.[7] Portanto, para um estudo adequado do direito fundamental ao ambiente é preciso reconhecer a relevância de um saber complexo, à medida que "o conhecimento unidimensional, se cega outras dimensões da realidade, pode causar cegueira".[8]

Evidenciada a umbilical ligação do direito ao ambiente com outros direitos fundamentais sociais, bem como a crucial relevância da adoção de políticas públicas para a sua concretização, passa-se à sua abordagem como um direito fundamental completo, o que permite identificar as diferentes dimensões que o compõem e facilita a visualização da necessidade de prestações fáticas para satisfazê-lo.

Em sua *Teoria dos Direitos Fundamentais*, Robert Alexy afirma que o direito ao ambiente insere-se no que denomina direito fundamental completo ou como um todo, o que significa que ele abrange um complexo feixe de posições jusfundamentais. Nas palavras do autor:

> Assim, aquele que propõe a introdução de um direito fundamental ao meio ambiente, ou que pretende atribuí-lo por meio de interpretação a um dispositivo de direito fundamental existente, pode incorporar a esse feixe, dentre outros, um direito a que o Estado se abstenha de determinadas intervenções no meio ambiente (direito de defesa), um direito a que o Estado proteja o titular do direito fundamental contra intervenções de terceiros que sejam lesivas ao meio ambiente (direito a proteção), um direito a que o Estado inclua o titular do direito fundamental nos procedimentos relevantes para o meio ambiente (direito a procedimentos) e um direito a que o próprio Estado tome medidas fáticas benéficas ao meio ambiente (direito a prestação fática).[9]

O presente estudo está enfocado exatamente na dimensão do direito ao ambiente como direito a prestações fáticas, o que pressupõe a atuação positiva do Estado no sentido de promover políticas públicas voltadas para a mitigação da poluição ambiental. A consecução desse fim pode ocorrer por meio de políticas públicas diretamente direcionadas para a tutela ecológica, como, por exemplo, a recuperação de áreas degradadas, mediante o plantio de mudas de árvores nativas e a construção de sistemas de tratamento de esgoto para evitar a poluição de recursos hídricos; ou, ainda, de forma indireta, como ocorre com o investimento em educação, que propicia

---

[7] AZEVEDO, Plauto Faraco de. *Ecocivilização: ambiente e direito no limiar da vida*. São Paulo: Revista dos Tribunais, 2008, p. 14.

[8] MORIN, Edgar. *Ciência com consciência*. Trad. Maria D. Alexandre e Maria Alice Sampaio Dória. Rio de Janeiro: Bertrand Brasil. 2005, p. 99.

[9] ALEXY, *Teoria dos direitos fundamentais*, p. 443.

a ampliação dos horizontes dos cidadãos, tornando-os mais sensíveis e conscientes da sua parcela de responsabilidade no tocante à salvaguarda do ambiente. Ademais, não se pode olvidar que toda e qualquer política pública ambiental deve integrar adequadamente os eixos econômico, político e social.

Nessa perspectiva, cumpre salientar que a Constituição Federal, em seu art. 225, § 1º, incorporou uma série de deveres de proteção ambiental ao Estado, reconhecendo o caráter vital da segurança do ambiente para garantir uma vida digna aos seus cidadãos. Por conseguinte, os poderes estatais encontram-se adstritos a implementar políticas públicas que tenham por desiderato a salvaguarda do ambiente, inclusive eliminando barreiras de origem econômica e social que impeçam a fruição do direito fundamental ao ambiente ecologicamente equilibrado. Oportuno mencionar que alguns anos antes da promulgação da Constituição da República Federativa do Brasil (1988) e quase uma década após a realização da Conferência das Nações Unidas sobre o Meio Ambiente Humano de Estocolmo (1972), entrou em vigor a Lei 6.938/81, que estabeleceu a Política Nacional do Meio Ambiente, com a criação do Sistema Nacional do Meio Ambiente (SISNAMA). O referido diploma legislativo buscou fazer com que o Brasil acompanhasse o recrudescimento da proteção do ambiente que começava a ser levado a efeito em outros países, impulsionando ajustes nas políticas públicas do país e, consequentemente, nas atividades econômicas e no ordenamento jurídico, em conformidade com o disposto nas convenções internacionais concernentes à matéria ambiental.

Em virtude da dimensão normativa prestacional do direito ao ambiente ecologicamente equilibrado e da interdependência dos direitos fundamentais, há autores que propõem uma tutela integrada dos direitos e deveres de cunho ecológico e dos direitos sociais, defendendo que o desenvolvimento sustentável depende do acesso de parcela significativa da população a seus direitos sociais básicos e o gozo destes, por sua vez, passa necessariamente pela existência de condições ambientais favoráveis. Nesse sentido, Sarlet e Fensterseifer ressaltam a relevância singular de uma aproximação dos direitos sociais e dos direitos ambientais, de modo a se reunir num mesmo projeto jurídico-político as conquistas do Estado Liberal e do Estado Social, acrescidas de séria preocupação com a higidez do ambiente, o que estrutura aquilo que os autores denominam *Estado Socioambiental de Direito*.[10] Esta categoria de Estado se caracteriza, na visão dos autores, justamente pela perspectiva de enfrentamento conjunto dos problemas coletivos relacionados com os direitos econômicos, sociais, culturais e ambientais.

De fato, constata-se que a concretização do direito ao ambiente ecologicamente equilibrado é desafiada por tensões políticas que igualmente ameaçam a efetividade dos direitos sociais. A questão ganha maior relevo na sociedade contemporânea, uma vez que a estrutura capitalista é incapaz de cumprir a promessa de satisfazer plenamente as necessidades humanas básicas de todos – as quais vêm assumindo papel preponderante na justificação dos direitos sociais[11] – e acarreta alarmante destruição ecológica por conta de sua predisposição ao crescimento sem

---

[10] SARLET, Ingo Wolfgang; FENSTERSEIFER, Tiago. *Direito Constitucional ambiental*. São Paulo: Revista dos Tribunais, 2011, p. 89-102.

[11] PEREIRA, Potyara A, p. *Necessidades humanas: subsídios à crítica dos mínimos sociais*. São Paulo: Cortez, 2000, p. 37.

limites. Dessa forma, uma vez que a retórica prevalecente tanto nas ideologias liberais quanto nas socialistas sempre enxergou o ambiente por um prisma funcionalizado ao sistema econômico, urge a necessidade de adoção de políticas públicas na perspectiva da desmistificação da relação necessária entre crescimento econômico e desenvolvimento. Nesse sentido, observa-se que expressiva parcela do movimento ambientalista incorporou à sua agenda política lutas por justiça social e mudanças nos paradigmas da economia hegemônica, haja vista a compreensão de que tais elementos são indissociáveis da proteção do ambiente.

Ademais, a materialização das políticas públicas ambientais e consequente satisfação da dimensão prestacional do direito fundamental ao ambiente ecologicamente equilibrado depende das condições econômicas do Estado e não pode prescindir de um processo de racionalização das incertezas. Isso porque a grande magnitude e a potencial irreversibilidade dos danos ambientais exigem do Poder Público o compromisso efetivo de atuar no gerenciamento dos riscos. Quanto ao tema, Ulrich Beck explica que a invisibilidade dos perigos e a inviabilidade de conhecê-los a fundo é característica marcante do que denomina "sociedade de risco". Pontua que os riscos são frutos de decisões racionalizadas e, por conseguinte, estão invariavelmente conectados com ações humanas voltadas para o futuro.[12]

Outro aspecto central que desafia o sucesso das políticas públicas ambientais é a falta de efetiva participação da coletividade nas instâncias decisórias. A participação popular se revela sobremaneira relevante para que se possa buscar critérios de utilização mais racionais dos bens ambientais, além de sua distribuição equânime. Assim, na promoção de políticas públicas deve o Estado assegurar a valorização dos interesses heterogêneos dos diferentes grupos sociais que se expressam nas lutas pela conservação dos recursos naturais. Esse aprofundamento democrático, entretanto, só é possível em um contexto de mobilização de atores sociais em torno de interesses materiais e simbólicos que circundam a questão da tutela ambiental, incluindo as lutas por autogestão de recursos naturais, pela preservação das identidades culturais e, sobretudo, por qualidade de vida.[13] Justifica-se aqui a análise das políticas públicas ambientais por um prisma multicêntrico, porquanto o combate à degradação ecológica exige a atuação de uma pluralidade de atores, o que torna tênues as barreiras existentes entre esferas estatais e não estatais no enfrentamento dos problemas de abrangência coletiva.[14]

Boaventura de Sousa Santos chama a atenção para a necessidade de construção de uma "democracia de alta intensidade", pois "vivemos em sociedades de democracia de baixa intensidade. O problema está em compreender que a democracia é parte do problema, e temos de reinventá-la se quisermos que seja parte da solução".[15] Também na seara ambiental ecoam as consequências de uma democracia de baixa intensidade, o que pode ser confirmado pela severa desigualdade que permeia a dis-

---

[12] BECK, Ulrich. *La sociedad del riesgo: hacia una nueva modernidade*. Trad. Jorge Navarro, Daniel Jiménez e Maria Rosa Borras. Barcelona: Paidós, 1998.

[13] LEFF, Enrique. *Saber ambiental: sustentabilidade, racionalidade, complexidade, poder*. Trad. Lúcia Mathilde Endlic Orth. 8ª ed. Petrópolis, RJ: Vozes, 2011, p. 65-67.

[14] Sobre quem são os atores das políticas públicas, ver: RODRIGUES, *Políticas públicas*, p. 21-24.

[15] SANTOS, Boaventura de Sousa. *Renovar a teoria crítica e reinventar a emancipação social*. São Paulo: Boitempo, 2007, p. 90.

tribuição dos recursos naturais e pela parca participação dos atores não estatais em decisões relevantes para o meio ambiente. A participação coletiva na definição de que ambiente é possível e desejável encontra limites materiais (*e.g.*, desigualdades sociais) e formais (*e.g.*, modos de participação popular) que precisam ser resolvidos pelo Estado, por meio da promoção de políticas públicas de inclusão e mediante a legitimação de espaços públicos destinados ao debate e diálogo. Verifica-se que, em inúmeros casos, ocorre uma dupla violação da dignidade humana, pois aqueles que já não têm acesso a direitos sociais básicos e pouco podem usufruir dos bens e serviços ambientais são os mais severamente punidos pela degradação ecológica. Consequentemente, para o alcance da justiça ambiental em uma perspectiva de respeito à diversidade e ao multiculturalismo urge aprofundar os modos de participação popular.

Destarte, a análise do direito ao ambiente como direito a prestações fáticas demonstra ser essencial ao Estado romper com o paradigma fortemente marcado pelo individualismo jurídico e antropocentrismo, com o fito de respaldar a implementação de políticas públicas destinadas a salvaguardar um ambiente sadio e equilibrado para as presentes e futuras gerações. Trata-se de mais um passo decisivo na marcha que conduz à "afirmação histórica dos direitos humanos".[16]

2. Gestão ambiental e crise ecológica

O enfrentamento da problemática ambiental exige a adoção de medidas prestacionais necessárias à preservação do equilíbrio ecológico, conforme já assinalado no primeiro tópico deste estudo. Nesse contexto, observa-se que a questão dos custos econômicos atinentes à realização dos direitos fundamentais é frequentemente apresentada como óbice ao reconhecimento de sua exigibilidade. Daí a necessidade de uma gestão ambiental adequada, que possibilite satisfatória interação e integração entre os eixos ecológico, econômico, jurídico e social.[17]

A gestão ambiental pode ser compreendida como o planejamento e gerenciamento necessários para a satisfação do direito ao ambiente e, por conseguinte, à implementação dos objetivos e metas das políticas ambientais.[18] De fato, os recursos públicos são escassos, e o Estado e a sociedade precisam lidar com a complexa e desafiadora situação ocasionada pela degradação ecológica provocada pela sociedade industrial sem ainda ter resolvido o problema da miséria e consequente falta de acesso a direitos sociais básicos por expressiva parcela populacional. Sobre o tema, Amartya Sen afirma que vivemos em um mundo de opulência sem precedentes, mas há um contingente enorme de pessoas destituídas de liberdades básicas e que experimentam toda sorte de privações. Desse modo, ao lado de problemas antigos não resolvidos, tais como a fome e a violação de liberdades políticas, surgem novas emergências a serem resolvidas, incluindo as ameaças perpetradas ao ambiente.[19]

---

[16]COMPARATO, Fábio Konder. *A afirmação histórica dos direitos humanos*. 7. ed. São Paulo: Saraiva, 2010.

[17] FREIRIA, Rafael Costa. *Direito, Gestão e Políticas Públicas ambientais*. São Paulo: Senac, 2011, p. 132.

[18] Ibidem, p. 133.

[19] SEN, Amartya. *Desenvolvimento como liberdade*. Trad. Laura Teixeira Motta. São Paulo: Companhia das Letras, 2010, p. 9.

Em relação aos custos econômicos necessários para a realização dos direitos, aspecto fundamental na abordagem da dimensão prestacional do direito ao ambiente ecologicamente equilibrado, essencial tratar da chamada cláusula da reserva do possível, que se revela por aquilo que o indivíduo poderia razoavelmente exigir da sociedade, de acordo com a disponibilidade orçamentária do Estado. Conforme Couto:

> Os direitos, enquanto constitutivos de um patamar de sociabilidade, têm jogado papel importante na sociedade contemporânea, que, ao discuti-los, coloca em xeque as formas de relação que são estabelecidas, tornando tenso o movimento por vê-los reconhecidos em lei, protegidos pelo Estado e, mais do que isso, explicitados na vida dos sujeitos concretos.[20]

Reconhecendo que os direitos prestacionais não constituem mera formulação especulativa na esfera filosófica e política, boa parte da jurisprudência pátria tem rechaçado a alegação de insuficiência de recursos materiais – reserva do possível – como justificativa para o não atendimento de direitos constitucionalmente assegurados, notadamente quando há risco à denominada garantia do mínimo existencial, consubstanciada em um patamar mínimo para a concretização de uma vida digna. Nesse sentido aponta o seguinte julgado do Supremo Tribunal Federal:

> [...] a cláusula da reserva do possível – que não pode ser invocada, pelo Poder Público, com o propósito de fraudar, de frustrar e de inviabilizar a implementação de políticas públicas definidas na própria Constituição – encontra insuperável limitação na garantia constitucional do mínimo existencial, que representa, no contexto de nosso ordenamento positivo, emanação direta do postulado da essencial dignidade da pessoa humana.[21]

Especificamente no âmbito da tutela ambiental, constata-se com tristeza que, não raras vezes, a alegação de insuficiência de recursos é utilizada com o fito de escamotear a falta de prioridade conferida pelos agentes públicos à questão ecológica. Com efeito, a incorporação de uma consciência ambiental pela sociedade é ainda incipiente e vivemos sob a égide de um mundo mercantilizado, no qual "tudo se experimenta e se vende, sem que se atente aos graves problemas que deveriam ser prioritários".[22]

Portanto, a objeção à efetividade do direito fundamental ao ambiente ecologicamente equilibrado com base nos custos envolvidos para a sua concretização envolve mais diretamente questão ideológica relativa ao estabelecimento de problemas públicos prioritários a serem resolvidos que propriamente a insuficiência de recursos para o atendimento das demandas. Esse viés ideológico obstaculiza a concretização de direitos fundamentais associando-os a ônus prejudiciais ao mercado e reproduz uma longa história de exclusões e desigualdades, mediante o desmantelamento de

---

[20] COUTO. Berenice Rojas. *O direito social e a assistência social na sociedade brasileira: uma equação possível?* São Paulo: Cortez, 2004, p. 37.

[21] BRASIL. SUPREMO TRIBUNAL FEDERAL. Agravo Regimental 639337. Relator Ministro Celso de Mello, Segunda Turma, julgado em 23/08/2011, DJe-177 de 15-09-2011, vol. 02587-01, p. 125. Na literatura especializada, sobre o mínimo existencial, ver: NOVAIS, *Direitos sociais*, p. 190-209; LEIVAS, Paulo Gilberto Cogo. Estrutura normativa dos direitos fundamentais sociais e o direito fundamental ao mínimo existencial. In: SOUZA NETO, Cláudia Pereira de; SARMENTO, Daniel (orgs.). *Direitos sociais: fundamentos, judicialização e direitos sociais em espécie*. Rio de Janeiro: Lumen Juris, 2008, p. 279-312; TORRES, Ricardo Lobo. O mínimo existencial como conteúdo essencial dos direitos fundamentais. In: SOUZA NETO, Cláudia Pereira de; SARMENTO, Daniel (orgs.). *Direitos sociais: fundamentos, judicialização e direitos sociais em espécie*. Rio de Janeiro: Lumen Juris, 2008, p. 313-339.

[22] AZEVEDO, *Ecocivilização: ambiente e direito no limiar da* vida, p. 13.

serviços públicos e constantes ataques à agenda de universalização de direitos historicamente conquistados. Esse modo de pensar os direitos fundamentais sociais e os que com eles se relacionam, nas palavras de Telles,

> [...] ao mesmo tempo em que leva ao agravamento da situação social das maiorias, vem se traduzindo em um estreitamento do horizonte de legitimidade dos direitos, e isso em espécie de operação ideológica pela qual a falência dos serviços públicos é mobilizada como prova de verdade de um discurso que opera com oposições simplificadoras, associando Estado, atraso e anacronismo, de um lado, e, de outro, modernidade e mercado.[23]

Para corroborar essa conclusão, pode-se argumentar que não apenas os direitos de cunho prestacional, mas também os direitos fundamentais de liberdade – direitos civis e políticos –, cuja exigibilidade não é questionada, pressupõem algum tipo de intervenção do Estado para a sua concretização, como é o caso da implementação dos pleitos eleitorais e da segurança pública. A efetivação de qualquer direito demanda a disponibilidade de recursos públicos, haja vista que a estruturação do Estado, disposta em órgãos destinados a cumprir as funções administrativas, judiciais e legislativas, representa um permanente e alto custo que a sociedade impõe a si mesma. Noutros termos, as funções estatais não podem ser cumpridas sem a presença de um aparato estatal integrado por pessoas e bens, o que forçosamente exige dinheiro.[24]

Outro aspecto relevante no tocante à gestão dos recursos públicos e da tutela ambiental é a questão da possibilidade de intervenção do Poder Judiciário no campo da discricionariedade política ou, com foco no objeto do presente estudo, no controle das políticas públicas ambientais. Costuma-se argumentar que a ingerência da atividade judicial no âmbito das políticas públicas significa usurpar uma competência que é do Poder Executivo e do Poder Legislativo, transformando o Estado de Direito em um Estado de juízes. No entanto, embora a formulação e a implementação de políticas públicas estejam essencialmente no âmbito dos Poderes Legislativo e Executivo, não se pode olvidar que incumbe ao Poder Judiciário examinar a adequação das medidas políticas adotadas aos padrões jurídicos estabelecidos, inclusive determinando, se for o caso, as devidas modificações ao poder competente. Do contrário, haveria um passaporte para se fazer tábula rasa dos comandos constitucionais. Essa ampliação da legitimidade da jurisdição constitucional está associada a uma transformação dos próprios direitos fundamentais, seja pela incorporação de uma dimensão positiva a eles ou pela sua própria ampliação e extensão,[25] sendo o direito ao ambiente sadio um bom exemplo desse aspecto.

Da análise do conteúdo e alcance do princípio constitucional da separação dos poderes constata-se que um de seus principais objetivos é justamente o equilíbrio e o controle recíproco dos poderes, o que já afasta, por si só, a ideia de que o Poder Judiciário deve manter total distanciamento das questões atinentes ao mérito da função administrativa. Como argumenta Gavião Filho:

---

[23] TELLES, Vera da Silva. *Direitos sociais:* afinal do que se trata? Belo Horizonte: Ed. UFMG, 1999, p. 172.

[24] GAVIÃO FILHO, Anizio Pires. *Direito fundamental ao ambiente*. Porto Alegre: Livraria do Advogado, 2005, p. 157.

[25] LEAL, Mônia Clarissa Henning. Limites da jurisdição, separação de poderes e crise: a participação como elemento de abertura e de legitimação da jurisdição constitucional na ordem democrática. In SPENGLER, Fabiana Marion; LUCAS, Douglas Cesar (orgs.). *Conflito, jurisdição e direitos humanos: (des)apontamentos sobre um novo cenário social*. Ijuí: Ed. Unijuí, 2008, p. 80.

> No Estado constitucional contemporâneo, a delimitação de competência das funções executiva, legislativa e jurisdicional não está configurada em uma modelagem compartimentada e isolada, mas com base em um esquema de relações de interação e de organização, a fim de que o Estado logre alcançar uma legitimidade racionalmente justificada.[26]

Nesse cenário, deve o Judiciário estar preparado para verificar o cumprimento dos padrões jurídico-constitucionais de tutela ambiental na elaboração e execução de políticas públicas pelos demais poderes. Em hipóteses excepcionais é possível, inclusive, que o próprio Judiciário se veja obrigado a impor a providência a ser adotada. Isso ocorre especialmente quando a omissão dos demais Poderes no cumprimento do mandamento constitucional acarreta grave risco, atual ou iminente, ao destinatário do direito, inexistindo outra alternativa eficaz para afastar a situação de vulnerabilidade. Barroso afirma que a ideia do ativismo judicial "está associada a uma participação mais ampla e intensa do Judiciário na concretização dos valores e fins constitucionais, com maior interferência no espaço de atuação dos outros dois Poderes".[27]

Cumpre ressaltar, todavia, que para o Poder Judiciário promover um controle eficiente das políticas públicas ambientais mostra-se imprescindível investir em uma formação mais ampla dos profissionais do direito, o que deve se refletir também na exigência de conhecimentos adicionais aos da dogmática jurídica quando dos processos de recrutamento de profissionais promovidos pelos setores públicos. As questões ambientais extrapolam as fronteiras da lei e, consequentemente, não basta ao profissional que irá laborar com a problemática ambiental limitar-se aos textos normativos e suas técnicas de interpretação e aplicação. "As novas gerações de juízes e magistrados deverão ser equipadas com conhecimentos vastos e diversificados (econômicos, sociológicos e políticos) sobre a sociedade em geral e sobre a administração da justiça em particular".[28] Dessa circunstância depende bastante a tão relevante e almejada integração entre os eixos ecológico, econômico, jurídico e social.

Considerações finais

A abordagem do direito ao ambiente como um direito a prestações fáticas, a partir da noção de direito fundamental completo, permite elucidar a imprescindibilidade de uma atuação positiva dos Poderes Públicos para salvaguardar a integridade ambiental. Nessa perspectiva, fica evidenciada a singular relevância da adoção de políticas públicas para a concretização do direito ao ambiente ecologicamente equilibrado.

Todavia, a implementação de políticas públicas ambientais é constantemente desafiada pelo modelo hegemônico de desenvolvimento, que enxerga a natureza de

---

[26] GAVIÃO FILHO, Anizio Pires. op. cit, p. 167.

[27] BARROSO, Luis Roberto. *Judicialização, ativismo e legitimidade democrática*. Disponível em: <http://www.direitofranca.br/direitonovo/FKCEimagens/file/ArtigoBarroso_para_Selecao.pdf>. Acesso em 17 de jul. de 2012, p. 6.

[28] SANTOS, Boaventura de Sousa. *Pela mão de Alice*: o social e o político na pós-modernidade. 13. ed. São Paulo: Cortez, 2010, p. 180.

forma funcionalizada ao sistema econômico e rechaça fortemente a ingerência do Estado, a qual é vista como um entrave ao mercado e, por via de consequência, um obstáculo ao crescimento econômico.

Assim, constata-se que a concretização do direito ao ambiente passa pela superação de tensões políticas que ameaçam também a efetividade dos direitos sociais. Nesse quadrante, mostra-se necessária uma gestão ambiental adequada, que possibilite satisfatória interação e integração entre os eixos ecológico, econômico, jurídico e social.

Costuma-se invocar as limitações orçamentárias do Estado para justificar a omissão do Poder Público no que tange às políticas públicas ambientais. No entanto, essa objeção é frequentemente carregada de forte componente ideológico, derivando de um modo de pensar que ainda resiste em enxergar a degradação ambiental como um problema público prioritário a ser resolvido. Argumenta-se, ademais, que a ingerência da atividade judicial no âmbito das políticas públicas significa violação ao princípio da separação dos poderes. Porém, para que sejam respeitados os ditames constitucionais é crucial que o Poder Judiciário esteja investido da prerrogativa de examinar a adequação das medidas políticas adotadas aos padrões jurídicos estabelecidos, sob pena de a Constituição se transformar em letra morta. Do controle recíproco entre os poderes e do cumprimento dos deveres de proteção pelo Estado depende também a segurança e higidez do ambiente e a salvaguarda dos processos ecológicos essenciais.

De outra parte, deve-se incentivar a efetiva participação da sociedade civil na elaboração e implementação de políticas públicas ambientais, pois esta é capaz de estabelecer modos de ação coletiva que vão além da mera oposição ou consenso em relação às ações estatais. As lutas pela distribuição equânime dos recursos naturais, pela sua autogestão e pela preservação das identidades culturais representam a abertura de um novo espaço de legitimação de práticas emancipatórias e ambientalmente fecundas. Nesse sentido, o direito ambiental como um todo deve avançar no sentido de se constituir em fórum privilegiado de resistência e construção do bem comum.

Em suma, não se pode pensar a agenda ambiental sem refletir sobre a face prestacional do direito ao ambiente, as tensões políticas que desafiam a sua concretização e a imprescindibilidade de uma postura ativa do Poder Público e da coletividade para mitigar ou frear a crise civilizacional que se avizinha, materializada grave e extensa destruição ecológica.

Referências

ALEXY, Robert. *Teoria dos Direitos Fundamentais*. 2. ed. Trad. Virgílio Afonso da Silva. São Paulo: Malheiros, 2011.

AZEVEDO, Plauto Faraco de. *Ecocivilização, ambiente e direito no limiar da vida*. São Paulo: Revista dos Tribunais, 2008.

BARROSO, Luis Roberto. *Judicialização, ativismo e legitimidade democrática*. Disponível em: http://www.direitofranca.br/direitonovo/FKCEimagens/file/ArtigoBarroso_para_Selecao.pdf. Acesso em 17 jul. 2012.

BAUMAN, Zygmunt. *Globalização: as consequências humanas*. Rio de Janeiro: Zahar, 1999.

BOBBIO, Norberto. *A era dos direitos*. Trad. Carlos Nelson Coutinho. 4. ed. Rio de Janeiro: Campus, 1995.

BECK, Ulrich. *La sociedad del riesgo*: hacia una nueva modernidade. Trad. Jorge Navarro, Daniel Jiménez e Maria Rosa Borras. Barcelona: Paidós, 1998.

BOROWSKI, Martin. *La estructura de los derechos fundamentales*. Trad. de Carlos Bernal Pulido. Bogotá: Universidad Externado de Colombia, 2003.

COMPARATO, Fábio Konder. *A afirmação histórica dos direitos humanos*. 7. ed. São Paulo: Saraiva, 2010.

COUTO, Berenice Rojas. *O direito social e a assistência social na sociedade brasileira*: uma equação possível? São Paulo: Cortez, 2004.

FREIRIA, Rafael Costa. *Direito, Gestão e Políticas Públicas ambientais*. São Paulo: Senac, 2011.

GAVIÃO FILHO, Anizio Pires. *Direito fundamental ao ambiente*. Porto Alegre: Livraria do Advogado, 2005.

LEAL, Mônia Clarissa Henning. Limites da jurisdição, separação de poderes e crise: a participação como elemento de abertura e de legitimação da jurisdição constitucional na ordem democrática. In SPENGLER, Fabiana Marion; LUCAS, Douglas Cesar (orgs.). *Conflito, jurisdição e direitos humanos*: (des)apontamentos sobre um novo cenário social. Ijuí: Ed. Unijuí, 2008.

LEFF, Enrique. *Saber ambiental:* sustentabilidade, racionalidade, complexidade, poder. Trad. Lúcia Mathilde Endlic Orth. 8. ed. Petrópolis, RJ: Vozes, 2011.

LEIVAS, Paulo Gilberto Cogo. Estrutura normativa dos direitos fundamentais sociais e o direito fundamental ao mínimo existencial. In: SOUZA NETO, Cláudia Pereira de; SARMENTO, Daniel (orgs.). *Direitos sociais:* fundamentos, judicialização e direitos sociais em espécie. Rio de Janeiro: Lumen Juris, 2008, p. 279-312.

MORIN, Edgar. *Ciência com consciência*. Trad. Maria D. Alexandre e Maria Alice Sampaio Dória. Rio de Janeiro: Bertrand Brasil. 2005.

NOVAIS, Jorge Reis. *Direitos sociais*: teoria jurídica dos direitos sociais enquanto direitos fundamentais. Coimbra: Wolters Kluwer, Coimbra Editora, 2010.

OST, François. *A natureza à margem da lei*. Tradução de Joana Chaves. Lisboa: Instituto Piaget, 1995.

PEREIRA, Potyara A. P. *Necessidades humanas*: subsídios à crítica dos mínimos sociais. São Paulo: Cortez, 2000.

RODRIGUES, Marta M. Assumpção. *Políticas públicas*. São Paulo: Publifolha, 2010.

SANTOS, Boaventura de Sousa. *Pela mão de Alice:* o social e o político na pós-modernidade. 13. ed. São Paulo: Cortez, 2010.

——. *Renovar a teoria crítica e reinventar a emancipação social*. São Paulo: Boitempo, 2007.

SARLET, Ingo Wolfgang; FENSTERSEIFER, Tiago. *Direito Constitucional ambiental*. São Paulo: Revista dos Tribunais, 2011.

——; TIMM, Luciano Benetti (orgs.). *Direitos fundamentais, orçamento e "reserva do possível"*. Porto Alegre: Livraria do Advogado, 2008.

SECCHI, Leonardo. *Políticas Públicas*: conceitos, esquemas de análise e casos práticos. São Paulo: Cengage Learning, 2012.

SEN, Amartya. *Desenvolvimento como liberdade*. Trad. Laura Teixeira Motta. São Paulo: Companhia das Letras, 2010.

TELLES, Vera da Silva. *Direitos sociais: afinal do que se trata?* Belo Horizonte: Ed. UFMG, 1999.

TORRES, Ricardo Lobo. O mínimo existencial como conteúdo essencial dos direitos fundamentais. In: SOUZA NETO, Cláudia Pereira de; SARMENTO, Daniel (orgs.). *Direitos sociais:* fundamentos, judicialização e direitos sociais em espécie. Rio de Janeiro: Lumen Juris, 2008, p. 313-339.